Beiträge der Erwachsenenbildung für gesellschaftliche und individuelle Entwicklungen

STUDIEN ZUR PÄDAGOGIK, ANDRAGOGIK UND GERONTAGOGIK

Begründet von Franz Pöggeler

Herausgegeben von Bernd Käpplinger und Steffi Robak

BAND 84

Aiga von Hippel / Marion Fleige / Steffi Robak (Hrsg.)

Beiträge der Erwachsenenbildung für gesellschaftliche und individuelle Entwicklungen

Reflexionen zum jüngeren Werk Wiltrud Giesekes

PETER LANG
Berlin · Bruxelles · Chennai · Lausanne · New York · Oxford

Bibliografische Information der Deutschen Nationalbibliothek
Die Deutsche Nationalbibliothek verzeichnet diese Publikation in der Deutschen Nationalbibliografie; detaillierte bibliografische Daten sind im Internet über http://dnb.d-nb.de abrufbar.

Umschlagsabbildung:
Mitchfeatherston, CC0 (Wikimedia Commons)
(https://upload.wikimedia.org/wikipedia/commons/4/43/1500x1500-abstract-sd2003.jpg)

Die Veröffentlichung wurde gefördert aus dem Open-Access-Publikationsfonds der Humboldt-Universität zu Berlin.

ISSN 0934-3695
ISBN 978-3-631-92234-7 (Print)
ISBN 978-3-631-92235-4 (E-PDF)
ISBN 978-3-631-92236-1 (E-PUB)
DOI 10.3726/b22681

Verlegt durch Peter Lang GmbH, Berlin (Germany)
Diese Publikation wurde begutachtet.

info@peterlang.com www.peterlang.com

Inhaltsverzeichnis

Aiga von Hippel, Marion Fleige und Steffi Robak

Einleitung

1. Hinführung

Der vorliegende Band setzt sich aus verschiedenen Perspektiven mit den wissenschaftlichen Erkenntnissen von Wiltrud Gieseke der letzten zehn Jahre auseinander. Die Beiträge zeigen, wie ihre theoretischen und empirischen Analysen strukturbildend waren und sind für Wissenschaft und Praxis der Erwachsenenbildung/Weiterbildung (EB/WB).

Der Band steht in einer Reihe von insgesamt drei Festschriften, die Wiltrud Giesekes Werk von Beginn an bis heute reflektieren.

Die erste Festschrift anlässlich des 60. Geburtstags von Wiltrud Gieseke mit dem Titel „Weiterbildung am Beginn des 21. Jahrhunderts" (Heuer & Siebers, 2007, 496 Seiten) differenzierte die großen Bereiche ihres Wirkens aus: Theoretische und empirische Zugänge zum Erwachsenenlernen, Professionalität, Weiterbildungsberatung, Programmplanung, Kulturelle Bildung, Lehr-Lernkulturen, Biographieorientierte Beiträge, Zielgruppenorientierte Weiterbildungsforschung, Institutionsbezogene Analysen und Entwicklungen in der Weiterbildung, Historische Perspektiven. Insgesamt wirkten 41 Wissenschaftler:innen daran mit. Die Beiträge bezogen sich dabei sowohl auf ihr Werk als auch auf von ihr bearbeitete und gelehrte Themengebiete der Erwachsenenbildung. Der Band enthält auch ein Interview mit ihr selbst.

Die zweite Festschrift anlässlich des 65. Geburtstags mit dem Titel „Engagement für die Erwachsenenbildung: Ethische Bezugnahmen und demokratische Verantwortung" (Käpplinger, Robak & Schmidt-Lauff, 2013, 271 Seiten) platzierte sechs zentrale Gegenstandslinien ihres Wirkens: Emotionen, Kultur, Profession, Beratung, Frauenbildung/Gender, Programm- und Institutionenforschung. Diese Gegenstandslinien spiegeln die grundlegende und breite Befassung von Wiltrud Gieseke mit der Disziplin der Erwachsenenbildung als Wissenschaft und ihren Blick auf die Bedeutung der Erwachsenenbildungswissenschaft für das breite Feld der EB/WB. Dabei wirken ihre Forschungen und Auseinandersetzungen mit den Bedingungen für Bildungsprozesse der Individuen ineinander mit den Forschungen zur Institutionalisierung der EB/WB, über Programme und Angebote bis hin zur Beratung, verkoppelt über eine Beschäftigung mit Professionalitätsanforderungen an das Personal. Diese Verbindungen sind gespeist von einer deutlichen ethischen Positionierung für die Bedeutung der Erwachsenenbildung als institutionalisiertem, abgesichertem und finanzierbarem Kern lebensbegleitender Bildung für die Individuen und die Gesellschaft. Es wirkten insgesamt 30 Autor:innen an der Festschrift mit. Rita Süßmuth, damalige Vorsitzende des DVV, schrieb ein Grußwort.

In der vorliegenden Festschrift – Wiltrud Giesekes 77. Geburtstag 2024 zum Anlass nehmend – wurden folgende zentrale Gegenstandslinien aufgegriffen: Emotionen, Kulturelle Bildung, Profession, Beratung, Frauenbildung/Gender, Programm- und Institutionenforschung. Diese Schwerpunkte wurden von Wiltrud Gieseke in unterschiedlicher Weise und Intensität in den letzten Jahren weiterverfolgt. Hinzu kamen eine Vertiefung anthropologischer Befassungen mit Teilnahme, Rahmungen und inhaltlichen Setzungen der EB/WB und eine Intensivierung der Beschäftigung mit historischen Quellen und Texten im Rahmen großer Jahresdaten der letzten Zeit: dem 100jährigen Jubiläum vieler Volkshochschulen 2018/19 und dem 100. Geburtstag von Hans Tietgens 2022. Von den Formen der Beschäftigung und Veröffentlichung her brachte Wiltrud Gieseke eine Reihe von Fachbeiträgen und Vorträgen ein, legte aber auch zwei große, auf Programmforschung gestützte, Studien zur Beruflichen und zur Beruflich-wissenschaftlichen Weiterbildung vor. Sie verfolgte dabei kontinuierlich die begriffsentwickelnde, professionsunterstützende Wirkungspraxis, die ihr gesamtes Werk kennzeichnet. Diese erläutert sie selbst in einem darauf bezogenen Beitrag (Gieseke, 2024), veröffentlicht im von ihr begründeten „Erwachsenenpädagogischen Report" der Abteilung Erwachsenenbildung/Weiterbildung der Humboldt-Universität zu Berlin.

Dieses Engagement für Professionsentwicklung steht bei Wiltrud Gieseke zugleich immer in einem Dreiklang mit der Unterstützung von gesellschaftlichen und individuellen Entwicklungen, die Erwachsenenbildung vorbereiten, begleiten, initiieren soll. Ebenso ist er zu sehen im Kontext ihrer Arbeit an einem Bildungsbegriff für die EB/WB, spezifiziert, interdisziplinär eingebettet und auf der Höhe der Zeit. Grundlage dafür sind bei ihr stets genaue Beobachtungen der gesellschaftlichen, politischen, kulturellen und sozialen Entwicklungen und die Sorge um gesellschaftlichen Zusammenhalt und Demokratie in Deutschland wie auch in den Gesellschaftsordnungen weltweit. Dabei beobachtet sie auch genau internationale Verflechtungen. Gesellschaftliche Transformationen, Umwälzungen, Friktionen, wie wir sie derzeit erleben, antizipiert sie dabei und legt oftmals die Planung ihrer jeweils nächsten Arbeiten daraufhin an. Zu ihrer kontinuierlichen Rezeptions- und intellektuellen Verarbeitungshaltung gehören und gehörte zu allen Zeiten, in der wir sie kennen, auch das intensive Gespräch mit ihrem nahen privaten Umfeld und mit ihren Mitarbeiter:innen und Kolleg:innen. Im

Ergebnis ist ihr Wirken immer gekennzeichnet vom Schaffen neuen Wissens für die Erwachsenenbildung auf der Höhe der Zeit und in verschiedenen gesellschaftlichen Feldern, von Begriffsentwicklung sowie von klaren Positionierungen zugunsten wenig beachteter oder auch diskriminierter Personengruppen sowie – in der letzten Zeit – Berufs- und Erwerbstätigengruppen.

2. Überblick über den Band

Die vorliegende Festschrift nimmt zentrale Gegenstandslinien auf und fokussiert auf Themenbereiche, an denen Wiltrud Gieseke in den letzten 10 Jahren intensiv weitergearbeitet hat bzw. welche von ihr vertieft und auch grundlegend weiterentwickelt wurden.

Der Bereich „Programme und Planungshandeln im Spiegel von Institutionalentwicklungen in Vergangenheit und Gegenwart“ greift grundlegende Arbeiten der empirischen Bildungsforschung im Bereich der Programm- und Programmplanungsforschung auf, die vor ca. 30 Jahren begonnen und grundständig weiterentwickelt wurden, sowohl methodisch als auch in der Relevanz der Ergebnisse für das Handlungsfeld der Programmentwicklung und Programmplanung für die Institutionen der Erwachsenen- und Weiterbildung. Die Beiträge vertiefen die jüngeren empirischen Arbeiten, etwa im Bereich der Beruflichen Weiterbildung, der Kulturellen Bildung sowie der Wissenschaftlichen beruflichen Weiterbildung im Feld der Kunst und Kultur und heben die Bedeutung für die Erwachsenen- und Weiterbildung als Disziplin und Praxisfeld heraus. Sie beleuchten ferner in besonderer Weise die Begriffsentwicklungen und auch die Weiterentwicklung von adäquaten forschungsmethodischen Instrumentarien in den genannten Bereichen, die durch Wiltrud Gieseke initiiert worden sind. Die Autor:innen bringen eigene Perspektiven und Forschungen ein und legen dabei dar, wie sie an Wiltrud Giesekes Arbeiten angeschlossen haben. Auch die Möglichkeiten der Forschung mit Programmarchiven – wie von Wiltrud Gieseke an der HU als trägerübergreifende Sammlung umgesetzt – und anderen Infrastrukturen werden reflektiert.

Im Bereich „Teilnehmende, Partizipationsmöglichkeiten, Anthropologie, Entscheidungsunterstützung (Beratung)“ nehmen die Autorinnen und Autoren zum einen grundlegend Bezug auf Wiltrud Giesekes Positionen und Positionierungsstärke, zum anderen auf ihre jüngsten Auseinandersetzungen mit anthropologischen Grundlagen. Bildungstheoretisch hervorzuheben sind ihre Auseinandersetzungen mit der Bedeutung von Emotionen für Bildungsprozesse. Auch die Verbindungen zwischen biographischen Aspekten der Teilnahme und wie diese über Angebote aufgenommen werden, sind von Interesse. Wiltrud

Gieseke hat sich empirisch und theoretisch weiter dem Thema Beratung gewidmet. Dafür stellen Autorinnen Bezüge her, einerseits aus der Perspektive der Biographieforschung und andererseits mit Blick auf Beratung als professionelle Praktik für Entscheidungsunterstützung.

Der Bereich „Professionalisierung, Profession und Disziplin" widmet sich dem professionellen erwachsenenpädagogischen Handeln. Die Beiträge fragen danach, was professionelles Handeln ausmacht und benötigt, wie beispielsweise die Ambiguitätstoleranz und Reflexion. Andere Beiträge beschreiben, wie Professionalisierung durch Studiengänge gefördert werden kann und die Professionalisierung der Hauptberuflichkeit. Die Beiträge beleuchten dabei auch die verschiedenen Diskurse zu Professionalisierung und Profession, die Wiltrud Gieseke mit ihren Begrifflichkeiten und Perspektiven mit geprägt und damit zur Disziplin beigetragen hat. Abschließend wird der aktuelle Entwicklungsstand der Disziplin diskutiert. Zusammen mit dem Anhang wird am Ende ein Überblick über Strukturen für Wissenschaft und Praxis der EB/WB gegeben, die auf Wiltrud Gieseke zurück gehen.

Für die vorliegende Festschrift wurden insgesamt 28 Beitragende, Kolleginnen und Kollegen sowie Wissenschaftler:innen in der Qualifizierungsphase aus unterschiedlichen Generationen mit unterschiedlichen Bezügen der Zusammenarbeit und/oder mit inhaltlichen Überschneidungen und Interessen gefragt, einen Beitrag zu leisten.

Es kommen direkte Kolleginnen und Kollegen derselben aktiven Lebensphase in der Wissenschaft zu Wort (Rolf Arnold, Ekkehard Nuissl, Anne Schlüter, Josef Schrader, Rudolf Tippelt), Kolleginnen und Kollegen, die jetzt als Wissenschaftler:innen in leitender Verantwortung sind (Matthias Alke, Regina Egetenmeyer, Anke Grotlüschen, Erik Haberzeth, Anita Pachner, Henning Pätzold, Falk Scheidig, Sabine Schmidt-Lauff), mit Wiltrud Gieseke eng zusammenarbeiten (Marion Fleige, Aiga von Hippel, Bernd Käpplinger, Steffi Robak), Wissenschaftler:innen, die sich aktuell in Qualifizierungsphasen befinden oder im Übergang und überwiegend enge Bezüge zu Wiltrud Gieseke haben (Emma Fawcett, Stephanie Freide, Stefanie Hoffmann, Alexander Kolling, Claudia Kulmus, Jakob Nose, Philipp Oberparleiter, Maria Stimm, Laura Uhl), Annika Müllner als Archivarin/Dokumentarin im Weiterbildungsprogramm-Archiv Berlin/Brandenburg und Gerlinde Sonnenberg, langjährige Verantwortliche im Sekretariat. Weitere Kolleg:innen, die wir angefragt haben, hätten sich gerne beteiligt, konnten es aber derzeit nicht realisieren.

Wir möchten uns herzlich bei Clinton Enoch bedanken, der das Review für den Band verantwortete. Bernd Käpplinger danken wir als critical friend bei der zeption des Bandes und Gerlinde Sonnenberg für die redaktionellen Bearıngen und die Kommunikation mit den Autor:innen.

ı Folgenden zu den einzelnen Bereichen und Beiträgen.

›rogramme und Planungshandeln im Spiegel von ınstitutionalentwicklungen in Vergangenheit und Gegenwart

lysen und professionsunterstützende Veröffentlichungen zu Trägern und grammbereichen (Marion Fleige)

ırion Fleige geht der Unterstützungsleistung Wiltrud Giesekes für Verbände, ·äger und Einrichtungen der (öffentlich geförderten/gemeinwohlorientierten) .B/WB nach. Sie zeigt, wie von Wiltrud Gieseke insbesondere theoretisch und ımpirisch entwickelte Begriffe rezipiert wurden und Wirkung entfalteten, und in welchem Rahmen diese entstanden sind. Sie zeichnet dies nach anhand der empirischen und historischen Arbeiten zur Kulturellen, zur Beruflichen und zur Politischen Bildung sowie zu gesellschaftstheoretischen Fragen und Kategorien wie Geschlecht und Region, die für Programmplanung bedeutsam sind.

Bildungsforschung im Handlungszusammenhang von Kultureller Bildung, Kunst, Kultur und Wissenschaftlicher beruflicher Weiterbildung (Steffi Robak)

Steffi Robak setzt in ihrem Beitrag an zentralen Studien, Ergebnissen und Theoretisierungen zur Bildungsforschung im Bereich der Kulturellen Bildung von Wiltrud Gieseke an und skizziert daran anschließende Forschungen, die als sukzessive Erweiterungen der Bezüge und Fragestellungen im Bereich Kunst, Kultur und Bildung beschreibbar sind. Programmforschung wird dabei als zentraler Zugang für die Erschließung komplexer Handlungs- und Tätigkeitsbereiche und der Konzeptualisierung einer Wissenschaftlichen beruflichen Weiterbildung im Feld Kunst und Kultur platziert.

Politische Bildung in Zeiten der Narrative (Ekkehard Nuissl)

Ekkehard Nuissl beschreibt, wie wirkmächtige „Narrative" der Gegenwart in der Politischen Bildung aufgegriffen und hinsichtlich antidemokratischer, ressentimentbehafteter Aspekte aber auch kritisch bearbeitet werden. Dabei vertieft er auch den Zusammenhang von Emotionen und Narrativen und ist damit beim emotionstheoretischen Werk Wiltrud Giesekes und den Bezügen, die sie selbst von dort zur Politischen Bildung legt. Auch die von ihr beschriebenen Übergänge von Politischer und Kultureller Bildung – sowie die Bedeutung der Kulturellen Bildung als Bearbeitungsform – werden beleuchtet.

Programmplanungshandeln unter Professionalitätsperspektive – zum Wert einer dezidiert handlungstheoretisch fundierten Ausdifferenzierung der Theorie Wiltrud Giesekes (Stephanie Freide und Stefanie Hoffmann)

Stephanie Freide und Stefanie Hoffmann zeichnen Genese und Bedeutung der Forschung Wiltrud Giesekes zum Programmplanungshandeln seit den 1990er Jahren nach und zeigen das Modell der ‚Wissensinseln' als Kondensat. Die Bezüge der Programmplanungs- zur Professionalisierungsforschung werden verdeutlicht. Dies rekurriert darauf, dass ab Ende der 1990er Jahre die Theoriebildung zu Programmplanung mit der Forderung nach mehr Management, Steuerung und Organisationsentwicklung in den Einrichtungen drängender wurde, was Wiltrud Gieseke mit einer Beschreibung der Programmplanung als genuin pädagogischer Handlungsform beantwortete. Von hier aus werden Anschlussfragen in unterschiedlichen Bezügen formuliert.

Digitale Entwicklungsperspektiven der Programmforschung (Falk Scheidig)

Falk Scheidig entwirft Perspektiven für eine Programmforschung im Kontext von Digitalität. Dafür würdigt er zunächst die Leistungen Wiltrud Giesekes für die Entwicklung dieses Forschungsansatzes und seiner Methodik. Anschließend skizziert er drei sich entwickelnde Ausrichtungen der „Nutzung digitaler Technologie": digitales Beschaffen von Programmen; auf digitale Tools gestützte Analyse von Programmen; angebotsbezogene Analysen ohne Programme anhand von Kursdatenbanken. Seine Unterscheidungen fassen den derzeitigen Diskurs um digital gestützte Programmanalysen zusammen, reflektieren aber auch die Grenzen solcher Zugänge.

2.2 Teilnehmende, Partizipationsmöglichkeiten, Anthropologie, Entscheidungsunterstützung (Beratung)

Anthropologische und sozialisationstheoretische Perspektiven auf Lernen im Lebensverlauf (Rudolf Tippelt und Philipp Oberparleiter)

Rudolf Tippelt und Philipp Oberparleiter arbeiten eine anthropologisch handlungstheoretische Fundierung für das Schaffen von Wiltrud Gieseke heraus. Dabei werden einige übergreifende handlungstheoretische Theoreme herauskristallisiert, die verschiedene inter- und transdisziplinäre Zugänge zur Fundierung des disziplinären, erwachsenenpädagogischen Wissens bündeln und denen eine übergreifende Rolle zukommt. Letzten Endes geht es um die Stärkung der Professionalisierung des Feldes und der Handlungskompetenzen der Individuen in einer komplexen Gesellschaft, wofür immer wieder Öffnungen für Lerninteressen zu gestalten und abzusichern sind.

Die Bewusstheit der Bewusstheit – eine Leerstelle des (erwachsenen-) pädagogischen Grundgedankenganges? (Rolf Arnold)

Rolf Arnold hinterfragt Erwachsenwerden als kontinuierlichen Prozess des „Erwachsens" und „Bewusstwerdens". Dem geht eine grundlegende Kritik an einem impliziten Irrtum einer Pädagogik als Kompetenz- und Lebenslaufwissenschaft, welche die Realität zu spiegeln versucht, voraus. Vielmehr platziert und verfolgt er in seinen Reflexionen eine konstruktivistische, erkenntnistheoretische Perspektive, die sich vor allem für die „inneren Bewegungen" der Bewusstheitsentwicklung interessiert, welche sich einer Fortsetzung der Aufklärung verpflichtet sieht.

Emotion, Interesse und ihr Verhältnis zum Lernen (Anke Grotlüschen und Henning Pätzold)

Der Beitrag von Anke Grotlüschen und Henning Pätzold schließt an die Arbeiten von Wiltrud Gieseke zum Thema Emotionen und Bildung bzw. Lernen an und würdigt ihre frühe Beschäftigung mit dem Thema, als dieses in der Erwachsenenbildung noch neu war und als „exotisch" galt. Nun handelt es sich um kein „Nischenthema" mehr, herauszuheben ist die Bedeutung von Beziehungen, auch die Verbindung zu Themen und Inhalten ist davon berührt. So auch die Verbindung von Interesse und Inhalten, was besonders von der Interesseforschung in den Blick genommen wird, wie die beiden Autor:innen beschreiben.

Giesekes jüngste Auseinandersetzung mit Tietgens. Ohne Streit keine Bildung (Jakob Nose)

Jakob Nose, der vor wenigen Jahren bei Wiltrud Gieseke studiert hat, befasst sich einerseits mit Kernüberlegungen von Hans Tietgens zur Realanthropologie und deren Rezeption und Weiterentwicklung durch Wiltrud Gieseke; dies einerseits vor dem Hintergrund zeithistorischer Einordnungen der persönlichen Begegnungen und Zusammenarbeit mit Hans Tietgens. Andererseits rekonstruiert der Beitrag Anschlüsse an Hans Tietgens in der wissenschaftlichen Beschäftigung von Wiltrud Gieseke mit Blick auf grundlegende Positionen, Haltungen und bildungstheoretische Grundlagen, wie etwa die Notwendigkeit und Fähigkeit zum „Gegensteuern". Beide Persönlichkeiten teilen einen klaren Blick auf Lernförderlichkeit, Entfaltung und lernhemmende Faktoren.

Vergangenheit als Ressource für biographische Entwicklungen (Anne Schlüter)

Anne Schlüter bezieht sich auf Arbeiten von Wiltrud Gieseke im Bereich der Beratung. Es geht ihr um das Ausloten des Verhältnisses von Beratung und Biographie. Als Schnittstelle zwischen Beratung und Biographieforschung arbeitet sie die Wahrnehmung und Analyse von Bildungsbarrieren heraus sowie von biographischen Selbstauslegungen als Gegenstand von Beratungssituationen. Grundsätzlich, so Schlüter, stärkt Beratung Biographizität.

Beratung zur sozial-ökologischen Transformation. Relationalität als Grundlage für die professionellen Praktiken in der Beratung (Maria Stimm)

Maria Stimm greift zentrale Erkenntnisse aus Wiltrud Giesekes Arbeiten zur Beratung, an denen die Autorin mitgewirkt hat, heraus und setzt sie in Verbindung zu globalen Herausforderungen, konkret zur Klimakrise und einer damit verbundenen Notwendigkeit einer sozial-ökologischen Transformation. Sie hinterfragt die Bedeutung von Beratung und die Anforderungen an das professionelle Handeln der Berater:innen. Besondere Bedeutung misst sie dem Aspekt der Relationalität bei. Beratung wird als experimenteller Denk- und potentieller Wissensraum für Entscheidungen platziert.

Inhalte in der Erwachsenenbildungsforschung – zum Potenzial für Programmplanungs- und Lerntheorie (Claudia Kulmus und Erik Haberzeth)

Claudia Kulmus und Erik Haberzeth analysieren in ihrem Beitrag über den Zugang der Teilnahmelinien die Bedeutung von Thema und Inhaltlichkeit für Bildungsprozesse aus Teilnehmendensicht (Methode adaptierter Lebenslinien). Dabei folgen sie der Eingangsthese, dass die Frage der Inhaltlichkeit eine vergessene analytische Kraft hat, die in Forschungen für die Weiterentwicklung von Programmplanungs- und Lerntheorie vertieft werden kann. Wiltrud Gieseke hatte bereits auf die Bedeutung von Wissen und Inhaltlichkeit hingewiesen.

2.3 Professionalisierung, Profession und Disziplin

Ethische Reflexionen zur Erwachsenenbildung und ihre Grenzen (Josef Schrader)

Josef Schrader entwickelt in seinem Beitrag verschiedene Diskurslinien zu Ethik als Thema der Erwachsenenbildung. Er macht die Relevanz für Praxis und Wissenschaft deutlich und diskutiert verschiedene Eckpunkte ethischer Prinzipien. Ein Fokus liegt auf der Betrachtung von Ambiguitätstoleranz bei Wertkonflikten in Lern- und Bildungsprozessen und weiterführend auf den Herausforderungen der Entwicklung einer Ethik professionellen Handelns in der Erwachsenenbildung.

Die Rolle von Ungewissheit und Reflexion für Professionalität und Professionalisierung in der EBWB (Anita Pachner)

Anita Pachner bezieht sich in ihrem Beitrag auf Texte von Wiltrud Gieseke zu Professionalität und Professionalisierung in der Erwachsenenbildung und den begrifflichen Fundierungen dazu. Im Beitrag wird herausgearbeitet, wie sich das Verhältnis von (professionellem) Wissen und Handeln in der Erwachsenenbildung darstellt und wie professionelles Wissen zu Können werden kann. Ein Fokus liegt auf der Frage, welche Rolle die beiden Konstrukte „Reflexion“ und „Ungewissheit“ für professionelles erwachsenenpädagogisches Handeln spielen.

Professionalisierung durch Studiengänge entlang disziplinärer Grundlagen (Alexander Kolling, Sabine Schmidt-Lauff und Regina Egetenmeyer)

Der Beitrag von Alexander Kolling, Sabine Schmidt-Lauff und Regina Egetenmeyer widmet sich dem Bereich der Studiengänge in der Erwachsenenbildung und geht der zentralen Frage nach, was Studiengänge für die (individuelle und kollektive) Professionalitätsentwicklung leisten können. Dabei wird auch historisch nachgezeichnet, wie erwachsenenpädagogische Schwerpunkte in der akademischen Professionalisierung etabliert wurden.

Berufsbild HPM in der öffentlichen Erwachsenenbildung – Forschungsstand und aktuelle Perspektiven (Matthias Alke)

Der Beitrag von Matthias Alke nimmt Bezug auf theoretische, konzeptionelle und empirische Beiträge von Wiltrud Gieseke zum Diskurs der Professionalisierung der Hauptberuflichkeit in der Erwachsenenbildung. Ein Fokus des Beitrags liegt auf der Konturierung des Berufsbilds hauptberuflich pädagogischer Mitarbeitenden (HPM) mit planend-disponierendem Aufgabenprofil, das auch in einem aktuellen Forschungsprojekt analysiert wird.

Gibt es einen Fortschritt in der Disziplin? (Bernd Käpplinger)

Bernd Käpplinger zeigt in seinem Beitrag Entwicklungen von Praxis, Politik als auch Wissenschaft der Erwachsenenbildung seit den 1990er Jahren auf, dabei werden datenorientiert wichtige Entwicklungslinien als eine Bestandsaufnahme über rund drei Dekaden nachgezeichnet. Der Beitrag diskutiert in den vier Bereichen „Politik“, „Beteiligung“, „Weiterbildungseinrichtungen und Personal“ und „Forschung und Lehre“ sowohl Fortschritte als auch Rückschritte und Stagnationen und skizziert mögliche weitere Entwicklungen.

Strukturen für Wissenschaft und Praxis der Erwachsenenbildung (Aiga von Hippel, Annika Müllner, Laura Uhl und Emma Fawcett)

Der Beitrag von Aiga von Hippel, Annika Müllner, Laura Uhl und Emma Fawcett bezieht sich auf die durch Wiltrud Gieseke an der Humboldt-Universität zu Berlin geschaffenen (Infra-)Strukturen für Wissenschaft und Praxis der Erwachsenenbildung. Hierzu beschreiben die Autorinnen u.a. das Weiterbildungsprogramm-Archiv Berlin/Brandenburg als wissenschaftliche Informationsinfrastruktur, den Studiengang „Master Erwachsenenbildung/Lebenslanges Lernen" als eine Lehr-/Lernstruktur sowie weitere Infrastrukturen.

2.4 Anhang (zusammengestellt von Gerlinde Sonnenberg)

Gerlinde Sonnenberg gibt im umfangreichen Anhang einen Überblick über die Zeitschriftenreihe des „Erwachsenenpädagogischen Report" (EPR) und darin veröffentlichte erstbetreute Abschlussarbeiten von Wiltrud Gieseke. Sie dokumentiert die Entwicklung des Masterstudienganges Erwachsenenbildung/Lebenslanges Lernen an der HUB, die Kooperation mit dem Institut für Gesundheits- und Pflegewissenschaft (Charité), die Kooperation der HUB mit der Berliner Senatsverwaltung und dem Servicezentrum der Berliner VHS im Bereich Fortbildung. Ein weiterer Anhang beschreibt die Entwicklung des Weiterbildungsprogramm-Archivs Berlin/Brandenburg. Sie hat darüber hinaus die Publikationsliste von Wiltrud Gieseke und die Übersicht über Forschung, Lehre sowie weitere Tätigkeiten seit 2013 bis heute zusammengestellt.

Literatur

Gieseke, W. (2024). *Professionelle Begriffsentwicklung auf empirischer Basis.* Erwachsenenpädagogischer Report, Band 85. Humboldt-Universität zu Berlin. https://edoc.hu-berlin.de/server/api/core/bitstreams/8366a88a-67ae-4180-894a-e3acc2ab978a/content

Heuer, U., & Siebers, R. (Hrsg.). (2007). *Weiterbildung am Beginn des 21. Jahrhunderts. Festschrift für Wiltrud Gieseke*. Waxmann.

Käpplinger, B., Robak, S., & Schmidt-Lauff, S. (Hrsg.). (2013). *Engagement für die Erwachsenenbildung. Ethische Bezugnahmen und demokratische Verantwortung*. Springer VS.

1. Programme und Planungshandeln im Spiegel von Institutionalentwicklungen in Vergangenheit und Gegenwart

Marion Fleige

Analysen und professionsunterstützende Veröffentlichungen zu Trägern und Programmbereichen

1. Zum Thema dieses Beitrags

Wiltrud Gieseke hat entsprechend ihres Berufsethos‘ und ihrer politischen Überzeugungen die Aufgaben und den Stellenwert von *Trägern, Verbänden und einzelnen Einrichtungen der (öffentlichen/gemeinwohlorientierten) Erwachsenenbildung/Weiterbildung* (EB/WB) nach innen und außen verdeutlicht und die professionelle Entwicklung unterstützt: Zum einen direkt über Mitarbeit in Beiräten, Mitwirkungen an Fortbildungen (s. auch von Hippel et al. in diesem Band) und Beiträge zu Festschriften, insbesondere zum großen VHS-Jubiläum 2018/2019 (Gieseke, 2018e; Gieseke, 2019b; Gieseke & Opelt, 2021). Zum anderen hat sie einschlägige praxisfassende und -unterstützende Begriffe entwickelt, die im Feld – jeweils mit ein paar Jahren Verzögerung – angekommen sind und jetzt aktiv verwendet werden. Dies einerseits über die Vermittlung dieser Begriffe in den Studiengängen (Humboldt-Universität zu Berlin (HUB), Universitäten Hannover und Gießen und andere), und andererseits durch die Rezeption ihrer Veröffentlichungen im Feld. Dieselbe Unterstützungsleistung ist zu beobachten für große *Programmbereiche*, entweder direkt oder in der Beleuchtung von Institutionalisierungs- und Programmentwicklungen entlang dieser Programmbereiche.

Diese Unterstützungsleistung soll im Folgenden nachgezeichnet werden. Für das Werk der letzten 10 Jahre ist dabei besonders die Beschäftigung mit der Beruflichen sowie Beruflich-Wissenschaftlichen EB/WB zu nennen, der innerhalb des nachfolgenden Abschnitts 2 der Unterabschnitt 2.2 gewidmet ist, gerahmt von Betrachtungen zum, z.T. früheren, Werk im Bereich der Kulturellen Bildung (2.1) und der Politischen Bildung (2.3). Die Darstellung in diesem Kapitel bezieht sich dabei auf vielfältige Veröffentlichungen der Autorin alleine, in Forschungsprojekten mit Mitarbeiter:innen, und teilweise auch in größeren Verbünden mit Universitäten und Forschungseinrichtungen (Hannover, Gießen, Deutsches Institut für Erwachsenenbildung – Leibniz-Zentrum für Lebenslanges Lernen (DIE), versch. in Polen). Abschließend skizziert der Beitrag querliegende Wirkfelder, die mit den Analysen und professionsunterstützenden Veröffentlichungen zu Trägern und Programmbereichen einhergingen (Abschnitt 3), i.S. der Adressierung von Wechselwirkungen von Programmentwicklung und gesellschaftlicher Entwicklung. Zudem werden Bezüge zu den direkt auf das Thema der Professionalisierung bezogenen Arbeiten Wiltrud Giesekes hergestellt. Quellen für die Darstellung sind neben den Schriften auch Beobachtungen aus einer langjährigen Zusammenarbeit.

2. Programmbereichsweise Betrachtung

2.1 Kulturelle Bildung (KuBi)

Wiltrud Giesekes Arbeiten zur KuBi haben grundlegenden Charakter für die empirische Erschließung dieses Programmbereichs und für die induktive wie deduktive Theorieentwicklung, wie der Beitrag von Steffi Robak in diesem Band nachzeichnet. Ausgangspunkt für ihre Beschäftigung mit diesem Bereich war dessen bildungspolitische Abwertung ab Ende der 1990er Jahre, beschrieben im zweiten Kapitel eines Grundlagen- und Theoriebandes (Fleige, Gieseke & Robak, 2015). Sie datiert vor einer besonderen Hinwendung zur KuBi ab Ende der 2000er Jahre (und ab Beginn der 2010er Jahre mit Anklängen an die Optimierungslogik, vgl. ebd., Robak et al., 2015; HBV, 01/2021). Die umfassende, BMBF-geförderte, Studie zu Programm, Institutionen und ‚Arbeitsformen' der KuBi – exemplarisch für Berlin und Brandenburg (Gieseke et al., 2005) unter Einschluss einer großen Programmanalyse (Gieseke & Opelt, 2005)[1] und im Vergleich mit der Landschaft in Polen (Depta et al., 2005) – hatte Wiltrud Giesekes Aussagen zufolge das Ziel, Bedeutung und Nachfrage der öffentlich geförderten, gemeinwohlorientierten KuBi[2] gegen den bildungspolitischen Trend herauszuarbeiten. In diesem Zusammenhang beschrieben Wiltrud Gieseke und ihre Mitarbeiterinnen, ebenso wie schon in der Programmanalyse zur

---

1 Durchgeführt auf der Basis von Beständen des Weiterbildungsprogramm-Archivs Berlin/Brandenburg an der HUB (siehe von Hippel et al. in diesem Band) für die Jahrgänge 1996 und 2001.

2 Und ergänzend im Bereich der *beigeordneten* Bildung bei dritten Anbieter:innen, deren Hauptzweck nicht Bildung ist – ein Begriff, der ebenfalls durch die Untersuchung etabliert wurde.

VHS Dresden in der DDR und der Wendezeit (Gieseke & Opelt, 2003), methodentheoretisch, wie Programmanalyse gegenüber politischen Vorstellungen und Marketingzugängen einen empirischen Zugang zur Bildungsrealität in der Vielfältigkeit ihrer Bildungskonzepte und Adressat:innen legt (Gieseke & Opelt, 2005, S. 43) – zugespitzt platziert in einem jüngeren Zeitschriftenbeitrag (Gieseke & Robak, 2022, S. 255, 258). Rezeptionsstärkster Ertrag der Studie sind die empirisch rekonstruierten und theoretisch modellierten ‚Portale' zur KuBi (siehe auch theoretische Nachinterpretation bei Fleige, Gieseke & Robak, 2015). Sie sind fassbar als eine typenähnliche Systematik der thematischen Schwerpunkte in Verbindung mit den Zugängen zu den Lerninhalten: ‚systematisch-rezeptiv', ‚selbsttätig-kreativ' und ‚verbindend-kommunikativ', im engeren Sinne ‚interkulturell'. Sie liegen über den in der Studie erschlossenen Programm- und Themenstrukturen.[3]

Für die professionsentwickelnde Rezeption in der Handlungspraxis besonders bedeutsam war das Aufgreifen der ‚Portal'-Figur durch das entsprechende Fachreferat des Deutschen Volkshochschulverbandes (DVV)[4] ab Mitte der 2010er Jahre, materialisiert in der DIE-Praxishandreichung „Kulturelle Erwachsenenbildung – Bedeutung, Planung, Umsetzung" (Fleige, Gassner & Schams, 2020)[5]. Die Handreichung referiert Institutionalstrukturen, Theorie und Empirie der KuBi und geht dann über zu Praxisanleitungen für die meso- und mikrodidaktische Planung. Die Initiative für diesen Herausgeberinnenband lag beim DVV, zusammen mit dem DIE. Einbezogen waren dann jedoch auch Autor:innen aus dem Bereich anderer großer Einrichtungen/ Träger und Verbände der öffentlich geförderten, gemeinwohlorientierten EB/WB (Kath. und Ev. EB, Arbeit und Leben), so dass der Band sich als übergreifend und zugleich die jeweiligen Profile beleuchtend verstand.

Die dortige Theoriedarstellung erfolgte auf Initiative der Volkshochschulvertreterinnen entlang der KuBi-‚Portale' – ebenso wie die Darstellung von erfolgreichen Angebots-Praxisbeispielen mithilfe eines auf unterschiedliche

3 Zur empirischen und theoretischen Ausdifferenzierung des interkulturellen Portals ab den 2010er Jahren s. Robak in diesem Band.

4 https://www.volkshochschule.de/verbandswelt/programmbereiche/kulturelle_bildung_und_kreative_gestaltung/index.php

5 Welche *auch* in der Folge des erwähnten (Theorie-)Bandes „Kulturelle Bildung. Strukturen – Partizipationsformen – Domänen" (Fleige, Gieseke & Robak, 2015) stand.

meso- und mikrodidaktische Entscheidungen bezogenen Reflexionsrasters[6] bzw. -instruments in der Mitte dieses Bandes.[7]

Dieses Reflexionsraster hat neben der ‚Portal'-Figur auch VHS-verbandsinterne Reflexionsgrundlagen zur Vorlage – und ein Reflexionsraster in einer anderen Handreichung zur KuBi, die 2018 speziell für die Evangelische Erwachsenenbildung (EEB) unter Mitwirkung von Wiltrud Gieseke, damals im Vorstand der Deutschen Evangelischen Arbeitsgemeinschaft für Erwachsenenbildung, DEAE[8], und Marion Fleige (damals Mitglied der Fachgruppe KuBi der DEAE) entstand und von Wiltrud Gieseke initiiert worden war (Büchel et al., 2018). Bei der Ausarbeitung dieses Reflexionsrasters durch Wiltrud Gieseke in Zusammenarbeit mit Andreas Seiverth (Politischer Geschäftsführer der DEAE und Fachgruppe KuBi bis 2016) zogen diese wiederum Kategorien aus dem Instrument des Preises für Innovation in der Erwachsenenbildung des DIE[9] heran und bezogen sich zudem auf Materialien zur Ausstellung „Galerie der guten Praxis" aus einer Tagung zum 50. Gründungsjubiläum der DEAE, die Wiltrud Gieseke in Zusammenarbeit mit dem DEAE-Vorstand 2011 an der HUB realisiert hatte

6 Mit folgenden, theorie-praxis-vermittelnden Kategorien (hier Verzicht auf Anführungszeichen): Titel, Anbieter, Kurzbeschreibung, **Partizipationsportal**, Format (=Arbeitsform), Umfang/Dauer/Rhythmus, Adressat/innengruppe, Methoden, Anforderungen an den/die Kursleitende, Ressourcen/Infrastruktur, Kooperationspartner, Gelingensfaktoren, Herausforderungen, Besonderheiten, Öffentlichkeitsarbeit, Finanzierung (Fleige, Gassner, Schams 2020, S. 103).

7 Z.B.: „‘Bildhauen und Poesie‘ – Ein Angebot der Katholischen Erwachsenenbildung Rheinland-Pfalz (Autorin: Elisabeth Vanderheiden)" als Beispiel für das selbsttätig-kreative Portal (Fleige, Gassner & Schams 2020, S. 107), „‘Kulturlehrgang‘ – Ein Angebot der VHS Stuttgart (Autor: Michael Doufrain)" als Beispiel für das systematisch-rezeptive Portal (Fleige, Gassner & Schams 2020, S.112) oder „‘Integratives Theater‘ – Ein Angebot des Evangelischen Bildungswerks Dortmund und des Evangelischen Erwachsenenbildungswerks Westfalen-Lippe e.V. (Autoren: Karola Büchel, Felix Eichhorn, Katrin Köster)" (Fleige, Gassner & Schams 2020, S. 116).

8 DEAE: seit Januar 2024: Evangelische Erwachsenenbildung – Bundesverband, EEB Bundesverband.

9 https://www.die-bonn.de/institut/innovationspreis

(vgl. Gieseke, 2018a, S. 76–77). Das Raster[10] dieses Bandes wird von Wiltrud Gieseke umfassend eingeführt und begründet. Es „nimmt" ihr zufolge

> „bewusst keine spezifische Didaktiktheorie auf oder verlangt curriculare Durchstrukturierung eines Angebotes, da dieses zu schematisch wäre gegenüber der vielfältigen Erwachsenenbildungsrealität. (…) Die gewählten Kriterien lassen die (den, M.F.) Dozent/innen auf der Mikroebene und die (den, M.F.) Planenden auf der Mesoebene verschiedene Spielräume, um die Affinität zu zeigen gegenüber verschiedenen Adressat/innen und Dozent/innen, Themen und Inhalten (…), und damit für Konzepte, die nicht aus einem Guss sind wie für ausgebildete Schulpädagog/innen im Kontext Schule" (Gieseke, 2018a, S. 74).

Herleitung und Befüllung des Rasters bilden das umfängliche Zentrum dieser Handreichung. Dieses wurde ebenso auf die Portale bezogen (hier beschrieben von Fleige). Bei der Charakterisierung der Angebote gerade im selbsttätig-kreativen Portal wirkten Einsichten aus dem „Forschungszusammenhang" (Gieseke, 2018b, S. 74) hinsichtlich dessen, wie komplex es ist, dieses Portal im pädagogisch-planerischen Handeln zu strukturieren (vgl. Gieseke 2018b, S. 74). Entsprechend erläutert Wiltrud Gieseke einflussreiche bzw. heranzuziehende kunsttheoretische und anthropologische wie auch bildungstheoretische Bezüge für die didaktische Strukturierungshandlung in der KuBi (Gieseke, 2018a, siehe Robak in diesem Band).

2.2 Berufliche Weiterbildung (BWB)

In diesem Abschnitt geht es um zwei differenzierte und umfängliche Forschungsarbeiten bzw. Studien mit bereichserschließendem und begriffsentwickelnden Charakter, die das Handeln in der Praxis i.S. von Begründungswissen umfänglich stützen können.[11] Die Studien – im Verbund mit DIE sowie dem Lehrstuhl Robak – liegen in diesen Bereichen: der BWB an Volkshochschulen (VHSen) (Fleige, Gieseke, von Hippel & Stimm, 2022) und der Beruflich-Wissenschaftlichen WB für Handlungsfelder in Kunst und Kultur in einer einschlägigen Fallinstitution

10 Mit folgenden Kategorien (hier Verzicht auf Anführungszeichen): Format, Adressat/innen, Ziele, Kunstform/-domäne, Zeit/Ort, Didaktische Struktur, Kommunikationsform, Teilnehmende (als Reflexionskategorie hier nicht mehr für die didaktische Strukturierung, sondern für das stattgefunden habende Angebot, M.F.), Pädagogische Prozessverläufe (dto., M.F.), Institutionelle und organisatorische Kontexte, Finanzierung; Plus verschiedene interpretative Reflexionsfragen (Verständnis Kultureller Bildung, Lehr-/Lerninteressen, Wirkungszusammenhänge, Resonanz, Besonderheiten) (Gieseke 2018b, S. 75–76).

11 Der Forschungsprozess der jeweiligen Studie und seine Ergebnisse wurden jeweils auf Fachkonferenzen in der Praxis diskutiert.

(Robak et al., 2023). Letztere Studie, die ein Verständnis Beruflich-Wissenschaftlicher WB im Kulturbereich unter Einbezug der Perspektiven Programm und Planung, Teilnehmenden, Kursleitung, Leitung und Ort herausarbeitet, wird von Robak in diesem Band ausführlich diskutiert. — Das Spezifikum der erstgenannten Studie soll nachfolgend kurz skizziert werden. Dabei erarbeitet Wiltrud Gieseke auf theoretischem und dann für die jeweilige Untersuchung theorieleitendem Wege, und gleichzeitig informiert durch erste Einsichten in die Empire, teils alleine, teils im Verbund mit anderen Autor:innen aus dem jeweiligen Forschungsteam, eine Unterscheidung von einerseits berufs- und andererseits tätigkeitsbezogener Weiterbildung.[12] Diese Systematisierung ist wegweisend für die bildungswissenschaftliche Analyse und Beschreibung gegenwärtigen Arbeitshandelns und der darauf bezogenen BWB.

Zur Studie über BWB an VHsen: Nach einer methodisch geleiteten Auswahl von vier Beispiel-VHSen analysierte das Forschungsteam[13] in der Programmanalyse 1.656 Angebote aus den Jahren 2007 und 2017 (Fleige et al. 2022, S. 122–123; 141) – zur Feststellung von Verschiebungen in diesem Zeitabschnitt – unter vielfältigen Gesichtspunkten. Zugrunde lag ein deduktiv (vorliegende Programmanalysen, Theorie der BWB, offizielle Dokumente zur BWB) und induktiv am Material entwickelter Kodierleitfaden zur Erschließung von Themenstrukturen, Adressat:innen, Zugangsvoraussetzungen, Zertifikaten, Zeitformen/Formaten und Strukturdimensionen wie Finanzierung und Kooperationen (auch Stimm et al., 2020). In einem aufwendigen Entwicklungsprozess entstanden dafür 46 Oberkategorien, 255 Sub-Kategorien und 106 Sub-Sub-Kategorien (Iffert et al., 2021; Fleige et al., 2022, S. 140 und Kap. 8), mit denen sich unter anderem auch – wie auch für die andere Untersuchung s.o. – die steigende Bedeutung von *Tätigkeitsbezügen* herausarbeiten ließ. Auf Wiltrud Gieseke geht es dabei u.a. maßgeblich zurück, von einem ‚erweiterten Tätigkeitsbezug' zu sprechen: Denn die Anforderungen an die Tätigkeiten bzw. deren Ausführungen steigen, wofür Fortbildung in Bereichen wie Sprachkenntnissen und personalen Kompetenzen nötig ist.

Erst spät im Diskussionsprozess um die Kategorien wurde dabei deutlich, dass quer in die Analyse von den Autorinnen so benannte „Grundformen" der BWB eingezogen werden sollten, die neben dem „Berufsbezug" und dem „erweiterten Tätigkeitsbezug" auch die „Ausbildung im Lebenslauf" und die

---

12 Zudem in Abgrenzung zu den Begriffen Handeln, Arbeit, Qualifikation etc. Zusammenfassend dann bei Gieseke (2024a).

13 Bei dem Band handelt es sich um eine Monographie, die gleichwohl einzelne Autor:innen für Teilergebnisse ausweist. Dieser Ausweis kann hier aus Platzgründen nicht nachvollzogen werden.

„Übergangsbegleitung" unterschieden (Fleige et al. 2022, S. 276). Darauf bezogen, wurden in einer Typologie in Kreuzung von ‚Grundformen' und ‚Themenkategorien' Angebotsschwerpunkte und Angebotslücken der BWB an VHSen erschlossen, auch im Nachvollzug für die vier Beispieleinrichtungen (Fleige et al. 2022, S. 285–286; 305–306), so dass (für diese) Programmentwicklungsperspektiven aufgezeigt werden können. Insgesamt rekonstruiert die Programmanalyse, was BWB an VHSen und über VHSen hinaus ist und sein kann.

Spezifisch für den Institutionaltypus werden dabei Schwerpunkte in der Unterstützung pädagogischer und pflegend tätiger Berufsgruppen, im Bereich kaufmännischen und betriebswirtschaftlichen Handelns und IT – jeweils mit Schwerpunktsetzungen durchaus im erweiterten Tätigkeitsbezug – herausgestellt. Sie verdeutlichen das Spezifikum der BWB an VHSen. Nachgehalten werden die Tatsachen, dass die VHSen auch halbgeschlossene Angebote im Bereich der geförderten beruflichen WB, ebenso wie geschlossene und nicht im Programmheft ausgewiesene Angebote betrieblicher WB („Firmenschulungen") machen, und dass sie zwar Lehrgänge zur Vorbereitung auf Kammerprüfungen vorhalten, aber an dem Prüfungswesen und damit an formaler WB nicht partizipieren (Fleige et al. 2022, S. 339–340). Letzteres wird im Buch wiederum mit einer weitergehenden Reflexion auf die Bedeutung von Zertifizierungssystemen wie etwa Qualifikationsrahmen für den Stellenwert der VHS in der öffentlichen Wahrnehmung verbunden. Ummantelt sind diese Befunde mit systematischen Ausführungen zur historischen Entwicklung des Programmbereichs und seiner bildungspolitischen Stützung ebenso wie allgemein zur öffentlichen Verantwortung der VHSen im Bildungssystem (Fleige et al. 2022, S. 73–74; 82–83).

Ein weiterer Ertrag ist eine auf Expert:inneninterviews mit Programmplanenden der Beispiel-VHsen fußende, größere Weiterentwicklung und Einbettung des Modells zum Programmplanungshandeln („Wissensinseln" der Planung) (Fleige et al. 2022, S. 237–250) nach Gieseke (2000) und nachfolgenden Schriften, wie von Freide und Hoffmann in diesem Band beschrieben. Für den Bereich der VHSen und darüber hinaus zeichnet die Gesamtstudie insofern nach, wie das Programm auf das Planungshandeln als professioneller Handlungsform verweist, und was hier die bereichsspezifischen und aktuellen Handlungsbezüge und Wissensbestände sind.[14]

14 Ein Beispiel für das Wirken Wiltrud Giesekes in der direkten und vernetzenden Unterstützung der Entwicklung beruflicher Qualifikations- und Professionsstrukturen in einem anderen Bereich, einer (privaten) Hochschule (tertiäre Bildung), sind ihre Beiträge zu Fachtagungen an der IB Hochschule für Gesundheitsfachberufe (Gieseke, 2019a) (s. zu Verbindungen der akad. Lehre in den Gesundheitsberufen auch von Hippel et al. sowie Sonnenberg in diesem Band).

2.3 Politische Bildung (PoBi)

Wiltrud Gieseke hat sich auch in ihrem Werk der letzten zehn Jahre für die PoBi eingesetzt. So in einem Beitrag zu den Spezifika und Aufgaben der *EEB* in diesem Bereich in deren Jahrbuch 2011/2012 (Gieseke, 2013). Sie setzt sich hier mit der Begrifflichkeit der Zivilgesellschaft, wie sie in den 2000er Jahren eingeführt worden war, auseinander und zeigt deren Bedeutung angesichts des sich auftuenden gesellschaftlichen Drifts bei gleichzeitig abnehmender politischer Steuerung. Angesichts dieser Lage verdeutlicht sie den tatsächlichen und möglichen Beitrag der EEB zur PoBi, die sich aufgrund ihrer inneren Pluralität sowie thematischen Vielfalt und Offenheit – hier stehen explizit und implizit empirische Erkenntnisse zu Programm, Planungshandeln und Lernkulturgestaltung in der EEB am Lehrstuhl (Gieseke, 2000; Gieseke & Opelt, 2005; Fleige, 2011) im Hintergrund – und aufgrund ihrer ohnehin existierenden zivilgesellschaftlichen Vernetzungen (Gieseke, 2013, S. 190) aufdrängt. Solcherart Stellungnahmen sind typisch für das nicht nur analytische und begriffsbildende, sondern immer auch platzierende, positionierende Werk von Wiltrud Gieseke. Dieses erscheint umso wichtiger in einem Bildungsbereich mit einer derart hohen bildungspolitischen Bedeutung, der in der Gegenwart einer besonderen Unterstützung bedarf, so auch schon in den 2010er Jahren, und der gleichwohl von einer breiten Trägerlandschaft getragen ist (vgl. Becker & Krüger, 2018).

Die Bedeutung der PoBi an *VHSen* als zentraler kommunaler Bildungseinrichtung nach 1945 und 1990 zur Gestaltung einer demokratischen Gesellschaft und im Wandel der Zeit zeichnen Giesekes Programmanalysen, zeithistorischen Betrachtungen und Quellenauswertungen sowie eine intensive Auseinandersetzung mit dem Werk von Hans Tietgens (s. Nose in diesem Band) nach (Gieseke & Opelt, 2003; Gieseke & Käpplinger, 2023; Gieseke, 2022). Dabei wird die Bedeutung der VHS im Bereich demokratisierender Bildung – direkt über PoBi sowie auch indirekt (z.B. über die (berufliche) Bildung von Frauen in der Weimarer Republik, Gieseke, 2018d) – herausgearbeitet.[15]

Hinzu treten im Werk der letzten 10 Jahre angesichts des 100jährigen Jubiläums der VHSen mehrere, eingangs bereits genannte, Beiträge zu deren im Gegensatz zur PoBi stehenden politischen Instrumentalisierung in den beiden Diktaturen (Gieseke & Opelt, 2021; Gieseke, 2018e, Gieseke, 2019b).

15 Im Kontext heutiger gesellschaftlicher Herausforderungen auch in Verflechtung mit KuBi, siehe etwa Fleige, Gieseke & Robak, 2015.

3. Weitere Aspekte und Anschlüsse

Im Rahmen der Analyse zu großen Träger- und Programmbereichen fallen immer wieder Beschreibungen von Wechselwirkungen zwischen Programmentwicklung, Institutionalentwicklung und gesellschaftlicher Entwicklung auf (Gieseke & Opelt, 2003; 2005; Fleige et al., 2022b; Robak et al., 2023 – s.o.), die mit weiteren Wirkfeldern Wiltrud Giesekes in Verbindung stehen.

So etwa die Analyse von und Konzeptentwicklung für *Angebote(n) für Frauen*, im Anschluss an eine intensive Bearbeitung in den 1990er und 2000er Jahren (vgl. Käpplinger, Robak & Schmidt-Lauff, 2013). So arbeitet Wiltrud Gieseke in ihren Studien zur KuBi heraus, dass diese aufgrund der Teilnehmenden- und Zielgruppenstruktur indirekt mehrheitlich Frauenbildung ist bzw. auf Bildungsinteressen von Frauen verweist (Fleige et al. 2015, S. 16), insbesondere im selbsttätig-kreativen Portal – und dies eine der Quellen für deren zumindest bis in die 2000er Jahre offene Abwertung ist (Gieseke & Robak, 2014). Analog zeigt auch die erwähnte Studie zur Weiterbildung Kunst- und Kulturschaffender (Robak et al. 2023, s.o.) einen besonderen Bezug zu den Bildungsbedürfnissen von weiblichen Teilnehmenden. Hier legen sich Rückfragen zu den Vermittlungsstrukturen in der KuBi für Laien:innen nahe, dahingehend, wie weibliche und männliche Kursleitungen wiederum auf die Bildungsbedürfnisse von weiblichen und männlichen Teilnehmenden eingehen. Die Diskussionszusammenhänge zu non-binärer Geschlechtlichkeit und Intersektionalität sind dabei hier nicht mitbehandelt – vorerst bleibt jedoch auch die Frage drängend, wieviel Geschlechtergerechtigkeit in der Gesellschaft und ihren unterschiedlichen Milieus vorherrscht (auch angesichts von Roll-Backs und Segregation), wie Bildungsinstitutionen und -angebote dieses aufnehmen, und welche Zielgruppenangebote auf dieser Basis gemacht werden (Gieseke 2015; 2016).[16]

Ein weiterer in dieser Weise querliegender Aspekt ist die *Programmentwicklung in unterschiedlichen Bildungsregionen, ‚ländlich' und ‚städtisch'* (Gieseke & Opelt, 2022; Fleige & Gieseke, 2020) sowie *‚ost'- und ‚westdeutsch'* (Gieseke & Opelt, 2003; 2005; Gieseke & Robak, 2022), wobei Gieseke zwar die Besonderheiten der Biographien hervorhebt und schlechte Behandlung anklagt (Gieseke 2020, S. 13), jedoch immer von einem gleich hohen Entwicklungsstand der Bildungsstrukturen in unterschiedlichen Regionen mit jeweils verschiedenen,

16 Damit im Zusammenhang steht ein Engagement Wiltrud Giesekes für Frauen und deren (Kompetenz-)Entwicklung sowie berufliche und gesellschaftliche Platzierung in direkter Ansprache bei zu diesen Themen ausgerichteten Fachtagungen (Gieseke, 2013; 2014; 2023).

spezifischen Schwerpunktsetzungen ausgeht (Gieseke & Opelt, 2003; 2005; Gieseke & Robak, 2022, S. 259).[17] So entfaltet die EB/WB ihre gesellschaftliche Transformationsleistung.

Abschließend soll hier noch der Gedanke eingebracht werden, dass die jüngeren Arbeiten zu Trägern, Programmen und Programmentwicklungen die professionalisierungstheoretische Forschung und Theoriebildung in Wiltrud Giesekes Werk der 1980er-2000er Jahre fortsetzen,[18] indem sie diese über das Programmplanungshandeln (und Leitungshandeln, Gieseke & Robak, 2004)[19] verdeutlichen. So geht es Wiltrud Gieseke etwa bei der o.g. Handreichung und dem Raster zur KuBi in der EEB um eine Erhöhung der „Sprachfähigkeit" (Gieseke, 2018b, S. 74), Begründungsfähigkeit und Entscheidungs-/Handlungsfähigkeit[20] in der erwachsenenbildnerischen Arbeit als einem der Kennzeichen von ‚Professionalität', das sie selbst definiert hat (Gieseke, 2018c; diesen Zusammenhang explizierend: Gieseke, 2024b).

Literatur

Becker, H., & Krüger, T. (2018). Weiterbildung und Politik. In R. Tippelt und A. v. Hippel (Hrsg.), *Handbuch Erwachsenenbildung/Weiterbildung* (S. 635–651). Wiesbaden.

Büchel, K., Eichhorn, F., Fleige, M., Gieseke, W., Graeser, N., Hinz, O., Petri, J., & Ritschel, T. (2018). *Kulturelle Bildung in der Evangelischen Erwachsenenbildung*. Waxmann.

Depta, H., Kargul, J., & Półturzycki, J. (2005). *Kulturelle Erwachsenenbildung in Polen am Beispiel Lubuskie, Warschau und Płock*. Waxmann.

Fleige, M. (2011). *Lernkulturen in der öffentlichen Erwachsenenbildung. Theorieentwickelnde und empirische Betrachtungen am Beispiel evangelischer Träger*. Waxmann.

17 Siehe dazu auch zu erwartende Ergebnisse im Projekt ‚SKUBIL' und anderen des BMBF-Förderschwerpunktes zur ländlichen KuBi (https://www.uni-potsdam.de/de/metaklub/).

18 Über deren emotionstheoretische Weiterführung hinaus (s. Gieseke, 2018 auf der Basis ihrer emotionstheoretischen Grundlegungen, vgl. Grotlüschen und Pätzold sowie Arnold in diesem Band). Hinzu kommen die professionspolitisch bedeutsamen Beiträge in Verbandskontexten, s.o.

19 Sowie Beratungshandeln, s. Beitrag von Stimm in diesem Band.

20 Auch als generelles Kennzeichen und generelle Zielperspektive von Handreichungen, Lehrtexten, Modellen, Reflexionsinstrumenten im Wissenstransfer zu verstehen (s. Fleige, Gassner & Schams, 2020; Fleige et al., 2018).

Fleige, M., Gassner, J., & Schams, M. (2020). *Kulturelle Erwachsenenbildung. Bedeutung, Planung und Umsetzung*. wbv Media GmbH & Co. KG. https://doi.org/10.3278/43/0059w

Fleige, M., & Gieseke, W. (2020). Kulturelle Erwachsenenbildung als Ressource für Aneignung und Gestaltung ländlicher Räume. *Forum Erwachsenenbildung, 53*(1), 14–19. https://doi.org/10.25656/01:26657

Fleige, M., Gieseke, W., & Robak, S. (2015). *Kulturelle Erwachsenenbildung. Strukturen – Partizipationsformen – Domänen*. W. Bertelsmann. https://www.die-bonn.de/doks/2015-kulturelle-bildung-02.pdf

Fleige, M., Gieseke, W., & Robak, S. (2020, 02. Juli). *Wir brauchen ein breites Bündnis für die Kulturelle Erwachsenenbildung*. https://www.jmwiarda.de/2020/07/08/ein-breites-b%C3%BCndnis-f%C3%BCr-die-kulturelle-erwachsenenbildung/

Fleige, M., Gieseke, W., von Hippel, A., & Stimm, M. (2022). Berufliche Weiterbildung in Volkshochschulen. Zugänge zum lebenslangen Lernen. Peter Lang. https://www.peterlang.com/document/1278397

Fleige, M., Gieseke, W., von Hippel, A., Käpplinger, B., & Robak, S. (2018). *Programm- und Angebotsentwicklung*. wbv Media GmbH & Co. KG. https://www.utb.de/doi/book/10.36198/9783838549668

Gieseke, W. (2013, 11. April). *Bildungsarbeit mit Frauen unter dem Gender Diskurs. Wirklichkeitskonstruktionen – Habitualisierung bleibender Aufklärungsbedarf?* [Vortrag]. Fachtagung „Uns reicht's – noch lange nicht“, St. Virgil, Salzburg. Österreich.

Gieseke, W. (2013). Herausforderungen in der Zivilgesellschaft. Bildungschancen in der Evangelischen Erwachsenenbildung. In A. Seiverth (Hrsg.), *Jahrbuch Evangelische Erwachsenenbildung* (JEEB) (S. 183–199). Evangelische Verlagsanstalt.

Gieseke, W. (2014, 22. November). *Genderverhältnisse in Bildung. Zwischen Entwicklung und Stillstand – wo befinden sich die Frauen?* [Vortrag]. Frauenenquete 2014 „Frauen. Bilden. Kritik“, Pädagogische Hochschule, Wien. Österreich.

Gieseke, W. (2015). Können wir noch von einer Geschlechterhierarchie sprechen? *AEP-Informationen. Feministische Zeitschrift für Politik und Gesellschaft, 42*(3), 26–28.

Gieseke, W. (2016). Theoretische und empirische Herausforderungen zur Integrationsdebatte in der Erwachsenenbildung. Ein Essay. *Hessische Blätter für Volksbildung*, (4), 311–323. https://doi.org/10.3278/HBV1604W311.

Gieseke, W. (2018a). Elemente einer Theorie der Kulturellen Bildung. Anthropologische, kulturwissenschaftliche und bildungstheoretische Orientierungen. In K. Büchel, F. Eichhorn, M. Fleige, W. Gieseke, N. Graeser, O. Hinz, J. Petri

& T. Ritschel (Hrsg.), *Kulturelle Bildung in der Evangelischen Erwachsenenbildung* (S. 34–60). Waxmann.

Gieseke, W. (2018b). Gelebte Praxis kriterienbezogen vorstellen und reflektieren. In K. Büchel, F. Eichhorn, M. Fleige, W. Gieseke, N. Graeser, O. Hinz, J. Petri & T. Ritschel (Hrsg.), *Kulturelle Bildung in der Evangelischen Erwachsenenbildung* (S. 75–77). Waxmann.

Gieseke, W. (2018c). Professionalität und Professionalisierung in der Erwachsenenbildung/Weiterbildung. In R. Tippelt & A. von Hippel (Hrsg.), *Handbuch Erwachsenenbildung/Weiterbildung* (S. 1051–1069). Springer VS.

Gieseke, W. (2018d). 1918 – demokratischer Aufbruch und Bildung. *Journal für politische Bildung: 1918 – demokratischer Aufbruch?* (1), 46–48.

Gieseke, W. (2018e). 100 Jahre Volkshochschule. Kulturelle Bildung in der VHS. Mechanismen der Macht im NS-Staat. In J. Schrader & E.-D. Rossmann (Hrsg.), *100 Jahre VHS. Geschichten ihres Alltags* (S. 66–67). Bad Heilbrunn.

Gieseke, W. (2019a). (Erwachsen-)Pädagogische Herausforderungen im Prozess der Akademisierung und der Ausdifferenzierung der Gesundheitsberufe. In S. Dietel & T. Ufer (Hrsg.), *Forschung und Lehre der Fakultät für Gesundheits- und Sozialwissenschaften. Perspektivverschränkungen in den Gesundheitswissenschaften.* Band 2: Der lange Weg zur Chancengleichheit (S. 161–175). Verlag Dr. Kovač.

Gieseke, W. (2019b). 1933 bis 1945. Fragmente zur Volkshochschulentwicklung – Thüringen als Übungsfeld der NSDAP zur Machtübernahme im Reich. In Thüringer Volkshochschulverband e.V. (Hrsg.), 100 Jahre *Volkshochschule Thüringen. Herausforderung zu jeder Zeit* (S. 21–27). Verlag VOPELIUS.

Gieseke, W. (2020). Helga Stock – Zusammenarbeit seit der Wendezeit. Ein Essay - Nachreflektionen. In S. Dietel & W. Gieseke, W. (Hrsg.), *Positionieren in der Erwachsenenbildung/Weiterbildung vor dem Hintergrund einer deutsch-deutschen Biographie. Gedenkband für Dr. sc. Helga Stock* (S. 11–23). Verlag Dr. Kovač.

Gieseke, W. (2022). Demokratische politische Bildungsarbeit, dramaturgisch entwickelt. Ein doppelter Blick auf Hans Tietgens' Verhältnis zur politischen Bildung in den 70er-Jahren. In P. Ciupke & N. Reichling, N. (Hrsg.), *Versachlichen – Deuten – Gegensteuern. Hans Tietgens und die politische Erwachsenenbildung* (S. 185–198). wbv Media GmbH & Co. KG. https://www.wbv.de/shop/Versachlichen-Deuten-Gegensteuern-6004825w

Gieseke, W. (2023, 22. November). *Demokratisierung des Geschlechterverhältnisses in beruflichen Kontexten* [Online-Vortrag]. BauFrauen, online-Veranstaltung, Nürnberg. Deutschland.

Gieseke, W. (2024a). Bildungswissenschaftliche Positionierung und Stärkung des Individuums in der Betrieblichen Weiterbildung. In Allespach, M., Käpplinger, B. & Wienberg, J. (Hrsg.), *Handbuch Betriebliche Weiterbildung. Emanzipatorische Ansätze in Theorie und Praxis* (S. 448–460). Bund-Verlag.

Gieseke, W. (2024b). Professionelle Begriffsentwicklung auf empirischer Basis. *Erwachsenenpädagogischer Report*, Band 85. Humboldt-Universität zu Berlin. https://doi.org/10.18452/29490

Gieseke, W. (Hrsg.). (2000). *Programmplanung als Bildungsmanagement? Qualitative Studie in Perspektivverschränkung: Begleituntersuchung des Modellversuchs „Erprobung eines Berufseinführungskonzeptes in der konfessionellen Erwachsenenbildung"*. Bitter.

Gieseke, W., & Käpplinger, B. (2023). *Hans Tietgens und die Erwachsenenbildung. Gespräche über frühe wegweisende Texte.* wbv.

Gieseke, W., & Opelt, K. (2003). *Erwachsenenbildung in politischen Umbrüchen.* Leske + Budrich. https://doi.org/10.1007/978-3-322-92243-4

Gieseke, W., & Opelt, K. (2005). Programmanalyse zur kulturellen Bildung in Berlin/Brandenburg. In W. Gieseke, K. Opelt, H. Stock & I. Börjesson (Hrsg.), *Kulturelle Erwachsenenbildung in Deutschland. Exemplarische Analyse Berlin/Brandenburg* (S. 43–108). Waxmann.

Gieseke, W., & Opelt, K. (2021). Volkshochschule in zwei Diktaturen des letzten Jahrhunderts. In R. Egler, U. Klemm & J. Küfner (Hrsg.), *Blick zurück nach vorn. Überlegungen zur Zukunft der Volkshochschule* (S. 72–87). Verlag Klemm+Oelschläger.

Gieseke, W., Opelt, K., Stock, H., & Börjesson, I. (2005). *Kulturelle Erwachsenenbildung in Deutschland. Exemplarische Analyse Berlin/Brandenburg.* Waxmann.

Gieseke, W., & Robak, S. (2004). Programmplanung und Management aus der Bildungsforschungsperspektive. Empirische Befunde und konzeptionelle Wendungen. *REPORT, 27*(2), 33–41. https://www.die-bonn.de/esprid/dokumente/doc-2003/nuissl03_08.pdf#page=33

Gieseke, W., & Robak, S. (2014). „Schmuddelkind" Kulturelle Bildung? *DIE Zeitschrift für Erwachsenenbildung*, (4), 29–31. https://www.die-bonn.de/zeitschrift/42014/kulturelle-bildung-01.pdf

Gieseke, W., & Robak, S. (2022). Bildungsforschung als Zugang zur Erschließung gesellschaftlicher Wirklichkeit. *Zeitschrift für Weiterbildungsforschung, 45*(2), 253–274. https://doi.org/10.1007/s40955-022-00216-8

Hessische Blätter für Volksbildung (HBV), *Heft 01/2021: „Optimierung in der Erwachsenenbildung – Optimierung durch Erwachsenenbildung?"*

Iffert, S., Thöne-Geyer, B., Schmidt, C., Fleige, M., Gieseke, W., Hippel, A. von, & Stimm, M. (2021). *Kodierleitfaden zur Programmanalyse im Projekt „Berufliche Weiterbildung in Volkshochschulen. Zugänge zum Lebenslangen Lernen.* Düsseldorf: Hans-Böckler-Stiftung. (Working Paper Forschungsförderung; Nr. 214, Juli 2021). https://www.boeckler.de/de/faust-detail.htm?sync_id=HBS-008056

Käpplinger, B., Robak, S., & Schmidt-Lauff, S. (2013). *Engagement für die Erwachsenenbildung. Ethische Bezugnahmen und demokratische Verantwortung. Springer VS.*

Robak, S., Fleige, M., Sterzik, L., Seifert, J., Teichmann, A.-K., & Krueger, S. (2015). *Die Konstitution Kultureller Bildungsräume. Fünf überregionale Institutionen der non-formalen Kulturellen (Erwachsenen-)Bildung: Bildungsangebotsentwicklungen, innovative Impulse, Planungsspielräume.* Recherche und Analyse im Auftrag des Rates für Kulturelle Bildung. Rat für Kulturelle Bildung (Hrsg.).

Robak, S., Gieseke, W., Heidemann, L., Fleige, M., Kühn, C., Preuß, J., Freide, S., & Krueger, A. (Hrsg.). (2003). *Wissenschaftliche berufliche Weiterbildung für Kunst und Kultur. Bildungssphäre für das künstlerisch-kulturelle Selbst: Entfalten. Platzieren. Gestalten.* wbv Media GmbH & Co. KG. https://doi.org/10.3278/9783763973316

Stimm, M., Gieseke, W., Thöne-Geyer, B., & Fleige, M. (2020). Relative Autonomie von Programmplanenden in kooperativen Beziehungen der Volkshochschulen. *Hessische Blätter für Volksbildung,* (4), 9–18. https://hessische-blaetter.de/articles/10.3278/HBV2004W002

Steffi Robak

Bildungsforschung im Handlungszusammenhang von Kultureller Bildung, Kunst, Kultur und Wissenschaftlicher beruflicher Weiterbildung

1. Einleitung

Die besondere Bedeutung Kultureller Bildung besteht darin, dass es ihr insbesondere darum geht, verengte kulturelle Sichten zu überwinden und für den Menschen Lernräume und Bildungssphären für Entfaltung zu öffnen. Sie verfügt über eine Vielfalt an Gestaltungszugängen und kann Bildungsprozesse durch Wissen, Wahrnehmen, Interpretieren, Gestalten etc. eröffnen. Diese Vielgestaltigkeit offeriert Zugangswelten, die durch eine breite Auslegung von Kunst, Kultur, Kreativität und emanzipativer Bildung initiierbar sind und über Bildungsforschung auf verschiedenen Ebenen sichtbar gemacht werden können.

Die theoretisch-empirischen Arbeiten zur Kulturellen Bildung von Wiltrud Gieseke basieren insbesondere auf einer empirischen, in Perspektivverschränkung und international angelegten Programmforschungsstudie (Gieseke et al., 2005).[1] Diese Programmforschungsstudie („Mutterstudie" zur Kulturellen Bildung) ist einerseits grundgebend für eine seither fortlaufende systematische Erschließung und Theoriebildung in der Kulturellen Bildung und andererseits darüber hinaus für grundlegende Kategorien und Theoreme der Erschließung von Bildungsprozessen und Organisationalformen.

Eine gleichzeitig grundlegende Beschäftigung mit Bildungsprozessen, mit der Bedeutung von Emotionen, der Gestaltung und Planung von Programmen und institutionellen Strukturen nähren und durchdringen die Systematisierungs- und Auslegungsdichte zur Kulturellen Bildung sowie die Fundierung von Erwachsenenbildung als Wissenschaft insgesamt.

Der Beitrag skizziert zentrale Studien und theoretische Arbeiten von Wiltrud Gieseke als Beitrag zur Bildungsforschung am Beispiel der Kulturellen Bildung,

1 Die Studie wurde in ausgewählten Regionen in Deutschland und Polen durchgeführt, in Deutschland in Berlin und Brandenburg.

davon ausgehende kontinuierliche Weiterbeschäftigungen bis hin zur grundgedanklichen Erforschung und Platzierung von wissenschaftlicher beruflicher Weiterbildung im breiten Feld von Kunst und Kultur. Einbezogen werden darüber hinaus grundlegende Kategorien für die Erwachsenenbildungswissenschaft, die in Bezug zur Erforschung der Kulturellen Bildung stehen. Programmforschung erweist sich forschungsmethodologisch und methodisch als tragender Ausgangspunkt für theoriebildende und auch bildungsinstitutionalkonzeptbezogene Überlegungen bei ausgewählten Trägern der Erwachsenen- und Weiterbildung (Gieseke & Robak, 2022).

2. Programmanalyse zur Kulturellen Bildung – Bedeutung der Zugangsportale für Bildungsprozesse und Auslegungen für unterschiedliche Träger öffentlicher Erwachsenenbildung

Ausgangspunkt der grundlegenden Beschäftigung mit Kultureller Bildung ist die oben genannte vergleichende Studie in ausgewählten Regionen in Deutschland und Polen (Gieseke et al., 2005; Depta et al., 2005). Sowohl die empirische Erschließung und Systematisierung als auch der Vergleich der Kulturellen Bildung als komparativer Zugang waren und sind bis heute noch immer ein Novum.[2] Die besondere Bedeutung Kultureller Bildung wurde dahingehend platziert, dass sie für die Bevölkerung eines Landes garantiert, sich an kulturellen Ereignissen überhaupt aktiv beteiligen zu können, „weil die Individuen selbst zu verschiedenen kulturellen Bereichen einen Zugang entwickeln“ (Gieseke, 2005, S. 25–26).

Auf der Grundlage von Programmanalysen wurden als systematische Unterscheidung und Grundlage für weitere empirische Arbeiten und Theoretisierungen ‚Portale‘ als Zugangswege erschlossen: das systematisch-rezeptive, das selbsttätig-kreative und das verstehend-kommunikative Portal (Gieseke et al., 2005; vgl. auch Kap. 2). Im Fokus steht mit den Portalen nicht die Frage der Relevanz von Bildung für Kunst und Kultur, sondern das *Wie* der kulturell-künstlerischen Erschließung

---

2 Wissenschaftlich ist unter komparativer Perspektive interessant, dass der Vergleich der Ergebnisse der Programm- und Angebotsanalysen für beide Länder zeigt, dass mit denselben Kategorien gearbeitet werden konnte, die auf gleiche Zugänge zur Kulturellen Bildung verweisen (Solarczyk, 2005; Gieseke & Krueger, 2017, S. 315). Die Angebotsschwerpunkte unterscheiden sich in der quantitativen Verteilung der Portale, d.h. in den Schwerpunktsetzungen zwischen Selbsttun, künstlerische Werke erschließen und verstehend-kommunikativen Anteilen. Der Vergleich verweist auf ähnliche Bedürfnisse der Teilnehmenden und auf ähnliche Überlegungen der Konzeptionierung und Planung von Angeboten und Programmen.

und Beteiligung sowie die Bedeutung der Bildungsprozesse für das Individuum und die Gesellschaft. Die Identifizierung und Platzierung von Portalen als Zugangswege zur Kulturellen Bildung bedeuten eine konsequente Hinwendung zum Individuum und dessen Interessen, Bedürfnissen, Bildungswünschen und -wegen, unter Berücksichtigung der jeweiligen gesellschaftlich-lebensweltlichen Bedingungen. Der zugrundeliegende Bildungsbegriff und die Positionierung von Wiltrud Gieseke sind dabei eindeutig, konsequent emanzipativ und nicht ambivalent. Es geht um die Sicherung einer Vielfalt an Zugängen und die Hebung aller Bildungspotenziale für die Individuen, d.h. für *systematisch-rezeptive* Erschließung und Wissensgenerierung (etwa literarische Genres), für individuellen Ausdruck durch *selbsttätig-kreatives* Tun (z.B. Portraitmalerei erlernen oder üben). Einen spezifischen Zuschnitt hat das *verstehend-kommunikative* Portal, später auch *inter-/transkulturelles* Portal genannt, weil es die Verständigung und den Umgang mit Fremdheit und kultureller Differenz im Kern fokussiert, dafür aber wiederum unterschiedlichste Wege als Zugänge benötigt (Gieseke et al., 2005; vgl. auch Kap. 2; Robak & Petter, 2014; Robak, 2017).

Die Kulturelle Bildung ist in mehrfacher Hinsicht grundlegend und wegweisend: War sie als Teilbereich der Erwachsenenbildung/Weiterbildung zuerst bei den *Volkshochschulen (VHS)* seit deren Gründung 1919 fester Bestandteil des Programms (siehe dazu die Ergebnisse der Programmforschungsstudie zur VHS Dresden Gieseke & Opelt, 2003 und grundlegend zur Wechselwirkung von Programm, Träger und Institution Gieseke 2000), wurde sie im Verlauf grundlegender Bestandteil der Institutionalisierung der Erwachsenenbildung zu einem System, das im Sinne der Demokratieförderung allen Individuen Bildungsprozesse ermöglicht. Kulturelle Bildung wurde bei verschiedenen öffentlich finanzierten Trägern ausdifferenziert, wozu Wiltrud Gieseke und auch Marion Fleige nicht nur durch theoretisch-empirische Arbeiten, sondern auch Dialoge, einen wichtigen Beitrag leisten (Fleige, 2011; Fleige et al., 2020; Büchel et al., 2018).

In den letzten Jahrzehnten, so konnte in der Programmforschungsstudie zur Kulturellen Bildung erstmals identifiziert werden, greift die Kulturelle Bildung über die Erwachsenenbildung hinaus in andere Institutionen aus, etwa in Museen, Theater, Vereine, Cafés etc. Hier entwickelt sie sich kontinuierlich als „Beigeordnete Bildung", d.h. als Angebot in Organisationen und Institutionen, deren Hauptaufgabe nicht zuvorderst Bildung ist (vgl. Gieseke et al., 2005; Fleige et al., 2015, Kap. 1; Gieseke & Krueger, 2017).

Kulturelle Bildung wird institutionen- und institutionalformspezifisch gestaltet, vielleicht sogar als Bildungsinstitutionalkonzept bzw. als Teil dessen ausgelegt (Gieseke & Robak, 2004; Robak, 2018). Platzierung und Ausdifferenzierung der Kulturellen Bildung sind keine Selbstläufer und können – insbesondere in der öffentlich finanzierten Erwachsenenbildung – durch Diskurs und wissenschaftliche Begleitung gefördert werden.

3. Empirisch-theoretische Fundierung der Kulturellen Bildung - Ausgangspunkt für weiterführende Theoriebildung und ihre Bedeutung für entfaltungsorientierte lebensbegleitende Bildung

Die Programm- und Angebotsstrukturen, deren Ausdifferenzierung als Portale, ebenso wie die Verdichtung der verwobenen Bezüge für Kulturelle Bildung bzw. Bildungsprozesse zwischen Domänenstrukturen und den Kunstformen einerseits sowie den Bildungsaspirationen und Bildungsprozessen der Individuen andererseits und den Einbettungen in gesellschaftliche Entwicklungen speisen eine ausdifferenzierte Begrifflichkeit und Konzeptualisierung Kultureller Bildung(sprozesse).

Kulturelle Bildung ist anhaltend nachgefragt, um dem Bedürfnis der Individuen nach Kreativität, Entfaltung und Platzierung in der Gesellschaft Entwicklungsräume zu eröffnen.

Die bildungstheoretischen Ausdifferenzierungen der Portale Kultureller Bildung werden gespeist aus verschiedenen Bezügen und Perspektivierungen, die kontinuierlich zu weiterführenden Theoretisierungen und Forschungen herausfordern:

1. Die *Perspektive der Adressat:innen und Teilnehmer:innen in ihren Lern- und Bildungsprozessen*, gekoppelt an Lern- und Partizipationswege, die sie über Bildungsaktivitäten in direkte Aktivierungen und Berührungen bringen bzw. darin eintauchen lassen: Die individuellen Wünsche, Interessen, Bedürfnisse und leiblich-emotional-lebensweltlich ausgeformten Verbindungen, Realitäten und Entfaltungsperspektiven, die geprägt sind von ihren sozialisatorisch-bildungshintergrundbezogenen Fähigkeiten und sich als Emotionsmuster in den individuellen Lern- und Bildungsaspirationen Raum nehmen (vgl. Gieseke, 2016). Individuen werden aber grundlegend als durch Plastizität und anthropologisch gegebene Offenheit gekennzeichnete Persönlichkeiten, die nicht in ihren Mustern stecken bleiben, betrachtet, sondern als offen für neue Wahrnehmungs- und Handlungsaktivierungen, Beziehungen und Bezüge. Letztlich wird den Individuen eine grundlegende Fähigkeit der Kreativität und ein Recht auf kreative Entfaltung eingeräumt (siehe Bezüge zu Menke, 2013, in Gieseke, 2018a, S. 47). Mit Verweis auf interdisziplinäre Befunde und lebensweltliche Perspektiven hebt Gieseke besonders die Beziehungs- und Involvierungsfähigkeit hervor (Gieseke, 2018a; Heller, 1981). Mit Kultureller

Bildung ist aufgrund ihrer Fülle an gestalteten Bildungswelten und Zugängen insbesondere die leibliche Gebundenheit von Bildungsprozessen angesprochen (Gieseke & Krueger, 2017, S. 316; Fuchs, 2011, S. 348).

2. Die *Ausdifferenzierung von offenen, integrativen Kunst- und Kulturbegriffen*, verbunden mit anthropologischen, neurobiologisch-fundierten und lebensweltlichen bzw. phänomenologischen Begründungen, die die Bedeutsamkeit der Beteiligung an Kulturformung durch die Individuen über Kulturelle Bildung begründen: Scharfe (2002) fasst unter ‚Kultur' alles vom Menschen Geschaffene. Sowohl für Kultur als auch Kunst ist von transkulturellen Offenheiten und Durchdringungen auszugehen, die auf Gemeinsamkeiten in kulturell-künstlerischen Praktiken und Wahrnehmungen hinweisen, welche neue Verbindungen für Kulturformungen zulassen und evozieren (Welsch, 2011). Kunst, Kultur und Kulturelle Bildung ermöglichen transkulturelle Öffnungen (Gieseke & Krueger, 2017, S. 317), die den Individuen neue Verbindungen ermöglichen. Der Transkulturalität ist eine eigene Bedeutung in der Ausdifferenzierung verstehend-kommunikativer Zugänge zuzuweisen (Robak, 2013, 2017).
3. Die *Beschäftigung mit den Domänen Kultureller Bildung selbst*: Von den Kunstdomänen und damit den Bereichen für Kulturelle Bildung, wie sie sich weiterentwickeln bzw. ausdifferenzieren, gehen Impulse für Aktivierungen aus, die wiederum Impulse für Bildungsprozesse und Zugangswege evozieren sowie Einstiegspunkte für die Wiederaufnahme künstlerisch-kultureller Praktiken sein können (siehe dazu Fleige et al., 2015).
4. Das *Verstehen, wie Angebote, Institutionalisierungen und Programmstrukturen entstehen*: Die in der Programmforschungsstudie zur Kulturellen Bildung identifizierte „beigeordnete Bildung" zeigt, dass kulturelle Bildungsthemen, Bedürfnisse, Bedarfe als Angebote in Organisationalformen aufgenommen werden, die keine Bildungseinrichtungen sind bzw. andere Hauptaufgaben haben, wie Museen, Cafés, Vereine etc. Dies gilt insbesondere für interkulturell-verstehende Angebote (Börjesson, 2005). Das Entstehen dieser Angebote Kultureller Bildung prägte auch Wiltrud Giesekes späteres Theorem des „rhizomartigen Wachstums" mit (siehe Gieseke, 2018b, S. 21–22).

Sowohl der Begriff der beigeordneten Bildung als auch der des rhizomartigen Wachstums bilden eine Grundlage, um die Entstehung und Gestaltung von Programmen und Institutionen sowie Institutionalisierungsprozesse zu hinterfragen, zu erforschen und zu theoretisieren (Fleige et al., 2018).

Mit Blick auf weiterführende Theoretisierungen, die Kulturelle Bildung grundlegend als entfaltungsorientierte lebensbegleitende Bildung einordnen, kommt der Verkoppelung oben genannter Bezüge mit grundlegenden Betrachtungen von Bildungsprozessen eine hohe Bedeutung zu: Diese bewegen sich zwischen Wissensaneignung, ästhetischer Erfahrung, Erweiterung von Deutungen, Sich-kreativ-ausdrücken-Können, Handlungsspielräume erweitern und Fähigkeiten zur Kulturformung über Handeln entwickeln. Die Monografie von Fleige et al. (2015) entfaltet eine bildungstheoretische Auslegung und Differenzierung für alle drei Portale.

Als Studien, die bereits in diese Theoretisierungen einflossen oder daran anschließen, sind die Folgenden zu nennen: Die Programmstudie zur Interkulturellen Erwachsenenbildung in Niedersachsen (Robak & Petter, 2014) analysiert weiterführend das verstehend-kommunikative Portal unter der Perspektive des Umgangs mit Fremdheit und kultureller Differenz, zugrundeliegende Kultur- und Bildungsbegriffe. Sie analysiert und systematisiert Fachbereichs- und Portaldifferenzierungen als deltaförmige Ausdifferenzierung und Durchdringung.

Die Studie im Auftrag des Rates für Kulturelle Bildung knüpfte an die Theoretisierung der Portale an und analysiert, programm- und dokumentenanalytisch angelegt, die Innovationsimpulse, die von der kulturellen Erwachsenenbildung ausgehen. Es wurde ein Mischportal zwischen dem selbsttätig-kreativen und systematisch-rezeptiven Portal herausgearbeitet, das insbesondere Zugänge künstlerisch-kultureller beruflicher Weiterbildungen für die Kunst- und Kulturschaffenden offeriert (Robak et al., 2015, S. 11).

Wie sich Kulturelle Bildung in Bildungsgelegenheiten in peripheren Regionen ausformt und dabei kulturelle Ressourcen vor Ort nutzt, untersucht das Projekt SKUBIL (Preuss et al., 2022; Sebening et al., 2023). Offengelegt wird, welche regionalspezifischen Merkmale Bildungsgelegenheiten aufweisen, insbesondere dann, wenn es keine flächendeckende institutionelle Struktur für Kulturelle Bildung gibt. Auch Marion Fleige und Wiltrud Gieseke reflektieren Ressourcen und identifizieren Ansätze für die Gestaltung Kultureller Bildung in ländlichen Räumen (Fleige & Gieseke, 2020).

4. Handeln, Tätigkeiten und Beruf als erweiterte Erschließungsperspektiven -Wissenschaftliche berufliche Weiterbildung für Kunst, Kultur und Kulturelle Bildung

Kulturelle Bildung ist als Bereich eigenständig und hat als Handlungsfeld eine eigene Dignität. Darüber hinaus ist sie mit einem breiten Tätigkeitsfeld Kunst und Kultur verbunden.

Diese Verbindungen und darüberhinausgehende Perspektiven nimmt die Studie „Wissenschaftliche berufliche Weiterbildung für Kunst und Kultur“ (Robak et al., 2023) auf, deren Kernperspektive eine Programmanalyse zur wissenschaftlichen beruflichen Weiterbildung von Gieseke und Krueger (2023a und b) ist.

Ausgangspunkt der Programmanalyse ist ein bildungswissenschaftlich angelegter Handlungsbegriff: Die Gestaltung von Weiterbildung wird als ein bildungstheoretisch einzuordnender Konstruktionsprozess platziert, der auf Handeln basiert, interdisziplinär auf vielfältige Handlungsanforderungen im Feld Kunst und Kultur, welche Kompetenzanforderungen hervorbringen, reagieren muss (Gieseke, 2023b, Kap. 5). Diese können im breiten Spektrum wissenschaftlicher beruflicher Weiterbildung für den breiten Bereich Kunst und Kultur mit den verschiedenen Fächern – auf Basis der Gestaltung von Angeboten und Programmen – über den Erwerb von Wissen, Teilfähigkeiten bis hin zu Zertifikaten beantwortet werden; Dies jeweils in spezifischen Kunstsparten und Tätigkeitsbereichen, die sich weiterentwickeln und neue Fähigkeitserwartungen evozieren. Auch wenn der Kern der Fächer im Fokus steht, geht es um eine erweiterte Kompetenzanforderung im handelnden Tun zwischen technischen, wahrnehmungsoffenen, suchenden und experimentellen Bildungsbewegungen. Der interdisziplinär begründete und anzulegende Handlungsbegriff weist eine Doppelstruktur auf – er nimmt sowohl die Planenden als auch die Partizipierenden in den Blick (Gieseke, 2023b, S. 115). Die Figur des erweiterten Tätigkeiten- und Handlungsbezugs findet sich auch als Ergebnis der Analyse zur beruflichen Weiterbildung, wie sie von Volkshochschulen für viele Berufsgruppen angeboten wird (siehe die Beiträge von Wiltrud Gieseke und in Co-Autor:innenschaft in Fleige et al., 2022).

Ein weiterer Ausgangspunkt für die Programmanalyse zur Weiterbildung im Bereich Kunst und Kultur ist die Prämisse, dass, bildungswissenschaftlich betrachtet, Wechselwirkungsverhältnisse zwischen den individuellen Interessen, Anforderungen in den Arbeitskontexten der im Kunst- und Kulturbereich Tätigen, dem wissenschaftlichen Diskurs und der Gesellschaft bestehen. Im Programm materialisieren sich diese wechselwirkenden Handlungsbezüge (Gieseke, 2023b). Die schrittweise ausgearbeitete Handlungsbegrifflichkeit ist komplex; In ihren Erweiterungen als soziale Handlungstheorie der Kunst werden bildungswissenschaftlich relevante Formen des Handelns in ihren Übergängen zu Bildungs- und Kompetenzentwicklungsprozessen herausgearbeitet (z.B. Experimentieren und Improvisieren in ihren Bezügen zu ästhetischem und anderem Handeln) sowie deren Bedeutung für die Entwicklung subjektiver Kreativität (Gieseke, 2023b, S. 124). Handeln basiert immer auf einem innersubjektiven Prozess, „der neben den eingeübten Praktiken das Subjekt in der Rolle als Kontrolleur:in sieht. Zweitens ist das Handeln nicht mehr allein unter dem Aspekt von Regeln und abstraktem Wollen und Wünschen sowie von Emotionen in der Engführung zu betrachten. Vielmehr bedarf das Handeln als Experimentieren, im Sinne des kreativen Subjekts, auch der Improvisation, um Wahrnehmung und Erkenntnis in eine offene Verbindung zu bringen“ (Gieseke, 2023b, S. 129).

Daraus resultiert für die wissenschaftliche berufliche Weiterbildung für Kunst- und Kulturschaffende, vieles zusammenzudenken: Potenziale zur größeren Offenheit und zum kreativen Handeln, spezielle Kompetenzentwicklung, um neue technische Fertigkeiten zu ermöglichen, aber auch neue Sichtweisen, reflexive Verarbeitung von Erfahrungen und interaktive Betrachtungen. Für das Programm, als Ergebnis offenen dynamischen Handelns zwischen sich abstimmenden Einflussgrößen, das sich als wissenschaftliche Weiterbildung an Kunst und Kultur richtet und für Programmentwicklung einen systematischen komplexen Handlungshorizont eröffnet, entwickelt Wiltrud Gieseke drei Handlungsformen (das sich kreuzende Handeln, Strukturierungsleistung in der Institution, verflochtenes Handeln zwischen Institution und potenziellen Teilnehmenden zur Weiterbildungsaufnahme) (Gieseke, 2023b, S. 136). Diese Konzeptualisierung des Handlungsbegriffs findet zum einen eine Spiegelung in der Programmanalyse (Gieseke & Krueger, 2023b, Kap. 10). In der Doppelstruktur des Handelns findet sie zum anderen eine Differenzierung in der ausgearbeiteten ‚Perspektivverschränkung‘ (Gieseke, 1992, 2023a; Robak et al., 2023, Kap. 6; Gieseke & Robak, 2022) mit insgesamt fünf Akteursperspektiven (s.u.), und insbesondere im letztendlichen Ergebnis der Figur „Entfalten, Platzieren, Gestalten“ als Charakteristikum der wissenschaftlichen beruflichen Weiterbildung im Bereich Kunst und Kultur.

Die Perspektive der Programmanalyse zeigt dabei, dass die Institution Akademie für wissenschaftliche berufliche Weiterbildung für den Kunst- und Kulturbereich auf die Arbeits- und Handlungsfelder der Kunst und Kultur inklusive der Kulturellen Bildung fokussiert ist. Das Programm zielt auf Professionalität im breiten beruflichen Tätigkeitsspektrum und ist auf akademische Fächer rückbezogen, die Ausgangspunkte liefern für eine tätigkeitsbezogene wissenschaftliche berufliche Weiterbildung. Dabei entgrenzen sich die Fächer untereinander und beziehen sich als neue Fachkombinationen auf neu identifizierte Beschäftigungs- und Tätigkeitszuschnitte bzw. docken sich aufgabenbezogen neu an Fächer an. Das bedeutet, dass die Angebote nicht auf abgegrenzte Berufe zentriert sind, sondern auf eine Pluralität von potenziellen Tätigkeiten in Kunst und Kultur. Dies zeigt sich über Mehrfachbezüge und changierende Ansprachen in den Ankündigungen der Angebote (Robak et al., 2023, S. 150; Gieseke & Krueger, 2023b, Kap. 10). In der Verschränkung der in der Studie untersuchten Perspektiven Einrichtungsleitung, Programmplanende, Kursleitende und Teilnehmende zeigt sich auf einer ersten Ebene der Perspektivverschränkung, wie alle Akteur:innen in Form von Kopplungen balancierend und changierend agieren. Diese Kopplungen bewegen sich im Spannungsbogen biografischer Aspirationen einerseits und tätigkeits-/berufsbezogener künstlerisch-kultureller Aspirationen andererseits (Robak, 2023, Kap. 14; siehe Grafik S. 477). Die Wissensinseln der Angebotsentwicklung sind gekoppelt mit den Querkategorien Lebenslagen und Biografie/biografische Methode, Wissensstrukturen und Bedarfe/Bedürfnisse, Berufliche/s Tätigkeitsfeld und Strukturen sowie Berufliche Optionen. Fächerbezogene Wissensstrukturen und Überlegungen sind meist mit mehreren Querkategorien im Bezug. Die Perspektivverschränkung der zweiten Ebene öffnet, ausgehend von den Kopplungen, den Blick in tieferliegende oft implizite Handlungszusammenhänge, die als Entfalten, Platzieren und Gestalten aller Akteur:innen in der Akademie eine spezifische Bildungssphäre gestalten und das Handeln als Ankoppeln und Einkoppeln beschreibbar machen (Robak, 2023, S. 507). Die tieferliegende Binnenstrukturierung des Handelns und aller Bezüge legt offen, wie die Entfaltung der Individuen, ihre Platzierung im sich ausdehnenden Feld Kunst und Kultur und die Mitgestaltung einer sich hybridisierenden und zu gestaltenden Gesellschaft durch Handeln verbunden werden.

Für künftige Forschungen im Bereich der Kulturellen Bildung ist davon auszugehen, dass sich die Bezüge und Fragestellungen erweitern werden. Insbesondere inter-/transkulturelle Bildungsprozesse sind vor dem Hintergrund binnengesellschaftlicher und geostrategischer Veränderungen neu zu hinterfragen.

Literatur

Börjesson, I. (2005). Regionalangebote der beigeordneten kulturellen Bildung im Berliner Bezirk Friedrichshain-Kreuzberg. In W. Gieseke, K. Opelt, H. Stock & I. Börjesson (Hrsg.), *Kulturelle Erwachsenenbildung in Deutschland. Exemplarische Analyse Berlin/Brandenburg* (S. 133–156). Waxmann.

Bundesministerium für Familie, Senioren, Frauen und Jugend (BMFSJ) (2024). *Einsamkeitsbarometer 2024. Langzeitentwicklung von Einsamkeit in Deutschland.* https://www.bmfsfj.de/resource/blob/240528/5a00706c4e1d60528b4fed062e9debcc/einsamkeitsbarometer-2024-data.pdf

Büchel, K., Eichhorn, F., Fleige, M., Gieseke, W., Graeser, N., Hinz, O., Petri, J., & Ritschel, T. (2018). *Kulturelle Bildung in der Evangelischen Erwachsenenbildung.* Waxmann.

Depta, H., Kargul, J., & Półturzycki, J. (2005). *Band 2: Kulturelle Erwachsenenbildung in Polen am Beispiel Lubuskie, Warschau und Płock.* Waxmann.

Fleige, M. (2011). *Lernkulturen in der öffentlichen Erwachsenenbildung. Theorieentwickelnde und empirische Betrachtungen am Beispiel evangelischer Träger.* Waxmann.

Fleige, M., Gassner, J., & Schams, M. (2020). *Kulturelle Erwachsenenbildung. Bedeutung, Planung und Umsetzung.* wbv Media GmbH & Co. KG. https://doi.org/10.3278/43/0059w

Fleige, M., Gieseke, W., & Robak, S. (2015). *Kulturelle Erwachsenenbildung. Strukturen – Partizipationsformen – Domänen.* W. Bertelsmann. https://www.die-bonn.de/doks/2015-kulturelle-bildung-02.pdf

Fleige, M., Gieseke, W., von Hippel, A., Käpplinger, B., & Robak, S. (2018). *Programm- und Angebotsentwicklung.* wbv Media GmbH & Co. KG. https://www.utb.de/doi/book/10.36198/9783838549668

Fleige, M., & Gieseke, W. (2020). Kulturelle Erwachsenenbildung als Ressource für Aneignung und Gestaltung ländlicher Räume. *Forum Erwachsenenbildung, 53*(1), 14–19. https://doi.org/10.25656/01:26657

Fleige, M., Gieseke, W., von Hippel, A., & Stimm, M. (2022). *Berufliche Weiterbildung in Volkshochschulen. Zugänge zum lebenslangen Lernen.* Peter Lang.

Fuchs, T. (2011). Hirnwelt oder Lebenswelt? Zur Kritik des Neurokonstruktivismus. *Deutsche Zeitschrift für Philosophie, 59*(3), 347–358. http://dx.doi.org/10.1524/dzph.2011.0028

Gieseke, W. (1992). Pädagogische Realanalysen durch Perspektivverschränkungen. Ein Beitrag zur Lehr-Lernforschung in Erwachsenenbildungseinrichtungen. *Hessische Blätter für Volksbildung, 42*(1), 10–16. https://doi.org/10.25656/01:1684

Gieseke, W. (Hrsg.). (2000). *Programmplanung als Bildungsmanagement? Qualitative Studie in Perspektivverschränkung: Begleituntersuchung des Modellversuchs „Erprobung eines Berufseinführungskonzeptes in der konfessionellen Erwachsenenbildung“.* Bitter.

Gieseke, W. (2005). Transformation der Kultur ohne Bildung? Situation der kulturellen Bildung. In W. Gieseke, K. Opelt, H. Stock & I. Börjesson, *Kulturelle Erwachsenenbildung in Deutschland – Exemplarische Analyse Berlin/Brandenburg* (S. 21–30). Waxmann.

Gieseke, W. (2016). *Lebenslanges Lernen und Emotionen. Wirkungen von Emotionen auf Bildungsprozesse aus beziehungstheoretischer Perspektive* (3. überarb. Aufl.). wbv Media GmbH & Co. KG. https://doi.org/10.3278/6001623bw

Gieseke, W. (2018a). Elemente einer Theorie der Kulturellen Bildung. Anthropologische, kulturwissenschaftliche und bildungstheoretische Orientierungen. In K. Büchel, F. Eichhorn, M. Fleige, W. Gieseke, N. Graeser, O. Hinz, J. Petri & T. Ritschel (Hrsg.), *Kulturelle Bildung in der Evangelischen Erwachsenenbildung* (S. 34–60). Waxmann.

Gieseke, W. (2018b). Programm und Angebot. In M. Fleige, W. Gieseke, A. von Hippel, B. Käpplinger & S. Robak (Hrsg.), *Programm- und Angebotsentwicklung* (S. 19–28). wbv Media GmbH & Co. KG.

Gieseke, W. (2023a). Perspektivverschränkung. In R. Arnold, E. Nuissl & J. Schrader (Hrsg.), *Wörterbuch Erwachsenen- und Weiterbildung* (3. vollst. überarb. Aufl.) (S. 333–334). Verlag Julius Klinkhardt.

Gieseke, W. (2023b). Zur Entwicklung eines bildungswissenschaftlichen Handlungsbegriffs: Komplexe Wechselwirkungen zwischen den Programminhalten, dem Planungshandeln und der Partizipation in der wissenschaftlichen beruflichen Weiterbildung. In S. Robak, W. Gieseke, L. Heidemann, M. Fleige, C. Kühn, J. Preuß, S. Freide & A. Krueger (Hrsg.), *Wissenschaftliche berufliche Weiterbildung für Kunst und Kultur. Bildungssphäre für das künstlerisch-kulturelle Selbst: Entfalten. Platzieren. Gestalten* (S. 113–140). wbv Media GmbH & Co. KG. https://doi.org/10.3278/9783763973316

Gieseke, W., & Krueger, A. (2017). Selbstsuche und Platzierung der Kulturellen Bildung. Einführung in aktuelle und historische Fragen. *Hessische Blätter für Volksbildung,* (4), 312–323. https://www.wbv.de/shop/Kulturelle-Erwachsenenbildung-HBV-04-2017

Gieseke, W., & Krueger, A. (2023a). Methodischer Zugang: Zur Methode der Programmanalyse. In S. Robak, W. Gieseke, L. Heidemann, M. Fleige, C. Kühn, J. Preuß, S. Freide & A. Krueger (Hrsg.), *Wissenschaftliche berufliche Weiterbildung für Kunst und Kultur. Bildungssphäre für das künstlerisch-kulturelle Selbst: Entfalten. Platzieren. Gestalten* (S. 187–216). wbv Media GmbH & Co. KG. https://doi.org/10.3278/9783763973316

Gieseke, W., & Krueger, A. (2023b). Perspektive: Programm. In S. Robak, W. Gieseke, L. Heidemann, M. Fleige, C. Kühn, J. Preuß, S. Freide & A. Krueger (Hrsg.), *Wissenschaftliche berufliche Weiterbildung für Kunst und Kultur. Bildungssphäre für das künstlerisch-kulturelle Selbst: Entfalten. Platzieren. Gestalten* (S. 233–326). wbv Media GmbH & Co. KG. https://doi.org/10.3278/9783763973316

Gieseke, W., & Opelt, K. (2003). *Erwachsenenbildung in politischen Umbrüchen.* Leske + Budrich. https://doi.org/10.1007/978-3-322-92243-4

Gieseke, W., & Opelt, K. (2005). Programmanalyse zur kulturellen Bildung in Berlin/Brandenburg. In W. Gieseke, K. Opelt, H. Stoch & I. Börjesson (Hrsg.), *Kulturelle Erwachsenenbildung in Deutschland. Exemplarische Analyse Berlin/Brandenburg* (S. 43–108). Waxmann.

Gieseke, W., Opelt, K., Stock, H., & Börjesson, I. (2005). *Kulturelle Erwachsenenbildung in Deutschland. Exemplarische Analyse Berlin/Brandenburg.* Waxmann.

Gieseke, W., & Robak, S. (2004). Programmplanung und Management aus der Bildungsforschungsperspektive. Empirische Befunde und konzeptionelle Wendungen. *REPORT, 27*(2), 33–41. https://www.die-bonn.de/esprid/dokumente/doc-2003/nuissl03_08.pdf#page=33

Gieseke, W., & Robak, S. (2022). Bildungsforschung als Zugang zur Erschließung gesellschaftlicher Wirklichkeit. *ZfW,* (45), 253–274 (2022). https://doi.org/10.1007/s40955-022-00216-8

Heller, A. (1981). *Theorie der Gefühle*. VSA-Verlag.

Käpplinger, B., Robak, S., Fleige, M., Hippel, A., & Gieseke, W. (2017). *Cultures of program planning in adult education: Concepts, research results and archives*. Peter Lang Edition. https://doi.org/10.3726/b11145

Menke, C. (2013). *Die Kraft der Kunst*. Suhrkamp.

Preuß, J., Sebening, L., & Robak, S. (2022). Regionalspezifische Konzeptualisierung Kultureller Bildung(sgelegenheiten). *Hessische Blätter für Volksbildung,* (4), 23–33. https://doi.org/10.3278/HBV2204W003

Robak, S. (2013). Interkultur – Transkultur – Hybridkultur. Spannungsfelder und (weiter)bildungsrelevante Implikationen. *Hessische Blätter für Volksbildung,* (1), 14–28. https://doi.org/10.3278/HBV1301W

Robak, S. (2017). Entwicklungen und Akzente in der Inter- und Transkulturellen Bildung. Der verstehend-kommunikative Zugang kultureller Bildungsangebote. *Hessische Blätter für Volksbildung,* (4), 333–351. https://dx.doi.org/10.3278/HBV1704W

Robak, S. (2018). Weiterbildungsmanagement. In M. Fleige, W. Gieseke, A. von Hippel, B. Käpplinger & S. Robak (Hrsg.), *Programm- und Angebotsentwicklung* (S. 105–120). wbv Media GmbH & Co. KG.

Robak, S. (2023). Perspektivverschränkung. In S. Robak, W. Gieseke, L. Heidemann, M. Fleige, C. Kühn, J. Preuß, S. Freide & A. Krueger (Hrsg.), *Wissenschaftliche berufliche Weiterbildung für Kunst und Kultur. Bildungssphäre für das künstlerisch-kulturelle Selbst: Entfalten. Platzieren. Gestalten* (S. 475–534). wbv Media GmbH & Co. KG. https://doi.org/10.3278/9783763973316

Robak, S., Fleige, M., Sterzik, L., Seifert, J., Teichmann, A.-K. & Krueger, S. (2015). *Die Konstitution Kultureller Bildungsräume. Fünf überregionale Institutionen der non – formalen Kulturellen (Erwachsenen-)Bildung: Bildungsangebotsentwicklungen, innovative Impulse, Planungsspielräume.* Recherche und Analyse im Auftrag des Rates für Kulturelle Bildung. Rat für Kulturelle Bildung (Hrsg.).

Robak, S., Gieseke, W., Fleige, M., Heidemann, L., Kühn, C., Krueger, A., Freide, S., & Preuß, J. (2023). Fallanalyse in Perspektivverschränkung. In S. Robak, W. Gieseke, L. Heidemann, M. Fleige, C. Kühn, J. Preuß, S. Freide

& A. Krueger (Hrsg.), *Wissenschaftliche berufliche Weiterbildung für Kunst und Kultur. Bildungssphäre für das künstlerisch-kulturelle Selbst: Entfalten. Platzieren. Gestalten* (S. 141–160). wbv Media GmbH & Co. KG. https://doi.org/10.3278/9783763973316

Robak, S., & Petter, I. (2014). *Programmanalyse zur interkulturellen Bildung in Niedersachsen*. Bertelsmann. https://doi.org/10.3278/14/1123w

Scharfe, M. (2002). *Menschenwerk. Erkundungen über Kultur*. Böhlau.

Sebening, L., Robak, S., & Preuß, J. (2023). Boßeln am Deichmühlenweg? Regionalspezifische Ausgestaltung kultureller Bildungs(gelegenheiten) und kultureller Praktiken. In N. Kolleck & L. Fischer (Hrsg.), *Kulturelle Bildung in ländlichen Räumen. Transfer, Ko-Konstruktion und Interaktion zwischen Wissenschaft und Praxis* (S. 247–257). Verlag Barbara Budrich. https://doi.org/10.3224/84742673

Solarczyk, H. (2005). Vergleich der kulturellen (Erwachsenen-)Bildung in Polen und in Deutschland. In H. Depta, J. Kargul & J. Półturzycki (Hrsg), *Kulturelle Erwachsenenbildung in Polen am Beispiel Lubuskie, Warschau und Płock* (S. 163–174). Waxmann.

Welsch, W. (2011). *Immer nur der Mensch? Entwürfe zu einer anderen Anthropologie*. Akademie-Verlag. https://doi.org/10.1524/9783050058184

Ekkehard Nuissl

Politische Bildung in Zeiten der Narrative

Seit etwa Mitte der 1970er Jahre wird der Begriff „Narrativ" vermehrt verwendet (Assmann 2023). Danach ist ein Narrativ eine Erzählung, die einen sinn- und wertstiftenden Gehalt hat (Müller-Funk 2002). In der Politischen Bildung, besonders mit Erwachsenen, fordern Narrative geeignete Ansätze, die über analytisch-rationale Denkweisen hinausgehen. Wiltrud Gieseke hat sich vielfach (etwa 2012, 2018, 2022) zu den kulturellen und emotionalen Dimensionen einer solchen Politischen Bildung in prägnanter Weise geäußert. In diesem Beitrag frage ich danach, wie Politische Bildung Erwachsener mit Narrativen umgehen kann.

1. Charakter von Narrativen

Allgemein geht man davon aus, dass der aktuelle Gebrauch des Begriffs verbunden ist mit dem Buch von Lyotard „Le condition moderne" (1979), dessen zentraler Terminus der „grands recits" als „narrative" ins Englische übersetzt wurde. Seit Beginn der 1990er Jahre explodiert die Verwendung des Begriffs geradezu – es wird sogar von einer „narrativen Wende" (Czarniawska, 2004; Fenton & Langley, 2011; Weber-Stein, 2019) gesprochen. Man muss annehmen, dass nicht nur der Begriff der Narrative (gewissermaßen in analytischer Draufsicht) zunehmend verwendet wurde und wird, sondern auch das zunahm, was er bezeichnet: die erzählerische Vermittlung von Vorgängen, Sachverhalten und Werten. Es ist nur eine – bedingt plausible – Vermutung, Auszählungen liegen nicht vor.

Der forschende Zugriff auf Narrative erfolgt insbesondere in denjenigen Wissenschaftsdisziplinen, die sich mit Sprache, mit Kultur, mit Geschichte, mit Gesellschaft und – neuerdings stärker – mit Politik beschäftigen (Besand et.al., 2019). Im politikwissenschaftlichen Bereich werden dem Narrativ Eigenschaften der Sinnvermittlung und Legitimitätserzeugung sowie die mögliche Verkörperung von Machtansprüchen zugeordnet (Gadinger et. al. 2014, S. 10–14). Seltener sind Untersuchungen im pädagogischen Bereich, und wenn, dann besonders zu Narrativen als Medien erzieherischer Interaktion (Juchler, 2012; Grosch, 2021). In der Bildungsarbeit mit Erwachsenen findet man Narrative im Kontext von Deutungsmustern und emotionsorientierten Konzepten (Nuissl, 2012; Arnold, 2019; Gieseke, 2019).

Sozial- und geistesgeschichtlich sind Narrative eng verwandt mit unterschiedlichsten Erzählformen. Zu ihnen gehören die Märchen, die Fabeln, die Geschichte und die Chronik ebenso wie Geschichten, der Mythos und die Legende. W. Benjamin (2007, S. 102–108) zufolge sind die Erzählungen in der Sprachlosigkeit nach dem Ersten Weltkrieg verschwunden, die Narrative der Gegenwart, soweit sie öffentlich verbreitet werden, sind danach eine Art Wiedergeburt der Erzählungen früherer Jahrhunderte, vielfältig genutzt, aber auch missbraucht.

Narrative sind immer Prozess und Gegenstand, Inhalt und Form zugleich (Gadinger et. al., 2014, S. 28). Für Viehöver (2006, S.180–181) ist ein Narrativ ein „zentrales diskursstrukturierendes Regelsystem", das in Struktur und Inhalt einem opus operatum entspricht, jedoch auch Eigenschaften eines opus operandi aufweist, ein Gedanke, der schon von Roland Barthes formuliert wurde. Narrative fungieren in der Regel nicht direkt als Antworten auf Warum-Fragen, sondern erläutern das Gefragte in Form von Gleichnissen und Beispielen. Narrative sind keine systematischen und rationalen Konstrukte. Sie folgen einer anderen Logik als die Denkweisen der Aufklärung, der Zeit des „sapere aude" (Immanuel Kant), der wissenschaftlichen Erklärung und Erkundung von Welt. Nahezu im Gegenteil: sie erheben keinen Anspruch auf wissenschaftliche Belegbarkeit (Friesen et. al., 2015) und fordern eine solche Denkweise auch nicht von ihren Rezipienten.

Der Begriff „Narrativ" bezieht sich gelegentlich auf einen Inhalt und seine Erzählform, gelegentlich ist er eng verbunden mit dem Erzähler oder der Erzählerin, gelegentlich auch enger mit den Rezipienten (Leschke, 2020; Viehöver, 2006). Im Mittelpunkt der Intentionen der Narrative steht deren Wirkung auf die Rezipienten. „Der Mythos wird von den Zuhörern als unterhaltsam empfunden und appelliert an die Gefühle. Er soll zu einer erwünschten Haltung und Verhaltensweise ermutigen oder Vertrauen in deren Richtigkeit einflößen" diagnostiziert Most (2012) in Bezug auf Mythen (einer Form des Narrativs). Dabei spielen Emotionen eine wichtige Rolle (Gieseke, 2012): Angst führt zu Hilfsbedürfnis und Misstrauen, Empörung zu Wut, Trauer zu Mitgefühl, Erfolg zu Stolz. Diese emotionalen Mechanismen können in Narrativen gezielt eingesetzt werden, bereits antike Rhetoriklehren liefern dazu differenzierte Anleitungen (Somers, 1994). Narrative waren und sind auch die probateste Form der Intrige im machtpolitischen Raum – vor allem die unüberprüfbare Verknüpfung von Fakten und Fakes macht sie zu einer gefährlichen Waffe.

In der Erziehung sind Narrative wichtig, nicht nur in und durch Märchen (Bluhm & Neuhaus, 2023), sondern auch in Kinder- und Abenteuerbüchern, in Spielen und Gestaltungen. Für Trost und Hilfe, viele Erzählungen der Bibel spenden das. Zur Motivierung für Taten und Entscheidungen, zum Zusammenstehen gegen eine feindliche Umwelt. Narrative können, vor allem ihrer Unterhaltsamkeit wegen, eingesetzt werden, um von Problemen abzulenken, um Realitäten zu verschleiern oder zu beschönigen oder auch nur um Zeit zu gewinnen. Narrative können im Kontext Ziele verfolgen, etwa Aufmerksamkeit erwecken, Gedanken fokussieren, Verständnisbereitschaft unterstützen. Ein viel verwendetes Mittel ist dabei das Gleichnis, das einerseits fern ist und nicht schmerzt, andererseits nah ist und Hilfe bietet.

Das wesentlichste, meist nur implizit genannte Ziel beim Einsatz von Narrativen ist die Erklärung. Mit ihr verbunden ist meist auch die Legitimation, die Verdeutlichung der Unausweichlichkeit eines Geschehens, einer Situation. Diese Erklärung hat eine spezifische Qualität, sie ist nicht „wissenschaftlich", belegt und überprüfbar, sondern deutend und interpretierend. Dabei stützt sie sich auf Erfahrungspartikel bei den Rezipienten, die sie in gezielter Weise zusammensetzt. Diese „Erfahrungspartikel" sind häufig emotionale Versatzstücke, Vorurteile oder Wünsche. Die Erzählung, so Walter Benjamin, „legt es nicht darauf an, das Pure ‚an sich' der Sache zu überliefern wie eine Information oder ein Rapport. Sie senkt die Sache in das Leben des Berichtenden ein, um sie wieder aus ihm herauszuholen. So haftet an der Erzählung die Spur des Erzählenden wie die Spur der Töpferhand an der Schale" (2007, S. 111). Nicht die „Wahrheit" ist wichtig im Narrativ, sondern die Glaubwürdigkeit, es ist nicht wissenschaftlich „falsifizierbar". Narrative transportieren Werte, Emotionen und Glauben und beziehen sich dabei auf Erfahrungen der Menschen, die sie rezipieren (Kreiswirth, 2000; Hühn et. al., 2009). Narrative haben weniger mit Kenntnissen zu tun als mit Emotionen, mit Gefühlen, individuell und kollektiv (Bremer, 2019; Imhoff, 2024).

Geschichte und Geschichten ergeben in der Rezeption der Narrative ein ganzheitliches Bild, das keiner weiteren Interpretation mehr bedarf. Nicht zufällig sind die meisten Bücher im explodierenden Markt der Ratgeberliteratur als Narrative, als biographische Erfolgsgeschichten verfasst (Schmid et. al. 2019). Narrative entlasten von der Notwendigkeit zur eigenen Interpretation und Analyse, sie bieten kompakte Deutungen an. Im Grundsatz ist die Funktion von Narrativen die Sinngebung. Das größte Interesse der Menschen ist die Suche nach Sinn – vom Sinn des Lebens bis hin zum Sinn konkreter Ereignisse. Die Bibel ist das prägnanteste Beispiel dafür, wie über eine Ansammlung von Narrativen Erklärungen der Welt und des Lebenssinnes gegeben werden.

2. Narrative in der Politischen Bildung

Narrative, zusammengefasst, beeinflussen Wahrnehmungen, evozieren Emotionen, präsentieren Deutungen und vermitteln Werte. Der strukturelle Unterschied zwischen einer erzählerischen und einer analytischen Erfassung der Welt bricht insbesondere in der Politischen Bildung auf (Patterson & Kristen, 1998). Narrative existieren zu kleinen Dingen, etwa Erlebnissen oder biographischen Einschnitten, zu mittleren Dingen, etwa der Entwicklung von Nachbarschaften und Institutionen, zu großen Dingen, etwa Gesellschaften und Staaten, und zu Lebensfragen, etwa der eschatologischen Ausmalung des Lebens nach dem Tode (Assmann, 2023; Fenton & Langley, 2011). Nicht alle diese Ebenen gelten als politikrelevant, vor allem nicht im traditionellen Verständnis von Politik, sie greifen jedoch ineinander in einer „Gemengelage", die sich einem rein analytisch-rationalen Zugriff widersetzt. Dabei sind Strukturanalogien von Narrativen zu Verschwörungstheorien, zum Glauben und zur Alltagssprache erkennbar.

Eine Strukturanalogie zu den Alltagsideologien (Müller & Precht, 2019) haben Narrative insofern, als sie einen wissenschaftlichen Zugriff nicht benötigen, ihm gegenüber meist sogar resistent sind (Friesen et. al., 2015). „Die Mächtigen" sind ein gängiges Narrativ für all das Unerklärliche in der heutigen Welt, von der Corona-Pandemie und dem Klimawandel bis hin zu Kriegen (Imhoff, 2024). Zum Glauben ist die Strukturanalogie besonders deutlich: Alle großen Religionen basieren auf Erzählungen, die schriftlich und/oder bildlich ausgestaltet sind und sich einem wissenschaftlichen Beweis entziehen. Solche Erzählungen sind Metaphern für Deutungen und Werte. Das Verhältnis von Narrativen und der alltäglichen Kommunikation geht über Strukturanalogien hinaus. Nicht zufällig haben sich insbesondere die Sprachwissenschaften der Narrative angenommen und „Erzähltheorien" entwickelt (Gadinger et. al., 2014). Menschliche Alltagskommunikation findet zu großen Teilen als Austausch von Erzählungen statt.

Der Erzählcharakter der Narrative öffnet Schneisen für Beeinflussung und Indoktrination. Eine solche Gefahr ergibt sich vor allem im politischen Bereich, bei der Aufklärung von Konflikten in gesellschaftlichen Auseinandersetzungen. Plato plädierte dafür, „schädliche" Geschichten in einem Idealstaat nicht unter das Volk kommen zu lassen und über die Wissenschaft zur Unerschütterlichkeit des Gemütes beizutragen. Sein Schüler Aristoteles hingegen sieht Erzählen nicht nur als emotionale Überredungskunst, sondern als eine im politischen Bereich unerlässliche Technik, mit der es gelingt, in Zeiten der Ungewissheit eine Art Übersicht herzustellen (Erler & Tornau, 2019). Genau genommen gelten diese beiden Standpunkte gegenüber Narrativen in der Politischen Bildung noch heute.

In der Bildungsarbeit insgesamt spielen Narrative eine bedeutsame Rolle, besonders im Kinder- und Jugendalter. Sie werden dort gezielt zur Motivation, zur Wertevermittlung und zur Erklärung von Welt eingesetzt. „Geschichten vermitteln Wissen, sorgen für tiefes Verstehen und ermöglichen es dem Kind, Ableitungen zu treffen, Sachverhalten auf den Grund zu gehen und so selbst Wissen zu entwickeln. Gut erzählte Geschichten tragen zur Entwicklung der Selbstständigkeit bei. Die Arbeit mit Narrativen ist ein wesentlicher Bestandteil des didaktischen Vorgehens in Bildungssituationen" (Bostelmann, 2019, S. 23). Dies betont die „positiven" Potentiale, die in Narrativen stecken. „Positiv" meint hier konstruktive Beiträge zu einem Lernziel, das in demokratischen Gesellschaften auf einen großen Konsens stößt (Juchler, 2012).

In der Politischen Bildung Erwachsener kann Narration als der grundlegende modus operandi eingesetzt werden. Jerome Brunner hat dargelegt, dass Erzählungen und Narrative die Grundmuster der Welterschließung darstellen (Brunner, 1997). Das Erzählen beschäftige sich mit dem Stoff, aus dem menschliches Handeln und menschliche Intentionalität beständen. Es vermittele zwischen der kanonischen Welt der Kultur und der stärker idiosynkratrischen Welt der Überzeugungen, Wünsche und Hoffnungen. Dabei führe es uns immer wieder die Normen der Gesellschaft vor Augen, ohne schulmeisterlich zu sein (Brunner, 1997, S. 68–69.). Leschke greift diesen Gedanken auf und konkretisiert ihn. Die gesellschaftliche Reproduktion normativer Standards funktioniere eben nicht theoretisch oder abstrakt, also etwa mittels ethischer Diskurse und Erziehungsrituale, sondern sie funktioniere wesentlich eher exemplarisch dadurch, dass den präferierten Normen in passenden narrativen Kontexten die entsprechende Plausibilität verliehen werde (vgl. Leschke, 2020, S. 84). Erzählungen funktionieren, so die Verfechter der Narrative in der Politischen Bildung, als Werkzeuge der Sinnstiftung. Dabei seien es ihre normativen Strukturen, die moralische Standards aufgreifen, exemplarisch diskutieren und auf diese Weise Deutungsmuster anbieten. Diese normativen Strukturen könnten auf vielfältige Weise konstruiert werden und dadurch eine hohe Bandbreite normativer Repräsentationen abzubilden. Insbesondere die in Erzählungen auftretenden Mehrdeutigkeiten böten die Möglichkeit, sich mit verschiedenen Sichtweisen auseinanderzusetzen.

So richtig die Funktion der Narrative hier beschrieben wird, so kritisch ist deren Verwendung aber zu sehen. Mit ihrem Einsatz wird in Kauf genommen, dass damit auch deren Akzeptanz im gesellschaftspolitischen Lernen eingeübt wird. Ihrer Wirksamkeit im Erwachsenenalter ist damit der Boden bereitet, weniger einem rational-analytischen Zugang. Dies gilt auch für den fortgesetzten Gebrauch von Narrativen in der politischen Erwachsenenbildung. Letztlich entsteht so eine Konfrontation „guter", selbstgenutzter Narrative gegenüber „schlechten" Narrativen, die unerwünschte Deutungen und Werte vermitteln. Die Ziele einer demokratischen Politischen Bildung geraten dabei in Gefahr, die Legitimität und Wirksamkeit eines kritisch-rationalen Zugriffs verliert sich.

Narrative sind, wie dargelegt, komplexe Formen der menschlichen Kommunikation, die mit Gefühlen, Wahrnehmungen, Deutungen zu charakterisieren sind, kaum mit Wissen, Analysen und Belegen (Assmann, 2023; Fisher, 1987). Politische Bildung, die auf Bewusstsein, Verstehen und Entwicklung abzielt, muss sich mit diesen Elementen und Schichten politisch relevanter Narrative auseinandersetzen.

Dabei hat sie das Problem, dass ihre eigene Herangehensweise eben jener Logik folgt, die in den Narrativen kaum auffindbar ist. Hinzu kommt das Problem, dass Narrative nicht allein mit Fakten und Informationen zu bearbeiten oder zu widerlegen sind. Es sind daher, der Komplexität der Narrative entsprechend, auch in der politischen Bildungsarbeit komplexe Konzepte zu realisieren.

3. Dimensionen in der Bildungsarbeit

Dabei sind es vor allem drei Dimensionen von Narrativen, die in der Politischen Bildung eine Rolle spielen (müssen). Die Dimension der Wahrnehmungen (a), der Gefühle (b) und der Deutungen und Werte (c). Es sind allesamt Dimensionen, die sich nicht linear einem rationalen Zugriff erschließen. Politische Bildung bedarf daher eines komplexeren Zugangs, um damit umzugehen. Allerdings: vor den hier aufgelisteten Problemen des Umgangs mit Narrativen in der Politischen Bildung steht eine wichtige Aufgabe: Kommunikationen müssen als politisch relevante Narrative *erkannt* werden. Vielfach kommen sie im Gewand pseudowissenschaftlicher Argumentation daher, vielfach auch als scheinbar harmlose Erzählung über ein Ereignis oder eine Person – unverdächtige Text- und Bildkörper, die direkten oder subkutanen Einfluss auf Wahrnehmungen, Gefühle, Deutungen und Werte nehmen. Der Prozess der Definition und des Erkennens von Narrativen ist der erste Schritt ihrer Bearbeitung in der Politischen Bildung.

Narrative lenken den Blick gezielt auf Personen, Ereignisse und Situationen, sie steuern die Wahrnehmungen. In der komplexen Struktur der Narrative erfolgt dies durch Auswahl der erzählten Aspekte sowie durch deren (kausale, logische, poetische) Verknüpfung. Vor allem aber durch die gewählte Sprache und die zentralen Termini. Wahrnehmungen sind die zentralen Voraussetzungen für Lernen, sie dienen in einem permanenten Abgleich mit bereits vorhandenen Wahrnehmungen, die zu Erfahrungen geworden sind, zur Überlebens- und Entwicklungsmöglichkeit der Menschen. In Narrativen werden Wahrnehmungen ermöglicht und befördert, die fern von der direkten Erfassung durch die Sinne des Menschen sind (Nuissl & Przybylska, 2017). Es sind „vermittelte" Wahrnehmungen, deren individuelle Überprüfbarkeit höchst begrenzt ist. Die Selektion der erzählten Aspekte ist notwendiger Bestandteil der Wirksamkeit von Narrativen.

In der Politischen Bildung bestehen im Wesentlichen zwei Ansätze, mit Wahrnehmungsproblemen umzugehen. Der eine besteht darin, an der sprachlichen Seite der Wahrnehmungen reflexiv zu arbeiten, die gewählten Termini in Frage zu stellen, alternative Termini anzubieten. Dabei sind die Wirkungen analytischer Verfahren begrenzt, in Frage kommen eher kommunikative Verfahren – Ausleuchten von Begriffshorizonten, Vergleiche, Bezüge herstellen (Begriffe sind

„Fenster“, schreibt Rolf Arnold). Auch der Rückgriff auf nicht-sprachliche Kommunikationsformen, etwa die Arbeit an und mit Bildern, pantomimische Rollenspiele etc. sind probate Mittel, Wahrnehmungen zu hinterfragen. Der andere besteht darin, den komplexen Narrativen ebenso komplexe alternative Narrative gegenüberzustellen und auf dieser Basis einen moderierten Diskurs zu entwickeln. Dies kann auch in einem Rollenspiel geschehen, das Gefühle berücksichtigt und Deutungen und Werthaltungen exploriert. Wichtig ist immer wieder der Rekurs auf belegbare Fakten, diese sind jedoch nicht „für sich“ ein wirksames Mittel zum Umgang mit Wahrnehmungen.

Narrative beziehen sich auf Emotionen, Gefühle und Affekte, die bei den Rezipienten vorausgesetzt und angesprochen werden. Dabei geht es mehr um die „positiven“ Emotionen, die konstruktiv in die Intention des Narrativs eingebunden werden. Das Narrativ schafft selten neue Emotionen, es „erweckt“ die bestehenden mit dem Ziel der intendierten Wirkung (Besand et. al., 2019; Riessman, 2008; Arnold, 2019). Insbesondere auch Wiltrud Gieseke (2012) hat diesen zentralen Aspekt von Erwachsenenbildung differenziert erläutert und betont.

In der Politischen Bildung soll es „um die analytische Durchdringung politischer Phänomene und um eine sachliche, rationale Auseinandersetzung mit politischen Fragen und Problemen gehen“ (Besand et.al., 2019, S. 12–13). In der Tradition der Politischen Bildung wird argumentiert: „Emotionen sind dem Menschen angeboren. Rationalität hingegen muss geübt werden. Der Mensch ist auch ein Triebwesen, über der Sphäre der Triebe liegt die dünne, jederzeit gefährdete Schicht der Rationalität. Sie allein aber schafft Kultur, nur sie garantiert ein menschenwürdiges Leben“ (Knütter, 1991, S. 31). Neuere Ansätze der Bildung (insbesondere für Erwachsene) sehen das differenzierter. Sie betonen zwar auch die Notwendigkeit der rationalen Bearbeitung politischer Fragen und Probleme, sehen aber ein ausgeglicheneres Verhältnis von ratio und emotio. Vielfach wird das der „affective turn“ genannt, dem Bildungsarbeit unterliegt (Hoggett & Thompson, 2012; Besand et. al., 2019; Arnold, 2019). Er verschränkt sich mit dem „narrative turn“ zu einer herausfordernden Gemengelage. Dabei wirkt die affektive Seite nicht nur als potentielle Barriere des Lernens, sondern auch als konstruktives Element; nicht nur Angst, Scham und Wut beeinflussen das Lernen, sondern auch Stolz, Freude, Zufriedenheit. Letzteres wird zielgerichtet im beruflichen Lernen oder etwa beim Lernen von Fremdsprachen eingesetzt, weniger in der Politischen Bildung. Dort dominiert der Umgang mit lernhinderlichen Faktoren von Emotionen. Dies liegt in der Natur der Lehrziele der Politischen Bildung. Diese erschöpfen sich nicht in einem Zuwachs an Wissen, sondern intendieren eine Änderung des Verhaltens, des Bewusstseins, letztlich einer wichtigen

Seite der Identität. Sie rufen unweigerlich Emotionen auf den Plan, Ängste, Unsicherheiten, Selbstzweifel, die zum Schutz der eigenen Identität aufgerufen sind. Emotionalität und Rationalität sind vielfach ineinander verschränkt (Damasio, 2017). Michel Foucault hat nachhaltig betont, dass der Prozess einer emotionalen Einfügung des Subjekts in die Gesellschaft immer auch einen Unterwerfungsprozess darstellt, der die Menschen nicht nur nachhaltig prägt, sondern bis in die tiefsten Schichten des Bewusstseins subjektiviert.

In der Politischen Bildung ist der Umgang mit so tiefgreifenden Gefühlen wie der Angst, Ohnmacht, des Leids und der Trauer schwierig. Eine rein rationale Bearbeitung schließt sich ebenso aus wie eine rein emotionale Akzeptanz. Paul Bloom hat mit seinem Konzept, das zwischen Empathie und Compassion unterscheidet, einen denkbaren Weg formuliert (2016): Weniger Empathie, welche das Mitfühlen der Gefühle anderer beinhaltet, als vielmehr Compassion, eine kognitive Einfühlung bei gleichzeitiger emotionaler Abgrenzung, kann Grundlage eines Lehr-Lern-Prozesses sein, der zugleich auch einen emotionalen Burn-Out der Lehrenden verhindert.

Helmut Bremer erinnert daran, dass „Rationalität" in Abwertung und Ausgrenzung von Emotionalität mit Machtverhältnissen verbunden sowie als Herrschaftsinstrument erwiesen ist (2019, S. 167). Emotionen „lassen sich als … Ausdrucksformen des und Stellungnahmen zum Politischen (lesen)", sie können zudem einen Zugang zum Erkennen sozialer Welt darstellen (2019, S. 168). Zweifellos jedoch setzt insbesondere in Krisenzeiten und bei großer emotionaler Belastung eine Politische Bildung, die Gefühle nicht ausblendet, eine reflexive Entwicklung der Lehrenden voraus, die den eigenen Anteil an Emotionalität in der Interaktion erkennen und bewältigen müssen.

Narrative liefern Erklärungen und Werte, sie begegnen damit den „Deutungsmustern", über welche die (erwachsenen) Rezipienten bereits verfügen. Diese „Interpretation Patterns" stammen aus der Lebenswelt der Menschen, sind geronnene Erfahrungen aus alltäglichem Handeln. Sie sind immer zweierlei zugleich: das Ergebnis von Handlungen und die strukturelle Rahmung neuer Handlungen (Nuissl, 2012, S. 241). Sie steuern Wahrnehmungen und Entscheidungen, geben Sicherheit, Sinn und Kontinuität. Und sie existieren als individuelle ebenso wie als kollektive Deutungsmuster, etwa im Topos des „Klassenbewusstseins", des „Volkes" oder der „Leitkultur". Narrative werden von den Rezipienten angenommen und in die eigenen Deutungsmuster integriert, wenn sie diesen nicht widersprechen. Deutungsmuster der Lernenden im Lehrprozess nur als Wissen zu behandeln bedeutet, deren Relevanz für die Identität der Lernenden auszugrenzen. Das Angebot „richtiger" Informationen differenziert nicht das bestehende Deutungsmuster, sondern verhindert deren Rezeption und Akzeptanz.

Ähnliches gilt für den lehrseitigen Versuch, alternative Handlungskonzepte einzuüben, die dann im Lebensalltag bisherige Handlungen auf der Basis neuer zugrundeliegender Deutungsmuster verändern. Hier wird gar nicht auf bestehende Deutungsmuster eingegangen und es besteht nicht die Gefahr, sich in ihnen zu „verhaken". Bei diesem Verfahren entsteht ein – für den Lernprozess geeignetes – weiteres Deutungsmuster, das jedoch bei der Rückkehr in den Lebensalltag gegenüber dem bestehenden, weiter tauglichen Deutungsmuster versagt und in Vergessenheit gerät. Besonders dann, wenn der machtpolitische Druck in der alltäglichen Umgebung dies erfordert.

Ein weiterer Ansatz zur kritischen Bearbeitung von Deutungsmustern ergibt sich aus einer konsequenten Umsetzung konstruktivistischer Prämissen. Wenn es gelingt, die Deutungsmuster zu „perturbieren", ihre Viabilität in der Bewältigung des Lebens in Frage zu stellen, kann ein Wandel in Richtung auf gültigere Deutungsmuster erfolgen. In der pädagogischen Praxis bedeutet dies, die Tauglichkeit des bestehenden Deutungsmuster an einer geänderten Realität zu überprüfen. Allerdings sind in alltagsfernen Lehr-Lern-Situationen Änderungen der Realität nur bedingt zu realisieren, Abstraktion und Modellierung können geeignete Wege dazu sein.

Narrative enthalten, wie das Beispiel zeigt, immer auch Elemente von Geschichte. Dies erfolgt selten im Stil historiographischer Aufarbeitung, es ist eher die Evokation von (gemeinsamen) Erfahrungen. Diese Rückbesinnung beschreibt, im günstigsten Fall erklärt das Entstehen von Gegebenheiten, die für Lernende anschlussfähig sind. Das erwachsenenpädagogische Konzept des „Anschlusslernens" liefert hier Ansatzpunkte zur Bearbeitung in der Politischen Bildung. Anschlusslernen bedeutet, den Lernprozess an bestehende Erfahrungen anzuknüpfen, ihn dadurch auch biographisch zu „füllen".

Diese Werthaltungen eignen sich Menschen im Zuge ihrer Sozialisation als kulturelle Grundwerte an (Nuissl & Przybylska, 2017; Gieseke, 2018). Es sind ethische Positionen, die Kern und Antriebskraft auch einer weiteren Aneignung von Welt bedeuten. Für die Bildungsarbeit mit Erwachsenen „eröffnet der Prozess der Relektüre ethischer Positionen auf einer prinzipiellen Ebene die Möglichkeit, in eine kritische Auseinandersetzung mit moralischen Lesarten und ihren Internalisierungen einzutreten" (Joisten, 2023, S. 133). Hier wird der Akzent auf die rationale Reflexion ethischer Prinzipien gelegt, passend zu der prinzipiellen Herangehensweise Politischer Bildung. Damit verbunden ist ein wichtiges Prinzip: die Akzeptanz und Wertschätzung der vorhandenen, im Leben erworbenen und angeeigneten Werthaltungen.

Da Werte auch die Grundlage von Bewertungen sind, geht es in der politischen Bildungsarbeit auch um eine ethische Abwägung, nicht eine Abwertung.

Demokratisches Lernen zeichnet sich durch verstehende Akzeptanz aus, auch gegenüber gänzlich unterschiedlichen Werten und Wertsystemen. Allerdings auch dadurch, gezielt eine Veränderung hin zu demokratischen Grundwerten zu erreichen.

4. Perspektiven

Wir hatten eingangs die Frage gestellt, wie Politische Bildung in der Demokratie mit Narrativen, vor allem mit unerwünschten Narrativen umgehen kann. Narrative stellen die Politische Bildung in der Demokratie vor große Herausforderungen. Die eine ist, wie Narrative in der Bildung so gestaltet werden können, dass sie in einer Einheit von Form und Inhalt auf rationaler und emotionaler Ebene Demokratie „vermitteln". Die andere ist, wie sich Politische Bildung mit undemokratischen Narrativen auseinandersetzen und sie beseitigen soll. In beiden Fällen bedarf es einer Reformulierung einer Theorie der Politischen Bildung in der Demokratie, die bestehende Ansätze eines ganzheitlichen Lernens mit komplexen didaktischen Konzepten verbindet.

In der Praxis der Politischen Bildung sind verstärkt Verfahren einzusetzen, welche die komplexe Struktur von Narrativen auflösen und hinterfragen können. Voraussetzung ist, politisch relevante Narrative als solche zu erkennen, auch in ihren Wirkungsmechanismen, und sie zum Gegenstand der Lernprozesse zu machen. Inwieweit dies gelingen kann, hängt ab von Faktoren der Makroebene (Institutionen), der Mesoebene (u.a. Curricula) und der Mikroebene, dem Lehr-Lern-Prozess selbst. Es bedarf einer intensiven professionellen Diskussion ebenso wie einer reflexiven Herangehensweise, die auch dokumentiert und im Diskurs erörtert wird.

Wiltrud Gieseke hat schon vor über einem Jahrzehnt auf die Komplexität des Problems hingewiesen und andere Dimensionen, wie Gefühle und Emotionen, in die Reflexion der Theorie und Praxis Politischer Bildung eingebracht. In dieser Richtung – und in ihrem Geist – ist eine Weiterentwicklung der Politischen Bildung Erwachsener wünschenswert.

Literatur

Arnold, R. (1985). *Deutungsmuster und pädagogisches Handeln in der Erwachsenenbildung*. Julius Klinkhardt.

Arnold, R. (2019). *Seit wann haben Sie das? Grundlinien eines emotionalen Konstruktivismus*. Carl Auer.

Assmann, A. (2023). Was ist ein Narrativ? Zur anhaltenden Konjunktur eines unscharfen Begriffs. *Merkur, 77*(6), 88–96.

Bal, M. (2009). *Narratology. Introduction to the theory of narrative.* University of Toronto Press.

Bareis, A. J., & Nordrum, L. (Eds.). (2015). *How to make believe. The Fictional Truths of the Representational Arts.* de Gruyter.

Benjamin, W. (2007). *Erzählen. Schriften zur Theorie der Narration und zur politischen Prosa.* Suhrkamp Verlag.

Besand, A., Overwien, B., & Zorn, P. (Hrsg.). (2019). *Politische Bildung mit Gefühl.* Bundeszentrale für politische Bildung.

Bloom, P. (2016). *Against empathy: The Case for Rational Compassion.* HarperCollins.

Bluhm, L., & Neuhaus, S. (Hrsg.). (2023). *Handbuch Märchen.* Metzler.

Bostelmann, A. (2019). *Die Bedeutung der Narrative in der sozialen Interaktion.* https://www.kindergartenpaedagogik.de/fachartikel/

Bremer, H. (2019). Politik, Emotionen und Habitus. In A. Besand, B. Overwien & P. Zorn (Hrsg.), *Politische Bildung mit Gefühl* (S. 160–170). Bundeszentrale für politische Bildung.

Czarniawska, B. (2004). *Narratives in social science research.* Sage.

Damasio, A. (2017). *Im Anfang war das Gefühl.* Siedler.

Erler, M., & Tornau, S. (Hrsg.). (2019). *Handbuch Antike Rhetorik.* De Gruyter.

Fenton, C., & Langley, A. (2011). Strategy as practice and the narrative turn. *Organization Studies, 32*(9), 1171–1196.

Fisher, W. R. (1987). *Human communication as narration: Toward a philosophy of reason, value, and action.* University of South Carolina Press.

Friesen, J. P., Campbell, T.-H., & Kay, A. C. (2015). The psychological advantage of unfalsifiability. *Journal of Personality and Social Psychology, 108*(3), 515–529.

Gadinger, F., Jarzebski, S., & Yildiz, T. (Hrsg.). (2014). Politische Narrative. Konzepte - Analysen - Forschungspraxis. Springer.

Genette, G. (2010). *Die Erzählung* (3. Aufl.). UTB.

Gieseke, W. (2012). Emotionen als beziehungsstiftender Wirkungszusammenhang für Lebenslanges Lernen. In W. Gieseke, E. Nuissl & I. Schüßler (Hrsg.)), *Reflexionen zur Selbstbildung* (S. 59–80). wbv Publikationen.

Gieseke, W. (2018). Das neue Interesse an der Kulturellen Bildung. In A. Grotlüschen, S. Schmidt-Lauff, S. Schreiber-Barsch & C. Zeuner (Hrsg.), *Das Politische in der Erwachsenenbildung* (S. 208–215). Wochenschau Verlag.

Gieseke, W. (2022). Demokratische politische Bildungsarbeit, dramaturgisch entwickelt. In P. Ciupke & N. Reichling, N. (Hrsg.), *Versachlichen - Deuten -*

Gegensteuern. Hans Tietgens und die politische Erwachsenenbildung (S. 185–198). wbv.

Grosch, J. (2021). Tagungsbericht: Narrative gelungener Demokratie: Geschichte – Politik – Recht, Tagungsbericht Salzburg. *H-Soz-Kult,* 17.08.2021. https://www.hsozkult.de/conferencereport/id/fdkn-127589

Höfer, H., Delere, M., & Vogel-Lefebre, T. (Hrsg.). (2023). *Bildung, Diversität und Medien*. Kopaed.

Hoggett, P., & Thompson, S. (Eds.). (2012). *Politics and the Emotions: The Affective Turn in Contemporary Political Studies*. Continuum.

Hühn, P., Pier, J., Schmid, W., & Schönert, J. (Eds.). (2009). *Handbook of Narratology*. de Gruyter.

Imhoff, R. (Hrsg.). (2024). *Die Psychologie der Verschwörungstheorien*. Hogrefe.

Joisten, K. (2023). Ethik. In R. Arnold, E. Nuissl & J. Schrader (Hrsg.), *Wörterbuch Erwachsenen- und Weiterbildung* (3., vollst. überarb. Aufl., S. 132–133). Klinkhardt.

Juchler, I. (2012). *Der narrative Ansatz in der politischen Bildung*. Duncker & Humblot.

Kejcz, Y. et. al. (1980). Deutungsmuster als pädagogisches Problem. In E. Nuissl & P. Schenk (Hrsg.), *Problemfeld Bildungsurlaub* (S. 187–204). Westermann.

Kittstein, U. (2006). *Mit Geschichten will man etwas. Historisches Erzählen in der Weimarer Republik und im Exil*. Königshausen & Neumann.

Knütter, H. H. (1991). Rationalität und Irrationalität in unserer Zeit. In S. Schiele & H. Schneider, H. (Hrsg.), *Rationalität und Emotionalität in der politischen Bildung* (S. 25–36). J. B. Metzler.

Koschorke, A. (2012). *Wahrheit und Erfindung. Grundzüge einer allgemeinen Erzähltheorie*. S. Fischer.

Kreiswirth, M. (2000). Merely telling stories? Narrative and knowledge in the humansciences. *Poetics Today, 21*(2), 293–318.

Leschke, R. (2020). *Die Formen massenmedialen Erzählens: Normative Strukturen und narrative Programme*. LIT-Verlag.

Lobin, H. (2021). *Sprachkampf. Wie die Neue Rechte die deutsche Sprache instrumentalisiert*. Dudenverlag.

Lyotard, J.-F. (1979). *La condition postmodern. Rapport sur le savoir.* Edition de Minuit.

Martínez, M. (Hrsg.). (2017). *Erzählen. Ein Interdisziplinäres Handbuch*. Metzler.

Martínez, M., & Scheffel, M. (2012). *Einführung in die Erzähltheorie*. Beck.

Messner, G. (2019). *Märchen als Erziehungsmittel. Pädagogische Handlungsanleitungen in „Rotkäppchen" und „Der Froschkönig"*. GRIN.

Most, G. (2012). Plato's Exoteric Myths. In C. Collobert, P. Destrée & F. J. Gonzalez (Eds.), *Plato and Myth: Studies on the Use and Status of Platonic Myths* (S. 13–24). BRILL.

Müller, M., & Precht, J. (Hrsg.). (2019). *Narrative des Populismus*. Springer.

Müller-Funk, W. (2002). *Die Kultur und ihre Narrative*. Springer.

Nuissl, E. (2012). Deutungsmusteransatz. In B. Schäffer & O. Dörner (Hrsg.), *Handbuch Qualitative Erwachsenen- und Weiterbildungsforschung* (S. 238–250). Verlag Budrich.

Nuissl, E., & Przybylska, E. (2017). *Kultur aneignen. Vom Erlernen kultureller Identität*. Schneider.

Patterson, M., & Kristen, R. M. (1998). Narrative in political science. *Annual Review of Political Science, 1*(4), 315–331.

Rath, B. (2011). *Narratives Verstehen. Entwurf eines narrativen Schemas*. Velbruck.

Riessman, C. K. (2008). *Narrative Analysis*. Sage.

Rubenson, K., & Schuetze, H. G. (Eds.). (2000). *Transition to the Knowledge Society. Policies and Strategies for Individual Participation and Learning*. University of British Columbia.

Schmid, M., Sauerbrey, F., Großkopf, S., & Witty, K. (Hrsg.). (2019). *Ratgeberforschung in der Erziehungswissenschaft. Grundlagen und Reflexionen*. Klinkhardt.

Somers, M. R. (1994). The narrative constitution of identity: A relational and network approach. *Theory and Society, 23*, 605–649.

Viehöver, W. (2006). Diskurse als Narrationen. In R. Keller, A. Hierseland & W. Viehöver (Hrsg.), *Handbuch Sozialwissenschaftliche Diskursanalyse. Band 1: Theorien und Methoden* (S. 179–208). VS Verlag für Sozialwissenschaften.

Viehöver, W. (2012). „Menschen lesbar machen" – Narration, Diskurs, Referenz. In M. Arnold, G. Dressel & W. Viehöfer, *Erzählungen im Öffentlichen. Über die Wirkung narrativer Diskurse* (S. 65–134). VS Verlag für Sozialwissenschaften.

Weber-Stein, F. (2019). Politik als Herzensangelegenheit. In A. Besand, B. Overwien & P. Zorn (Hrsg.), *Politische Bildung mit Gefühl* (S. 219–231). Bundeszentrale für politische Bildung.

Stephanie Freide und Stefanie Hoffmann

Programmplanungshandeln unter Professionalitätsperspektive – Zum Wert einer dezidiert handlungstheoretisch fundierten Ausdifferenzierung der Theorie Wiltrud Giesekes

Die forschende Beschäftigung damit, wie Angebote und Programme in der Erwachsenen- und Weiterbildung entstehen, hat eine lange Tradition. Erste systematisierende Auseinandersetzungen vollzogen sich zu einer Zeit, in der es zu einem staatlich forcierten institutionellen Ausbau öffentlich getragener Bildungsangebote für Erwachsene sowie einem Akademisierungsschub in der Erwachsenen- und Weiterbildung gekommen war (z.B. Brödel, 1983; Kuhlenkamp, 1982; Tietgens, 1982). Im Zuge dessen erhielt das Planungshandeln den Status einer professionellen, dezidiert (erwachsenen-)pädagogischen Tätigkeit (z.B. Siebert, 1982, 1984; Tietgens, 1979) und im Verlauf der 1980er Jahre konsolidierte sich die Programm- und Programmplanungsforschung zu einer eigenständigen Forschungsrichtung innerhalb der Erwachsenen- und Weiterbildungswissenschaft (für einen Überblick siehe Fleige et al., 2018).

Die Entwicklung von Modellen zur Programmplanung stellt ein wesentliches Element dieser Forschungsgeschichte dar (für eine Systematisierung siehe von Hippel, 2017). Zunächst gründen diese auf vor allem theoretischen Überlegungen dazu, wie sich die konzeptionelle Planung von Angeboten und Programmen zu vollziehen habe, um erwachsenenpädagogischen Professionalitätsvorstellungen zu entsprechen (z.B. Arnold & Wiegerling, 1983; Tietgens, 1982).

Ein erstes empirisch gesättigtes Modell zur Programmplanung legt Wiltrud Gieseke Anfang der 2000er Jahre vor. Ausgehend von Arbeitsplatzbeobachtungen und darauf bezogener Interviews mit den Planenden konzipiert sie den Planungsprozess als situative Konstellation von „Wissensinseln" (Gieseke, 2000a, S. 330; überarbeitet Gieseke, 2006, S. 74; weiterentwickelt Gieseke et al., 2022) und definiert das Planungsvorgehen als „Angleichungshandeln" (Gieseke, 2000, 2003, 2008) im Sinne eines komplexen Prozesses der Aushandlung verschiedener institutioneller sowie gesellschaftlicher Anforderungen. Dabei legt Gieseke den Fokus ihrer Betrachtungen auf die konkreten Handlungsvollzüge und damit einhergehenden Deutungs- und Interpretationsleistungen der Planenden und verlegt sich auf die Beschreibung ihres „professionellen individuellen Spielraum[s] beim Planungshandeln" (Gieseke, 2012, S. 442).

Im Folgenden stellen wir eben diesen Zugang als spezifischen Einsatz für die Frage nach der Professionalität des Planens von Angeboten und Programmen heraus und würdigen mit der Darstellung und dem Weiterdenken von forschenden Anschlüssen die geleistete empirische Hinwendung und theoretische Konzeption von Programmplanung sowie den Wert ihrer handlungstheoretischen Fundierung.

1. Professionalitätsansprüche im Programmplanungshandeln

Professionalität, als von Hans Tietgens in den 1980er Jahren in die Erwachsenen- und Weiterbildung eingeführtes Konstrukt (Tietgens, 1988), „meint die Fähigkeit, unter einer Leitaufgabe auf hohem wissenschaftlichen und theoretischen Niveau komplexe Lehr-/Lernanforderungen und Strukturbildungsanforderungen in diesem Feld zu erforschen, zu konzeptionieren, zu begleiten, die eingebrachten Konzepte zu evaluieren und dabei den lernenden Menschen und seine Bedarfe und Bedürfnisse im Mittelpunkt zu sehen" (Gieseke, 2018, S. 1054; siehe grundlegend Gieseke, 1989). Dabei sind Professionalitätsverständnisse der Akteur:innen und ihre Auswirkungen auf die tatsächliche Handlungspraxis mitnichten ausschließlich abhängig von explizitem Wissen (in Form von empirischen und theoretischen Ausarbeitungen), sondern ebenso im Rahmen von Sozialisationsvorgängen zu betrachten: Institutionelle Kontexte wirken, so konnte es Wiltrud Gieseke zeigen, habituell überformend auf Programmplanende (Gieseke, 2018, S. 1060), wohingegen Bremer, Pape und Schlitt (2020) nachzeichnen, in welchen Arten und Weisen der Zusammenhang von biographisch erworbenem Habitus und der Annäherung, dem Erschließen und Ausüben der erwachsenenpädagogischen Tätigkeit ausgestaltet sein kann. Für Professionalisierungsverläufe in der Erwachsenenbildung bedeutet dies, in den institutionalisierten, feldspezifischen Qualifizierungsinstanzen (Studium, Weiterbildungen, Mentoring, Training on the Job usw.) auch jene atheoretische, habitualisierte Seite des Wissens mitzudenken und eine Reflexion dessen – soweit es bei präreflexiven Wissensbeständen möglich ist – anzuregen, um nicht nur die Kognition, sondern den gesamten Menschen als leibliches und emotionales Wesen in seiner (von der Vergangenheit durchdrungenen) gegenwärtigen Umwelt (Gieseke, 2014, S. 62) in das Lernen und Ausbilden der Professionalität einzubeziehen. Habituell angelegte Ressourcen sowie Hindernisse entstehen dabei durch die biographische als auch feldspezifische Sozialisation, sodass es beiden Ausprägungen zu begegnen gilt. Dies gilt insbesondere angesichts der uneinheitlichen Ausbildungs- und feldspezifischen Sozialisationsbedingungen hauptamtlich pädagogischer Mitarbeiter:innen (HPM), für die jüngst Alke, Uhl und Troidl (2023) in ihrer empirischen Betrachtung von Stellenanzeigen und ergänzenden Dokumenten die Offenheit im Zugang zum Beruf der Erwachsenenbildner:innen und eine damit einhergehende ungleiche Qualifikation bei Eintritt in das Berufsfeld aufzeigen konnten. Dass es im erwachsenenpädagogischen Handeln jedoch Wissen, Erfahrung und Reflexion braucht, wird bei der Vielzahl an Antinomien und Paradoxien deutlich (von Hippel, 2011), die ein Spannungsfeld aufrechterhalten und das Handeln im Berufsfeld Erwachsenen- und Weiterbildung zwar nicht determinieren, aber stark strukturieren und Professionalität – kollektiv als auch individuell – herausfordern.

Im Handlungs- und Forschungsfeld des Programmplanungshandelns – als ein Feld, in dem Wiltrud Gieseke durch zahlreiche Forschung und Theoretisierungen im hohen Maße zur Professionalisierung beigetragen hat – wird der Professionalitätsdiskurs vorwiegend durch das Heranziehen von entwickelten Modellen, Widerspruchskonstellationen und Antinomien sowie deskriptiven, wie auch zugleich Orientierung bietenden und dadurch normativen Ausformulierungen von Merkmalen pädagogisch professionellem Handeln angeführt (vgl. Gieseke, 2019). Dabei soll eine Professionalisierung nicht um ihrer selbst willen stattfinden, sondern angesichts nicht vorhandener starrer Abläufe und stattdessen gegebener Entscheidungsspielräume dazu befähigen, „aus einem professionellen Verständnis zu prüfen […], ob auf die Anschlüsse für potenziell Teilnehmende und auf die allgemeinen Herausforderungen an die Bevölkerung im Lebenslangen Lernen geachtet wird" (Gieseke, 2019, S. 62). Eine Professionalisierung dient damit nicht nur der Festschreibung der Disziplin Erwachsenen- und Weiterbildung, sondern auch der Absicherung, diesen gesellschaftlichen Auftrag institutions- und personenübergreifend so umsetzen zu können, dass Nutzenerwartungen der Gesellschaft – insbesondere der Teilnehmenden – an (Weiter-)Bildung (vgl. Fleige, 2015) eingelöst werden.

Zahlreiche Studien ehemaliger Mitarbeiter:innen und Kolleg:innen Wiltrud Giesekes (von denen einige an passenden Stellen dieses Beitrags erwähnt werden) verfolgen auch heute – bald drei Jahrzehnte nach ihrer initialen Forschung zu diesem Thema – diese gemeinsam geteilten Ziele, die mit Professionalisierungsbestrebungen im Programmplanungshandeln einhergehen. Wiltrud Gieseke legte im Anschluss an ihre Forschung zur Jahrtausendwende das Modell der Wissensinseln (Gieseke, 2000) vor, um Programmplanung beschreibbar zu machen und ein tieferes Verstehen zu ermöglichen. Dabei stellte das Modell nicht nur zur damaligen Zeit einen Grundstein für professionelles Handeln im Feld der Erwachsenen- und Weiterbildung dar, sondern schuf durch den Charakter der Offenheit zahlreiche Anschlussmöglichkeiten für professionell Tätige im Handlungsfeld (und damit für außeruniversitäre Professionalitätsdiskurse) als auch für weitergehende empirische Studien und Theoretisierungen im Forschungsfeld, die weitere Ausdifferenzierungen der originären Erkenntnisse, z.B. in Bezug auf einzelne Weiterbildungsbereiche (wie der beruflichen oder kulturellen Bildung), ermöglichten. Aus diesen Gründen sollen das Modell der Wissensinseln und die zur Entstehung beigetragene Studie von Wiltrud Gieseke folgend gewürdigt werden.

2. Das Modell der Wissensinseln als handlungstheoretischer Einsatz in die Beschreibungen von Programmplanung

Die Studie von Gieseke entsteht unter den Eindrücken der bildungspolitischen Entwicklungen in den 1990er Jahren und den darauf bezogenen Antworten von Einrichtungen der Erwachsenen- und Weiterbildung: Staatliche Mittelkürzungen und die damit einhergehende zunehmende Abhängigkeit der Erwachsenen- und Weiterbildung von Projektförderungen führten zu einer Verschiebung der Legitimation des Programmplanungshandelns von einer pädagogischen hin zu einer betriebswirtschaftlichen Logik (Gieseke, 2000b, S. 30–31). Dabei wurde die Vermarktung von Einrichtungen zum leitenden Zielhorizont der Bildungsarbeit erhoben: „Jede einzelne Einrichtung muss sich wie ein Unternehmen platzieren" (Gieseke, 2000b, S. 31). Dies betraf die berufliche Weiterbildung in besonderem Maße. Gerade aber in Bezug auf die „klassischen Erwachsenenbildungsinstitutionen – Volkshochschulen, kirchliche Erwachsenenbildungsträger, Akademien usw. –" (Gieseke, 2000b, S. 32) sei, so Gieseke, eine genauere Betrachtung der Tätigkeitszusammenhänge notwendig. Zwar würden auch hier vermehrt Managementlogiken Einzug in die Bildungspraxis halten; die Programmplanung sei jedoch weiterhin als ein eigenständiger Bereich zu betrachten, der auf die konzeptionelle Erarbeitung von Programmen ausgerichtet sei und in dem Sinne einen zuvorderst inhaltlichen Dienst an dem leiste, was die jeweilige Einrichtung ausmache (Gieseke, 2000b, S. 32).

Um die konkreten „Handlungsvollzüge und Wissensanforderungen im Kontext der Programmplanung" (Gieseke, 2000c, S. 12) – gerade auch unter den beschriebenen grundsätzlichen Rationalisierungsprozessen in der Erwachsenen- und Weiterbildung – zu erschließen, plädiert Gieseke neben der begrifflichen und definitorischen Trennschärfe zwischen Bildungsmanagement und Programmplanung[1]

---

1 Zum „kooperativen Management" als organisationales Bindeglied zwischen diesen beiden Tätigkeitsbereichen siehe Gieseke, 2000a, S. 334–335, Gieseke, 2008, S. 59–60; zur institutionenübergreifenden Spezifik von Weiterbildungsmanagement siehe z.B. Robak, 2004; zum Verhältnis von Bildungsmanagement und Programmplanung in betrieblichen Kontexten siehe z.B. Käpplinger, 2016.

für einen empirischen Blick darauf, wie sich die Planung von Angeboten und Programmen in spezifischen institutionellen Kontexten vollzieht. Hierzu verschreibt sie sich einem mehrperspektivisch angelegten Untersuchungsdesign: Zusammen mit ihrem Forscherinnenteam (Claudia Gorecki, Ulrike Heuer und Steffi Robak) widmete sie sich Programmen ausgewählter Einrichtungen, exemplarischen Arbeitsplatzbeobachtungen, videographischen Mitschnitten von Berufseinführungsveranstaltungen mit dem Schwerpunkt Programmplanung sowie Interviews mit Programmplanenden – und umreißt aus den Erkenntnissen der Einzelanalysen das Anforderungsprofil professionell tätiger Programmplanender.

Demnach stellt sich die Planung von Programmen als ein „vernetztes Handeln auf der Basis von Abstimmungsprozessen" (Gieseke & Gorecki, 2000, S. 101) dar, das weder linear noch schematisch verläuft. Vielmehr zeige sich Planungshandeln als ein sukzessives Vorgehen in kommunikativer Vernetzung, das auf personelle wie mediale, inner- wie außerinstitutionell orientierte Impulse zur Themenentwicklung sowie wechselseitig angelegte Informationsketten zur Entscheidungsfindung und Umsetzung setze. Die planerischen Wege zu einem Programm sind demnach vielfältig (Gieseke, 2000a, S. 329). Zugleich fußen sie auf immer wiederkehrenden Tätigkeitselementen (Wissensinseln), die die Planenden situationsadäquat, angebotsspezifisch und entsprechend ihrem pädagogischen Wissen sowie stets vor dem Hintergrund des jeweiligen trägerbezogenen Profils und regionalen Bedingungen auswählen und in bestimmter Weise miteinander kombinieren (Gieseke, 2000a, S. 329). Dementsprechend kennzeichnen „langfristiges Vorausdenken" (Gieseke, 2000a, S. 333) ebenso wie die Offenheit für permanente „Erneuerung und Veränderung" (Gieseke, 2000a, S. 327) das Handeln der Planenden, „wo zielorientiertes Handeln als Entscheidungshandeln vermeintlich zurücktritt und doch als bündelnder und strukturierender Vorgang gewünscht ist" (Gieseke, 2000a, S. 332).

Den empirischen Erkenntnissen stellt Gieseke – ausgehend von mehrheitlich soziologischen Handlungstheorien (siehe Gieseke, 2000c, S. 18–29) – einen Handlungsbegriff voran, der auf ein Ineinander von struktureller Steuerung und individueller Disposition gründet, dabei aber die Personengebundenheit bzw. die individuelle Seite des Handelns betont: Kommunikation und Interaktion, Kreativität und Innovation, situative Passungen und flexible Gestaltungsspielräume spannen demnach das Wirkgefüge prozessualer Tätigkeiten pädagogisch Planender auf.

Die damit einhergehende Ambivalenz zwischen steuernden Vorgaben und professionellen Auslegungen hebt Gieseke mithilfe der Handlungstheorie von Hans Joas (1996) zugunsten letzterer auf. Statt von „Zweck-Mittel-Veranlassungen" (Gieseke, 2003, S. 198) auszugehen, betont sie die situative Deutungskompetenz von Planenden im Sinne einer „seismographische[n] Funktion“ (Gieseke, 2003, S. 199). Dabei verweist Gieseke, Joas weiter aufrufend, neben individuellen Absichten zur Zielerreichung „auch [auf] Sensibilität, Passivität, Rezeptivität und Gelassenheit“ (Gieseke, 2003, S. 200) als wesentliche Bestandteile von Handlungen und begründet daraus die Möglichkeit zur Kreativität beim Planen von Programmen. Den hieraus gewonnenen Blick auf die Konstitution von Programmplanung fasst sie schließlich wie folgt zusammen: „Die Pädagogen verfügen über Handlungsspielräume, sie sind nicht im bürokratischen Sinne Glied in einer Kette. Das bedeutet andererseits, dass der zur Verfügung stehende Raum auch von ihnen auszufüllen ist“ (Gieseke, 2000c, S. 27). In dem Sinne fokussiert Gieseke ihre Untersuchungen auf die Erkundung konkreter Realisierungsweisen von Programmplanung.

3. Empirische Anschlüsse zugunsten pädagogischer Programmplanungshandlungstheorie(n) ausdifferenzieren

Wiltrud Gieseke hat ihr Programmplanungsmodell nicht nur aus der Empirie heraus gewonnen, sondern auch in den Folgejahrzehnten immer wieder Anschlüsse für weitere empirische Untersuchungen hergestellt. In dieser Tradition plädieren wir für die Fortführung dieser Verschränkung zugunsten einer fortschreitenden Theoriebildung, für die sich mehrere potenziell ertragreiche Perspektiven eröffnen. Zu denken ist zum Beispiel an (wie bisher auch oft herangezogen) triangulative Forschungsdesigns, die eine von Gieseke geforderte mehrperspektivische Herangehensweise und Perspektivverschränkung (vgl. Gieseke, 1992) einlösen. Dies könnte z.B. auch unter Hinzuziehen der theoretischen Folie der Akteur-Netzwerk-Theorie (vgl. Latour, 1998) ausgearbeitet werden, um Netzwerkkontexte in der Entstehung von Programmen nicht nur hinsichtlich der eingewobenen Wissensinseln, sondern auch hinsichtlich der Art, Intensität, Funktion, gegenseitigen Beanspruchung usw. von Arbeitsbeziehungen sichtbarer zu machen und so die konkreten Vollzüge und Mechanismen des Angleichungshandelns weiter zu erschließen. Dabei wäre es gewinnbringend, auch Beziehungen zu nicht-menschlichen Akteuren im Programmplanungshandeln zu beobachten und Angebote und Programme nicht nur als Ergebnis, sondern als produktiven Bestandteil bei der Konstitution planerischer Praxis zu betrachten (für einen praxistheoretischen Zugang zu Programmplanung siehe Freide, 2020). Weiter könnte auch die erwachsenenbildnerische Raumforschung (Bernhard, et al., 2015) Anschlüsse für eine Ausdifferenzierung der Programmplanungstheorie bieten. Dabei könnte die übergeordnete Frage danach, wie mit Programmplanung pädagogische Räume hervorgebracht und gestaltet werden, den relationalen Zusammenhang zwischen der Mesoebene mit der Makro- und Mikroebene didaktischen Handelns erhellen: Zum einen könnten Untersuchungen zur Logik von Gebietskonstruktionen, innerhalb dessen Angebote und Programme platziert werden, Aufschlüsse darüber geben, wie sich Anbieter positionieren, um Adressat:innen zu erreichen (zum Einbezug räumlicher Bedingungen in Programmplanungsforschungen siehe Fleige, Zimmer & Lücker, 2016); zum anderen könnte ein Blick auf die planerische Herstellung von Lehr-Lernsituationen als pädagogische Räume den Stellenwert von Programmplanung für die Ausgestaltung mikrodidaktischer Settings erschließen helfen. Welche Raumordnungen hierbei jeweils miteinander konkurrieren, wäre ein weiterführender Fragehorizont. Auch eine Renaissance von Arbeitsplatzbeobachtungen, ggf. auch Zugänge wie eine videobasierte Eigenkommentierung im Handlungsvollzug (z.B. in Anlehnung an die Form eines Vlogs) ist denkbar. In diesem Zusammenhang könnte auch das Thema (Umgang mit) „Zeitanforderung" (Gieseke, 2014, S. 62) dezidiert in den Fokus rücken und bestehende Analysen zum Zeiterleben Teilnehmender von Erwachsenen- und Weiterbildung in Kurssituationen (vgl. Schwarz & Hassinger, 2024, siehe auch Schmidt-Lauff, 2018) um die wichtige Perspektive des Zeiterlebens in der Erstellung von Programmen, die schließlich die von den Teilnehmenden genutzten Angebote bündeln, ergänzen. Erwartbar sind hier z.B. Erkenntnisse zum Verhältnis kreativ, organisatorisch und konzeptionell genutzter Zeit, dem subjektiven Erleben des iterativen Planungszyklus oder der Überlagerung des Zeiterlebens aufgrund paralleler, sich überschneidender und (z.T. locker) gekoppelter Teilprozesse des Gesamtplanungsprozesses.

Besonders hervorheben wollen wir dabei den Nutzen von Metatheorien (soziologischer wie philosophischer) für die Ausdifferenzierung bereichsspezifischer, pädagogischer Theorien wie der Programmplanungshandlungstheorie. Nicht zu Unrecht mahnt Wiltrud Gieseke an, sich großen soziologischen Handlungstheorien nicht zu sehr zu verschreiben, da sonst die Gefahr bestünde, sich nicht um eine dezidiert pädagogische Theorie zu bemühen (Gieseke 2000c, S. 22). Andererseits – dahingehend möchten wir einsetzen – ermöglicht gerade das Hinzuziehen einer umfassenden Metatheorie ein Durchdringen komplexer theoretischer Annahmen, die dazu anregen können, den eigenen, forschenden Blick auf die Forschungsthemen derart zu weiten und zugleich zu irritieren, dass neue Fragen auch in Bezug auf breit erforschte Forschungsgegenstände entstehen (zum Verhältnis von Empirie, Methode, Methodologie in erwachsenenbildungsbezogenen Erkenntnisprozessen siehe auch Dörner & Schäffer, 2022). Gerade im Widerspruch, der sich zwischen Metatheorie (z.B. Joas) und empirisch konturierter Gegenstandstheorie zeigt, liegt Potential für überraschende Erkenntnisse, nicht zuletzt deshalb, weil die Entstehung von Metatheorien ihrerseits an historische

Zeitpunkte, geographische Orte, Forscher:innen etc. gebunden ist (zur Standortgebundenheit im Erkenntnisprozess siehe Hoffmann, 2021) und es regelmäßige Aktualisierungen und gegenwärtige Bezüge braucht, um nicht nur einen Status quo, sondern auch die Genese einer Professionalisierung nachzuzeichnen, die schließlich immer ein großes Anliegen Wiltrud Giesekes war und bis heute ist.

Literatur

Alke, M., Uhl, L., & Troidl, K. (2023). Intermediäre Akteure und ihre Bedeutung für die historische Formierung von spezifischen Berufsbildern und Arbeitsmärkten in der öffentlichen Erwachsenenbildung. *Zeitschrift für Weiterbildungsforschung, 46*(3), 495–516. https://doi.org/10.1007/s40955-023-00263-9

Arnold, R., & Wiegerling, H.-J. (1983). *Programmplanung in der Weiterbildung. Bedarfsorientierung, Ausgewählte Planungsstrategien, Institutionelle Einflüsse.* Diesterweg.

Bernhard, C., Kraus, K., Schreiber-Barsch, S., & Stang, R. (Hrsg.). (2015). *Erwachsenenbildung und Raum. Theoretische Perspektiven – professionelles Handeln – Rahmungen des Lernens.* wbv.

Bremer, H., Pape, N., & Schlitt, L. (2020). Habitus und professionelles Handeln in der Erwachsenenbildung. *Hessische Blätter für Volksbildung, 70*(1), 57–71.

Brödel, R. (1983). Ermittlung des Weiterbildungsbedarfs als Grundlage der Programmplanung. *Hessische Blätter für Volksbildung, 33*(2), 113–118.

Dörner, O., & Schäffer, B. (2022). Empiriebasierte Erkenntnis im Verhältnis von Theorie, Methodologie und Methode. Dargestellt am Beispiel qualitativer Erwachsenenbildungsforschung. In M. Kondratjuk, O. Dörner, S. Tiefel & H. Ohlbrecht (Hrsg.), *Qualitative Forschung auf dem Prüfstand. Beiträge zur Professionalisierung qualitativ-empirischer Forschung in den Sozial- und Bildungswissenschaften* (S. 17–45). Barbara Budrich.

Fleige, M. (2015). Nutzenvorstellungen von Teilnehmenden in beruflichen und erwerbsbiographischen Übergangssituationen. Befunde aus zwei Untersuchungen. In S. Schmidt-Lauff, H. von Felden & H. Pätzold (Hrsg.), *Transitionen in der Erwachsenenbildung. Gesellschaftliche, Institutionelle und individuelle Übergänge* (S. 189–200). Barbara Budrich.

Fleige, M., Gieseke, W., Hippel, A. von, Käpplinger, B., & Robak, S. (2018). *Programm- und Angebotsentwicklung in der Erwachsenen- und Weiterbildung.* wbv.

Fleige, M., Zimmer, V., & Lücker, L. (2016). Programmplanung und die Ansprache von Adressatinnen und Adressaten „vor Ort". Regionale, lokale und sozialräumliche Bedingungen des Planungshandelns. In C. Bernhard, K. Kraus, S. Schreiber-Barsch & R. Stang (Hrsg.), *Erwachsenenbildung und Raum.*

Theoretische Perspektiven – professionelles Handeln – Rahmungen des Lernens (S. 117–127). wbv.

Freide, S. (2020). Programmplanung als pädagogische Praktik. Überlegungen zu einer praxeologischen Deutung planenden Handelns. *Der Pädagogische Blick*, (4), 228-237.

Gieseke, W. (2019). Forschungen zum Programmplanungshandeln. In M. Fleige, W. Gieseke, A. von Hippel, B. Käpplinger & S. Robak (Hrsg.), *Programm- und Angebotsentwicklung in der Erwachsenen- und Weiterbildung* (S. 52–63). UTB.

Gieseke, W. (2018). Professionalität und Professionalisierung in der Erwachsenenbildung/Weiterbildung. In R. Tippelt & A. von Hippel (Hrsg.), *Handbuch Erwachsenenbildung/Weiterbildung* (S. 1051–1069). Springer.

Gieseke, W. (2014). Bemühen um die Professionalität und die Anforderungen an grundlagentheoretische Arbeiten für die Erwachsenenbildung/Weiterbildung. In R. Brödel, T. Nettke & J. Schütz (Hrsg.), *Lebenslanges Lernen als Erziehungswissenschaft* (S. 51–68). wbv.

Gieseke, W. (2012). Profession. In B. Schäffer & O. Dörner (Hrsg.), *Handbuch Qualitative Erwachsenen- und Weiterbildungsforschung* (S. 435–447). Barbara Budrich.

Gieseke, W. (2008). *Bedarfsorientierte Angebotsplanung in der Erwachsenenbildung*. wbv.

Gieseke, W. (2006). Programmforschung als Grundlage der Programmplanung unter flexiblen institutionellen Kontexten. In K. Meisel & C. Schiersmann (Hrsg.), *Zukunftsfeld Weiterbildung. Standortbestimmungen für Forschung, Praxis und Politik* (S. 69–88). wbv.

Gieseke, W. (2003). Programmplanungshandeln als Angleichungshandeln. Die realisierte Vernetzung in der Abstimmung von Angebot und Nachfrage. In Dies. (Hrsg.), *Institutionelle Innensichten der Weiterbildung* (S. 189–211). W. Bertelsmann.

Gieseke, W. (Hrsg.). (2000). *Programmplanung als Bildungsmanagement? Qualitative Studie in Perspektivverschränkung: Begleituntersuchung des Modellversuchs „Erprobung eines Berufseinführungskonzeptes in der konfessionellen Erwachsenenbildung“*. Bitter.

Gieseke, W. (2000a). Zusammenfassung. In Dies. (Hrsg.), *Programmplanung als Bildungsmanagement?* (S. 327–333). Bitter.

Gieseke, W. (2000b). Programmplanung und Bildungsmanagement. In Dies. (Hrsg.), *Programmplanung als Bildungsmanagement?* (S. 30–58). Bitter.

Gieseke, W. (2000c). Perspektivverschränkung als Ansatz für die Analyse von Programmplanungshandeln. In Dies. (Hrsg.), *Programmplanung als Bildungsmanagement?* (S. 11–29). Bitter.

Gieseke, W. (1992). Pädagogische Realanalysen durch Perspektivverschränkungen. Ein Beitrag zur Lehr- und Lernforschung in Erwachsenenbildungseinrichtungen. *Hessische Blätter für Volksbildung, 42(1)*, 10–16.

Gieseke, W. (1989). Habitus von Erwachsenenbildnern. Eine qualitative Studie zur beruflichen Sozialisation. BIS.

Gieseke, W., Stimm, M., & Schmidt, C. (2022). Parallele Planungsstrategien in Verbindung mit den Wissensinseln der Programmplanung. In M. Fleige, W. Gieseke, A. von Hippel & M. Stimm (Hrsg.), *Berufliche Weiterbildung in Volkshochschulen. Zugänge zum lebenslangen Lernen* (S. 237–256). Peter Lang.

Gieseke, W., & Gorecki, C. (2000). Programmplanung als Angleichungshandeln – Arbeitsplatzanalyse. W. Gieseke (Hrsg.), *Programmplanung als Bildungsmanagement?* (S. 59–114). Bitter.

Hippel, A. von (2017). Theoretische Perspektiven auf Programmplanung in der Erwachsenenbildung: Eine Systematisierung von Programmplanungsmodellen für Forschung und Praxis. *Zeitschrift für Weiterbildungsforschung, 40*(2), 199–209.

Hippel, A. von (2011). Programmplanungshandeln im Spannungsfeld heterogener Erwartungen. Ein Ansatz zur Differenzierung von Widerspruchskonstellationen und professionellen Antinomien. In *Zeitschrift für Weiterbildungsforschung, 34*(1), 45–57.

Hoffmann, S. (2021). Erkenntnistheoretische Relevanzen von Standortgebundenheiten – über die ‚zugreifende Kraft' seinsverbundenen Denkens für eine lebendige Theoriebildung. In M. Karcher & S. Rödel (Hrsg.), *Lebendige Theorie* (S. 173–185). Textem.

Joas, H. (1996). *Die Kreativität des Handelns*. Suhrkamp.

Käpplinger, B. (2016). *Betriebliche Weiterbildung aus der Perspektive von Konfigurationstheorien*. W. Bertelsmann.

Kuhlenkamp, D. (1982). Programmplanung zwischen didaktischen Ansprüchen und knappen Ressourcen. In H. Becker et al., *Wissenschaftliche Perspektiven zur Erwachsenenbildung* (S. 39–53). Westermann.

Latour, B. (1998). *Wir sind nie modern gewesen. Versuch einer symmetrischen Anthropologie*. Fischer Verlag.

Robak, S. (2004). *Management in Weiterbildungsinstitutionen. Eine empirische Studie zum Leitungshandeln in differenten Konstellationen*. Dr. Kovac.

Schmidt-Lauff, S. (2018). Zeittheoretische Implikationen in der Erwachsenenbildung. In R. Tippelt & A. von Hippel (Hrsg.), *Handbuch Erwachsenenbildung/Weiterbildung* (S. 319–338). Springer.

Schwarz, J., & Hassinger, H. (2024). Zwischen individuellen Anfängen des Lernens und kollektiven Praktiken des Startens. Eine dokumentarische Analyse des Zusammenspiels von Zeitlichkeiten kollektiver Praktiken und Zeitmodalitäten individueller Orientierungen in Block- und Tageskursen der Erwachsenenbildung. In A. Hackbarth, S. Hoffmann, M. Hunold, D. Petersen & S. Rundel (Hrsg.), *Jahrbuch Dokumentarische Methode.* Heft 6. centrum für qualitative evaluations- und sozialforschung e.V. (ces).

Siebert, H. (1984). Erwachsenenpädagogische Didaktik. In D. Lenzen, E. Schmitz & H. Tietgens (Hrsg.), *Enzyklopaedie Erziehungswissenschaft. 11. Erwachsenenbildung* (S. 171–184). Klett-Cotta.

Siebert, H. (1982). Programmplanung als didaktisches Handeln. In E. Nuissl (Hrsg.), *Taschenbuch der Erwachsenenbildung* (S. 100–121). Schneider-Verlag Hohengehren.

Tietgens, H. (1988). Professionalität für die Erwachsenenbildung. In W. Gieseke (Hrsg.), *Professionalität und Professionalisierung* (S. 28–76). Klinkhardt.

Tietgens, H. (1982). Angebotsplanung. In E. Nuissl (Hrsg.), *Taschenbuch der Erwachsenenbildung* (S. 122–144). Schneider-Verlag Hohengehren.

Tietgens, H. (1979). *Einleitung in die Erwachsenenbildung.* Wissenschaftliche Buchgesellschaft.

Falk Scheidig

Digitale Entwicklungsperspektiven der Programmforschung

1. Digitalisierung und Programmforschung

Digitale Transformationsprozesse berühren die Erwachsenenbildung auf mehreren Ebenen: Erwachsenenbildungsangebote greifen Themen mit Digitalisierungsbezug sowie digitale Kompetenzanforderungen inhaltlich auf und werden durch den didaktischen Einsatz digitaler Medien selbst zunehmend digital durchdrungen (Bernhard-Skala et al., 2021; Robak et al., 2022; Scheidig, 2021). Dementsprechend manifestieren sich Digitalisierungsprozesse auch in Programmen der Erwachsenenbildung, weil sich aktuelle Veränderungen in der Regel im Programmplanungshandeln von Erwachsenenbildungsanbietern niederschlagen (Gieseke, 2023, S. 125). Aufgrund der offenen Anlage und geringen inhaltlichen Festlegung der non-formalen Erwachsenenbildung (Gieseke & Krueger, 2023a, S. 190) binden Programme seit längerem gesteigertes wissenschaftliches Interesse, da sie der „zeitgeschichtlich materialisierte Ausdruck gesellschaftlicher Auslegung von Erwachsenenbildung" (Gieseke, 2015, S. 165) sind. Die Programmforschung gilt heute als etablierter und ausdifferenzierter empirischer Zugang in der deutschen Erwachsenenbildungsforschung (Gieseke & Robak, 2022). Ihr Interesse zentriert sich einerseits auf die Erarbeitung von Programmen, das Programmplanungshandeln, und andererseits auf deren Ergebnisse, die Programme (Gieseke, 2014, 2015). Inzwischen liegen auch einige Studien vor, die sowohl Programmplanungshandeln als auch Programme im Kontext der Digitalisierung analysieren (z.B. Brinkmöller & Scheidig, 2024; Hellriegel, 2020; König et al., 2020; Lacher & Rohs, 2023; Scheidig, 2022a, 2024a, 2024b).

Wiltrud Gieseke, die über einen langen Zeitraum und auch in jüngeren Publikationen (Gieseke & Krueger, 2023a, 2023b) zentrale Impulse zur Methodik der Programmanalyse setzte, hat darauf hingewiesen, dass Veränderungen im digitalen Zeitalter – wie die zunehmende Ankündigung von Erwachsenenbildungsangeboten im Internet statt in Programmheften – für Programmanalysen Implikationen besitzen, dass also digitale Transformationsprozesse nicht nur in Programmen, sondern auch in der Programmforschung ihren Niederschlag finden (Gieseke et al., 2018, S. 459, 468; Gieseke & Krueger, 2023a, S. 195–196.). Der vorliegende Beitrag schließt hieran an und wendet sich möglichen

Weiterentwicklungen in Bezug auf Programmanalysen im Kontext der Digitalisierung zu. Dabei wird zunächst auf die Bedeutung der Programmanalyse in der Erwachsenenbildung eingegangen, danach werden drei verschiedene Entwicklungsperspektiven der Programmforschung skizziert, die mit digitalen Transformationsprozessen assoziiert sind, ehe ein Fazit den Beitrag arrondiert.

2. Programmanalyse als Forschungszugang

Die Programmanalyse ist ein „genuin erwachsenenpädagogische[r] Zugang“ (Gieseke & Krueger, 2023a, S. 187), der auf der zentralen Bedeutung von Programmen in der Erwachsenenbildung gründet. Wenngleich Programme als Planungsdokumente keine Rückschlüsse auf das realisierte Angebot und das Lernen Erwachsener erlauben, lässt sich auf Basis von Erwachsenenbildungsprogrammen die Landschaft des quartären Sektors kartografieren (Gieseke et al., 2018, S. 457). Programme geben sowohl Auskunft zu Angebotsstrukturen, Themenauslegungen und zeitabhängigen inhaltlichen und didaktischen Verschiebungen als auch zu Profilen von einzelnen Erwachsenenbildungsanbietern: „Mit der Programmanalyse kann erschlossen und analysiert werden, welche konzeptionelle, inhaltliche und erwachsenenpädagogische Lernstruktur sich in dem Programm einer Institution oder verschiedener Institutionen zu gleichen oder verschiedenen Zeiten realisiert oder realisiert hat.“ (Gieseke & Krueger, 2023a, S. 187) Folglich leisten Programmanalysen nicht nur einen empirischen Beitrag zur Bildungsforschung (Gieseke & Robak, 2022), sondern auch zur Selbstvergewisserung von Erwachsenenbildungsanbietern bezüglich des sich im spezifischen Bildungsangebot materialisierenden Einrichtungsprofils (Gieseke & Krueger, 2023a, 2023b).

Es lassen sich qualitative, quantitative und qualitativ-quantitative Programmanalysen unterscheiden, des Weiteren Quer- und Längsschnittanalysen (Gieseke et al., 2018). Programmanalysen können im Sinne einer Perspektivenverschränkung (Gieseke, 2014) zudem triangulativ mit anderen Methoden verzahnt werden (Käpplinger, 2011), etwa mit Interviews zur Programmplanung (z.B. Hellriegel, 2022). Das Spektrum vorliegender Programmanalysen ist breit gefächert und erstreckt sich u. a. über institutionenbezogene Fallanalysen, vergleichende Studien, Regionalanalysen, programmbereichs- und themenbezogene Analysen sowie Zielgruppenanalysen (Fleige et al., 2019; Gieseke, 2014; Gieseke et al., 2018). Dieses Spektrum erfährt mit aktuellen Programmanalysen (z.B. Hellriegel, 2022; König et al., 2020; Scheidig, 2022a, 2024b; Brinkmöller & Scheidig, 2024) eine Ausdehnung und auch innovierende Impulse bezüglich der Datengewinnung und -analyse (z.B. Gieseke & Krueger, 2023b; Lacher & Rohs, 2023). Zudem lassen sich methodische Adaptionen in benachbarten Feldern der Bildungsforschung beobachten, etwa Programmanalysen zu Fortbildungsangeboten für schulische Lehrkräfte (Cramer et al., 2019) oder zu Hochschuldidaktikkursen (Scheidig & Klingovsky, 2020).

3. Digitale Entwicklungsperspektiven für Programmanalysen

Schon heute kommt Computertechnologie bei Programmanalysen in verschiedener Weise zum Einsatz, insbesondere bei der Materialbeschaffung, -aufbereitung, -strukturierung und -codierung (Fleige & von Hippel, 2022). Ein weiteres Beispiel ist die Erfassung und Zugänglichmachung von Programmen in digitalen Programmarchiven, die zeit- und ortsunabhängig über das Internet genutzt werden können und datenbankgestützte Recherchemöglichkeiten bieten (Gieseke et al., 2018). Durch die Verbreitung digitaler Technologien ergeben sich jedoch weitere Szenarien für digitale Weiterentwicklungen im Bereich der Programmanalyse, von denen nachfolgend drei mit jeweils unterschiedlicher Akzentsetzung skizziert werden sollen, nämlich: die Nutzung digitaler Technologie *(A)* für das Beschaffen von Programmen, *(B)* für die Analyse von Programmen und *(C)* für angebotsbezogene Analysen ohne Programme.

(A) Digitale Programmbeschaffung

Die Gewinnung von Programmen für konkrete Analysevorhaben oder die wissenschaftliche Archivierung für künftige Forschung ist mit einem hohen Aufwand verbunden, da Erwachsenenbildungsanbieter ihre Programme teilweise nicht aufbewahren (Gieseke et al., 2018). Die Programmbeschaffung wird zunehmend dadurch erschwert, dass Erwachsenenbildungsangebote verstärkt im Internet beworben werden – entweder zur Ergänzung oder zur partiellen, mitunter auch vollständigen Ablösung des Programmhefts (Gieseke et al., 2018, S. 468). Ursächlich für diese Entwicklung sind die kostenintensive Produktion von Programmheften, der Verteilaufwand und der hohe Papierverbrauch, aber auch die mangelnde Aktualisierbarkeit (Käpplinger, 2021). Vor allem während der Corona-Pandemie, in der Angebote kurzfristig abgesagt, verschoben oder online durchgeführt wurden, waren flexible Angebotsankündigungen erforderlich (Gieseke & Krueger, 2023a, S. 196). Hinzu tritt die wachsende Zahl von Online-Angeboten, die aufgrund ihrer Ortsungebundenheit potenziell eine überregionale Reichweite besitzen (Scheidig, 2024a) und durch Ankündigungen im Internet auch überregional beworben werden können. Aus der Verlagerung von Angebotsankündigungen ins Internet erwachsen Herausforderungen für die Programmforschung, u. a. mit Blick auf die Speicherung und Archivierung von Online-Angebotskündigungen

(Gieseke et al., 2018, S. 459, 468; Gieseke & Krueger, 2023a, S. 196). Dabei verdient auch Berücksichtigung, dass in Online-Angebotsdatenanken – im Gegensatz zu statischen Programmheften – Angebote jederzeit ergänzt, geändert oder gelöscht werden können, wodurch sich eine Dynamisierung des Forschungsmaterials ergibt (Scheidig, 2022a, S. 341).

Eine digitale Weiterentwicklung besteht in der Möglichkeit, Online-Angebotsankündigungen mit Hilfe digitaler Verfahren für Programmanalysen zu erschließen. Mittels Web Crawling und Web Scraping können Webseiten automatisiert identifiziert, durchsucht und gespeichert sowie gezielt Inhalte extrahiert werden (Gieseke et al. 2018, S. 468; Stimm, 2017; für ein Beispiel siehe Lacher & Rohs, 2023). Aufgrund des hohen Automatisierungsgrads lassen sich Webseiten wiederholt auslesen, um Aktualisierungen zu erfassen. Die Nutzung von Web Crawling und Web Scraping liefert potenziell nicht nur eine Antwort auf die Herausforderung, die wachsende Zahl von Online-Angebotsankündigungen bei Programmanalysen zu berücksichtigen, sondern kann idealiter auch die aufwendige Beschaffung von Programmen für wissenschaftliche Programmarchive unterstützen und die Breite des Programmbestands erhöhen. Dies könnte auch der Durchführung international-vergleichender Programmanalysen zuarbeiten (Käpplinger, 2011), die – von Ausnahmen abgesehen (Gieseke & Kargul, 2005) – ein Desiderat darstellen. Am Weiterbildungsprogramm-Archiv Berlin/Brandenburg an der Humboldt-Universität zu Berlin, das Wiltrud Gieseke in der Mitte der 1990er Jahre aufgebaut hat und heute eines der drei zentralen Programmarchive im deutschsprachigen Raum darstellt (Gieseke et al., 2018), wurde diese digitale Entwicklungsperspektive im Rahmen eines Projekts zur Webarchivierung bereits aufgegriffen (Stimm, 2017).

(B) Digitale Programmanalyse

Bei der Durchführung von Programmanalysen liegt ein Fokus auf der Codierung von Programmen auf Basis induktiv und/oder deduktiv entwickelter Kategorien (Gieseke & Krueger, 2023a). „Codesysteme sind der methodische Kern von Programmanalysen. Sie sind Ergebnis empirischer Kernarbeit und bilden bereits ein (Zwischen)ergebnis eines umfänglichen Forschungsprozesses ab, der sowohl Theoriearbeit als auch Datenanalyse beinhaltet." (Gieseke & Robak, 2022, S. 262) Der Einsatz digitaler Technologie zentriert sich in diesem Rahmen zumeist auf die technische Unterstützung der manuellen Codierung des Forschungsmaterials durch Software für Inhaltsanalysen. Da Erwachsenenbildungsprogramme heute in der Regel in digitaler Form vorliegen und gedruckte Programme in eine maschinenlesbare Form überführt werden können, eröffnen sich neue Möglichkeiten für computergestützte Auswertungsmöglichkeiten (Computer-Aided Text Analysis), die über die technische Unterstützung manueller Textanalyse hinausreichen und (teil-)automatisierte Verfahren beinhalten (Short et al., 2018).

Beispiele für die (teil-)automatisierte Verarbeitung volumenstarker und unstrukturierter Textdaten fallen in den Bereich Text-Mining (Lemke & Wiedemann, 2016) und umschließen Verfahren der Informationsextraktion, Textzusammenfassung, Textclusterung und Textklassifikation, die jeweils für Programmanalysen fruchtbar gemacht werden können (gezielt Informationen aus Angebotsankündigungen extrahieren, Angebotstexte zusammenfassen, Angebote respektive Programme inhaltlich gruppieren oder definierten Klassen zuordnen). Auch andere induktive und deduktive Verfahren der computergestützten Textanalyse sind für Programmanalysen potenziell anschlussfähig:

- Mittels Topic Modeling können latente Themen in einer großen Textmenge über die semantische Struktur (konkret: über Cluster auf Basis der (Un-)Wahrscheinlichkeit des gemeinsamen Auftretens von Wörtern) identifiziert werden. Ein Beispiel für die Erwachsenenbildung liefern Nylander et al. (2022), die 1185 Zeitschriftenartikel hinsichtlich ihrer Themen mittels Topic Modeling inhaltlich gruppierten und analysierten. Mit diesem Verfahren lässt sich auch bestimmen, mit welcher Wahrscheinlichkeit latente Themen in Texten vorkommen (Papilloud & Hinneburg, 2018).
- Die Kookkurenzanalyse gibt Informationen zur Verwendungsweise eines Begriffs, indem ermittelt wird, welche Begriffe häufig im Zusammenhang mit einem Begriff auftreten. Gilt das Erkenntnisinteresse einer Programmanalyse etwa dem Thema Nachhaltigkeit, könnte mittels Kookkurenzanalyse offengelegt werden, welche Begriffe mit Nachhaltigkeit in Angebotsankündigungen assoziiert sind.
- Mittels der Sentimentanalyse lassen sich positive oder negative Haltungen oder Stimmungen zu einem Thema automatisiert erkennen, indem analysiert wird, inwieweit die einzelnen Begriffe im umgebenden Text positiv oder negativ besetzt sind (Schneijderberg et al., 2022). Damit ließe sich beispielsweise ermitteln, ob die Thematisierung von Künstlicher Intelligenz in Erwachsenenbildungsprogrammen eher positiv oder negativ konnotiert ist, etwa mit Hoffnung oder Angst.
- Unter Visual Linguistics wird die visuelle Aufbereitung sprachlicher Daten gefasst, die einerseits der Präsentation von Ergebnissen dienen kann, andererseits aber auch der explorativen Erkenntnisgewinnung in unübersichtlichen Daten (Visual Analytics), die mit Tabellen oder herkömmlichen Diagrammen nicht adäquat abbildbar sind (Bubenhofer & Kupietz, 2018). Ein Beispiel ist

die visuelle Darstellung mehrfachcodierter Programminhalte im Themenspektrum wissenschaftlicher beruflicher Weiterbildung für Kunst und Kultur bei Gieseke & Krueger (2023b).

Es ist zu erwarten, dass sich künftig mit dem Erschließen der Möglichkeiten Künstlicher Intelligenz weitere Szenarien (teil-)automatisierter Textanalyse ergeben. Aktuelle Entwicklungen im Bereich von Large Language Models, mit denen z.B. über Chatbots Fragen an Texte gestellt werden können, geben erste Hinweise auf zu erwartende Potenziale. Bereits die aktuell nutzbaren Verfahren, von denen hier einige genannt wurden, können als Werkzeuge die Programmanalyse anreichern. Vorteile sind darin zu sehen, dass mit (teil-)automatisierten Textanalysen viel größere Textkorpora verarbeitet werden können als durch eine zeitintensive forschungsseitige Materialsichtung und -codierung. Dies ist insofern relevant, als sich Programmanalysen in der Regel aus arbeitsökonomischen Gründen auf Fallanalysen oder überschaubare Stichproben beschränken müssen – verbunden mit Fragen nach der Repräsentativität. Zudem lassen sich (teil-)automatisierte Textanalysen deutlich aufwandsärmer replizieren oder fortschreiben.

Im Gegensatz zu qualitativ ausgerichteten Programmanalysen basieren (teil-)automatisierte Textanalysen nicht auf sinnverstehender inhaltlicher Interpretation, sondern auf quantitativen (oft probabilistischen) Maßen. Obschon computergestützte Verfahren forschungsseitige Setzungen (z.B. Wahl der untersuchten Begriffe, Korpuszusammenstellung, Parametereinstellungen in der Software) beinhalten und ebenfalls einer theoretischen Rahmung bedürfen, stehen insbesondere datengetriebene Verfahren der explorativen Textanalyse in einem Spannungsverhältnis zur kategoriengeleiteten qualitativen Inhaltsanalyse. Dies evoziert die Frage nach der Qualität (teil-)automatisierter Programmanalysen im Vergleich zu manuellen Programmanalysen (König et al., 2020, S. 15), wobei zu beachten ist, dass auch die (teil-)automatisierte Textanalyse eine qualitative Ergebnisinterpretation verlangt (Lemke & Wiedemann, 2016; Schneijderberg et al., 2022, S. 464–466). Nicht zuletzt aufgrund der differierenden Leistungen, Funktionen und Erkenntnishorizonte (teil-)automatisierter und manueller Verfahren könnte ein besonderer Ertrag in der Verschränkung von manuellen und (teil-)automatisierten Arbeitsschritten liegen.

(C) Digitale Angebotsanalyse ohne Programm

Einige in Programmanalysen adressierte Forschungsfragen können prinzipiell auch mit Verwaltungsdaten von Erwachsenenbildungsanbietern bearbeitet werden, da in der Software zur Kursverwaltung – wie sie viele Erwachsenenbildungsanbieter seit einigen Jahren nutzen – relevante angebotsbezogene Informationen abgespeichert sind. Ein solcher Zugang folgt dem Learning Analytics-Ansatz (Scheidig, 2019; Scheidig, 2022b) und besitzt den Vorteil, dass die Daten bereits strukturiert in digitaler Form vorliegen. Der datenschutzkonforme Zugang zu diesen Daten stellt jedoch eine hohe Hürde dar und bedarf im Gegensatz zu Programmanalysen zwingend der Mitwirkungsbereitschaft der betreffenden Bildungseinrichtung (Scheidig & Holmeier, 2021). Limitiert wird diese Analyseperspektive zudem dadurch, dass längsschnittliche Analysen an die Nutzungsdauer der Software gebunden, einrichtungsübergreifende Analysen aufgrund unterschiedlicher Software sehr erschwert und ferner keine Analysen zu angebotsübergreifenden Aspekten (z.B. Selbstdarstellung der Einrichtung, Programmbebilderung) möglich sind.

Gleichwohl kann die Nutzung von Verwaltungsdaten den Erkenntnishorizont der Programmforschung erweitern, da in der Verwaltungssoftware Daten zu den Bildungsangeboten mit Teilnehmendendaten verknüpft sind. Hierdurch lassen sich im Sinne einer Perspektivenverschränkung (Gieseke et al., 2014) – jedoch ohne zusätzlichen Erhebungsaufwand – u. a. Analysen zu Angeboten mit Analysen zu deren Nutzung verbinden, etwa zur Nachfrage oder zum Ausfall von Angeboten. Damit wird das generelle Problem von Programmanalysen adressiert, dass Programme als Planungsdokumente per se keine Informationen zum Zustandekommen von Angeboten und zu den Teilnehmenden enthalten (Gieseke et al., 2018). Diese Limitation ist relevant, da mit sinkender Realisierungsquote von geplanten Bildungsangeboten (für entsprechende Hinweise vgl. Dust, 2023) die mit Programmanalysen offengelegte Angebotsperspektive nur noch eingeschränkt mit der Realität tatsächlich durchgeführter Erwachsenenbildungsangebote übereinstimmt. Insbesondere bei einrichtungsbezogenen Fallanalysen verspricht die (ergänzende) Analyse von Verwaltungsdaten aufgrund des möglichen Einbezugs von Teilnehmendendaten Aufklärungspotential für die Programmforschung.

4. Fazit

Mit Digitalisierungsprozessen gehen nicht nur Veränderungen in der Erwachsenenbildungspraxis einher, sondern auch neue Möglichkeiten zur wissenschaftlichen Erkenntnisgewinnung über ebenjene Erwachsenenbildungspraxis. Künftige Forschung sollte sich diesen Möglichkeiten zuwenden, um deren Nutzen für die Beantwortung empirischer Fragestellungen auszuloten und eine begründete Potenzialabschätzung vorzunehmen. Aus wissenschaftlicher Perspektive sind hiervon auch relevante methodologische Erörterungen, Schärfungen und Vergewisserungen zu erwarten. Zugleich stellen neue digitale Möglichkeiten der Erkenntnisgewinnung auch neue Ansprüche an forschungsmethodische

Kompetenzen. Wenngleich die hier skizzierten digitalen Perspektiven für die Programmforschung nur grob konturiert werden konnten und nicht als abschließend zu betrachten sind, so verweisen sie auf potenzielle Möglichkeitsräume zur weiteren Ausdifferenzierung und Impulsierung einer über mehrere Jahrzehnte etablierten und innovationsfähigen Forschungsperspektive.

Literatur

Bernhard-Skala, C., Bolten-Bühler, R., Koller, J., Rohs, M., & Wahl, J. (Hrsg.). (2021). *Erwachsenenpädagogische Digitalisierungsforschung*. wbv.

Brinkmöller, A.-L., & Scheidig, F. (2024). Data Literacy als Gegenstand der Erwachsenenbildung – eine Programmanalyse. *Zeitschrift für Weiterbildungsforschung, 47*(1), 123–144.

Bubenhofer, N., & Kupietz, M. (Hrsg.). (2018). *Visualisierung sprachlicher Daten. Visual Linguistics – Praxis – Tools*. Heidelberg University Publishing.

Cramer, C., Johannmeyer, K., & Drahmann, M. (2019). *Fortbildungen von Lehrerinnen und Lehrern in Baden-Württemberg*. Universität Tübingen.

Dust, M. (2023). *Geschäftsklimaindex 2023. Wo steht die Erwachsenenbildung in Niedersachsen zu Beginn des neuen Jahres?* [Präsentation]. https://www.aewb-nds.de/fileadmin/content/Aktuelles/Ergebnisse_GKI_2023.pdf

Fleige, M., & von Hippel, A. (2022). Editorial. *Zeitschrift für Weiterbildungsforschung, 45*, 245–252.

Fleige, M., von Hippel, A., Stimm, M., Gieseke, W., & Robak, S. (2019). Befunde der Programmforschung. In M. Fleige, W. Gieseke, A. von Hippel, B. Käpplinger & S. Robak (Hrsg.), *Programm- und Angebotsentwicklung in der Erwachsenen- und Weiterbildung* (S. 76–89). wbv.

Gieseke, W. (2014). Adult and Continuing Education: Results in the Context of Research on Programs and Professionality. In B. Käpplinger & S. Robak (Hrsg.), *Changing Configurations of Adult Education in Transitional Times* (S. 153–173). Peter Lang.

Gieseke, W. (2015). Programme und Angebote. In J. Dinkelaker & A. von Hippel (Hrsg.), *Erwachsenenbildung in Grundbegriffen* (S. 165–173). Kohlhammer.

Gieseke, W. (2023). Zur Entwicklung eines bildungswissenschaftlichen Handlungsbegriffs: Komplexe Wechselwirkungen zwischen den Programminhalten, dem Planungshandeln und der Partizipation in der wissenschaftlichen beruflichen Weiterbildung. In S. Robak, W. Gieseke, L. Heidemann, M. Fleige, C. Kühn, J. Preuß, S. Freide & A. Krueger (Hrsg.), *Wissenschaftliche berufliche Weiterbildung für Kunst und Kultur. Bildungssphäre für das künstlerisch-kulturelle Selbst: Entfalten. Platzieren. Gestalten* (S. 113–140). wbv.

Gieseke, W., von Hippel, A., Stimm, M., Georgieva, I., & Freide, S. (2018). Programmarchive und -sammlungen der Erwachsenenbildung/Weiterbildung. In A. von Hippel & R. Tippelt (Hrsg.), *Handbuch Erwachsenenbildung/ Weiterbildung* (S. 451–474). Springer VS.

Gieseke, W., &. Kargul, J. (Hrsg.). (2005). *Europäisierung durch Kulturelle Bildung. Bildung – Praxis – Event*. Waxmann.

Gieseke, W., & Krueger, K. (2023a). Methodischer Zugang: Zur Methode der Programmanalyse. In S. Robak, W. Gieseke, L. Heidemann, M. Fleige, C. Kühn, J. Preuß, S. Freide & A. Krueger (Hrsg.), *Wissenschaftliche berufliche Weiterbildung für Kunst und Kultur. Bildungssphäre für das künstlerisch-kulturelle Selbst: Entfalten. Platzieren. Gestalten* (S. 187–216). wbv.

Gieseke, W., & Krueger, A. (2023b). Perspektive: Programm. In S. Robak, W. Gieseke, L. Heidemann, M. Fleige, C. Kühn, J. Preuß, S. Freide & A. Krueger (Hrsg.), *Wissenschaftliche berufliche Weiterbildung für Kunst und Kultur. Bildungssphäre für das künstlerisch-kulturelle Selbst: Entfalten. Platzieren. Gestalten* (S. 233–326). wbv.

Gieseke, W., & Robak, S. (2022). Bildungsforschung als Zugang zur Erschließung gesellschaftlicher Wirklichkeit. Das Beispiel der Programmforschung als ein Beitrag aus der erwachsenenbildungswissenschaftlichen Forschung. *Zeitschrift für Weiterbildungsforschung, 45*, 253–274.

Hellriegel, J. (2022). *Bildungsauftrag Medienkompetenz. Programmplanung an Volkshochschulen zwischen Anspruch und Wirklichkeit*. wbv.

Käpplinger, B. (2011). Methodische Innovationen durch neue Nutzungen und Kombinationen einer alten Methode – Das Beispiel der Programmanalyse. *REPORT: Zeitschrift für Weiterbildungsforschung, 34*(1), 36–44.

Käpplinger, B. (2021). Programme in der Erwachsenenbildung: Viel mehr als ein gedruckter Katalog. *Forum Erwachsenenbildung, 54*(4), 37–41.

König, P., Kohl, J., & Rohs, M. (2020). *Methodische Herausforderungen längsschnittlicher Programmanalysen am Beispiel des Themenfeldes Digitalisierung*. https://kluedo.ub.rptu.de/files/6015/_Beitraege_zur_EB_09_PM_Analyse_200630.pdf

Lacher, S., & Rohs, M. (2023). Auswirkungen der Digitalisierung auf das Weiterbildungsangebot für gering Qualifizierte. Eine datenbankbasierte Angebotsanalyse für Rheinland-Pfalz. *Zeitschrift für Weiterbildungsforschung, 46*, 177–196.

Lemke, M., & Wiedemann, G. (2016). *Text Mining in den Sozialwissenschaften. Grundlagen und Anwendungen zwischen qualitativer und quantitativer Diskursanalyse*. Springer VS.

Nylander, E., Fejes, A., & Milana, M. (2022). Exploring the themes of the territory: a topic modelling approach to 40 years of publications in International Journal of Lifelong Education (1982–2021). *International Journal of Lifelong Education, 41*(1), 27–44.

Papilloud, C., & Hinneburg, A. (2018). *Topic-Modelle für qualitative Textanalysen. Qualitative Textanalyse mit Topic-Modellen.* Springer VS.

Robak, S., Kühn, C., Heidemann, L., & Asche, E. (Hrsg.). (2022). *Digitalisierung und Weiterbildung.* Budrich.

Scheidig, F. (2019). Learning Analytics: Gegenstand, Potentiale, Herausforderungen. In B. Berendt, A. Fleischmann, N. Schaper, B. Szczyrba, M. Wiemer & J. Wildt (Hrsg.), *Neues Handbuch Hochschullehre. Ergänzungsband Nr. 93* (I 4.6). DUZ.

Scheidig, F. (2021). Implikationen der Digitalisierung für professionelles Handeln in der Erwachsenenbildung. *Education Permanente, 55*(2), 41–48.

Scheidig, F. (2022a). Angebote politischer Erwachsenenbildung vor und nach dem „Corona-Schock". Eine vergleichende Programmanalyse zu Online- und Präsenzveranstaltungen an Volkshochschulen. *Zeitschrift für Weiterbildungsforschung, 45*, 321–345.

Scheidig, F. (2022b). Learning Analytics und Erwachsenenbildung: Lebenslanges Lernen im Horizont zunehmender Datafizierung. *Education Permanente, 56*(1), 41–51.

Scheidig, F. (2024a). Durch Online-Veranstaltungen neue Zielgruppen erschließen? Befunde zur Angebotswahl erwachsener Lerner. *Zeitschrift für Weiterbildungsforschung, 47*, 385–401.

Scheidig, F. (2024b). Online courses for adults: do they replace or supplement on-site courses? *International Journal of Lifelong Education*, *43*(6), 682–693.

Scheidig, F., & Holmeier, M. (2021). Learning Analytics aus institutioneller Perspektive: Ein Orientierungsrahmen für die hochschulische Datennutzung. In Hochschulforum Digitalisierung (Hrsg.), *Digitalisierung in Studium und Lehre gemeinsam gestalten. Innovative Formate, Strategien und Netzwerke* (S. 215–231). Springer VS.

Scheidig, F., & Klingovsky, U. (2020). Hochschuldidaktik als Grenzfall wissenschaftlicher Weiterbildung. Eine Programmanalyse hochschuldidaktischer Angebote in der Schweiz. In W. Jütte, M. Kondratjuk & M. Schulze (Hrsg.), *Hochschulweiterbildung als Forschungsfeld. Kritische Bestandsaufnahme und Perspektiven* (S. 297–318). wbv.

Schneijderberg, C., Wieczorek, O., & Steinhardt, I. (2022). *Qualitative und quantitative Inhaltsanalyse: digital und automatisiert.* Beltz Juventa.

Short, J. C., McKenny, A. F., & Reid, S. W. (2018). More Than Words? Computer-Aided Text Analysis in Organizational Behavior and Psychology Research. *Annual Review of Organizational Psychology and Organizational Behavior, 5*, 415–435.

Stimm, M. (2017). Digitale Forschungsressourcen in der Erwachsenenbildung. Archivierung webbasierter Programme und Profile von Erwachsenenbildungseinrichtungen. *Magazin erwachsenenbildung.at, 30*. http://www.erwachsenenbildung.at/magazin/17-30/meb17-30.pdf

2. Teilnehmende, Partizipationsmöglichkeiten, Anthropologie, Entscheidungsunterstützung (Beratung)

Rudolf Tippelt und Philipp Oberparleiter

Anthropologische und sozialisationstheoretische Perspektiven auf Lernen im Lebensverlauf

1. Handlungstheoretische Fundierung und anthropologisch-sozialisationswissenschaftliche Perspektiven in der Erwachsenenbildung

Sozialisationstheoretisch geht es in der Erwachsenenbildung um die Spezifik der Lebens- und Arbeitsbedingungen sowie um die gesellschaftlichen Bedeutungszuschreibungen zu Bildung, „welche mehr oder weniger starken Einfluss auf die Reflexivität und die Verarbeitungsverläufe des Individuums nehmen und bei Bildungsprozessen hoch differenziert wirksam sind" (Gieseke, 2022, S. 57).

„Sozialisationsprozesse sind gesellschaftlich rückgebunden – auch im Erwachsenenalter. Sie schließen dann gleichzeitig auch noch einmal individuell an und geben dem systematischen Lernen eine jeweils differente Chance. ‚Realanthropologie' will genau auf diese weiterwirkenden Sozialisationsprozesse über die Lebensspanne aufmerksam machen, die zumindest Veränderungsprozesse beim Individuum aufzeigen. Solche sind aber noch nicht Lernen, sondern habituelle Erweiterungen, die sozialisatorisch und erfahrungsgebunden wirken" (Gieseke, 2012, zitiert nach Gieseke, 2022, S. 67).

„Tietgens spricht unspezifisch von einer ‚Realanthropologie' und sieht diese eingebunden in sozialisatorische Wirkungszusammenhänge, die wiederum vor allem subjektiv stark variieren und in der Erwachsenenbildung auf allen Handlungsebenen gesellschaftlich-kulturell vermittelt sind" (Gieseke, 2022, S. 58).

Wenn man das anthropologische Grundkonzept von Gieseke ortet, wird man sagen können, dass ein handlungs- und interaktionstheoretisches Paradigma sowie die emotionale Komponente des Lernens bestimmend sind. Nicht die rein exogenen Prägungsprozesse im Sinne einer behavioristischen Orientierung, nicht eine genetische Orientierung in der sowohl der Lernkontext als auch die lernende Person letztlich einer endogenen Entwicklungsdynamik folgen, aber auch keine solipsistisch überhöhten Vorstellungen, die eine autonome Selbstentwicklung suggerieren würden, sind reflexionsleitend. Gieseke lotet immer wieder die aktive Wirkung von Lernkontexten aus und sieht aber das lernende Subjekt als handlungs- und interaktionsbestimmend an.

Es gibt dabei einen klaren Auftrag an die Forschung: In Bezug auf die Erwachsenenbildung weist Forschung auf das gelebte Leben und individuell erarbeitete Interpretationen hin. „Was die Themen Arbeit, Familie und Gesellschaft betrifft, haben diese in der Erwachsenenbildung einen eigenen Stellenwert, der behindernd oder fördernd sein kann. Meinungen reichen nicht aus" (Gieseke, 2022, S. 67).

In der Erwachsenenbildung geht es um eine gelingende Koppelung von Reflexion und Empirie und um die methodisch durchdachte Produktion von Wissen einerseits und die Steigerung der Reflexivität der Praxis andererseits. Gieseke (2009) hebt dabei anthropologisch relevant hervor, dass es für das *lebenslange Lernen von Individuen* große Bedeutung hat, zu wissen, welche Rolle Emotionen für lernrelevante Fähigkeiten spielen und welchen Einfluss sie auf Lernen nehmen (S. 175).

„Aber um emotionale Kompetenz zu erwerben, bedarf es eines Analysewissens, eben viel Wissen für die Ausdifferenzierung der Emotionen und natürlich übergreifend kognitiv-gesteuerte Handlungskompetenz" (Gieseke, 2009, S. 174).

Zentriert werden von Gieseke hierbei Probleme der Situation der Kursleiter:innen, des Lehrens und des Lernens im Erwachsenenalter, der Didaktik und Gruppendynamik, des Alltagswissens und generell die Bedeutung von Emotionalität beim Lernen sowie der sozialen Lage von Teilnehmer:innen (hierzu z.B. Gieseke & Ludwig, 2011).

Aber auch innerhalb organisationaler Zusammenarbeit und beruflichen Handelns zeigen sich Gefühle der Zugehörigkeit, welche im sozialen organisationalen Kontext sowie für die Identität des Individuums eine wichtige Rolle spielen (Eiselen & Stichler, 2001, zitiert nach Gieseke, 2009, S. 136). Wenn es in Arbeitsprozessen zu einer Aufhebung der Trennung von Person und Arbeitskraft kommt, wenn eine Unternehmenskultur zur Steigerung der Effektivität beiträgt, werden auch situativ Gefühle übertragen, sodass die Wirkung von Emotionen auch humane Arbeitsprozesse beeinflusst (Gieseke, 2009, S. 141).

Schon in diesem Hinweis zeigt sich die Offenheit der Erwachsenenbildung für interdisziplinäre Kooperation: Das anspruchsvolle Ziel, die Erwachsenenbildung in interdisziplinäre Diskurse einzubringen und dabei auch Bezüge zur Psychologie, zur Soziologie, zur Ökonomie, zur Sprachwissenschaft oder der Medizin herzustellen, sind für W. Gieseke in der Tradition von H. Tietgens leitend. Allerdings geht es nicht darum, unmittelbare Handlungs- und Planungshilfen für die Praxis zu entwerfen, sondern auf einer theoretischen, empirisch-historischen und einer handlungstheoretisch anthropologischen Ebene Perspektiven für die Praxis und die Forschung zu entwickeln. Es geht letztlich darum, Theorie und Praxis der Erwachsenenbildung durch eigenständige Reflexion weiterzuentwickeln und das wissenschaftlich argumentative Potential zu stärken. Gieseke erweist sich in ihren Schriften als eine geistes- und sozialwissenschaftlich aufgeklärte Intellektuelle, die das vorhandene Wissen auf Handeln und Handlungskompetenz in der Erwachsenenbildung ausweitet. Didaktische Antizipation, verstanden als die Berücksichtigung der Interessen der Lernenden, die reale Heterogenität der Teilnehmer:innen, die manchmal restriktiven Rahmenbedingungen u.a. prägen dabei die Handlungsbedingungen. In der Tradition von Tietgens gilt es bei der didaktischen Planung von Lernprozessen Fragen zu beantworten, „inwieweit eine Vorwegnahme von Voraussetzungen, Erwartungen und Bedürfnissen nötig ist, wie weit Planende und Lehrende identisch sein können und inwieweit eine Planungsbeteiligung der Teilnehmer realisierbar erscheint" (Tietgens, in DIE, 2002, S. 174).

Gieseke sieht in der Interpretation von Tietgens, dass faktisch differente Spielräume für Erwachsene gegeben sind an systematischer Erwachsenenbildung teilzunehmen. „Er sprach deshalb von einer ‚Realanthropologie' und wies später auch auf eine fehlende ‚Sozialanthropologie' hin" (Gieseke, 2022, S. 66).

„Biografische Verfestigungen sind hier ebenso angesprochen wie die Entwicklungsmöglichkeiten für weitergehende Lernprozesse, die – wenn Möglichkeiten gegeben sind – für erweiterte Anregungen bei Erwachsenen sorgen" (Gieseke, 2022, S. 67).

Aus heutiger Sicht sind handlungstheoretische Impulse auch in der Organisationsforschung und -entwicklung zu beobachten. Gerade in Auseinandersetzung mit dem Neo-Institutionalismus hat sich ein akteurszentrierter Institutionalismus entwickelt (Tippelt & Lange, 2023), wobei für die Erwachsenen- und Weiterbildung wichtig ist, dass alle korporativen Akteure, also die Organisationen, immer auch aus Sicht der individuellen Akteure gesehen werden, z.B. der Mitarbeitenden und des Leitungspersonals (Schemmann, 2020). Organisationsinterne Vorgänge, mithin auch die interne Handlungskoordination, betonen die handlungsleitenden Interessen, die Normen und Identitäten von Handelnden. Handeln wird mehrebenenanalytisch untersucht, wobei „der institutionelle Rahmen das Handeln der Organisationen prägt, während diese ihrerseits für das Handeln ihrer Mitglieder den institutionellen Rahmen bilden" (Mayntz & Scharpf, 1995, S. 44).

In dieser handlungstheoretischen Sichtweise werden Organisationen und deren Programme permanent und intentional gestaltet. Sicher gilt es dabei zwischen institutionellen Regeln und dem Handeln realer individueller Akteure zu unterscheiden. Aber im Falle von Weiterbildungsorganisationen sind einige Handlungsorientierungen durch Träger institutionell vorgegeben, andere Handlungen werden in Situationen – gerade bei nonformalen Lernprozessen – fortwährend neu konstruiert (Nittel et al., 2014). Trotz der Gestaltungsfreiheiten von Handelnden geht der akteurszentrierte Institutionalismus „von einem erheblichen Maß an Internalisierung institutioneller Normen aus“ (Schimank, 2004, S. 295), was dennoch bedeutet, dass Wahrnehmungen, Deutungen und Erwartungen der Akteure innerhalb der eigenen Organisation und den Teilnehmenden, aber auch gegenüber den interagierenden externen Handlungspartnern situativ in Erfahrung gebracht werden müssen, um diese angemessen gestalten zu können.

In anthropologisch handlungstheoretischer Sicht sind dabei im Diskurs die Dimensionen Teilnehmendenorientierung, Selbststeuerung und Lernaktivität zu erwachsenenpädagogischen Grundbegriffen und -prinzipien geworden.

2. W. Gieseke und ihre Netzwerkpartner in den bibliometrischen Analysen zur Rezeption von „Theorie und Praxis der Erwachsenenbildung“

Es war spannend zu erfahren, welche Themen und welche wissenschaftlichen Netzwerke sich bei der Rezeption der genannten Reihe herauskristallisierten. Über eine bibliometrische Analyse der Zitationen erhält man u.a. erste Hinweise zur Aufmerksamkeit für bestimmte Titel und Themen (Tippelt, 2022). Wenn man die Publikationen der Reihe „Theorie und Praxis der Erwachsenenbildung“ von 1967 bis 2021 berücksichtigt, zeigt sich erstens, dass W. Gieseke und ihre Netzwerkpartner:innen zu den führenden zitierenden Autoren:innen gehören. Da die Kollegen:innen für sehr unterschiedliche Arbeitsschwerpunkte in der Erwachsenen- und Weiterbildung stehen, konnte festgehalten werden, dass keine Zitationskartelle entstanden sind. Die Studien von W. Gieseke und ihrer Netzwerkpartner:innen beziehen sich in diesem Zitationskontext schwerpunktmäßig auf die Angebots- und Programmforschung sowie auf die Professionalisierungsforschung. In der Angebots- und Programmforschung stehen die differenten Themenbereiche und Angebote der verschiedenen Träger im Fokus, aber auch Fragen danach, wie bestimmte Programme und Angebotsformen dazu führen, dass besondere Zielgruppen angesprochen und erreicht werden, andere dagegen nicht (Fleige et al., 2018). Die schwerpunktmäßig vertretene Professionalisierungsforschung sichtet Kompetenzen, analysiert Bildungswege, zeigt Fortbildungsbedarfe und Arbeitsbedingungen in der Erwachsenenbildung auf (Gieseke et al., 1988; Seitter, 2011). In diesem Kontext ist hervorzuheben, dass eine anthropologisch handlungstheoretische Fundierung unverkennbar ist, denn spezialisiertes, systematisiertes, intellektuell begründetes Wissen wird situationsbezogen auf *eigene Entscheidungen* von Planenden, die sich gegenüber der Gesellschaft verantworten, bezogen. Gieseke sieht immer wieder einen enormen

Nachholbedarf bei der Professionalisierung in der Erwachsenenbildung. Es geht darum, Passungen zwischen konkreten Situationen und generalisiertem Wissen zu erkennen (so auch Tietgens, 1987, in DIE, 2002, S. 358). Wissenschaftliche Rationalität kann dabei das Kontextbewusstsein pädagogischen Handelns stärken und die Reflexion der berufspraktischen Erfahrung verbessern. Es würde Giesekes handlungstheoretischer Fundierung widersprechen, einen unmittelbaren, einfachen Wissenstransfer anzustreben, vielmehr sollen Probleme situativ erfasst und reflexiv verstanden werden. Biografische und lebensgeschichtliche Forschungen ergeben wiederum vielfältige Anknüpfungsmöglichkeiten für die in der Erwachsenenbildung wichtige Beratungsforschung.

Mit den Mitteln theoretischer Sinndeutungen und systematischer methodisch-empirischer Forschung werden die subjektiven Konstruktionen sozialer Wirklichkeit von Programmplanenden, Dozierenden und Teilnehmenden analysiert, wobei u.E. einigen handlungstheoretischen Theoremen eine übergreifende Rolle zukommt, welche nachfolgend skizziert werden.

2.1 Kognitiv kontrollierte Reflexion und intentionales Handeln

Das intentionale Handeln in der pädagogischen Praxis bedarf einer angemessenen Strategie des Umgangs mit Ungewissheit und Unsicherheit (Luhmann & Schorr, 1979), aber Giesekes anthropologisch handlungstheoretischer Fundierung würde es krass widersprechen, die situativ variierenden und komplexen Situationen in der Erwachsenenbildung beim konkreten Handeln unberücksichtigt zu lassen. Einem instrumentellen Verhältnis von Theorie und Praxis wird auf keinen Fall das Wort geredet.

2.2 Anwendungsorientierte Grundlagenforschung

Teilnehmende in der Erwachsenenbildung setzen sich reflexiv und aktiv mit der Wirklichkeit auseinander, Probleme beim Planen und Lernen im Feld sind normal, die Reflexion relevanter theoretischer Konstrukte – wie z.B. Professionalisierung, Interaktion, Empathie, Planung, Lebensspanne, Kompetenzen, etc. – erfolgt dabei in inter- und transdisziplinärer Auseinandersetzung (Tippelt, 2021). Eine sozialisationstheoretische, an Handlung interessierte Forschung spricht – wie bei Gieseke – der ökologischen Validität hohen Wert zu.

2.3 Disziplinäre Autonomie und interdisziplinäre Kommunikation

„Wer über EB reflektiert, kommt mit mehreren Fachsprachen in Berührung. Wer sich über EB äußert, muss mit Adressaten rechnen, die ihrerseits verschiedene

Fachsprachen beherrschen bzw. von ihnen beherrscht werden […]" (Tietgens, 1967, in DIE, 2002, S. 26).

Beim Lernen über die Lebensspanne sind immer individuelle und öffentliche Bildungsprozesse zu analysieren, denn die Ergebnisse des lifelong learnings sind sowohl von der individuellen Motivation als auch vom öffentlichen Support abhängig. Wenn man aus anthropologisch handlungstheoretischer Sicht auch den Einfluss des informellen Lernens berücksichtigt, also auch das so wichtige ‚lifewide learning' analysiert, wird man Argumente der allgemeinen Pädagogik, der Bildungsphilosophie, der Geschichtswissenschaft, der Literaturwissenschaften und der Soziologie aufnehmen, um das Verständnis der sich wandelnden Lebens- und Lernumgebungen für das Lernen zu verstehen. W. Gieseke betont interdisziplinäre Zusammenarbeit, aber dies gelingt nur auf der Basis der Identität der wissenschaftlichen Erwachsenenbildung als Disziplin.

Neben manchen zwangsläufig begrenzten Einzeluntersuchungen über Teilnehmer an Veranstaltungen der Erwachsenenbildung war es vor allem die sogenannte Göttinger Studie von Strzelewicz, Raapke und Schulenberg (Strzelewicz et al., 1966), die wissenschaftliche Identität stiftete. Ihr lebensgeschichtlicher sozialer Bedingungshintergrund wurde ebenso deutlich wie die Verflochtenheit von Bildungsvorstellungen mit Gesellschaftsbildern (Tietgens, 1979, in DIE, 2002, S. 214). Das anthropologisch handlungstheoretische Fundament und die sozialisationstheoretische Substanz der Aufklärung in dieser Studie haben das erwachsenenpädagogische Wissen erheblich erweitert und zur Verankerung von Handlungskompetenz in der Erwachsenenbildung beigetragen.

3. Interaktion und Kommunikation in der Erwachsenenbildung – und die besondere Bedeutung von Emotion

Gerade moderne Gesellschaften sind durch eine hohe Diversität an Rollenerwartungen, Werten und Normen gekennzeichnet und steigern durch stetige Veränderungsprozesse ihre Heterogenität in und zwischen den Gruppen. Dies begünstigt den Nährboden für negative Emotionen und folglich konfliktgeladene Interaktionen, die beispielsweise durch Interessenantagonismen gegensätzlicher sozialer Gruppen, Prozesse sozialer Ausgrenzung, Überbetonung von Individualismus verhärtet werden (Tippelt, 1986, S. 63).

„Für eine Pädagogik, die für Mündigkeit und Selbstbestimmung steht, haben die Diskursfähigkeit, die Bedürfnisse sowie die Urteilskraft eine hohe Bedeutung. Eine kritische Erwachsenenpädagogik ist geradezu darauf verwiesen, die Verwendung der Gefühle zu thematisieren" (Gieseke, 2009, S. 142).

Für das tiefere Verstehen von Sozialisationsprozessen wichtig war in diesem Kontext G. H. Mead (1934), der in seinem Theorieentwurf zum Symbolischen Interaktionismus die Begriffe der sozialen Rollenübernahme und der Empathie prägte. Die Frage, die Mead verfolgte, war, wie individuelle Handlungen über wechselseitige Verhaltenserwartungen zu einer Gruppenaktivität und letztlich zur Ausformulierung menschlicher Gesellschaften werden (Joas, 1992).

Emotionen sind hierbei noch nicht angesprochen, aber zu differenzieren ist „Empathie", denn das Lernen eines neuen Inhalts in heterogenen Gruppen erfordert in der Erwachsenenbildung die Bereitschaft, eine neue Sichtweise anzunehmen und sie mit der eigenen in Beziehung zu setzen. Dabei spielt Emotionalität eine große Rolle, denn erst wenn es dem Individuum gelingt, seine emotionale Betroffenheit durch eine attribuierende Analyse zu verstehen (Tippelt & Alkoyak-Yildiz, 2017) kann es eine offene und empathische Haltung einnehmen. Dies wiederum kann die Übernahme neuer Perspektiven – wie das in der Erwachsenenbildung angestrebt wird – unterstützen. Emotionen wirken auf das menschliche Verhalten und auf Lernen gravierend und Emotionen dürfen daher bei Lernprozessen nicht bagatellisiert werden. Auch im Pragmatismus räumt Mead in seinem Werk „The philosophy of the present" (2002) Emotionen einen Platz ein, denn sie gelten als eine Form des Bewusstseins (Mead, 2002, S. 91).

„Für das *lebenslange Lernen von Individuen* spielt eine große Bedeutung zu wissen, welche Rolle Emotionen für lernrelevante Fähigkeiten spielen, welchen Einfluss sie auf Lernen nehmen" (Gieseke, 2009, S. 175).

Dass das Handeln in seiner Funktionalität ohne Emotionen stark eingeschränkt ist, zeigen Befunde aus der Neurowissenschaft (Damasio, 2002). Sie werden nicht nur als lebensnotwendige Marker (Damasio, 1996), sondern auch als Unterstützer für Denkprozesse gesehen. Durch Sozialisationsprozesse geformt, sind sie bewussten Denkprozessen vorgeschaltet, präzisieren die kognitive Gedächtnisleistung und erlauben eine breitere Wahrnehmung der Situation. Wenn man dies mit einer soziologischen Perspektive verbindet, ist emotionales Befinden allerdings keine rein individuelle Angelegenheit, sondern unterliegt einem gesellschaftlichen Kodex. Die Dekodierung ist demnach nicht als „private Bewusstseins- und Gedächtnisleistung" (Vester, 1991, S. 74) zu sehen, sondern geschieht durch gesellschaftlich vermittelte Prozesse, die sich auf Normen und Werte beziehen. Erst im zweiten Schritt werden diese von den Individuen modifiziert und elaboriert (Vester, 1991, S. 74).

Die Fähigkeit zur sozialen Rollenübernahme und Empathie ermöglicht Solidarität und Gemeinschaft, wobei das Eingehen auf den Anderen und damit die notwendige pädagogische Teilnehmendenorientierung ein anthropologischer Ausgangspunkt von Handlungskompetenz ist.

4. Fazit: Anthropologische Basis, Empathie, Emotionen und pädagogische Professionalität

Pädagogisches Handeln, die Gestaltung pädagogischer Institutionen sowie die pädagogischen Professionalisierungsprozesse werden durch gesellschaftliche Bedingungen strukturiert, aber keinesfalls determiniert, so dass die Erwachsenenbildung vor dem Hintergrund einer anthropologisch handlungstheoretischen Sicht für die Gestaltungsperspektiven von Akteuren sensibel sein muss. Wer erstens zur kognitiv instrumentellen Modulierung der Welt befähigt, zweitens die ästhetisch expressive Begegnung und Gestaltung von Umwelt (z.B. durch Sprache, Kunst, Literatur und Musik) ermöglicht, drittens den Lernenden hilft, sich normativ und evaluativ mit Wirtschaft und Gesellschaft auseinanderzusetzen (durch Geschichte, Ökonomie, Politik und Gesellschaftskunde) und viertens auch Probleme konstitutiver Rationalität behandelt (z.B. durch Ethikunterricht, Philosophie und Religion), wird in der Lage sein müssen, die Motive, das Vorwissen, die volitionalen und emotionalen Lerninteressen der Lernenden zu verstehen, um daran anzuknüpfen. Ein richtig verstandenes Konzept von Handlungskompetenz muss daher neben kognitiven und sozialen Komponenten auch motivationale, ethische und emotionale Dimensionen berücksichtigen (Weinert, 2001). Die steigenden Herausforderungen, mit denen sich die pädagogischen Akteure in den unterschiedlichen Handlungsfeldern aufgrund wachsender Ansprüche von Zielgruppen konfrontiert sehen, brauchen Reflexivität, Selbstorganisation und das ständige Mitdenken emotionaler Voraussetzungen und Wirkungen beim Lernen. Ein „Wir-Gefühl" pädagogisch Tätiger in sozialen Welten bedeutet, dass die wechselseitige Verantwortlichkeit gegenüber den jeweils anderen erkannt wird, was auch als „Sorge" bezeichnet wurde (Nittel, 2011). Aus Sicht der Risikogesellschaft wissen wir, dass die Moderne durch flexible Biografien geprägt ist und dass die Individualisierung menschlicher Entwicklung einerseits Freiheit verspricht, andererseits Risiken gegeben sind, weil es schwieriger geworden ist, sich Identität anzueignen, die durch das unmittelbare nahe soziale Umfeld gestützt werden kann. Daraus resultierende Belastungen können mit einer Unterminierung des Vertrauens in professionelle Interventionen einhergehen (Nittel, 2011). Die Temporalisierung (also zeitliche Entgrenzung des Lernens), Topographisierung (räumliche Entgrenzung, jeder Raum kann zum Lernort werden), Digitalisierung (Verstetigung und Beschleunigung des Lernens) und die fortschreitende Erosion der Validität des Wissens (Seitter, 2011) führen auf Seiten der Teilnehmenden und Adressaten zu neuen Ungewissheiten, mit prekären, schwierig einzuschätzenden Risikolagen. Im günstigen Fall kommt es zu neuen Suchbewegungen und zu Interaktionen, die durch eine Symmetrisierung in den Professionellen-Adressaten-Beziehungen geprägt sind (Helsper & Tippelt, 2011).

Hier schließen Giesekes Ideen zu Tietgens Realanthropologie an, wenn sie grundlegende Möglichkeiten und Veränderungen innerhalb der Erwachsenenbildung hervorhebt, welche vor allem durch „Festschreibungsprozesse, Öffnungen oder Umorientierungen" (Gieseke, 2022, S. 67) gekennzeichnet sind und welche „Lernoffenheit und […] Anschlussmöglichkeiten über die Lebensspanne" (Gieseke, 2022, S. 67) gewährleisten sollen. Aus einer anthropologisch-handlungstheoretischen Sicht gilt es hierbei nicht nur die Interessen der Lebensphase der Erwachsenen zu berücksichtigen, denn es geht um die lebenslange menschliche Entwicklung. Erwachsenenpädagogisch wird keine Veränderung um jeden Preis angestrebt, sondern sinnvoll ist Gegensteuern im Interesse der Realitätsnähe und Reflexivität. Fern von Gesinnungsschulung werden Suchbewegungen und Deutungen in ein enges Verhältnis gebracht, um eine „bildungsproduktive Balance" zu erreichen (Tietgens, 1986, S. 124, zitiert nach Gieseke, 2022, S. 62).

Literatur

Damasio, A. R. (1996). The somatic marker hypothesis and the possible functions of the prefrontal cortex. *Philosophical Transactions of the Royal Society of London. Series B: Biological Sciences, 351*(1346), 1413–1420. https://doi.org/10.1098/rstb.1996.0125

Damasio, A. R. (2002). *Ich fühle, also bin ich: Die Entschlüsselung des Bewusstseins.* Ullstein List Verlag.

Deutsches Institut für Erwachsenenbildung (DIE). (2002). *„Vorbemerkungen" zur Theorie und Praxis der Erwachsenenbildung. Faksimile-Sammlung aller Vor- und Nachbemerkungen von Hans Tietgens zu Ausgaben der Buchreihe „Theorie und Praxis der Erwachsenenbildung" zwischen 1967 bis 1992.* DIE.

Eiselen, T., & Sichler, R. (2001). Reflexive Emotionalität - Konzepte zum professionellen Umgang mit Emotionen im Management. In G. Schreyögg & J. Sydow (Hrsg.), *Emotionen und Management* (S. 47–74). Gabler Verlag.

Fleige, M., Gieseke, W., Hippel, A. von, Käpplinger, B., & Robak, S. (2018). *Programm- und Angebotsentwicklung in der Erwachsenen- und Weiterbildung.* wbv Publikation.

Gieseke, W., Tietgens, H., Schaeffter, O., Venth, A., & Mueller, C. W. (1988). *Professionalität und Professionalisierung.* Klinkhardt Verlag.

Gieseke, W. (2009). *Lebenslanges Lernen und Emotionen: Wirkungen von Emotionen auf Bildungsprozesse aus beziehungstheoretischer Perspektive* (2. Aufl). wbv, Bertelsmann.

Gieseke, W. (2012). Profession. In B. Schäfer & O. Dörner (Hrsg.), *Handbuch Qualitative Erwachsenen- und Weiterbildungsforschung* (S. 434–447). Verlag Barbara Budrich.

Gieseke, W. (2022). Tietgens' Realanthropologie als Zugang zu einer Theorie der Erwachsenenbildung. In J. Schrader (Hrsg.), *Wissenschaft für die Praxis: Hans Tietgens und die Erwachsenenbildung in Deutschland* (S. 57–70). wbv Publikation. https://doi.org/10.3278/9783763972845

Gieseke, W., & Ludwig, J. (Hrsg.). (2011). *Hans Tietgens. Ein Leben für die Erwachsenenbildung. Theoretiker und Gestalter in der zweiten Hälfte des 20. Jahrhunderts. Dokumentation des Kolloquiums am 23.10.2009 an der Humboldt-Universität zu Berlin*. HU-Berlin.

Helsper, W., & Tippelt, R. (2011). Ende der Profession und Professionalisierung ohne Ende? Zwischenbilanz einer unabgeschlossenen Diskussion. *Zeitschrift für Pädagogik, 57. Beiheft* (S. 268–288). Beltz Verlag. https://doi.org/10.25656/01:7098

Joas, H. (1992). *Pragmatismus und Gesellschaftstheorie*. Suhrkamp.

Luhmann, N., & Schorr, K. (1979). *Reflexionsprobleme in der Erziehungswissenschaft*. Suhrkamp.

Mayntz, R., & Scharpf, F. W. (Hrsg.). (1995). *Gesellschaftliche Selbstregelung und politische Steuerung*. Campus Verlag.

Mead, G. H. (1934). *Mind, Self and Society from the Standpoint of a Social Behaviorist*. Chicago University Press.

Mead, G. H. (2002). *The Philosophy of the Present*. Prometheus Books.

Nittel, D., Schütz, J., & Tippelt, R. (2014). *Pädagogische Erwerbsarbeit im System des lebenslangen Lernens. PAELLL*. Beltz Verlag.

Nittel, D. (2011). Von der Profession zur sozialen Welt pädagogisch Tätiger? Vorarbeiten zu einer komparativ angelegten Empirie pädagogischer Arbeit. *Zeitschrift für Pädagogik, 57. Beiheft* (S. 40–59). Beltz Verlag. https://doi.org/10.25656/01:7086

Schemmann, M. (2020). „Und sie bewegt sich doch" – Neue Steuerung und Governance in der öffentlichen Weiterbildung. In I. van Ackeren, H. Bremer, F. Kessl, H. C. Koller, C. Hans, N. Pfaff, C. Rotter, D. Klein & U. Salaschek (Hrsg.), *Beiträge zum 26. Kongress der Deutschen Gesellschaft für Erziehungswissenschaft*. Verlag Barbara Budrich.

Schimank, U. (2004). Der akteurzentrierte Institutionalismus. In M. Gabriel (Hrsg.), *Paradigmen der akteurszentrierten Soziologie* (S. 287–301). VS Verlag für Sozialwissenschaften.

Seitter, W. (2011). Wandel des Professionellen im Feld der Weiterbildung. *Zeitschrift für Pädagogik, 57. Beiheft* (S. 122–137). Beltz Verlag. https://doi.org/10.25656/01:7090

Strzelewicz, W., Raapke, H. D., & Schulenberg, W. (1966). *Bildung und gesellschaftliches Bewußtsein. Eine mehrstufige soziologische Untersuchung in Westdeutschland*. Enke Verlag.

Tietgens, H. (1967). *Lernen mit Erwachsenen. Westermann-Taschenbuch 47: Theorie und Praxis der Erwachsenenbildung*. Westermann Verlag.

Tietgens, H. (1979). *Einleitung in die Erwachsenenbildung*. Wissenschaftliche Buchgesellschaft.

Tietgens, H. (1986). *Erwachsenenbildung als Suchbewegung: Annäherungen an eine Wissenschaft von der Erwachsenenbildung. Theorie und Praxis der Erwachsenenbildung*. Klinkhardt Verlag.

Tippelt, R. (1986). Bildungsarbeit und Rollenübernahme in der Demokratie aus Sicht des Symbolischen Interaktionismus. In R. Arnold & J. Kaltschmidt (Hrsg.), *Erwachsenensozialisation und Erwachsenenbildung* (S. 48–73). Diesterweg Verlag.

Tippelt, R. (2021). Forschung und Wissenschaft der Erwachsenen- und Weiterbildung im Kontext interdisziplinärer und transdisziplinärer Kommunikation. *Hessische Blätter für Volksbildung, 71*(3), 22–35.

Tippelt, R. (2022). Die Buchreihe „Theorie und Praxis der Erwachsenenbildung". Zur Rezeption und Wirkung forschungsbasierter Reflexionen. In J. Schrader (Hrsg.), *Wissenschaft für die Praxis: Hans Tietgens und die Erwachsenenbildung in Deutschland* (S. 217–239). wbv Publikation. https://doi.org/10.3278/9783763972845

Tippelt, R., & Alkoyak-Yildiz, M. (2017). Moralische Bildung im Lebenslauf. In J. Sautermeister (Hrsg.). Ethik im Diskurs. Transdisziplinäre Perspektiven (S. 144–161). Kohlhammer.

Tippelt, R., & Lange, N. (2023). Perspektiven und neue Entwicklungen in der Organisations- und Professionalisierungsforschung in der Weiterbildung. *Zeitschrift für Weiterbildungsforschung, 46*(3), 363–387. https://doi.org/10.1007/s40955-023-00260-y

Vester, H.-G. (1991). *Emotion, Gesellschaft und Kultur. Grundzüge einer soziologischen Theorie der Emotionen*. Westdeutscher Verlag.

Weinert, F. E. (Hrsg.). (2001). *Leistungsmessungen in Schulen*. Beltz Verlag.

Rolf Arnold

Die Bewusstheit der Bewusstheit – eine Leerstelle des erwachsenenpädagogischen Grundgedankenganges?

„Bei Entscheidungen,
die das Individuum trifft,
sind die Emotionen ausschlaggebend“
(Gieseke, 2008, S. 244)

Das Manko, das in dem folgenden Beitrag in den Blick gerückt und ausgelotet wird, ist grundlegend: Die Pädagogik, die sich seit 1980 mehr und mehr zu einer Lebenslauf- und Kompetenzwissenschaft entwickelt hat, leidet unter einem folgenreichen Irrtum. Dieser Irrtum ist implizit, nicht explizit. Er betrifft wissenschafts- und erkenntnistheoretische Grundlagen. Es handelt sich um die sich immer wieder bemerkbar machende Verwechselung des Abbilds mit dem, was gegeben oder möglich ist. Dieser Verwechslung entgeht, dass auch die Bildung bloß eine Abbildung zu sein vermag – sie ist keine Annäherung an etwas Reales, Absolutes, Letztbegründendes oder gar -erfüllendes. Sie ist Reflexion, nicht Präskription. Der folgenreiche Irrtum hat nicht nur Auswirkungen auf das Begriffsbesteck, dessen Pädagogik und Erziehungswissenschaft sich bedienen, um Wirklichkeiten zu konstruieren und zu dekonstruieren. Er erschüttert auch zugleich die Entschiedenheit, in der beständig Abbilder für die Wirklichkeit selbst gehalten und Interventionsformen vorgeschlagen oder gar angemahnt werden, von denen man sich Wirkungen verspricht, deren Begründungen sich der Logik des Abbildsystems und nicht den realen Wirkungszusammenhängen selbst verdanken. Es geht dem folgenden Beitrag nicht darum, ersteres zu kritisieren, um letzteres zu gewährleisten. Es geht vielmehr darum, auch den „pädagogischen Grundgedankengang“ (Hermann, 1991) stärker mit der Bewusstheit zu durchtränken, dass das Erkennen mit seinen Beschreibungen stets bloß Abbilder zu liefern vermag – Abbilder, die wir bewusst auf die mit der Einsicht grundierte Fläche malen sollten, dass jede Beobachtung stets – nur - die Beobachtung einer Beobachterin oder eines Beobachters ist (vgl. Maturana, 1996), die, während sie beobachten, beurteilen und schlussfolgern, aus Zitiertem und übernommenen Narrativen heraus denken, fühlen und handeln.

Nun könnte man einwenden, dass diese Art der begriffskritischen Betrachtung des pädagogischen Grundgedankenganges nicht wirklich neu ist. Bereits der

Linguistic Turn konfrontierte das pädagogische Denken unabweisbar mit seinem eigenen Quellcode: den überlieferten „Archiven" (Derrida, 1997) - ein Hinweis, der bei den geisteswissenschaftlich „geschulten" Pädagogen offene Ohren fand. Diesen war die bereits von Dilthey (1833–1911), Schleiermacher (1768–1834), Humboldt (1767–1835) oder auch dem Symbolischen Interaktionismus (vgl. u.a. Blumer, 1969) ausgeloteten Perspektivität des menschlichen Erkennens vertraut, weshalb sie davon ausgingen, dass letztlich „nur (für) wahrgenommen werden kann, was als wirklich gilt" (vgl. Rusch, 1997, S. 52). Dafür benötigen wir „begriffliches Wissen" – eine kognitive Differenziertheit, die paradoxerweise sowohl Voraussetzung als auch Ergebnis unserer Auseinandersetzung mit der Welt ist. Für den Philosophen Gerhard Rusch stellen unsere Sinneseindrücke deshalb

> *„gewissermaßen nur subjektive Anmutungen dar, die erst im Lichte des begrifflichen Wissens von einer Wirklichkeit zu Wahrnehmungen, und das heißt auch zu sozial imprägnierten Kognitionen werden" (Rusch, 1997, S. 52).*

Menschen werden demnach zu erkennenden Wesen, indem sie von Geburt an lernen, sich der „sozial imprägnierten Kognitionen" (Rusch, 1997, S. 52) zu bedienen. Diese vernetzen sich in ihnen zu einer Innenwelt, die bereits im Ansatz eine geteilte bzw. mitgeteilte Welt ist. In diesem Sachverhalt ist die für die Geisteswissenschaften so wesentliche Relativität und Perspektivität des Deutens, Fühlens und Denkens grundgelegt. Menschliche Wahrnehmung „spiegelt" keine Welt, so wie sie ist, sie deutet diese vielmehr mit Hilfe der jedem Einzelnen von Milieu und Gesellschaft angetragenen, d.h. angewöhnten, Begriffe sowie Deutungs- und Handlungsmuster. Die Reifung des Menschen folgt somit nicht in erster Linie einer Entpuppungslogik, sondern einer Interaktionslogik. Sie ist Ergebnis und Ausdruck von Lern- bzw. Aneignungsprozessen. Wie diese im Detail ablaufen, wurde lange Zeit in der pädagogischen Debatte nicht tiefergehend ausgelotet; man ließ es vielmehr dabei mit dem Hinweis auf sich bewenden, dass diese Reifung mit einer *Interiorisierung* einhergehe, bei der

- sozial bereits etablierte Formen des Ausdrucks von den Nachwachsenden übernommen[1],

---

1 Diese Übernahme scheint nicht nur durch Imitation zu erfolgen, vielmehr verfügen die Menschen offensichtlich bereits über eine Fähigkeit, auch Redewendungen zu verstehen, die sie noch niemals vernommen haben, und sie können auch selbst Sätze hervorbringen, die keiner bewussten Vorlage entstammen. Noam Chomsky hat deshalb die These vertreten, dass dieser Sprachfähigkeit eine dem Menschen angeborene Kompetenz zugrunde liegt: die Grammatikalität. Diese Kompetenz ist nicht bloß eine Sprach-, sondern vornehmlich eine Erkenntniskompetenz; sie ermöglicht und reglementiert gleichzeitig, wie Menschen die Welt zu be-greifen vermögen.

- zu Sprach-, Deutungs- und Verhaltensmustern verdichtet und
- mehr und mehr als inneres „Geländer“ (Arendt, 2006) für eigene Denkbewegungen sowie zur Begründung des eigenen Tuns in Lebenswelt und Gesellschaft genutzt werden.

Man benannte diesen subtilen Vorgang der Ichwerdung, ohne ihn detailliert wirklich beschreiben zu können, da sich in ihm selbstorganisiert-biologischer Ausdruck und zugemuteter sozialer Eindruck untrennbar verbinden und zu spezifischen Formen der Ichwerdung verdichten.

1. Am Anfang war das Wort …

Bevor der Mensch die Sprache nutzen und diese nicht nur zu einem inneren Geländer, sondern auch zu einem ihm mit anderen narrativ verbindenden Gemeinschaftsgut entwickelte, war er kein Mensch im heutigen Verständnis von Menschsein. Erst Bezeichnen, Deuten und Abwägen sowie Absprache, Austausch und Bewertung ließen entstehen, was wir heute als typisch menschliche Formen des Umgangs mit sich selbst und der Welt ansehen. Es ist deshalb verwunderlich, mit welcher überschaubaren Intensität und geringen Ergiebigkeit sich die pädagogischen Forschungen und Debatten mit diesem Kipp-Punkt der menschlichen Gattungs- und Einzelentwicklung befasst haben.

Es war „das sprachbegabte Tier“ (Taylor, 2017), das damit begann, Laute mit Bedeutungen „arbiträr“ zu verbinden und mit diesem Verdoppelungs-Trick nicht allein das begreifende, deutende und abwägende sowie antizipierende und schlussfolgernde Denken ermöglichte, sondern zugleich auch Diskurs- und Überlieferungsräume entstehen ließ. In diesen Räumen wusste der Mensch die Möglichkeiten eines kooperativen, kohortenübergreifenden Handelns sowie der gemeinsamen Überlebenssicherung in einer exponentiellen Steigerungsbewegung zu verbessern.

Man kann heute davon ausgehen, dass mit der Verwendung geteilter Lautformen sich allmählich ein soziales Bewusstsein entwickelte, das die Menschen dazu befähigte, neue Erkenntnisse immer detaillierter (mit)zuteilen und sich über das eigene Erleben sowie das anderer in zunehmender Differenzierung und Präzision auszutauschen. Der Leipziger Anthropologe Tomasello sieht in dieser sozialen Dimension die eigentliche Triebfeder für die Entwicklung der Sprache und des Geistes (vgl. Tomasello, 2014). Geist als die Gesamtheit der überlieferten Ausdrucksformen und Erkenntnisse bedarf der Sprache, um hervorzutreten ebenso, wie die Sprache den Geist als bereits immer schon vorausgesetzte – überlieferte - Möglichkeit des Deutens, Bezeichnens, Beurteilens und Mitteilens benötigt. Die Welt, in der wir heranwachsen und leben, ist somit eine zutiefst vermittelte Welt.

Wir treten in diese Welt ein, indem wir uns der bereits vorgefertigten Begriffe und Ausdrucksformen bedienen und dabei den Umgang mit einem Werkzeug üben, das die Kreativität unseres Ausdrucks nicht einschränkt, sondern erweitert. Die Sprachforschung spricht in diesem Zusammenhang von einer „Unendlichkeit der Sprache“:

> *„Die Sprachfähigkeit des Menschen ist sein Vermögen, mit Mitteln, die seiner Natur gemäß, also begrenzt und endlich sind, das nicht seiner Natur Gemäße, das Unendliche und Unbegrenzte zu erfassen und zu bewältigen. Die Sprache muss, um mit Humboldt zu sprechen, von endlichen Mitteln unendlichen Gebrauch machen“ (Bossong, 1978, S. 1).*

Diese Unendlichkeit der Sprache einerseits sowie ihre transpersonale Bindungskraft lassen Geist als ein kollektives Archiv entstehen, dessen Denkfiguren und Begriffe sowie Einsichten und Orientierungen sich die Subjekte bei ihren Klärungs- und Orientierungsbewegungen bedienen können. Damit profilieren sie ihr Eigenes, bedienen sich dabei aber zugleich eines öffentlich verfügbaren Instrumentenkastens. Sie wähnen sich verbunden, weil sie mit denselben Instrumenten ihre Geländer basteln. Der Geist, der dabei entsteht und wächst, lebt somit durch die Individuen, wirkt aber als ein von diesen losgelöster Inspirations- und Resonanzraum, dessen Entwicklung zudem auch – selbstorganisiert – eigenen Regeln zu folgen scheint (vgl. Chomsky, 1973). In diesem Sinne löste sich bereits Wilhelm Dilthey (1838–1911) von der spekulativen Idee eines objektiven Geistes, wie Georg Wilhelm Friedrich Hegel (1770–1831) sie vertreten hatte, und verankerte das Geistige in der menschlichen Lebenspraxis selbst. Für ihn ist das Geistige die überlieferte Performance aller Ausdrucksformen des Menschlichen, während nach Hegel in der Anschauung des Geistigen die Erkenntnis selbst zu ihrer unmittelbaren – objektiven – Wahrheit gelangen kann – wie immer man sich diesen Erleuchtungseffekt auch vorstellen sollte.

Das menschliche Bewusstsein als das Bestreben, sich selbst und die Welt zu verstehen, verdanken die Menschen somit ganz offensichtlich ihrer Gesellschaftlichkeit, die sie ab einem gewissen Zeitpunkt der Evolution aus einem Konkurrenz-Modus („Jeder gegen Jeden“) befreite und zu einem mehr und mehr kooperativen Modus des Zusammenlebens befähigte. Es war dabei die „geteilte Intentionalität“ (Tomasello, 2018), welche diesen überlegenen Modus eines auf Verstehen und Verständigung gerichteten Lebens hervorbrachte und die Entwicklung der Sprache in ihrer Doppelfunktion als inneres Geländer (für das eigene Denken) einerseits und als Gemeinschaftsprojekt (einer optimierten Verständigung und Kooperation) andererseits enorm vorantrieb.

Die zentrale These des vorliegenden Beitrages lautet: Bewusstheit basiert auf Sprachnutzung, um gefühlsmäßige, volitive oder reflektierte Handlungsdispositive vor sich selbst und anderen zu begründen. Diese verdanken sich unterschiedlichen Einflüsterungen, welche das Subjekt in sich ausbalanciert, um das eigene Denken, Fühlen und Handeln für sich selbst und gegenüber anderen zu plausibilisieren. Bewusstheit folgt dabei nicht allein der Evidenz, sondern auch der Emergenz mehr oder weniger reflektierter Eindrücke. Diese gezielt zunächst zur Sprache kommen zu lassen, um sie sodann zu dekonstruieren und sich an anderen als den vertrauten – konsonanten - Referenzpunkten zu orientieren, beschreibt eine innere Bewegung, die man als Fortsetzung der Aufklärung bezeichnen könnte.

2. Fortsetzung der Aufklärung

Eine Fortsetzung der Aufklärung kehrt zu der Frage des Erkennens zurück. Dabei verdichtet sich das „Cogito ergo sum!" (Descartes) über das „Ich fühle, also bin ich!" (Damasio, 2002) mehr und mehr zu einem nüchternen „Obsevso, ergo sum!"[2] oder „Ich lerne. Also bin ich" (Arnold 2018) und wird schließlich zu einem noch nüchterneren „Loquor ergo sum" (Novotny, 2005) – einem „Ich spreche, also bin ich!", da es die Unendlichkeit der Sprache zu sein scheint, die nicht allein der Abbildarbeit zu Gebote steht, sondern dem Subjekt auch dabei zur Hand geht, die Einflüsterungen von Gemeinschaft, Gesellschaft, Geist und Bewusstheit als Ich in einem Netz von Deutungs- und Emotionsmuster tief zu verankern. Die Bewusstheit gibt Auskunft, sie artikuliert sich stets textlich. Bewusstheit ist reflexiv. Sie vermag sich auch zum eigenen Ich und dessen Bewusstheit zu äußern. Dieses Ich, von dem die Rede ist, besteht aus einem Selbstbild (Kognition) und Erfahrungen der Selbstwirksamkeit (Emotion), die es in einer Bündelung von Narrativen immer wieder neu verknüpft. Diese Narrative sind Abbilder bzw. Konstruktionen, zu denen auch das Narrativ zählt, dass es sich um Narrative handelt. Letztlich kann dem Bewusstsein alles bloß als Narrativ in Erscheinung treten, d.h. bewusst werden. Bewusstheit ist letztlich auch eine Form des Sprachhandelns. Sprache ist das Geländer, dessen sich sowohl Eindruck als

2 So lautet das Statement des polnischen Astronomen, Mathematikers und Geodät Tadeusz Banachiewicz (1882–1954), der u.a. in Göttingen studiert hatte, bevor er später in Warschau und Krakau als Professor lehrte. Nach ihm wurde u.a. ein Mondkrater und ein Asteroid benannt.

auch Ausdruck von Erkennen und Wahrnehmen bedienen. Als Beobachtende bewegen wir uns allein, aber zugleich in der ständigen Gewissheit, uns durch Lesarten, Einflüsterungen und kommunikatives Rauschen zu bewegen – also nicht allein, sondern verbunden unterwegs zu sein. Selbst der Eremit ist als Beobachter nicht allein, er denkt und reflektiert in der Sprache, in der auch andere denken, und befindet sich in einem dauernden Austausch mit Einflüsterungen oder gar Texten anderer, die zwar nicht da, aber über die sprachliche Überlieferung ständig präsent sind.

Bewusstheit bezeichnet so eine Form des reflexiven Sprachgebrauchs, bei dem das Subjekt zum Objekt der Erklärung wird. Dabei vermischen sich beständig Evidenz und Emergenz, da ja bloß das in Erscheinung treten kann, wofür das beobachtende Subjekt bei seiner Nutzung des Sprachgeländers Ausdrucksformen sowie Vorlagen nutzen kann. In diesen artikuliert sich jedoch niemals bloß Eigenes, vielmehr vermischen sich Empfindung und Eindruck schier unauflöslich mit Einflüsterungen und Überlieferungen derer, die bei ihrem Denken, Fühlen und Handeln dasselbe Geländer (be)nutzen.

Bewusstwerdung ist deshalb eine Rekonstruktion bzw. Ent-Schlüsselung dieses komplexen Wirkungsgefüges. Für diese Selbstbeobachtung benötigen Beobachter oder Beobachterinnen Schlüssel einer besonderen Art, nämlich Ent-Schlüssel, wie sie in der folgenden Abbildung dargestellt sind. Die Türen, die man damit öffnen kann, führen zu einem neuen Narrativ: einem Narrativ des Narrativs. Dieses lässt uns verstehen, welchen Festlegungen und Geschichten wir folgen (müssen), während wir meinen, uns selbst und die Welt nüchtern zu beobachten. In Kenntnis dieser Gegebenheiten kann Bewusstheit auf eine Vermeidung oder gar Durchbrechung dieser Muster umschalten, damit andere – frische (vgl. Arnold, 2023), autonomere oder humanere – Deutungen von Selbst und Welt in Erscheinung treten können.

3. Er-Wachsen ist Gewahrwerden

Erwachsenwerden heißt heute nicht mehr (länger), die Anfänge hinter sich zu lassen und aus Phasen der Vorbereitung (in Schule, Ausbildung, Studium etc.) schließlich hinaus zu treten – zu „er-wachsen“. Erwachsenwerden bezeichnet vielmehr ein lebenslanges Projekt der Bewusstseinsarbeit, welches von Anfang zu Anfang fortschreitet und sich dabei nicht allein von äußeren, sondern auch von inneren Einflüsterungen mehr und mehr zu befreien vermag, um dem eigentlichen Selbst zum Ausdruck zu verhelfen. Grundlage dieser Bewegung ist zwar immer noch die von Immanuel Kant (1724–1804) vorgegebene Zielrichtung des „Sapere Aude“, d.h. den „Mut“ zu haben, sich des „eigenen Verstandes

Abb. 1 Referenzpunkte der Bewusstheit

Ent-Schlüssel A Identifiziere Lesarten Deines frühen Umfeldes, denen Du bewusst oder unbewusst folgst! Achte die Autoren, aber wende Dich auch anderen zu!	Bewusstheit Reflexionsfrage: Wer bin ich jenseits aller von Gemeinschaft, Gesellschaft sowie Geist angestifteten Narrative und Gewohnheiten?	Ent-Schlüssel B Spüre den Ausdrucksweisen Deines Lebens nach, mit denen Du so bist, wie die anderen auch! Welche Weisen wirken fort, welche wurden verpasst?
Gemeinschaft Reflexionsfrage: Womit bleibe ich auch weiterhin den Einspurungen und Einflüsterungen der Lebenswelt meiner Herkunft und meines Aufwachsens verbunden?	**Ich** (Selbstbild und Selbstwirksamkeit) Reflexionsfrage: Wer bin ich mir selbst und der Welt gegenüber? Wie haben sich die Bedingungen und Möglichkeiten von Gemeinschaft und Gesellschaft einerseits sowie Geist und Bewusstheit andererseits zu meinem Selbstausdruck verbunden?	Gesellschaft Reflexionsfrage: Worin folge ich gesellschaftstypischen Erwartungen und Gewalten?
Ent-Schlüssel C Spüre die Protagonisten Deiner Form des Denkens, Fühlens und Handelns auf! Nenne Namen und Texte auf die man sich (implizit oder explizit) bezog! Lese Neues, Anderes!	Geist Reflexionsfrage: Welcher Überlieferung schließe ich mich an? Von welchen Vorarbeiten der begrifflichen Vernunft profitiere ich?	Ent-Schlüssel D Betrachte die Provinzialität dessen, was erwartet wurde. Forsche nach verpassten, aber möglichen Erwartungen! Entfliehe dem Milieu, go intercultural!

zu bedienen“[3], doch ist uns heute die Begrenztheit dessen, wozu Verstand und Vernunft allein zu führen vermögen, mehr und mehr bewusst geworden. Das „Ich

3 Ursprünglich geht „Sapere Aude!“ auf den römischen Dichter Horaz (20 v. Chr.) zurück, wurde aber von Immanuel Kant später zur Beantwortung der Frage „Was ist Aufklärung?“ genutzt und dadurch bekannt gemacht.

denke also bin ich!“ von René Descartes (1596–1650) wurde nicht erst durch die Hirn- und Emotionsforschung nachhaltig erschüttert – eine Korrektur, die u.a. in dem bereits erwähnten Buch von Antonio R. Damasio (geb. 1944) „Ich fühle, also bin ich!“ (Damasio, 2000) erfolgte, in dem dieser Forscher von der Iowa-State-University einen deutlichen Kontrapunkt gegen die Mainstream-Verengung auf die kognitive Entwicklung des Menschen setzte. Auch in der Erwachsenenbildungsforschung führten diese Arbeiten zu einer Akzentverschiebung. Man ging nicht länger davon aus, dass Menschen sich selbst und die Welt so deuten, wie es ihnen ihre biographisch erworbenen Deutungsmuster „einflüstern“, sie deuten vielmehr sich selbst und die Welt auch so, wie sie dies aushalten können bzw. auszuhalten gelernt haben (vgl. Arnold, 2005; Gieseke, 2016).

Diese Anregungen und Einsichten haben das Nachdenken über die Fragen, „Was Menschsein eigentlich bedeutet?“ (Martin Buber) und „Wie man wird, wer man sein kann“ (Arnold, 2019) grundlegend verändert. Zahlreiche Theorien und Konzepte mussten dabei über Bord geworfen werden, um sich behutsam an das Bewusstsein heranzutasten, dass wir alle nur Beobachtende sind, aber Beobachter und Beobachterinnen, die kaum zu einer nüchternen Beobachtung in der Lage sind. Der Hirnforscher Christof Koch schreibt:

> *„In den letzten Jahren wurde mir klar, wie sehr meine persönlichen Stärken und Schwächen mein Leben und meine Arbeit bestimmen“ (Koch, 2013, S. XII).*

Für Forscher und Forscherinnen bedeutet diese doppelte Akzentverschiebung, dass ihnen ihr vertrauter Gegenstand abhandenkommt. Sie müssen neu darüber nachsinnen, mit was sie sich da eigentlich, aus welchen – eigenen – Gründen und in welcher Form befassen. Was verändert sich, wenn es Erwachsenwerden gar nicht gibt – zumindest nicht in der Form und mit den Konnotationen, in denen wir es gewohnt waren uns vorzustellen? Und was verändert sich, wenn wir uns wirklich der Frage stellen, mit welchen Methoden wir nüchtern etwas klären können, bei dem auch wir Bestandteil des Themas sind? Woher kommt die eigene Bemühung um Gründlichkeit, Objektivität und Gültigkeit, und mit welcher Entschiedenheit verteidigen wir das, was wir herauszufinden meinen? Wirken sich die Art unserer Beschreibungen, Beweisführung und der Distanzierung von anderen Einschätzungen auch auf das aus, was sich uns zu zeigen vermag?

Schließlich hat das gründliche Nachdenken über die unauflösbaren Verschränkungen unseres Denkens, Fühlens und Handelns auch Rückwirkungen auf die Selbstwahrnehmung und die Selbstreflexion derjenigen, die sich mit den inneren Mechanismen des eigenen Gewordenseins sowie dessen Veränderbarkeit befassen. Er oder sie erkennt (betroffen),

- dass die vertrauten Formen des Ausdrucks, der Selbstbeobachtung und des Umgangs (mit sich selbst und anderen) nicht deshalb „optimal“ sind bzw. zu einer letztlich realistischen Wahrnehmung führen, weil sie Gewissheit für ein Weiter-So stiften,
- dass sowohl der eigene Eindruck, wie auch der eigene Ausdruck ihn oder sie festlegen und in – nicht enden wollende – Wiederholungsschleifen und Rekonstellierungen treiben, die letztlich Gefühle der Vergeblichkeit und Langeweile auslösen, und
- dass die eigentliche Kraft der Lebendigkeit in der Umdeutung und Neudeutung dessen liegt, was – auch – möglich wäre, selbst wenn zunächst nichts dafür zu sprechen scheint.

So gesehen, ist Erwachsenwerden ein ständiges Bemühen, sich von inneren Gewissheiten und Festlegungen zu emanzipieren. Bisheriges loszulassen und immer wieder einen neuen Anfang zu wagen ist der eigentliche Kern des Er-Wachsens. Erwachsenwerden ist deshalb – nach allem, was wir heute über die Seelen-, Identitäts- und Kompetenzentwicklung sowie Bewusstseinsentwicklung im Lebenslauf wissen können – in erster Linie eine innere Emanzipation und eine Annäherung an eine epistemische (=erkenntnisbewusste) Haltung, die um die banalen Wirkungsmechanismen, mit deren Hilfe wir erkennen, für-wahr-halten, schlussfolgern und agieren, weiß, und entsprechend selbstreflexiv mit den eigenen Bewusstseinszuständen und den Anforderungen des Außen umzugehen versteht. „Erwachsen“ steht für den Versuch, das eigene Selbst immer wieder „auf Anfang“ zu stellen, um sich bewusst aus den überlieferten Formen des Ausdrucks bzw. Ausdrückbaren zu befreien.

Wenn wir uns heute darum bemühen, zur Bewusstheit zu erwachsen, dann handelt es sich dabei um eine andere Art von Er-Wachsen, welches mehr ein Erwachen als ein Wachsen ist (vgl. Metzinger, 2009; 2023). Dieses Erwachen ist innerlich, und es ist auch bloß schwer zu haben. Es geht dabei um ein innerliches Gewahrwerden jenseits und unabhängig von dem, was wir fühlen und was sich uns einredet. Erwachsen durch Gewahrwerden basiert auf der Ernüchterung, die uns befällt, wenn wir erkannt haben, dass wir auch in den subtilsten Bewegungen unseres Denkens, Fühlens und Handelns nicht immer „Herr (oder Frau) im eigenen Haus“, sondern vielmehr im Repeat-Modus, in Archiven und abbildend unterwegs sind. Strukturell ähnliche Lagen verarbeiten wir mithilfe der Gefühle und Gedanken, die wir als Erinnerungen in uns tragen. Diese springen uns spontan an, und sie entfremden uns selbst in solchen Konstellationen, in denen alles anders sein könnte und drohen uns in die vertrauten Gefilde zurück zu ziehen: Wir

- fühlen dann auch Gefühle, die nicht unsere sind, sondern übernommene Gefühle aus unerledigten oder verdrängten Lagen unserer Vorfahren oder eigenen frühen Labilisierungen,

- bemerken nur selten, wie wir aus Erinnerungen heraus auf aktuelle Anfragen, Erwartungen etc. spontan reagieren und oftmals gerade dann nicht zu einem – verlangsamten – Denken, Fühlen und Handeln in der Lage sind, wo sich uns neue Möglichkeiten (er)öffnen könnten,
- finden uns immer mal wieder in einem Gedankenkarussell wieder, das uns verloren einem Emotionsdschungel aussetzt, in dem Gedanken Gefühle stiften und Gefühle Gedanken auslösen können, und
- tasten bis zum Ende unseres Lebens nach einem festen Boden unter den Füssen, ohne zu verstehen, dass man bloß sicher Leben kann, wenn man das Provisorische, Anfängliche und Fragile der uns möglichen Formen, mit uns selbst und der Welt umzugehen und diese zu gestalten, verstanden hat.

Wer sich demgegenüber darauf einlässt, sich in „Welten ohne Grund" (Vogd, 2010) in einer „Bewusstseinskultur" (Metzinger, 2009) sicher und verantwortlich einzurichten, muss sich notwendigerweise darin üben, sich ohne einen fixen Referenzpunkt zu bewegen bzw. sich den Referenzpunkt der eigenen Suche mit wachsendem Gewahrwerden immer wieder selbst zu konstruieren.

Literatur

Arendt, H. (2006). *Denken ohne Geländer: Texte und Briefe* (9. Aufl.). Piper.

Arnold, R. (2005). *Die emotionale Konstruktion der Wirklichkeit. Beiträge zu einer emotionspädagogischen Erwachsenenbildung.* Schneider.

Arnold, R. (2018). *Ich lerne, also bin ich. Eine systemisch-konstruktivistische Didaktik* (2. Aufl.). Carl-Auer Verlag.

Arnold, R. (2019). *Wie man wird, wer man sein kann. 29 Regeln zur Persönlichkeitsentwicklung* (2. Aufl.). Carl-Auer Verlag.

Arnold, R. (2023). *Wie man frisch beobachtet, um neu wahrzugeben. 29 Regeln der Achtsamkeit.* Carl-Auer Verlag.

Blumer, H. (1969). *Symbolic Interactionism. Perspective and Method.* Prentice Hall.

Bossong, G. (1979). Über die zweifache Unendlichkeit der Sprache. Descartes, Humboldt, Chomsky und das Problem der sprachlichen Kreativität. Antrittsvorlesung am 14.6.1978. *Zeitschrift für Romanische Philologie, 95*(8), 1–20. Abgerufen am 2. März 2024, von https://www.rose.uzh.ch/dam/jcr:ffffffff-c23e-37d9-ffff-ffff865c5d66/boss_gsatz_8.pdf

Chomsky, N. (1973). *Sprache und Geist.* Suhrkamp.

Damasio, W. (2000). *Ich fühle, also bin ich. Die Entschlüsselung des Bewusstseins.* List.

Derrida, J. (1997). *Dem Archiv verschrieben.* Brinkmann und Bose.

Gieseke, W. (2008). Emotionsregulierung für ein lebenslanges Lernen. In R. Arnold & G. Holzapfel (Hrsg.), *Emotionen und Lernen. Die vergessenen Gefühle in der (Erwachsenen-)Pädagogik* (S. 215–241). Schneider.

Gieseke, W. (2016). *Lebenslanges Lernen und Emotion. Wirkungen von Emotionen auf Bildungsprozesse aus beziehungstheoretischer Sicht* (3. Aufl.). wbv.

Herrmann, U. (1991). *„Es gibt einen pädagogischen Grundgedankengang". Das Systematische und die Systematik in Wilhelm Flitners Entwurf und Begründung der Erziehungswissenschaft.* Sonderheft 26 der Zeitschrift für Erziehungswissenschaft (S. 31–46). Beltz.

Koch, C. (2013). *Bewusstsein – ein neurobiologisches Rätsel.* Springer Spektrum.

Maturana, H. (1996). *Was ist Erkennen?* Piper.

Metzinger, T. (2009). *Der Ego-Tunnel. Eine neue Philosophie des Selbst: Von der Hirnforschung zur Bewusstseinsethik* (7. Aufl.). Piper.

Metzinger, T. (2023). *Der Elefant und die Blinden. Auf dem Weg zu einer Kultur des Bewusstseins.* Berlin Verlag.

Nowotny, P. (2005). „Ich spreche, also bin ich!" *Zeitschrift für Slawistik, 62*(3), 356–386.

Rusch, G. (1997). Konstruktivismus und die Tradition der Historik. *Österreichische Zeitschrift für Geschichtswissenschaften, 8*(1), 45–55.

Taylor, C. (2017). *Das sprachbegabte Tier.* Suhrkamp.

Tomasello, M. (2014). *Eine Naturgeschichte des menschlichen Denkens.* Suhrkamp.

Tomasello, M. (2018). How children come to understand false beliefs: A shared intentionality account. *Proceedings oft he National Academy of Sciences, 115*(34), 8491–8498.

Vogd, W. (2022). *Welten ohne Grund. Buddhismus, Sinn und Konstruktion* (2. Aufl.). Carl-Auer Verlag.

Anke Grotlüschen und Henning Pätzold

Emotion, Interesse und ihr Verhältnis zum Lernen

1. Einleitung

Wiltrud Gieseke hat sich früh dem Abenteuer ausgesetzt, Emotionen zum Thema der Erwachsenenbildung zu machen. In einer Zeit, in der sich vorrangig das emanzipierte Denken, das kritisch-rationale Argument und der sachliche Disput als legitimer Gegenstand von Forschung und Bildung durchsetzen konnten (Gieseke, 2016, S. 27), war es mehr als anspruchsvoll, sich der nichtrationalen, nichtsprachlichen Welt von Gefühlen, Emotionen und Beziehungen zu stellen. Zu gern wurde Emotion als weich, irrational und illegitim diskreditiert. Dabei hat Wiltrud Gieseke ihren eigenen Zugang nicht zuletzt in einem umfassenden und breit rezipierten Band zu Emotion und lebenslangem Lernen offen gelegt:

> Mein Interesse liegt weiterhin darin, die für mich unabweisbaren hohen Einflussgrößen auf Bildungs- und Lerninteressen, auf die langfristige Partizipation an Lernen und auf die persönlichkeitsstabilisierende Bedeutung von Entwicklungs- und Lernprozessen, die von der emotionalen Verfasstheit der Person abhängig sind, zu erschließen (Gieseke, 2016, S. 11).

Laut Gieseke ist Emotion nicht nur eine wichtige Einflussgröße für Lerninteressentwicklung an der Erwachsenenbildung, sondern kann auch zu ihrem Gegenstand werden (Gieseke, 2016, S. 139).

In unserem Beitrag soll der Rolle von Emotionen beim Lernen Erwachsener in der von Gieseke und anderen entwickelten Richtung nachgegangen werden und es sollen Möglichkeiten der Fortschreibung skizziert werden. Dazu werden Emotionen einerseits in einem lerntheoretischen (Kapitel 2), andererseits in einem interessentheoretischen Kontext betrachtet (Kapitel 3). So wird sich u.a. zeigen, wie bedeutungsvoll die disziplinäre Auseinandersetzung mit Emotionen für die Wissenschaft *und* Praxis der Erwachsenenbildung nach wie vor ist. Diese und weitere Perspektiven werden zusammenfassend in einem Fazit (Kapitel 4) dargestellt.

2. Emotionen und Lernen

Stellen wir uns eine erwachsene Person vor, die gerade eine Lernepisode hinter sich hat. Vielleicht hat sie schlicht Vokabeln gelernt oder einen komplizierten

Tanzschritt, das Konzept der Zielgruppenanalyse oder wie man ein Risotto kocht. Wir könnten diese Person nun fragen, ob es Spaß gemacht hat und wir wären überrascht, wenn sie darauf nicht antworten könnte. Egal, ob sie zustimmt oder antwortet, dass es anstrengend, langweilig oder stressig war, in den allermeisten Fällen wird sie ohne große Mühe über emotionale Zustände berichten können, die das Lernen begleitet haben. Und noch wichtiger ist, dass diese Zustände für den Verlauf des Vorgangs eine große Rolle spielen; wenn es Spaß gemacht hat, war es leicht, bei der Sache zu bleiben. War es hingegen stressig, so musste vielleicht Energie aufgebracht werden, um sich nicht ablenken zu lassen und so die Situation zu verlassen. Es ist also offenkundig, dass das Lernen Erwachsener nicht nur ständig von Emotionen begleitet, sondern in seinem Verlauf und Ergebnis auch stark durch diese beeinflusst wird. Und dennoch ist die erwachsenenpädagogische Befassung mit Emotionen vergleichsweise jung und lange Zeit eher sporadisch. Abgesehen von vereinzelten Beiträgen kann erst zu Beginn dieses Jahrhunderts davon gesprochen werden, dass sich eine Debatte über Emotionen in der Erwachsenenbildungsforschung etabliert hätte. Zunächst von wenigen Autor:innen (u.a. Wiltrud Gieseke, Rolf Arnold und Günther Holzapfel) geführt, entwickelte sie sich in den vergangenen zwei Dekaden weiter und hat inzwischen den Status eines exotischen Themas verloren. Das ist einerseits erfreulich, birgt andererseits aber auch die Gefahr, dass Emotionen im toten Winkel der Selbstverständlichkeit verschwinden und nicht mehr differenziert im Kontext des Lernens Erwachsener diskutiert werden.

Es genügt also sicher nicht, festzuhalten, dass Emotionen beim Lernen ‚irgendwie wichtig sind', sondern es bedarf, gerade nach der oben angesprochenen Pionierarbeit, einer fortgesetzten und differenzierten Auseinandersetzung und auch entsprechender Forschung.

2.1 Frühe Impulse: „Emotionale Intelligenz" die Versuchung der Optimierung

Der klinische Psychologe und Wissenschaftsjournalist Daniel Goleman (geb. 1946) veröffentlichte 1995 das Buch „Emotional Intelligence: Why It Can Matter More Than IQ" und schon der Titel macht eine gewisse Optimierungsperspektive deutlich: Wenn emotionale Intelligenz womöglich eine größere Rolle spielt als der IQ, dann lohnt es sich wohl, sich damit zu befassen. Auch Gieseke bezieht sich auf Goleman, nicht ohne dabei kritische Stimmen zu zitieren, die sich insbesondere gegen die oben skizzierte Optimierungsperspektive positionieren: „Seine Arbeiten", so zitiert sie Gertraude Krell „reinigen, kanalisieren, aber halten flüssig. Alles wird in eine Kläranlage – wie sie es nennt – von Wohlbefinden und Produktivität verwandelt" (Krell, 2001, zit. n. Gieseke, 2016, S. 162). An dieser Stelle kann es nicht um eine umfassende kritische Würdigung der Arbeiten Golemans gehen (die überdies den Kontext der Erwachsenenbildung weit überschreitet). Vielmehr soll mit dem Bezug deutlich gemacht werden, dass die Offenheit, sich mit Emotionen auseinanderzusetzen, durchaus auch daher rühren mag, dass durch Golemans Buch das vermeintliche Potenzial von Emotionen zur Optimierung der eigenen Person, aber vielleicht auch ganzer Teams und Organisationen oder auch Schulklassen in den Blick rückte. Eine erwachsenenpädagogische Diskussion von Emotion muss an dieser Stelle wachsam sein, um einem einseitig funktionalistischen Konzept von Emotion entgegenzutreten und so ihrer Verpflichtung auf das sich bildende Subjekt gerecht zu werden.

2.2 Zur Gleichwertigkeit von Emotion und Kognition

Damit sich die Erwachsenenbildungsforschung mit Emotionen angemessen beschäftigen konnte, war es wichtig, ihre grundsätzliche Relevanz festzustellen. Emotionen sind weder eine Marginalie, die allenfalls der Behandlung bedarf, wenn sie störend in Erscheinung tritt, noch eine Kuriosität, die zu erforschen eher originell als wissenschaftlich besonders bedeutsam sei. Vor allem galt es dabei, den kognitiven Bias traditioneller Lerntheorien zu überwinden, der – auch viele Jahrzehnte nach den Erkenntnissen der Psychoanalyse – noch unterstellte, dass menschliches Handeln als ausschließlich oder zumindest überwiegend rational verstanden werden könne. Unter den Autor:innen, die Emotionen demgegenüber als gleichwertig relevanten Aspekt beim Lernen Erwachsener für die Erwachsenenbildungsforschung erschlossen haben, ist Knud Illeris sicher von besonderer Bedeutung. In seinem breit rezipierten Lerndreieck (Illeris, 2004, S. 95) hat er Emotionen, Kognitionen und deren Wechselwirkung sichtbar auf eine gemeinsame Ebene gestellt. Auch wenn Illeris sein Modell immer wieder variiert hat (zum Teil auch mit anderen Bezeichnungen als Kognition und Emotion, vgl. Illeris, 2010) und sein eklektizistisches Vorgehen auch Anlass zu Kritik bietet (vgl. Faulstich, 2011), bleibt doch der Beitrag einer in unterschiedlichsten Lerntheorien verankerten prinzipiellen Darlegung der Bedeutung von Emotion und Kognition als gleichwertige Dimensionen des Lernens Erwachsener. Heute scheint diese Gleichwertigkeit vielfach akzeptiert: „Emotionalität wird nicht mehr als eine untergeordnete Stufe der geistigen Entwicklung betrachtet, sondern es wird vielmehr von einer wechselseitigen Abhängigkeit emotionaler und kognitiver Fähigkeiten ausgegangen" (Gieseke, 2019, S. 21). Übersehen sollte man allerdings nicht, dass überkommene Zuschreibungen zu den beiden Dimensionen, etwa entlang der Kategorie Geschlecht, nach wie vor wirksam sein können (vgl. Gieseke 2016, S. 19). Nicht zuletzt dieser Aspekt verweist darauf, wie stark Emotionen durch Beziehungen konstituiert werden.

2.3 Emotion und Beziehung

Für die Lern- und Bildungstheorie Wiltrud Giesekes sind Beziehungen zentral: „Alles, was ein Mensch in seinem Leben als Lernen bezeichnet und das in der Regel auf eine neue Sicht der Dinge, auf eine weiter gehende Erkenntnis, auf eine neue Fähigkeit oder eine langfristig wirksame Veränderung oder Erweiterung hinweist, beruht auf Beziehungen, die hergestellt werden oder werden können“ (Gieseke, 2016, S. 217). Dabei lassen sich soziale Beziehungen zwischen Menschen von Beziehungen zu Gegenständen (in Form von Interessen, vgl. Abschnitt 3) unterscheiden. Auch hier wird sichtbar, welche Folgen eine Fixierung auf die kognitive Seite des Lernens hat: Kognition, braucht, so scheint es auf den ersten Blick, keine sozialen Beziehungen. Die Interaktion der lernenden Person mit dem Gegenstand ist sich selbst genug und wenn Dritte ins Spiel kommen, dann allenfalls mit der Aufgabe, zu beraten oder die Bedingungen für eine fruchtbare Begegnung mit dem Gegenstand zu arrangieren. Beziehung bedeutet demgegenüber, mit anderen *ver*bunden und dadurch auch *ge*bunden zu sein, mithin, eine Beschränkung der Autonomie. Die ist jedoch nur dann ein Problem, wenn man glaubt, die Dialektik von Autonomie und Gebundenheit tatsächlich nach einer Seite auflösen zu können.

Die Gegenüberstellung von Autonomie und Bindung hat viel mit einem in die Aufklärung zurückreichenden Ideal eines rational handelnden, selbstbestimmten Individuums zu tun, das unzweifelhaft *auch* dazu dient, bestehende Ungleichheiten zwischen Menschen und kolonialistische Ausbeutung zu legitimieren (vgl. Graeber & Wengrow, 2022, S. 42–64; Sonderegger, 2023).

So geht es also eigentlich gar nicht um einen Gegensatz von Freiheit oder Beziehung, sondern um ein Wechselspiel zwischen beiden, das Lernen ermöglichen soll: „Lernen im Erwachsenenalter benötigt Konstellationen, die in Freiheit auf Beziehung und Bindung fußen. [...] Autonomie bleibt, so gesehen, immer relativ, da der Mensch abhängig ist von seiner Kultur und Umwelt. Aber der Mensch hat die reflexive Möglichkeit, in Distanz zu diesen Bedingungen zu treten und sie mit seinen kognitiven und emotionalen Potentialen immer wieder neu zu betrachten“ (Gieseke, 2016, S. 241). Beziehungen sind dann Voraussetzung und Gegenstand reflexiven Lernens, dass letztlich darin besteht, sich selbst als in Beziehungen eingebunden wahrzunehmen.

2.4 Eco-Anxiety: Emotion und Nachhaltigkeitslernen

Negativ bewertete Emotionen wie Angst oder Verzagtheit können Ausgangspunkt für einen Lernprozess sein, im eigentlichen Lernprozess werden sie allerdings als hinderlich angesehen (vgl. Gieseke, 2019, S. 25; Gieseke, 2016, S. 72). Damit lässt sich erwachsenenpädagogisch gut umgehen, solange es legitim erscheint, den Lernprozess von den angstauslösenden Momenten des Gegenstandes zu lösen. Soll beispielsweise gelernt werden, vor einer Gruppe zu sprechen, so können körpersprachliche Ausdrucksformen, rhetorische Mittel und Techniken der Fokussierung gelernt werden, ohne dass man sich überhaupt mit den Ursachen der Angst auseinandersetzen müsste.

In Bezug auf andere individuelle und gesellschaftliche Krisenlagen stellt sich die Situation schwieriger dar: Globale Bedrohungen wie das Artensterben oder der Klimawandel mögen sehr unterschiedlich bewertet werden, aber die jeweiligen wissenschaftlichen Fakten lassen keinen Zweifel, dass Angst vor den weiteren Auswirkungen begründet ist – insofern ist es hier *nicht* vernünftig, der Situation angstfrei begegnen zu wollen. Wird über solche Sachverhalte und Phänomene gelernt, kann die Angst zwar mitunter in einer konkreten Situation reduziert werden, es muss aber klar sein, dass sie sich nicht auflösen lässt, es geht um „very real problems" (Pikhala, 2022, S. vi) und entsprechend um „Realängste" (Gieseke, 2016, S. 70).

Wenn es also in diesen Fällen nicht sinnvoll ist, entsprechende Ängste zu überwinden, so kann es dennoch förderlich sein, im konkreten Lernprozess Situationen zu schaffen, in denen diese nicht so dominant sind, dass sie das Lernen behindern. Singer-Brodowski u.a. sprechen in diesem Zusammenhang von „safe enough spaces", verstanden als „zeitliche, physische, mentale, individuelle und gemeinschaftliche ‚Inseln'" (Singer-Brodwoski et al., 2022, S. 13, Übers. d. Aut.) innerhalb einer Gesamtsituation, die nicht sicher ist und auch nicht als solche betrachtet wird.

3. Interesse

Erwachsenenbildung und Lernen im Erwachsenenalter richten sich immer schon auf ein Thema, einen Lerngegenstand oder einen Lerninhalt. Die Beziehung von Lernenden zum Thema (Krapp, 2004) wird als *Interesse* bezeichnet, das sowohl emotionale als auch rationale Komponenten hat:

> So gibt es neben der Verarbeitung neuen Wissens eine ganze Bandbreite an widerständigen, begünstigenden, nachvollziehenden, ablehnenden, integrierenden, verstoßenden, auswählenden Zwischenschritten, die den Umgang mit den Inhalten im Lernhandeln betreffen. Dieses setzt voraus, dass in Lernprozessen eine Beziehung zum Thema oder zu der Anforderung aufgenommen oder durch individuelle Interessen eingeleitet wird (Gieseke, 2019, S. 22).

Wenn Erwachsenenbildung wesentlich auf Selbstbestimmung und Freiwilligkeit basiert – so eine der Grundannahmen in Theorie und Praxis der

Erwachsenenbildung –, so stellt sich nicht primär die Frage, ob Erwachsene lernen *können*, sondern eher, ob sie es *wollen*. Dieser Fragestellung widmet sich auf den ersten Blick die Motivationsforschung der Psychologie. Auf den zweiten Blick aber findet sich eine historisch gesehen lange Linie der Interesseforschung in der Erwachsenenbildung.

3.1 Kollektive Interessen und Interessenkonflikte

In den 1920er Jahren wurde in Deutschland eine Vielzahl von Volkshochschulen gegründet. Die Erwachsenenbildung erfuhr in dieser Zeit eine große, auch politische Aufmerksamkeit und Unterstützung. Zur selben Zeit wurde das Thema Interesse in doppelter Weise auch in der Forschung erkundet. Zum einen ging es um die individuellen thematischen Interessen verschiedener Adressat:innen von Erwachsenenbildung. Diese Frage wird auch heute noch beforscht. Zum anderen ging es um die Frage, in welcher Weise die Arbeiterklasse ihre kollektiven Interessen gegenüber der herrschenden Klasse des Bürgertums artikulieren und durchsetzen kann und welche Art von Volkshochschulbildung für sie interessant ist (Hermes, 1926). Die damaligen sozialistischen und revolutionären Bestrebungen kamen in der Zeit des Nationalsozialismus zum Erliegen. Nach dem zweiten Weltkrieg gelang es der Volkshochschule dann nicht mehr, die „Industriearbeiter", wie Hans Tietgens (1978) sie bezeichnet, für sich zu gewinnen. Schließlich fand sich die Interesseforschung nun in der soziologischen Adressatenforschung wieder. So wurde in der so genannten Göttingen-Studie „Bildung und gesellschaftliches Bewusstsein" (Strzelewicz et al., 1966) ein generelles Bildungsinteresse in der gesamten Bevölkerung festgestellt, nicht nur in der formal gebildeten Oberschicht. Die Weiterbildungsbeteiligung bleibt aber an die Zugehörigkeit zu einer höheren sozialen Schicht gekoppelt. Als Erklärung konstatierten die Autoren, dass konservative politische Kräfte ein Interesse an der Stabilisierung sozialer Ungleichheit hätten (Schulenberg, 1978, S. 177).

Interessenkonflikte von Beschäftigten gegenüber herrschenden Gruppen oder Schichten bleiben bis in die späten 1970er ein Gegenstand der Interesseforschung, z.B. bei der Einführung und Reform des „Berufsbildungsgesetzes". So analysiert Peter Faulstich Interessenkonflikte der Bildungspolitik am Beispiel der Berufsbildung: „Unter dem Deckmantel des Chancengleichheitspostulats als legitimations- und konsensusstiftender Argumentationsfigur bleiben konfligierende bildungspolitische Interessen weiterbestehen, obwohl sich die Forderungen allgemein und oberflächlich gleichen" (Faulstich, 1977, S. 86). Interessen wurden in der Diskussion der Erwachsenenbildung bis in die 1970er Jahre vorrangig als kollektive Interessen konfligierender gesellschaftlicher Gruppen verstanden.

3.2 Verlagerung der Interesseforschung in die Psychologie und Soziologie

Seit den 1990er Jahren findet sich Interesse allerdings eher in der pädagogischen Psychologie wieder. Eine wirkmächtige Strömung ist unter dem Begriff der „Münchner Interessentheorie" bekannt geworden. Sie geht davon aus, dass Interessen eine spezifische Beziehung von Person und Gegenstand sind. Interesse wird hier als Zusammenwirken von *kognitiver* und *emotionaler Valenz* sowie *Selbstintentionalität* gefasst (Krapp, 2004). Das heißt, Interesse als Verhältnis von Person und Gegenstand enthält laut Münchner Interessentheorie die gedankliche (kognitive) und gefühlsmäßige (emotionale) Bedeutung (Valenz) des Gegenstands für die Person. Dies wird als selbstbestimmt verstanden.

Die Münchner Interessentheorie bedient sich eines älteren Theorieansatzes, der Interesse schon sehr früh als ein spezifisches Verhältnis von Person und Gegenstand gefasst hat. Ein zentraler Ausgangspunkt dieses Ansatzes ist im amerikanischen Pragmatismus zu finden, dem auch John Dewey zuzuordnen ist. Er publizierte 1913 den vielzitierten Band „Interest and Effort in Education". Darin weist er darauf hin, dass das Interesse an einem Gegenstand durch Beteiligung respektive Bedeutsamkeit (*concerns*) und Bezüge (*relations*) spezifiziert ist (Dewey 1913, S. 16–25). Interesse an einem Gegenstand (z.B. am Fußball) zu haben, heißt somit auch, sich für die Belange zu interessieren, die hier verhandelt werden (z.B. die Erlaubnis zum Public Viewing in einem bestimmten Straßenzug). Gegenstände gehen in Deweys Konzeption mit Entscheidungen einher. Interesse an einer Entscheidung entsteht laut Dewey, weil die handelnde Person an den Folgen der Entscheidung beteiligt ist, wenn diese somit für sie bedeutsam ist.

Während Dewey der amerikanischen Denktradition des Individualismus folgt, findet sich in der französischen Soziologie der 1960er Jahre ein umfassender Zweifel daran. Pierre Bourdieu weist unter anderem auf schichtspezifische Interessen hin. So folgt die Oberschicht dem Interesse der Distinktion. Die Mittelschicht dagegen verfolgt ihre Aufstiegsinteressen. Die Unterschicht sichert sich durch Zusammenhalt gegenüber den anderen Schichten ab (Bourdieu, 1982, S. 405–585). Diese Interessen werden weder bewusst noch individuell verfolgt, sondern als „objektiver Sinn ohne subjektive Absicht" (Bourdieu et al., 1981, S. 170; Wittpoth, 2005). Wiltrud Gieseke pointiert: „Dass wir Menschen nur Produkte unserer objektiven Lebensverhältnisse sind, scheint schwer annehmbar zu sein. Das narzisstische Bedürfnis will nicht akzeptieren, dass individuelle Autonomie möglicherweise eine Illusion ist" (Gieseke, 1989, S. 97).

3.3 Entstehung von Interessen

Im Anschluss daran versucht die *erneuerte Interessetheorie* (Grotlüschen, 2010) eine genuin erwachsenbildnerische Rückbesinnung. Sie postuliert auf Basis qualitativer Kurzerzählungen, dass Interessen nicht etwa dem Menschen innewohnen, sondern erst durch *Berührungen* mit dem jeweiligen Gegenstand entstehen. Diese Berührungen sind schichtspezifisch. Darüber hinaus wird nur den Interessen weiter nachgegangen, die gemäß habituell geformtem Geschmacksurteil als attraktiv angesehen werden. Insofern entstehen und vergehen Interessen entlang subjektiver Bedeutungszuschreibungen. Sie durchlaufen eine *Latenzphase*, in der sie instabil sind, Pausen unterworfen sind und die Begegnung als Zufall deklariert wird. Dem folgt eine *Expansionsphase*, in der die Illusion von Autonomie hergestellt wird, sodass das Interesse als jeweils eigenes, individuell Ausgesuchtes etikettiert wird. Eine *Kompetenzphase* zeichnet sich dadurch aus, dass man für das Interessengebiet eintritt und sich vernetzt.

4. Emotion und Interesse in der Erwachsenenbildung

Die Zeiten sind vorbei, in denen Pionierarbeit den Emotionen und dem Interesse eine Bresche schlagen musste. Beide haben nicht allein in der Psychologie, sondern auch in der Erwachsenen- und Weiterbildung ihren Platz behauptet. Gieseke und Stimm schreiben u.E. zu Recht: „Bedürfnisse und Interessen sind [..] abgeleitete Begriffe, in denen emotionale Einflüsse eine noch unspezifizierte Größe haben" (2018, S. 358).

Nachfolgende Generationen sollten jedoch achtgeben, dass aus dieser diskursiv errungenen Selbstverständlichkeit nicht neue Schwierigkeiten erwachsen, insbesondere, dass Emotionen nicht zu einem Instrument der Manipulation in pädagogischen Prozessen werden (so, wie sie es in anderen Bereichen wie beispielsweise der Werbung sind). Eine erwachsenenpädagogische Emotionsdebatte darf also ihre disziplinäre Zugehörigkeit nicht aus den Augen verlieren. Weder geht es darum, Emotionen und Interessen als Interventionsinstrument für beliebige Zwecke zu erschließen, noch darum, die bestehende neurowissenschaftliche, psychologische und humanbiologische Forschung mit neuen, pädagogischen Begriffen zu reproduzieren (oder zu imitieren). Vielmehr muss eine pädagogische Auseinandersetzung mit Emotionen und Interessen sich ihrer eigenen wissenschaftlichen Grundlagen versichern. Dass Bildungstheorie hierbei eine zentrale Rolle spielt, ist ein Hinweis, den vor allem Wiltrud Gieseke in die Diskussion eingebracht hat (vgl. Gieseke, 2016).

Viele Beiträge zum Thema Emotion und Interesse fokussieren sehr stark auf das Individuum. In Bezug auf Lernen greift diese Sichtweise oft zu kurz, geschieht dieses doch oft in organisierten Gruppenprozessen, in denen Beziehungen – zwischen Lehrenden, Lernenden und Gegenständen – eine große und wirkmächtige Rolle spielen. Diese Beziehungen dürfen bei auch bei einer lerntheoretischen Auseinandersetzung mit Emotionen nicht außer Acht gelassen werden. In diesem Sinne ist u.E. auch zukünftig noch weiter an Emotion und Interesse in der Erwachsenenbildung zu arbeiten.

Literatur

Bourdieu, P. (1982). *Die feinen Unterschiede. Kritik der gesellschaftlichen Urteilskraft*. Suhrkamp.

Bourdieu, P., Boltanski, L., Saint Martin, M. de, & Maldidier, P. (1981). Klassenschicksal, individuelles Handeln und das Gesetz der Wahrscheinlichkeit. In P. Bourdieu (Hrsg.), *Titel und Stelle. Über die Reproduktion sozialer Macht* (S. 169–226). Europäische Verlagsanstalt.

Dewey, J. (1913). *Interest and Effort in Education*. The University Press Cambridge.

Faulstich, P. (1977). *Interessenkonflikte um die Berufsbildung. Das Verhältnis von gesellschaftlichen Interessenstrukturen und staatlicher Bildungspolitik*. Beltz.

Faulstich, P. (2011). Rezension: Illeris, Knud: Lernen verstehen. *Hessische Blätter für Volksbildung*, (1), 97–98.

Gieseke, W. (1989). *Habitus von Erwachsenenbildnern. Eine qualitative Studie zur beruflichen Sozialisation*. Bibliotheks- u. Informationssystem der Universität Oldenburg.

Gieseke, W. (2016). *Lebenslanges Lernen und Emotionen* (3. Aufl.). W. Bertelsmann.

Gieseke, W. (2019). Emotionen und ihre Sichtbarkeit in Lernkulturen. Emotionen als Einflussgrößen auf Bildung und Lernen – auch im Erwachsenenalter. *forum erwachsenenbildung*, (2), 21–25.

Gieseke, W., & Stimm, M. (2018). Emotionen als Einflussgröße auf Bildungsentscheidungen in der Beratung. In M. Huber & S. Krause (Hrsg.), *Bildung und Emotion* (S. 357–374). Springer VS.

Goleman, D. (1995). *Emotional Intelligence*. Bantam Books.

Graeber, D., & Wengrow, D. (2022). *Anfänge: eine neue Geschichte der Menschheit*. (H. Dedekind, H. Dierlamm, & A. Thomsen, Übers.). Klett-Cotta.

Grotlüschen, A. (2010). *Erneuerung der Interessetheorie. Die Genese von Interesse an Erwachsenen- und Weiterbildung*. VS Verlag für Sozialwissenschaften.

Hermes, G. (1926). *Die geistige Gestalt des marxistischen Arbeiters*. J.C.B. Mohr.

Illeris, K. (2004). *Adult Education and Adult Learning*. Krieger.

Illeris, K. (2010). *Lernen verstehen. Bedingungen erfolgreichen Lernens*. Klinkhardt.

Krapp, A. (2004). Individuelle Lebensinteressen als lerntheoretische Grundkategorie im Spiegel der pädagogisch-psychologischen Interessentheorie. In P. Faulstich & J. Ludwig (Hrsg.), *Expansives Lernen* (S. 275–287). Schneider Verlag Hohengehren.

Pihkala, P. (2022). Introduction: Eco-anxiety, Climate, Coronavirus, and Hope. In D. A. Vakoch & S. Mickey (Hrsg.), *Eco-Anxiety and Planetary Hope: Experiencing the Twin Disasters of COVID-19 and Climate Change* (S. v–xvii). Springer International Publishing. https://doi.org/10.1007/978-3-031-08431-7

Schulenberg, W. (1978). Einleitung. In W. Schulenberg (Hrsg.), *Erwachsenenbildung* (S. 1–12). Wissenschaftliche Buchgesellschaft.

Singer-Brodowski, M., Förster, R., Eschenbacher, S., Biberhofer, P., & Getzin, S. (2022). Facing Crises of Unsustainability: Creating and Holding Safe Enough Spaces for Transformative Learning in Higher Education for Sustainable Development. *Frontiers in Education*, *7*:787490. https://doi.org/10.3389/feduc.2022.787490

Sonderegger, R. (2023). Decolonize/Aufklärung. In Y. Akbaba & A. Heinemann (Hrsg.), *Erziehungswissenschaften dekolonisieren: Theoretische Debatten und praxisorientierte Impulse* (S. 65–87). Beltz Juventa.

Strzelewicz, W., Raapke, H.-D., & Schulenberg, W. (1966). *Bildung und gesellschaftliches Bewußtsein: eine mehrstufige soziologische Untersuchung in Westdeutschland*. Enke.

Tietgens, H. (1978). Warum kommen wenig Industrie-Arbeiter in die Volkshochschule? (1964). In W. Schulenberg (Hrsg.), *Erwachsenenbildung* (S. 98–174). Wissenschaftliche Buchgesellschaft.

Wittpoth, J. (2005). Autonomie, Feld und Habitus. Anmerkungen zum Zustand der Erwachsenenbildung in der Perspektive Bourdieus. *Hessische Blätter für Volksbildung*, (1), 26–36.

Jakob Nose

Giesekes jüngste Auseinandersetzung mit Tietgens. Ohne Streit keine Bildung

1. Ein Blick auf die 70er Jahre

Anfang der 1970er Jahre war an der PAS (Pädagogische Arbeitsstelle des Deutschen Volkshochschulverbandes, heute DIE – Deutsches Institut für Erwachsenenbildung) eine Projektstelle im Rahmen einer begleitenden Bearbeitung der zu erstellenden Selbststudienmaterialien für hauptberufliche pädagogische Mitarbeiter:innen (HPM) zu besetzen. Auf Empfehlung von Joachim Dikau vergab Hans Tietgens die Stelle an Wiltrud Gieseke. So kam es zur Zusammenarbeit zwischen Gieseke und Tietgens an der PAS in den Jahren 1973–1980.

Einige Jahrzehnte später und noch heute setzt Gieseke sich rückblickend mit dieser Zeit auseinander. „Es ist die Zeit großer gesellschaftlicher und politischer Umbrüche in Deutschland und ihrer jeweiligen spezifisch begleitenden Aktivitäten, besonders auch, was die Erwachsenenbildung betrifft" (Gieseke, 2022a, S. 185). Gegenüber Giesekes Generation der Studentenbewegung verhielt Tietgens sich sowohl unterstützend (vgl. Gieseke, 2022a, S. 197–198) als auch kritisch distanziert, wenn er zur Vorsicht mahnte gegenüber der Vehemenz, mit der einige Positionen vorgetragen wurden, denn „[w]as kritisch genannt wird, so Tietgens, sei im Grunde nicht ausreichend kritisch, sondern eine antiautoritäre, antikapitalistische Sehnsucht, ohne eine unterscheidende Analyse von Autoritätsfunktionen" (Gieseke, 2022a, S. 194). Tietgens begriff den bereits von Adorno in seiner Theorie der Halbbildung (1971) beschriebenen Doppelcharakter von Bildung: „Es geht ihm um die Dialektik von Affirmation und Emanzipation" (Gieseke, 2022a, S. 190). Diese „waren für ihn nicht gegeneinander in einer Demokratie auszuspielen, wie es damals geschah, aber er lud gleichzeitig dazu ein" (Gieseke, 2022a, S. 195). Welterklärungen, die alles in das eigene Schema zu pressen suchten, überzeugten ihn nicht. Tietgens warnt bspw. laut Gieseke davor, „dass ökonomische und einseitige, diffuse oder enge interessenbezogene Meinungen, einen zu großen Einfluss gewinnen könnten" (Gieseke, 2022b, S. 62). Entschieden zu problematisieren sind damit „Angebote, die auf Profitabilität und auf die unmittelbare Verwertung der Kompetenz setzen" (Gieseke, 2014b, S. 211), aber die „Menschen sind für ihn keine Sozialisationsprodukte des Kapitals" (Gieseke, 2022a, S. 192). Die vorschnellen Aufrufe aus der Jugend zum entschiedenen Handeln erinnerten ihn an düstere Zeiten und schreckten ihn ab. Gieseke zufolge sind Tietgens Texte ein „historisches Bekenntnis zur Emanzipation durch Bildung, aber Bildung erfordert etwas anderes als politischen Aktionismus, besonders dann, wenn der Ansatz von einer ideologischen Kapitalismuskritik ausgeht, ohne ihn ausreichend zu analysieren" (Gieseke, 2022a, S. 194). Bildung erfordert stets auch „Anstrengung und Selbstdisziplin" (Tietgens, 1986, S. 19).

2. Giesekes Erinnern an Tietgens als gegensteuernde Person

Nicht nur gegenüber verkürzter Kapitalismuskritik einerseits und naiver Kundenorientierung andererseits verhielt Tietgens sich kritisch nach mehreren Seiten hin. „Tietgens schrieb in den 1970er Jahren seine Texte als Gegensteuerung gegen politische Instrumentalisierung von Bildung und Qualifizierung in alle Richtungen. Ihm ging es um das Offenhalten von Zugängen, um Aufklärung, Wissensaneignung" (Gieseke, 2014b, S. 23). Die Gleichzeitigkeit von überzeugtem Festhalten an humanistischen Vorstellungen eines von unnötigen Unterdrückungen befreiten Zusammenlebens und des sich Wehrens gegenüber vereinseitigenden Vereinnahmungen drückt sich in Tietgens gegensteuerndem Verhalten, Denken und Schreiben aus[1], welches Gieseke betont: „Aus heutiger Sicht war die liberale und offene Art, aber auch das Gegenhalten (er nannte es Gegensteuern) von Tietgens ein Stil, der alle Mitarbeiter/innen trug, da Hans Tietgens sich nicht auf eine hierarchische Ordnung zurückzog" (Gieseke, 2022a, S. 185). „Gegensteuerung [steht] für den Anspruch, Gegenteiliges in einen Dialog einzubringen, was nötig ist, um Heterogenes aushalten zu können" (Gieseke, 2022b, S. 65). Es ging ihm dabei um Widerstand gegenüber der „Angleichung an den kollektiven Mainstream" (Gieseke, 2014a, S. 23); aber nicht als Selbstzweck. Laut Gieseke geht es nach Tietgens in der Erwachsenenbildung um Gegensteuerung im Interesse der Realitätsnähe und Reflexivität, „weil es für ihn nicht um Manipulation oder Gesinnungsschulung geht" (Gieseke, 2022b, S. 62). Der Modus des ‚Sowohl-als-Auch', in dem Tietgens sich argumentativ bewegte, muss als ein dialektischer und als ein an Werte der Aufklärung gebundener verstanden werden. „Tietgens vertrat keinen Relativismus, es ging ihm um Freiheit und Solidarität für etwas. Information, Wissen und rationale Durchdringung der sich verändernden Verhältnisse bei möglichen Differenzen in der Auslegung, aber Engagement bestimmten seine Texte und Haltung" (Gieseke, 2022a, S. 198). Er mochte sich einerseits nicht

---

1 Eine systematische Aufarbeitung des Begriffes der Gegensteuerung – historisch rückgebunden und philosophisch weiter fundiert – mitsamt genauerer Beschreibungen verschiedener erwachsenenpädagogischer Themen, an denen sich Tietgens gegensteuernd abgearbeitet hat findet sich in *Gegensteuerung nach Hans Tietgens* (Nose, 2022).

festlegen lassen und andererseits „hält er selbst wiederum dagegen und stellt fest, dass Parteinahme in der Gruppe wichtig sein kann, wenn Aspekte wie Vielfalt und gesellschaftspolitisches Engagement diskutiert werden oder zum Zuge kommen sollen“ (Gieseke, 2022a, S. 192). Es ging ihm um die Wahrnehmung unausgeschöpfter Potenziale und nicht um voreilige Festschreibungen.

3. Realanthropologie und Erwachsenenbildungstheorie

Gieseke betont, „wie weitreichend die frühen Arbeiten von Tietgens besonders bildungstheoretische Rahmungen setzten, die bis heute noch nicht erfüllt sind“ (Gieseke, 2023, S. 97) und unterstreicht dabei seinen „sehr breiten und auch interdisziplinären Horizont“ (Gieseke, 2023, S. 102). Tietgens liefert eine „genuin bildungstheoretische, heuristische Rahmung für eine erwachsenenpädagogische Perspektive. [...] Interessant ist dabei seine Begrifflichkeit“ (Gieseke, 2023, S. 102). Gieseke selbst begibt sich auf die Suche nach einem Zugang zu einer Erwachsenenbildungstheorie anhand von Tietgens Ausführungen zu seiner Realanthropologie, denn sie stellt fest, dass er stetig dazu auffordert, „nicht nachzulassen mit den Ansprüchen an eine spezifische Begründung für eine Bildungstheorie, die wie er es nennt, realanthropologisch anschließt“ (Gieseke, 2022b, S. 65).

3.1 Realanthropologie – worum geht es?

Die Realanthropologie bei Tietgens ist laut Gieseke zu verstehen als eine „Rahmung für eine Bildungstheorie“ (Gieseke, 2022b, S. 57). Es geht dabei um „das anthropologische Fundament, dessen kulturell vermittelte Strukturen es jeweils zu erkennen gilt, ‚wenn nicht nur etwas angelernt werden, sondern sich im Sinne von Bildung etwas bewegen soll‘“ (Tietgens, 1986, S. 127 zit. in Gieseke, 2022b, S. 60). Tietgens schließt bei seinen Ausführungen zusammen mit Weinberg an Mitscherlich an: „Die Wünsche der Menschen kollidieren; erst im Verzicht wird der Mensch kulturfähig. Wo dieser Verzicht zur Schwächung der Kritik schlechthin führt, schlägt die Funktion in ihr Gegenteil um – der Mensch als Sozialautomat verliert die Chance seiner Suchfreiheit“ (Mitscherlich, 1962 zit. in Tietgens & Weinberg, 1971, S. 15). Dieses Verständnis, welches an die Problematik eines Unbehagens in der Kultur (vgl. Freud, 2017) erinnert, ist grundlegend für die Realanthropologie und damit Erwachsenenbildungstheorie bei Tietgens (vgl. Gieseke, 2022b, S. 60). So entspringt diesem Verständnis bspw. auch der populär gewordene Begriff der Suchbewegung (vgl. von Hippel, 2022). Tietgens spricht von *Real*anthropologie, weil es zu beachten gilt, dass Bildungsideale zur Farce verkommen, wenn reale Bedürfnisse und Voraussetzungen übergangen und ignoriert werden (Gieseke, 2022b, S. 57). Realanthropologie richtet den Blick auf „Entwicklungsprozesse unter den Bedingungen von Lebensrealitäten" (Gieseke, 2022b, S. 59) und interessiert sich somit für die „Spezifik der [realen; J.N.] Lebens- und Arbeitsbedingungen" und die damit einhergehenden „Bedeutungszuschreibungen der Erwachsenenbildung" (Gieseke, 2022b, S. 57). Es geht ihr darum, lernunfreundliche Faktoren zu identifizieren, anstelle von „naturbedingte[n], genetische[n] Festschreibungen spezifischer Lernfähigkeit" (Gieseke, 2022b, S. 66). Die Realanthropologie ist bestimmt durch einen kritischen Blick auf das jeweilige gesellschaftliche Lernklima, da „es gesellschaftliche Kräfte gibt, die vom Lernen fernhalten" (Gieseke, 2022b, S. 66). Auch wenn es heute von geradezu jedem Erwachsenen erwartet wird, sich kontinuierlich zu bilden: „dies auch tatsächlich leben zu können und die Zugänge dazu sind keineswegs bildungspolitisch als gesellschaftliche Aufgabe eingerichtet. Sie sind eher zivilgesellschaftlich organisiert oder dem Markt überlassen" (Gieseke, 2022b, S. 67). Zum Gegenstand in der Realanthropologie wird hier die Diskrepanz zwischen Anspruch und Wirklichkeit.

Neben der Benennung lernhinderlicher gesellschaftlicher Verhältnisse geht es in der Realanthropologie aber auch um die individuelle Herausforderung, „sich in einen Strom des Lernens zu begeben – was die jeweilige Zeit und die eigenen Interessen betrifft. Immer sind auch innere Barrieren zu überwinden. Denn Lernen bedeutet, Verunsicherungen auszuhalten und neue Wege zu beschreiten" (Gieseke, 2022b, S. 67). „[D]er Mensch ist ein Lebewesen, das sich selbst reflektieren kann, das mit sich selbst umgehen kann" (Tietgens, 1986, S. 121). Dabei geht es für die Erwachsenenbildung um die Frage, wie man „verfestigte Muster – die in jedem Lernprozess mit Erwachsenen gegenwärtig sind – für Lehr-Lern-Prozesse öffnen kann" (Gieseke, 2022b, S. 67). Es zeigt sich als Teil der Realanthropologie bei Tietgens an dieser Stelle ein Spannungsfeld, welches später dann Aiga von Hippel unter dem Begriff der Autonomieantinomie fasst (vgl. von Hippel, 2011, S. 48). Realanthropologie geht von Menschen aus, „die selbstverantwortlich handeln im Sinne der Möglichkeiten der Umwelt und des Umfeldes, in denen sie sich bewegen" (vgl. Tietgens, 1967, S. 28–29). Sie sind einerseits von Verantwortung für ihre Mündigkeit, aber gleichzeitig auch von gesellschaftlichen Verhältnissen, die ihr Lernen und damit ihre Mündigkeit behindern, geprägt, was sich vor allem in den Begriffen der Umgangsgruppe und des Lernklimas wiederfindet, die Tietgens einführt.

3.2 Umgangsgruppe und Lernklima

Mit dem Begriff der Umgangsgruppe (vgl. Tietgens, 1967, S. 222) richtet Tietgens „den Blick über die Lehr-Lern-Situation hinaus auf die sozialen Faktoren des Lernens" (Gieseke, 2022b, S. 58). Es geht beim Lernen dann um die

„Beziehung zu einer bestimmten sozialen Situation“ (Tietgens, 1967, S. 223). Tietgens ging „davon aus, daß die Lernfähigkeit des Menschen in Relation zu ihrer Gesamtverfassung steht und daß ihre Vitalität, die den Lernprozeß fördert, durch die Art der sozialen Kontakte gestärkt oder gelähmt werden kann“ (Tietgens, 1967, S.223). Sowohl der Begriff der Umgangsgruppe als auch der des gesellschaftlichen Lernklimas verweisen auf die bestimmende Rolle der „Stimmungsfaktoren, die für den Lernvorgang aufschließend oder hemmend sind“ (Tietgens, 1967, S. 223). Die „Lernfähigkeit von Erwachsenen erfährt Begrenzungen durch kulturelle und soziale Umwelten“ (Gieseke, 2022b, S. 57). Dies ist der grundlegende Gedanke, von dem aus sich die Relevanz des Begriffes des Lernklimas entfaltet. Die Ursache von Lernhindernissen ist nicht zu suchen in einer mangelnden Lernfähigkeit Erwachsener, sondern bspw. darin, „dass die gesellschaftlich-kulturell-politischen Interessen daran, die Erwachsenenbildung zu fördern und ihr einen professionellen Rang zu geben, nicht entsprechend stark waren und noch immer nicht sind“ (Gieseke, 2022b, S. 58). Es gibt Bestrebungen, Menschen „von Lernmöglichkeiten fernzuhalten“ (Tietgens, 1971, S. 13). Schädlich für das Lernklima ist u.a. die „Vergegenständlichung des gesellschaftlichen Seins“ (Gieseke, 2022b, S. 62). In einem guten Lernklima hingegen geht es um die Freiheit rationaler Fähigkeiten und die Befriedigung affektiver Bedürfnisse (vgl. Tietgens & Weinberg, 1971, S. 15). Das Lernklima bemisst sich somit am gesellschaftlich gewährten Spielraum „für eine rationale Ordnungsgestaltung“ (Tietgens & Weinberg, 1971, S. 14). Zwar sind für viele „Neid und Konkurrenz der entscheidende Motor des Lernens“, das Lernklima aber leidet darunter (Gieseke, 2016, S. 60–61).

Im Sinne der ständig präsent zu machenden „Verflechtungen zwischen Sozialem und Individuellem“ (Gieseke, 2022b, S. 60) darf aber der Fokus auf die gesellschaftliche Verfasstheit von Erwachsenenbildung keinesfalls die relativen Freiheiten des Einzelnen darin übergehen. Somit fragt Realanthropologie auch nach den realen individuellen Spielräumen in den real bestehenden und für die Möglichkeit zur Entfaltung durch Bildung bestimmenden gesellschaftlichen Verhältnissen. Von Interesse sind

> „dabei Festschreibungsprozesse, Öffnungen oder Umorientierungen, die im Lebenslauf die Lernoffenheit und die Anschlussmöglichkeiten über die Lebensspanne bestimmen. Biografische Verfestigungen sind hier ebenso angesprochen wie die Entwicklungsmöglichkeiten für weitergehende Lernprozesse, die – wenn Möglichkeiten gegeben sind – für erweiterte Anregungen bei Erwachsenen sorgen. Hierdurch können sich dabei entwickelnde Interessen herausbilden“ (Gieseke, 2022b, S. 67).

Der Realanthropologie geht es um „die transitorische Aufgabe der Erwachsenenbildung“; es geht dabei um „Interaktion“, um „Beziehungen“ und „die dabei transportierten Inhalte“, „um das Spannungsverhältnis von subjektiv Leistbarem und objektiv Vorgegebenem“, um „Anpassung und Widerstand“, um die Frage, „wie Erfahrungen zu abstrakterem Denken transferiert werden können“, es geht um „Alltagsauslegungen […] und Veränderungen […], um Erweiterungen und Ausdifferenzierungen“, um „Flexibilität im Umgang mit Deutungsmustern“ und darum, „Mehrdeutigkeiten produktiv hinzunehmen“ (Gieseke, 2022b, S. 63–64). Gieseke schließt sich Tietgens an, der die Arbeit mit Deutungen für eine der zentralsten Aufgaben der Erwachsenenbildung hielt und wird nicht müde zu betonen, dass in diesem Kontext in Abgrenzung zum Konstruktivismus neu an den Ansatz von Dybowski & Thomssen (1982) angeknüpft werden müsste.

3.3 Feldtheorie als methodischer Zugang

Das der Realanthropologie als Rahmung für eine Erwachsenenbildungstheorie zugrundeliegende methodische Vorgehen sollte im Sinne des Gegenstandes sein und wäre somit interpretativ und explorativ (vgl. Gieseke, 2022b, S. 61). Es ginge dabei um die Frage, wie Bedingungsfaktoren, die im Kontext der Realanthropologie angesprochen werden und für das Lehren und Lernen von Bedeutung sind – bspw. „soziales Umfeld, Umgebungsgruppe, Bildsamkeit, Lernpotenzial, Lernenergien, [Lernklima; J.N.], Anknüpfen bei den Teilnehmenden, die Rolle von Sprache, innergesellschaftliche Mehrsprachigkeit, Gesellschaftsklima, soziale Spannungen, Lernhemmungen und Emotionalität“ (Gieseke, 2023, S. 95) –, in ihren jeweiligen Zusammenhängen möglichst umfassend in den Blick genommen werden können. Dafür empfehlen Tietgens und Weinberg „die Feldtheorie, die beschreibbar macht, wie menschliche Kräfte wirken und in Wechselwirkung stehen“ (Gieseke, 2022b, S. 61), denn über diese könnte man in den interaktiven Verläufen analysierend einen ganzen „Komplex von Kategorien erfassen“ (Gieseke, 2022b, S. 61). Es würde sichtbar, „wie mit der Veränderung eines Faktors sich der Gesamtzusammenhang verändert“ (Tietgens & Weinberg, 1971, S. 16–17). Man nähme in diesem Vorgehen analytisch „etwas auseinander, was im praktischen Vollzug zusammengehört“ (Gieseke, 2022b, S. 62). In den Blick geriete „das situative und zwischenmenschliche Gesamtgeschehen. […] Das Feld ist die Koinzidenzstätte menschlicher Befindlichkeiten, Regungen und Gegenregungen, Verhaltensweisen, Ausdrucksweisen und Handlungen, ob sie nun gewollt gerufen oder ungerufen aus sich heraus kommen“ (Tietgens & Weinberg, 1971, S. 18).

4. Ohne Streit keine Bildung

Aus dem Denken von Gieseke und Tietgens ließen sich unterschiedlichste Parallelen herausarbeiten. Im Folgenden möchte ich abschließend ein implizites, gemeinsames Element zur Entfaltung bringen – die Frage nach der Bedeutung von Streit für Lernprozesse. Tietgens „forderte Dialog- und Beziehungsfähigkeit, gerade auch in Bezug auf Personen, die anderes vertraten"; als ein Mittel zur Aufklärung von Deutungen verstand er „das Streitgespräch" (Gieseke, 2014a, S. 21–22). Auch Gieseke tritt ein für Streit, verstanden als Gegenstück zu einer lernhemmenden Art der Betulichkeit. Schon als Student habe ich sie so kennengelernt und ihre Seminare gleich sehr geschätzt. Wenn Bildung etwas mit Umlernen zu tun haben möchte, dann auch mit Ungewissheit und Unbehagen auf dem Weg zu neuen Erkenntnissen, denn das Neue konstituiert sich in seiner Abgrenzung zum Gegebenen – das kann herausfordernd sein. Wenn Bildung etwas mit Differenziertheit zu tun haben möchte, dann braucht es perspektivverschränkende Auseinandersetzungen, die sich auch in einem konstruktiv verstandenen Streit wiederfinden.

Grundlage dafür ist eine Zusammenarbeit auf Augenhöhe: Diese habe ich noch mit keiner anderen Person so ehrlich erlebt, wie mit Wiltrud Gieseke. Sie schafft es, Räume zu öffnen bei gleichzeitiger Klarheit an den nötigen Stellen. Ja, es braucht die „Wertschätzung der bisher erarbeiteten Deutungen" (Gieseke, 2023, S. 103), aber wo Streit gemieden wird, herrscht eingebildeter Zusammenklang und allgemein krampfhaft vorgespieltes Wohlsein. Für Tietgens zählte die „interaktive und reflexive Auslotung von Möglichkeiten und Grenzen von verschiedenen Ansätzen" (Gieseke, 2022a, S. 187). Dabei aber sollte das Eine nicht unkritisiert neben dem Anderen stehen bleiben – blind sich gegenseitig bestätigend. „Es geht ihm nicht um Harmonisierungen, die für ihn nämlich zu Ressentiments führen" (Gieseke, 2022a, S. 197). Verdrängung von Auszustreitendem erzeugt „einen angeglichenen Sozialcharakter, der die subjektive Gleichgültigkeit, die Enge im Denken stützt und zugleich dem gewünschten Sozialcharakter entsprechend Normerfüllung erhöht" (Gieseke, 2016, S. 57–58). Wo im blinden Anpassungswahn Emotionen geglättet und verdrängt werden, dort ist das gesellschaftliche Klima für Lernen tödlich. Der Möglichkeit auf bewusstes Einwirken entzogen, wirken Emotionen im Untergrund weiter und laufen Gefahr, sich andernorts destruktiv zu äußern. Wahrheitsgehalte müssen ausdiskutiert werden. Gieseke schließt daran an und verkörpert, was sie auch beforschte; nämlich, „dass Beziehungen zur Umwelt, d.h. zu Personen oder Objekten, Entwicklungs- und Lernprozesse herbeiführen" (Gieseke, 2016, S. 55). Für die Ich-Bildung braucht es Beziehungen, die als Reibungsfläche dienen, denn „die Schaffung des Selbst und die

Veränderung [ist] eine von Emotionen getragene beziehungsabhängige Entwicklung" (Gieseke, 2016, S. 55). Interesse an Streit, so könnte man sagen, kann Interesse am ‚Anderen/Fremden' sein – man fordert heraus, um besser zu verstehen, wo das noch Unbegriffene liegt. Über Beziehungen kann Strittiges ausgetragen werden.

Gieseke zufolge liegt „die professionelle Leistung [...] in der Auflösung alter Muster über ein neues Beziehungsangebot" (Gieseke, 2016, S. 124). „Bewertungen verändern sich vor dem Hintergrund komplexeren Wissens" (Gieseke, 2016, S. 126). Wer pädagogischen Streit initiieren möchte, sollte also auch etwas über Emotionen wissen – diese können sich beim Lernen „steuernd, destruierend, aufhaltend, fördernd, tötend einmischen" (Gieseke, 2016, S. 60) – und muss „die Felder kennen oder die Interessensorientierungen, aus denen die Teilnehmenden kommen. Das kann, muss aber nicht altersspezifisch, milieuspezifisch oder migrationsspezifisch differieren" (Gieseke, 2023, S. 103). Auch der Anspruch an die Lernenden ist hoch, denn ihr Erfolg hängt wesentlich von ihrer Fähigkeit zur Emotionsregulierung ab und von der „Bereitschaft, Neues zu integrieren" (Gieseke, 2016, S. 60). Nicht jeder hat gelernt zu streiten. Ohne die Fähigkeit zur sich abarbeitenden Auseinandersetzung in Beziehungen steht es auch schlecht um „Lernfähigkeit", also um „Kritik- und Widerstandsfähigkeit" (Gieseke, 2016, S. 115).

Bildung ist Differenziertheit. Wo Emotions- und Deutungsmuster – ohne durch Streitmomente zur Bewegung herausgefordert zu werden – unhinterfragt nebeneinander stehen bleiben, wird Individuen Bildung versagt. Es braucht also eine gegensteuernde Bildungsarbeit, um sich Widerstreitendes ins Bewusstsein zu rufen als Voraussetzung für eigenverantwortliches Denken und Handeln und als Moment des Widerstandes gegenüber der Reproduktion des Immergleichen. Streit fällt in dem sich hier entwickelnden Verständnis mit Kritik zusammen. Der hier gemeinte Streit ist nicht Kritik aus Prinzip, strebt nicht nach Destruktion, ggf. aber nach Disruption[2].

Gieseke fordert so wie Tietgens eine generell offene Streitkultur, bei der auch abweichende Einstellungen und gerade diese vor Zensur geschützt sind. Zu klären wäre dabei aber, „was als unstrittig und was als strittig zu gelten hat und was zu dem Bereich gehört, in dem man sich streiten kann, ob etwas strittig oder unstrittig ist" (Tietgens & Wiebecke 1974, S. 27). So tritt Gieseke bspw. entschieden gegen Antisemitismus ein (vgl. Gieseke, 2016, S 142–152), denn wo Moral gekapert wird, um das Bekenntnis zu widersprüchlicher Gesinnung zu erzwingen,

---

2 Zu einem ersten Entwurf für eine disruptive Didaktik siehe „Disruptive Didaktik auf Grundlage Kritischer Theorie" (Nose & Brehm, 2025 i.V.).

da ist in dem hier gemeinten Sinne kein Streit, keine von Erkenntnisinteresse geleitete Kritik und damit auch keine Bildung mehr möglich. Realitätsverzerrende Dynamiken drohen, sich zu verselbstständigen.

Literatur

Adorno, T. W. (1971). Theorie der Halbbildung. In R. Tiedemann (Hrsg.), *Theodor W. Adorno Eine Auswahl.* Büchergilde Gutenberg.

Die Volkshochschule (1968–1994). *Handbuch für die Praxis der Leiter und Mitarbeiter. Loseblattsammlung.*

Dybowski, C., & Thomssen, W. (1982). *Praxis und Weiterbildung. Untersuchungen über Voraussetzungen und Bedingungen der Weiterbildung von betrieblichen Interessenvertretern.* Universität Bremen.

Freud, S. (2017). *Das Unbehagen in der Kultur: und andere kulturtheoretische Schriften. Einleitung von Alfred Lorenzer und Bernard Görlich* (11. unveränderte Aufl.). Fischer Taschenbuch.

Gieseke, W. (2014a). Arbeitsalltag von Hans Tietgens und seine Prämissen institutionellen Handelns. In. W. Gieseke & J. Ludwig (Hrsg.), *Hans Tietgens. Ein Leben für die Erwachsenenbildung. Theoretiker und Gestalter in der zweiten Hälfte des 20. Jahrhunderts. Dokumentation des Kolloquiums am 23.10.2009 an der Humboldt-Universität zu Berlin.* Erwachsenenpädagogischer Report, Band 16. Humboldt-Univ. https://doi.org/10.18452/17885

Gieseke, W. (2014b). Programme – Angebote – Nachfrage. Veränderungen in der inneren Dynamik. In. W. Gieseke & J. Ludwig (Hrsg.), *Hans Tietgens. Ein Leben für die Erwachsenenbildung. Theoretiker und Gestalter in der zweiten Hälfte des 20. Jahrhunderts. Dokumentation des Kolloquiums am 23.10.2009 an der Humboldt-Universität zu Berlin.* Erwachsenenpädagogischer Report, Band 16. Humboldt-Univ. https://doi.org/10.18452/17885

Gieseke, W. (2016). *Lebenslanges Lernen und Emotionen. Wirkungen von Emotionen auf Bildungsprozesse aus beziehungstheoretischer Perspektive* (3. Aufl.). wbv Media GmbH & Co. KG.

Gieseke, W. (2022a). Demokratische politische Bildungsarbeit, dramaturgisch entwickelt. Ein doppelter Blick auf Hans Tietgens' Verhältnis zur politischen Bildung in den 70er-Jahren. In P. Ciupke & N. Reichling, N. (Hrsg.), *Versachlichen – Deuten – Gegensteuern. Hans Tietgens und die politische Erwachsenenbildung* (S. 185–198). wbv Media GmbH & Co. KG.

Gieseke, W. (2022b). Tietgens' Realanthropologie als Zugang zu einer Theorie der Erwachsenenbildung. In J. Schrader (Hrsg.), *Wissenschaft für die Praxis. Hans Tietgens und die Erwachsenenbildung in Deutschland* (S. 57–69). wbv Media GmbH & Co. KG.

Gieseke, W. (2023). Rezeptionsverläufe nachvollziehbar nach und durch die geführten Interviews. In W. Gieseke & B. Käpplinger (Hrsg.), *Hans Tietgens und die Erwachsenenbildung. Gespräche über frühe wegweisende Texte* (S. 93–110). wbv Media.

Hippel, A. von (2011). Programmplanungshandeln im Spannungsfeld heterogener Erwartungen: ein Ansatz zur Differenzierung von Widerspruchskonstellationen und professionellen Antinomien. *REPORT – Zeitschrift für Weiterbildungsforschung,* (1), 45–57.

Hippel, A. von (2022). Suchbewegungen – Konstitutionselemente der Erwachsenenbildung. In J. Schrader (Hrsg.), *Wissenschaft für die Praxis. Hans Tietgens und die Erwachsenenbildung in Deutschland* (S. 71–85). wbv Media GmbH & Co. KG.

Nose, J. (2022). *Gegensteuerung nach Hans Tietgens. Eine Systematisierung und Impulserarbeitung – angereichert durch Sichtweisen aus der Kritischen Theorie – im Sinne einer demokratieförderlichen Erwachsenenbildungstheorie.* Erwachsenenpädagogischer Report, Band 76. Humboldt-Univ. https://doi.org/10.18452/25738 https://edoc.hu-berlin.de/handle/18452/26404

Nose, J. (2023). Begriffsarbeit mit Tietgens. Eine Theorie der Erwachsenenbildung mit Anschlüssen zur frühen Kritischen Theorie. In W. Gieseke & B. Käpplinger (Hrsg.), *Hans Tietgens und die Erwachsenenbildung. Gespräche über frühe wegweisende Texte* (S. 121–166). wbv Media GmbH & Co. KG. https://www.wbv.de/shop/Hans-Tietgens-und-die-Erwachsenenbildung-I71695

Nose, J., & Brehm, J. (2025 i.V.). *Disruptive Didaktik auf Grundlage Kritischer Theorie: Bildungstheoretische Implikationen der Theorien Humboldts, Heydorns und Adornos.* Manuskript in Vorbereitung.

Tietgens, H. (1967). *Lernen mit Erwachsenen.* Westermann Verlag.

Tietgens, H. (1986). *Erwachsenenbildung als Suchbewegung: Annäherungen an eine Wissenschaft von der Erwachsenenbildung.* Klinkhardt Verlag.

Tietgens, H., & Weinberg, J. (1971). *Erwachsene im Feld des Lehrens und Lernens.* Westermann Verlag.

Tietgens, H., & Wiebecke, F. (1974). *Informationsbank für die politische Bildung.* Forschungs- und Entwicklungszentrum für objektivierte Lehr- und Lernverfahren GmbH.

Anne Schlüter

Vergangenheit als Ressource für biographische Entwicklungen?

Vergangenheit ist ein weitläufiger Begriff. Jede Disziplin, jede Profession, jede Person hat eine Vergangenheit. Die Disziplin Geschichte geht davon aus, dass die Vergangenheit abgeschlossen, also faktisch nicht veränderbar ist. Die Erziehungs- und Bildungswissenschaften haben einerseits historische Entwicklungen immer wieder in den Blick genommen, um den jeweiligen Zeitgeist für die Sozialisationsbedingungen von Menschen vor dem Hintergrund von sozialer Ungleichheit als gesellschaftlicher Struktur zu erfassen, andererseits aber auch, um über Reflexionsprozesse die Vergangenheit als Ressource zu verstehen und diese für die Zukunftsentwicklung einsetzen zu können. In der Erwachsenenbildung gehört es zum fachlichen Selbstverständnis vom lebenslangen Lernen auszugehen, also immer Neues zu lernen. Der Vergangenheit wird je nach Thema ein besonderer Stellenwert zugeschrieben, schließlich ist der historische Wandel gesellschaftlicher Diskurse über Bildung und Lernen, über Bildsamkeit und Lernfähigkeit, über Anschlusslernen und Biographizität, über Qualifizierung und Professionalisierung in der Erwachsenen- und Weiterbildung immer wieder ein Thema der Disziplin. Die Phasen der professionellen Entwicklung in der Erwachsenen- und Weiterbildung hat Wiltrud Gieseke (2015) als widersprüchliche Schritte nachgezeichnet. Darin wird deutlich, dass Strukturbildung in der Erwachsenenbildung nicht allein von wissenschaftlichen Analysen über Bildungs- und Ausbildungsstand und gesellschaftlichem Bewusstsein sowie von Grundlagenwissen über Lernen und Bilden abhängig ist, sondern von der staatlichen Bereitschaft Institutionen zu schaffen, in denen eine Umsetzung für pädagogisches Unterstützungslernen in und für professionelle Personalentwicklung möglich wird. Initiativen und Impulse individueller Akteure jedoch braucht es auch, um soziale und politische Transformationen in Gang zu setzen. Das war in der Vergangenheit für die Entwicklung der relativ jungen Disziplin absolut notwendig.

1. Zugänge zur Vergangenheit

Zugänge zur Vergangenheit sind im Forschungsprozess auf verschiedene Arten möglich. Ich thematisiere diesen Begriff in den folgenden Ausführungen im Kontext der qualitativen Forschung, insbesondere der Biographieforschung, die immer wieder danach fragt, wie Menschen vor dem kulturellen Hintergrund des

Aufwachsens in ihrer Vergangenheit geworden sind. D.h. der Zugang zur Vergangenheit geschieht hauptsächlich über biographische Interviews oder über autobiographische Texte, die Lebens-Geschichten und Porträts von Menschen liefern. Aussagen über Vergangenheiten werden aus erzähltem und beschriebenem Geschehen im Kontext einer historischen Zeit und deren Erfahrungsräumen geschöpft. Die Begriffe Erfahrung und Erfahrungsaufschichtung sind dabei wichtig.

D.h. wir haben es mit einer narrativen Vergangenheit zu tun (ausführlicher dazu: Schlüter, 2020).

Solche Lebensgeschichten ermöglichen Einsichten in soziale Strukturen und Prozesse der politisch und kulturell sehr unterschiedlich geprägten Lebenswelten zu gewinnen und zwar von denjenigen, die erzählen. Vorausgesetzt es liegt eine Befähigung bzw. Gabe vor, erzählen zu können. Es setzt voraus, dass Ereignisse wahrgenommen und Erlebnisse zu Erfahrungen verarbeitet werden können. Menschen nehmen Ereignisse jedoch nicht in gleicher Weise wahr. Ihre jeweiligen Perspektiven und individuellen Praktiken sind die spannenden und aufschlussreichen biografischen Momente im Lebenslauf.

Die Wahrnehmung und Verarbeitung von Wahrnehmungen hängen von verschiedenen Faktoren ab. Dazu gehören nicht allein das erreichte Wissen in den Altersphasen als Erfahrungshintergrund, sondern auch Sozialisation, Bildung, Interesse und Offenheit für ökonomische, soziale und kulturelle Entwicklungen und Auseinandersetzungen mit den gesellschaftlichen Anforderungen der Zeit.

In der Biographieforschung findet man den Begriff der Biographizität als Gestaltungs-Kompetenz sich den Herausforderungen der Gegenwart zu stellen und Anschluss an Neuerungen – an Zukunft - zu finden. Biographizität ist – wie jede andere Kompetenz – individuell unterschiedlich ausgeprägt. Deren Ausprägung lässt sich im Rückblick – analytisch – bezogen auf die Konstruktion des Lebenslaufs feststellen und interpretieren.

Vergangenheit ist im Verständnis der Biographieforschung eine zeitliche Dimension im Lebenslauf. Wenn erzählt wird, strukturiert sich Vergangenheit durch zurückliegende Ereignisse, Erfahrungen, Entscheidungen und wird durch Erinnerungen wachgehalten.

Im Erzählvorgang nimmt die Vergangenheit großen Raum ein. Doch in manchen Interviews dominiert ein gegenwärtiges Problem. Häufig resultiert dies allerdings aus zurückliegenden Entscheidungen bzw. mangelnder Entscheidungsfähigkeit. Es entsteht damit eine Dominanz der Vergangenheit über die Gegenwart und kann damit für die Zukunft strukturbildend werden. Vergangene vorherige Erfahrungen können für weitere Lebensentscheidungen strukturierend sein.

Die zeitliche Dimension Vergangenheit hat eine Erfahrungsaufschichtung als Ergebnis vorgängiger Ereignisse, Erlebnisse und Entscheidungen zur Folge. Die

Frage, die auftaucht, heißt dann: Kann man darauf vertrauen, dass mit Bezug auf eigene Erfahrungsaufschichtungen gleichbleibend für die Zukunft entschieden werden kann? Oder: Inwieweit kann oder muss man sich von den Erfahrungen aus der Vergangenheit trennen?

Das, was in der Kindheit gelernt wurde, kann sich im Erwachsenenalter als Paradox herausstellen. Die Gültigkeit gelernter Normen und sozialer Regeln aus einer spezifischen kulturellen und politischen Lebenswelt sind vielleicht nicht mehr passend, um Leben weiterhin gestalten zu können, um berufliche Ziele erreichen zu können.

In der Berufswelt geht es immer wieder um Passungsverhältnisse zwischen individueller Persönlichkeitsstruktur bzw. Habitus und Fachkultur.

Soziale Herkunft, kulturelle Eingebundenheit, Erziehungsvorstellungen, Zuschreibungen verschiedener Art wie beispielsweise Vorstellungen wie Mädchen und Frauen sich verhalten und zu benehmen haben, Vorstellungen wie Jungen und Männer sein sollten, haben Einfluss auf die Lebensgestaltung und zeigen sich in individuellen Persönlichkeitsstrukturen.

In der biographischen Vergangenheit kann man davon ausgehen, dass soziale Regeln und Normen, Gebote sowie Verbote internalisiert wurden. Die Erziehungsziele sind in Abhängigkeit von sozialen Verhältnissen, kulturellen Erwartungen und in Form von Abgrenzungen zu anderen Familien, Gruppen, Klassen und Kulturkreisen übernommen worden und damit im Körper lebendig. Merkbar daran, wie wohl oder unwohl Gefühle sich in ungewohnten Situationen bemerkbar machen. Diese beziehen sich auf den Umgang mit sich und anderen.

Übergänge von einer Lebenswelt in eine andere, von der Familie in die Schule, die Ausbildung, den Beruf, das Studium, Eintritte in individuell neue Fachkulturen erfordern Anpassungsprozesse, die nicht immer leicht zu bewältigen sind. Denn Denk- und Umgangsformen sind in institutionellen Rahmungen jeweils andere. Oft gehen damit Fremdheitsgefühle einher. Gefühle nicht dazu oder dahin zu gehören treten auf. Gefühle und deren Ausdruck zeigen Abneigung, auch Widerständigkeit auf.

Gefühle bzw. gespürte Grenzen können einschränken und Entscheidungen vermeiden, die für die Lebensgestaltung wichtig sein könnten. Das Aufsuchen von Beratung kann emotionale Grenzen reflektieren (Gieseke & Stimm, 2018).

2. Beratung im lebenslangen Lernen

Das Angebot individueller Beratung ist als Eckpfeiler im bildungspolitischen Konzept des Lebenslangen Lernens zu verstehen und zu entwerfen. Beratung über die Lebensspanne wird von Wiltrud Gieseke als Erweiterung von persönlichen und damit auch sozialen Autonomiespielräumen diskutiert und zwar im Hinblick auf sich erweiternde Markt- und Machtverhältnisse (Gieseke, 2016a). Das bedeutet allerdings Wissen über verschiedene Eckpunkte in der Beratung zur Verfügung stellen zu können. Denn auf individuell neue Anforderungen – in Lern- und Veränderungsprozessen und in Übergangssituationen – reagieren Menschen unterschiedlich. Man kann annehmen, dass einerseits die Bewältigung von Übergängen früh gelernt wurde, so dass Strategien für die Lebenspraxis vorhanden sind, aber andererseits die Möglichkeiten diese zu nutzen nicht immer bewusst sind.

Nachvollziehbar lässt sich dies an verschiedenen Lerntypen verdeutlichen, die von David Noer (1998) auf der Basis seiner Untersuchung als Modell aufgestellt wurden. Er unterscheidet vier Reaktionstypen, die nach unterschiedlichen Mustern auf Veränderungen reagieren. Mit diesem Modell der Lerntypen wird Wissen für Lernhandeln bereitgestellt, das von Vorgesetzten, Weiterbildner:innen und Berater:innen sinnvoll einsetzbar ist.

Diese Muster verstehen sich als Anregungen für anzustoßende individuelle Lernprozesse.

Die Lerntypen sind: der Verschanzte, der Überwältigte, der Angeber, der Lernende.

Der Verschanzte klammert sich an eingefahrene Wege. Der Überwältigte zieht sich zurück und weicht aus. Der Angeber schlägt Schaum, ist hochmotiviert aber substanzlos. Der Lernende packt zu und entwickelt sich weiter.

Diese Unterscheidungen sollen helfen, mit Menschen in Veränderungsprozessen gut umgehen zu können. Damit verbunden ist die Frage: was brauchen Menschen, um Veränderungen zu bewältigen und gut zu überstehen.

Auf jeden Fall ist es hilfreich zu wissen, zu welchem Lerntyp jemand neigt. Damit lassen sich Wege finden, z.B. Ressourcen aus der eigenen Biographie zu aktivieren und in Beratungsgesprächen Verständnis für zögerliche oder überbordende Verhaltensweisen zu entwickeln.

3. Biographische Analysen

Die Analyse der narrativen Vergangenheit bietet für Forschungen zu Bildungs-, Lern- und Sozialisationsprozessen im Lebenslauf verschiedene Möglichkeiten. Es können ganze Lebensläufe oder auch Phasen wie Kindheit und Jugend in den Blick genommen werden. Es können – je nach Fragestellung und Gegenstand der Forschung – Erinnerungen aus der Vielfalt der Kulturen in historischen Zeiten untersucht werden – wie dies beispielsweise Renate Nestvogel aus interkultureller Perspektive für die Alltagswelt von Mädchen und Frauen vorgelegt hat (Nestvogel 2002). Trotz kultureller Vielfalt ist die Praxis der Diskriminierungen von

Mädchen und Frauen auffällig gleichförmig. Autonomiespielräume wurden eher eingeschränkt als ermöglicht.

Vergangenheit lässt sich über Erzählungen rekonstruieren. D.h. wir bewegen uns dabei auf einer spezifischen Ebene der Wirklichkeitskonstruktion und damit der Rekonstruktion aus der individuellen Perspektive. Ziel der Analyse der Erzählungen sind häufig die Entdeckung sozialer Strukturen, Regeln und Strategien, die das menschliche Miteinander und die individuellen Erfahrungen prägen und geprägt haben. Individuelle Erfahrungen werden nicht als bloß „subjektiv" abqualifiziert, sondern als soziale und historische Dokumente der Auseinandersetzung mit der Lebenswelt und der globalen Welt verstanden – wie Anne Schlüter dies theoretisch diskutiert hat. Individuen sind Teil der Gesellschaft und damit auch Träger gesellschaftlicher Erwartungen an Verhaltensweisen (Schlüter, 2013).

In der Narration geht es einerseits um Themen, die in der Erzählung aufgenommen werden, aber andererseits vor allem und das ist entscheidend, um die Frage, **wie** wird eine Lebensgeschichte erzählt. Welchen Sinn und welche Struktur geben Erzählende ihrem Erleben? Welche Erfahrungen werden als relevant mitgeteilt? Welche verschwiegen? Die Erzählungen haben einen Anfang und ein Ende. Sie enthalten Höhe-, Tief- und Wendepunkte. Das Ende birgt oft eine Einordnung oder eine Einschätzung nach dem Motto: das habe ich gelernt oder das hat mir geholfen. Erinnerungen können daher auch als biographische Wissensbestände verstanden und damit zu biographischen Ressourcen werden (Hoerning, 1989).

4. Übergänge im Lebenslauf

Für eine Analyse biographischer Prozesse ist der Blick auf Übergänge im Lebenslauf erhellend. Individuelle Entscheidungen – z.B. welchen Schulabschluss strebe ich an und welchen Beruf traue ich mir zu – vor dem Hintergrund der sozialen Herkunft ergeben eine biographische Struktur und eine biographische Gesamtformung.

Wie Übergänge bewältigt werden, als (scheinbar) autonome Entscheidung, als Beratungsvorgang in der Familie, als Anpassungsprozess über Peers oder als Aktivitäten und Empfehlungen von Lehrenden. Gelingende bzw. gelungene Übergänge sind häufig abhängig von der Unterstützung durch andere, abhängig sind sie von der familiären Einschätzung, was einem Kind bzw. Heranwachsenden zugetraut wird. Sozial kommuniziertes Vertrauen kann sich zu individuellem Selbstvertrauen aufbauen.

Etliche qualitative Studien, die im Forschungsschwerpunkt „Weiterbildung und Biographie" an der Universität Duisburg-Essen entstanden sind, haben sich auf die Erforschung von biographischen Übergängen konzentriert[1]. Einige wenige sollen kurz skizzierend beispielhaft vorgestellt werden.

5. Bildungsentscheidungen in biographischen Übergängen

Die Studie von Meike Hilgemann über Bildungsentscheidungen im Schnittfeld von Gender und Fachkultur mit dem Titel „Der Übergang vom Bachelor zum Master" (2017) untersuchte die Einflüsse der sozialen Herkunftskultur auf die Entscheidung nach dem Bachelor für oder gegen ein weiteres Masterstudium und für oder gegen eine berufliche Perspektive. Differenzerfahrungen und Gefühle der Andersartigkeit werden von einigen Interviewten thematisiert, die dazu beitragen, kein weiteres Studium aufzunehmen (Hilgemann, 2017, S. 332–345). Beharrungstendenzen aus dem Herkunftshabitus verhindern eine Wandlung des Habitus (Hilgemann, 2017, S. 351). Als theoretische Folie arbeitete sie mit dem Habitusansatz nach Bourdieu und fragte u.a.: Wird der Habitus der Herkunftskultur im Studium verstärkt oder verändert?

Sie entwickelte auf der Basis ihrer Interviews und ihrer theoretischen Annahmen ein Modell zur beruflichen Identitätsentwicklung. Im Ergebnis konnte sie vier Muster feststellen, deren Ausprägungen sich zwischen klarer beruflicher Orientierung/Interessensverfolgung und anhaltender Orientierungslosigkeit bewegen. Dazwischen liegen Suchbewegungen und Reflexionsprozesse und deutliches Streben nach beruflicher Verwertbarkeit. Deutlich wurde, dass die soziale Herkunft einschließlich der nationalen Herkunft die Studien- und Berufsentscheidungen und damit die Verortung in die gewählten Fachkulturen beeinflusste und zwar im sozialen Miteinander.

In manchen Herkunfts-Familien ist Kommunikation über potentielle Bildungs- und Studienentscheidungen üblich, in anderen eher selten, sodass der Einfluss von Peers und weiteren sozialen Gruppen eine wichtige Funktion für die Entwicklung vor allem bezogen auf Studien- und Berufsentwicklungen haben kann.

Die Studie von Babette Mölders „Mentoring zur Begleitung des Übergangs vom Studium in den Beruf" (Mölders, 2018) rekonstruiert Fälle von Mentoring und fragt danach, welche Rolle Mentoring als Unterstützung beim Übergang vom Studium in den Beruf spielen kann.

---

1 12 Bände sind in der Reihe „Weiterbildung und Biographie" publiziert. Weitere wurden in der Reihe „Frauen- und Geschlechterforschung in der Erziehungswissenschaft" aufgenommen.

Nach der Analyse der durchgeführten Interviews kommt sie zu folgenden Unterscheidungen:

- Mentoring wird dargestellt als Aktivierung der Handlungsfähigkeit in Übergangsprozessen
- Mentoring wird präsentiert als Unterstützung von Identitätsbildungsprozessen in Übergangsprozessen
- Mentoring wird thematisiert als Erhaltung der Handlungsfähigkeit in Übergangsprozessen.

Die Trias von Wollen – Können – Dürfen wird für die Diskussion der Ergebnisse genutzt, um zu verdeutlichen, was strukturbildend für die Bewusstwerdung der eigenen Biographizität sein kann. Der bewusste Einsatz der Biographizität bewegt sich zwischen Zwang und selbstverständlichen Fähigkeiten zur Ausgestaltung.

Die Studie von Holger Angenent „Berufliche Orientierungen aus biographischer Perspektive" (2015) fragt danach, wie es zu Entscheidungen kommt, ausgerechnet Erziehungswissenschaft zu studieren. Er hebt auf die Passungsprozesse von sozialer Herkunft und Studienentscheidungen für Erwachsenenbildung ab und rekonstruiert Zusammenhänge von der sozialen Disposition zur sozialen Position.

Angenent nutzt Bourdieus Kapitalbegriff, der nach ökonomischem, kulturellem und sozialem Kapital differenziert, und er nutzt den Begriff des Habitus als spezifisches Denk-, Handlungs-, Wahrnehmungs- und Beurteilungsschemata, die sich in Habitusformen und Habitusdimensionen analysieren lassen. Unter Habitusformen sind Formen der Ausprägungen innerhalb der festgestellten Dimensionen zu verstehen (Angenent, 2015, S. 55).

Der Habitus als Erzeugungsschema von Haltungen zum Studium wird aus horizontaler und vertikaler Sicht ausdifferenziert (Angenent, 2015, S. 48–52). Für die vertikale Achse im sozialen Raum bildet er in seinen Schaubildern das Kapitalvolumen ab. Die horizontale Achse bildet die Kapitalzusammensetzung ab.

Im Ergebnis lassen sich aufgrund der Auswertung seiner analysierten Interviews verschiedene Habitusentwicklungen feststellen:

- Habitustransformationen
- Habituswandlungen
- Habitustradierungen (Angenent, 2015, S. 311–319).

Aufschlussreich sind die Ergebnisse bezogen auf die feststellbaren Veränderungen. Das heißt resümierend gesagt: das Verständnis zur eigenen biografischen Vergangenheit kann sich ändern. Narrative Vergangenheit ist nicht abgeschlossen. Die Beschäftigung damit kann ermöglichen sich selbst in seinem eigenen

Gewordensein zu reflektieren und zu verstehen. Auch zu verstehen, welche Aktivierung von biographischen Ressourcen hilfreich sein kann, um für die Zukunft eigene Ziele verwirklichen zu können.

6. Bildungsentscheidungen vor dem Hintergrund sozialer Herkünfte

„Wie kommt man überhaupt ins Leben?" Diese Frage formulierte eine Interviewte vor dem Hintergrund ihrer sozialen Herkunft und ihrer Schulerfahrungen mit engagierten Lehrer:innen, die ihr in etlichen Gesprächen halfen Bildungsbarrieren zu überwinden und Perspektiven zu entwickeln, indem sie mit der Schülerin erarbeiteten, was ihre individuellen Interessen sind (Schlüter, 2002).

Seit vielen Jahrzehnten wird darauf verwiesen, dass Beratung einen wichtigen Stellenwert für Bildungslaufbahnen und Karrieren haben kann. Insbesondere wenn die Orientierungen aufgrund der familiären sozioökonomischen Bedingungen und sozialen Ausgrenzungen kaum gegeben sind. Familiäre Vorbilder spielen für berufliche Orientierungen eine wesentliche Rolle. Ihr Fehlen auch (Schlüter, 1997).

Das Verhältnis von Beratung und Biographie auszuloten, ist nicht so einfach (Schlüter, 2023). Diejenigen, die Beratung nutzen, sind sich sehr häufig sicher, dass es immer ihre eigene Entscheidung war, wenn sie entschieden haben. Was auch stimmt. Gehen wir von den Annahmen von Wiltrud Gieseke aus, dass Beratung Entscheidungen vorbereiten soll und nach der Beratung eine Entscheidung fällt, ist die Entscheidung eine autonome Entscheidung[2], auch wenn diese erst durch meist mehrfache Beratungsgespräche in familiären, schulischen und außerschulischen Kontexten einer Klärung zugeführt wurde.

Ein wesentlicher Unterschied in diesen Kontexten ist allerdings, ob die Individuen die Bedingungen ihrer sozialen Herkunft prinzipiell in ihre Reflexionen und damit in ihre Entscheidungen für ihre berufliche Zukunft aufnehmen können, denn dies bedarf des Wissens über strukturelle soziale und ökonomische Rahmenbedingungen und der Bereitschaft sich über antizipierte Grenzen auseinanderzusetzen. Das familiäre Kommunikationsverhalten ist daher in den Blick zu nehmen.

Beispielhaft lässt sich das Kommunikationsverhalten bezogen auf Entscheidungen für Mobilitätsprozesse anhand der intensiven Fallanalysen in Migrations-Familien von Minna-Kristiina Ruokonen-Engler nachvollziehen. Sie fragt,

2 Abhängigkeiten und Unabhängigkeiten im Verhältnis zur Umwelt können gleichzeitig bestehen. Entscheidend ist die Selbstregulierung (Luhmann & Schorr, 1979, S. 52).

„inwieweit Migration mit einem sozialen Mobilitätsprozess einhergeht und in welchem Zusammenhang dieser mit familiären Generations- und Geschlechterverhältnissen verbunden ist. Im Fokus der Diskussion stehen die elterlichen migrationsbedingten sozialen Abstiegserfahrungen und deren intergenerationale biografische Bearbeitung“ (Ruokonen-Engler, 2021, S. 27). Die soziale und ökonomische Einschätzung der Realität ist in der familiären Wahrnehmung und Kommunikation für Bildungsentscheidungen der jungen Generation hochkomplex.

7. Das komplexe Unterfangen von Beratung

Beratungsgespräche sind aufgrund der vorherigen Ausführungen als hochkomplex einzustufen. Was alles an Hintergrundwissen und an Kompetenzen erforderlich ist, hat Wiltrud Gieseke mit ihren Mitarbeiterinnen in verschiedenen Forschungsprojekten analysiert. Etliche Ergebnisse der Forschungen finden sich konzentriert in dem umfangreichen Handbuch „Pädagogische Beratung über die Lebensspanne“ (Gieseke & Nittel, 2016). Ein Handbuch, in dem viele Themen und Facetten für eine wissenschaftliche Theorie der Bildungsberatung diskutiert werden, u.a. die „Entscheidungstheoretische Grundlegung der Beratung“, die „Institutionelle Struktur der Beratung“, aber auch die „Reichweite und Tiefe der Berufs-, Bildungs- und Weiterbildungsberatung“ eingeschätzt werden.

Gieseke weist darauf hin, dass eine Biographieorientierte Beratung nicht mit Bildungsbiographieforschung verwechselt werden darf. Ein Ableitungszusammenhang aus der Biographieforschung sollte nicht konstruiert werden (Gieseke 2016c, S. 479).

Die Schnittstelle zwischen beiden liegt m.E. in der Wahrnehmung und Analyse von Bildungsbarrieren. Biographische Darstellungen sind auch als eine Form der Selbsterklärung zu verstehen, die vergangene individuelle Entscheidungen in den eigenen Lebenslauf einordnen sollen.

Biografische Selbstauslegungen können Gegenstand von Beratungssituationen werden, vor allem dann, wenn diese sich als Barrieren begreifen lassen, die als emotionale Blockade wirken.

Beratende haben daher eine sensitive Verantwortung in der Thematisierung von Bildungsbarrieren, vor allem dann, wenn kaum Zeit für längere Gespräche bleibt.

8. Perspektiven

Betrachtet man die Entwicklung bezogen auf Beratungshandeln in den letzten Jahrzehnten, so lässt sich von einer zunehmenden Professionalität im Bereich der

Berufs-, Bildungs- und Weiterbildungsberatung sprechen (Schlüter, 2018). Dazu haben wesentlich die Forschungen von Wiltrud Gieseke beigetragen, die auch über Studieninhalte in Studiengängen der Erwachsenenbildung an Hochschulen transportiert wurden.

Festzuhalten ist, dass Beratung in verschiedenster Form dazu beitragen kann, Biographizität zu stärken, um Entscheidungen für die Zukunft zu treffen (Gieseke, 2016c).

Gleichwohl ist weiterhin auszuloten, inwieweit sozialisierte und praktizierte Klassifizierungsprozesse in sozialen Milieus als habituelle Gewohnheiten so stabil ausgebildet wurden, dass diese auch in neu betretende soziale Milieus mitgenommen und in diesen Kontexten als soziale Elemente der Biographie eingefügt werden. Aktuelle biographische Erzählungen enthalten mittlerweile häufig die Verweise auf soziale Herkünfte mit der anerkennenden Logik, diese verarbeitet und bearbeitet zu haben. Soziale Ausgangsbedingungen werden biographisiert und erhalten einen relevanten Platz in der Selbstdarstellung wie in der neuen Forschungsliteratur sichtbar wird.

Literatur

Angenent, H. (2015). *Berufliche Orientierungen aus biographischer Perspektive.* Barbara Budrich.

Gieseke, W. (2015). Professionelle Entwicklung der Erwachsenenbildung/Weiterbildung. In N. Justen & B. Mölders (Hrsg.), *Professionalisierung und Erwachsenenbildung. Selbstverständnis – Entwicklungslinien – Herausforderungen* (S. 23–39). Barbara Budrich Verlag.

Gieseke, W. (2016a). Beratung über die Lebenspanne: Zwischen Steuerung, neuen Optionen und Erweiterung von Autonomiespielräumen – Wechselwirkungen. In W. Gieseke & D. Nittel (Hrsg.), *Handbuch Pädagogische Beratung über die Lebensspanne* (S. 31–41). Beltz Juventa.

Gieseke, W. (2016b). Entscheidungstheoretische Grundlegung der Beratung. In W. Gieseke & D. Nittel (Hrsg.), *Handbuch Pädagogische Beratung über die Lebensspanne* (S. 102–111). Beltz Juventa.

Gieseke, W. (2016c). Reichweite und Tiefe der Berufs-, Bildungs- und Weiterbildungsberatung. In W. Gieseke & D. Nittel (Hrsg.), *Handbuch Pädagogische Beratung über die Lebensspanne* (S. 468–483). Beltz Juventa.

Gieseke, W. (2016d). Orientierungsberatung. In W. Gieseke & D. Nittel (Hrsg.), *Handbuch Pädagogische Beratung über die Lebensspanne* (S. 536–547). Beltz Juventa.

Gieseke, W., & Nittel, D. (2016). (Hrsg.). *Handbuch Pädagogische Beratung über die Lebensspanne.* Beltz Juventa.

Gieseke, W., & Stimm, M. (2018). Emotionen als Einflussgröße auf Bildungsentscheidungen in der Beratung. In M. Huber & S. Krause (Hrsg.), *Bildung und Emotion* (S. 357–374). Springer VS.

Hilgemann, M. (2017). *Der Übergang vom Bachelor zum Master. Bildungsentscheidungen im Schnittfeld von Gender und Fachkultur.* Barbara Budrich Verlag.

Hoerning, E. M. (1989). Erfahrungen als biographische Ressourcen. In P. Alheit & E. M. Hoerning (Hrsg.), *Biographisches Wissen* (S. 148–163). Campus.

Nestvogel, R. (2002). *Aufwachsen in verschiedenen Kulturen. Weibliche Sozialisation und Geschlechterverhältnisse in Kindheit und Jugend.* Beltz.

Noer, D. M. (1998). *Die vier Lerntypen. Reaktionen und Veränderungen in Unternehmen.* Klett-Cotta.

Ruokonen-Engler, M.-K. (2021). „Du solltest es besser haben…" – zur Intersektionalität von sozialer Mobilität, Generation und Geschlecht im Kontext von Migrationsfamilien. *GENDER. Zeitschrift für Geschlecht, Kultur und Gesellschaft 13*(3), 26–41.

Schlüter, A. (1997). Studierende aus Arbeiterfamilien im Ruhrgebiet. Bildungsentscheidungen ohne familiäre Vorbilder? In J.-P. Barbian & L. Heid (Hrsg.), *Die Entdeckung des Ruhrgebiets* (S. 315–328). Klartext.

Schlüter, A. (2002). Weiterbildung und soziale Ungleichheit – oder: Beratung als Weg zum Abbau von Chancenungleichheit? In M. Kampshoff & B. Lummer (Hrsg.), *Chancengleichheit im Bildungswesen* (S. 81–90). Leske & Budrich.

Schlüter, A. (2013). Biographisch arbeiten mit Bourdieu? In: A. Brake, H. Bremer & Lange-Vester, A. (Hrsg.), *Empirisch arbeiten mit Bourdieu. Theoretische und methodische Überlegungen, Konzeptionen und Erfahrungen* (S. 278–299). Juventa.

Schlüter, A. (2018). Diversität in der Professionalität. Kooperation für den Erfolg von Beratung in kommunalen Bildungsregionen. *Weiter bilden, 25*(4), 53–56. https://doi.org/10.3278/WBDIE1804W053

Schlüter, A. (2020). Vergangenheit. In S. Schinkel & et al. (Hrsg.), *Zeit im Lebensverlauf* (S. 305–310). transcript Verlag.

Schlüter, A. (2023). Biographie und Beratung. In D. Nittel, H. von Felden & M. Mendel (Hrsg.), *Handbuch Erziehungswissenschaftliche Biographieforschung und Biographiearbeit* (S. 646–659). Beltz-Juventa.

Maria Stimm

Beratung zur sozial-ökologischen Transformation. Relationalität als Grundlage für die professionellen Praktiken in der Beratung

1. Hinführung

Nicht nur in den Veröffentlichungen von Wiltrud Gieseke in den letzten zehn Jahren zum ausgewiesenen Forschungsschwerpunkt ‚Beratung', sondern auch in der zeitlich übergreifenden Betrachtung ihrer Auseinandersetzungen mit diesem erwachsenenpädagogischen Handlungsfeld lassen sich deutliche Verbindungslinien zu Fragen der Professionalisierung von Berater:innen erkennen (z.B. Gieseke, 2008). Neben dezidierten empirischen Detailanalysen zu den professionellen Praktiken von Berater:innen (z.B. Gieseke & Stimm, 2015; Gieseke & Stimm, 2016; Gieseke & Stimm, 2017) und der Fokussierung spezifischer, einflussnehmender Aspekte auf das professionelle Handeln in der Beratung (z.B. auf Emotionen: Gieseke & Stimm, 2018), verweisen die Ausarbeitungen ebenso auf grundlegende Einordnungen des Handlungsfeldes ‚Beratung' in gesellschaftspolitische Zusammenhänge (z.B. Gieseke, 2016a; Gieseke, 2023), Differenzierungen von Formen der Beratung in ihrer institutionellen Rahmung (z.B. Gieseke & Pohlmann, 2016; konkret zur Orientierungsberatung: Gieseke, 2013; Gieseke, 2016d) oder auf umfangreiche Systematisierungen der Handlungsform ‚Beraten' (Gieseke & Nittel, 2016). Diese pointiert dargestellten Schwerpunkte in der Beratungsforschung von Wiltrud Gieseke zielen in ihrer Gesamtheit auf eine Theoriebildung für Beratung in Bildung, Beruf und Beschäftigung. Dabei ist Beratung hier grundlegend als Struktur zu verstehen, in der Entscheidungsbedingungen sichtbar und ausgelotet sowie individuelle Entscheidungsprozesse unterstützt werden (Gieseke, 2014; Gieseke, 2016b; Gieseke & Stimm, 2023).

Der vorliegende Beitrag zielt nun nicht darauf ab, dieses umfassende Werk zur Einordnung des Handlungsfeldes ‚Beratung' im Detail zu durchlaufen, sondern es werden zentrale Erkenntnisse herausgegriffen, die die professionellen Praktiken der Beratung in ein Verhältnis zu globalen Herausforderungen setzen, konkret zur Klimakrise und einer damit verbundenen Notwendigkeit der sozial-ökologischen Transformation. Welche Rolle könnte und sollte Beratung in diesem Kontext spielen? Welche Anforderungen ergeben sich daraus an das professionelle Handeln der Berater:innen? Diese Fragen leiten in den zweiten Abschnitt des Beitrags über, in welchem zentrale Erkenntnisse aus der Forschung von Wiltrud Gieseke zum professionellen Handeln in der Beratung herausgestellt werden. In den Fokus rückt anschließend die Bedeutung von Relationalität im Beratungshandeln. Hier ergibt sich eine Verbindungslinie zu den aktuell diskutierten Anforderungen einer sozial-ökologischen Transformation (s. Abschnitt 4 und Abschnitt 5). Im sechsten Abschnitt werden die Rolle von Beratung in der sozial-ökologischen Transformation sowie die Anforderungen an das professionelle Beratungshandeln vor dem Hintergrund der Bedeutung von Relationalität in der sozial-ökologischen Transformation diskutiert.

2. Bedeutung von Relationalität für die professionellen Praktiken der Beratung

Ausgehend von der Annahme, dass *professionelles Handeln* – im erwachsenenpädagogischen Kontext nicht nur von Berater:innen – gekennzeichnet ist durch „die Fähigkeit, unter einer Leitaufgabe auf hohem wissenschaftlichen und theoretischen Niveau komplexe Lehr-/Lernanforderungen und Strukturbildungsanforderungen in diesem Feld zu erforschen, zu konzeptionieren, zu begleiten, die eingebrachten Konzepte zu evaluieren und dabei den lernenden Menschen und seine Bedarfe und Bedürfnisse im Mittelpunkt zu sehen“ (Gieseke, 2015, S. 4), rücken Flexibilität und Reflexivität als grundlegende pädagogische Haltungen in den Fokus. Sie entfalten Relevanz, da „‚(sich) Professionalität auf Grundlagenwissen, das durch Erfahrungen ausgewertet wird (, stützt). Sie geht nicht von einem durchgeplanten Ablauf aus, sondern von speziellen Aufgabenlösungen, Deutungen, Interpretationen, Diagnosen, die in individueller Verantwortung zu treffen sind‘ und Handlungen nach sich ziehen (Gieseke, 2005, S. 12)“ (Gieseke, 2015, S. 4). Reflexionsprozesse zu eigenen Annahmen, Werten und Verhaltensweisen sind demnach wesentlich, um ein tiefergehendes Verständnis der eigenen Rolle als Berater:in im Beratungsprozess zu entwickeln – und um das eigene professionelle Handeln auch weiterzuentwickeln.

In den *professionellen Praktiken der Beratung* verschränken sich somit komplexes Wissen zu Theorien und Methoden zum Beratungshandeln mit einer dazu querliegenden Notwendigkeit der reflexiven sowie flexiblen Beziehungsausgestaltung, die zwar durch organisatorische Vorgaben gerahmt, jedoch von den Berater:innen nachweislich professionell-individuell hervorgebracht wird (Gieseke & Stimm, 2016, S. 261–265) – basierend auf einer sprachlichen Kommunikation, der eine wechselseitige Akzeptanz und geteilte Situationsinterpretation zugrunde liegt (Gieseke & Stimm, 2016, S. 65). Berater:innen sind auf dieser

Beziehungsausgestaltungsebene gefordert, professionell-sensibel eine vertrauensvolle und wertschätzende Beziehung zu der ratsuchenden Person aufzubauen.

Leitend sind dabei die *Entscheidungsprozesse* der ratsuchenden Personen. Es geht nicht nur um die Vermittlung von Informationen, sondern vor allem um die Förderung ihrer Selbstreflexion und Eigenverantwortung. In der Beratung werden dafür die individuellen Entscheidungsbedingungen ausgelotet, jedoch auch grundsätzlich individuelle Entscheidungsfähigkeit hergestellt. Das bedeutet, dass Berater:innen in der Lage sein müssen, Grenzen des eigenen Handelns aufzuzeigen (Dewe & Winterling, 2016). Vor dem Hintergrund entwickelter Handlungsalternativen in der Beratung wird es ratsuchenden Personen möglich, Entscheidungen zu treffen. Dabei liegen diese leitenden Entscheidungen vorwiegend außerhalb der Beratung selbst (Gieseke, 2014). Beratung ist dabei durch die Mehrdimensionalität der leitenden Entscheidungen gekennzeichnet, die eine Prozessstruktur einfordert, in der zunächst Facetten des Entscheidens und Handlungsalternativen herausgearbeitet sowie bearbeitet werden. Emotionen und Wissen haben dabei in ihrem Zusammenspiel zentralen Einfluss auf diesen Prozess – bis hin zu den leitenden Entscheidungen (Gieseke, 2016c).

3. Beziehungsweisen in der professionellen Beratung

Innerhalb der Praktiken der Beratung wurde die Beziehungsausgestaltung durch die Berater:innen hervorgehoben(vgl. Abschnitt 2). Die *Relevanz von Beziehung/en* lässt sich auch aus der These Wiltrud Giesekes ablesen, dass „[a]lles, was ein Mensch in seinem Leben als Lernen bezeichnet […], auf Beziehungen (beruht), die hergestellt werden oder werden können. […] Immer erst dann, wenn ich einer Sache, einer Situation oder einer Person weitgehend Bedeutung beimesse, stelle ich Beziehungen im Sinne eines Selbst- und Weltbezugs her" (Gieseke, 2016c, S. 237). Auch wenn sich diese Ausführungen auf den Zusammenhang von Erkenntnissen aus der Emotionsforschung und Lernen, hier konkret gerahmt durch eine relationale Didaktik bzw. „einer Didaktik der Beziehungsfähigkeit für lebenslanges Lernen" (Gieseke, 2016c, S. 236) beziehen, lassen sich die Ausführungen auch auf das Handlungsfeld ‚Beratung' übertragen. Hier ist bisher das beziehungsorientierte Handeln der Berater:innen empirisch belegt (Gieseke & Stimm, 2016).

Es entstehen – und sind ihm vorausgehend – im Beratungsprozess „Beziehungsweisen" im komplexen Zusammenspiel und Wechselverhältnis zwischen Berater:innen, ratsuchender Person, Welt und historisch gewordenen, gesellschaftlichen Bedingungen, so dass sich ein *Zwischen* ausbildet (Lechner, 2023). Dieses ‚Zwischen' wird „zum Ausgangspunkt des Denkens in Relationen"

(Dinkelaker, Ebner von Eschenbach & Kondratjuk, 2020, S. 29; zu einer Übersicht relationstheoretisch informierter Ansätze in der Erziehungswissenschaft s. Ebner von Eschenbach & Schäffter, 2021), fokussiert wird nicht eine Einheit aus dem Zusammenspiel bzw. Wechselverhältnis, sondern vielmehr das Verhältnis selbst. Dabei entzieht sich das Zwischen jeder Verdinglichung und verbleibt in einer „kontingenten Schwebesituation" (Schäffter, 2019, S. 327), die sich als „ein wechselseitiges Spannungsgefüge, als ein vage unbestimmter Verweisungszusammenhang, als eine mehr oder weniger verfestigte, aber latente Beziehungsordnung" (Schäffter, 2019, S. 327) entäußert.

Relationale Praktiken wiederum beziehen sich auf die konkreten Handlungsweisen, mit denen dieses Zwischen gestaltet wird, so dass hier ein spezifischer Fokus gesetzt wird. In der grundlegenden dialogischen Haltung innerhalb des Beratungshandelns steht dabei das ratsuchende Subjekt im Mittelpunkt, dessen aktive Rolle durch die gemeinsamen Bedeutungszuschreibungen betont wird.

4. Sozial-ökologische Transformation

Entfaltete über Jahrzehnte der Begriff ‚Nachhaltigkeit' in verschiedenen sprachlichen Kombinationen und Konzepten (z.B. zur Bildung für Nachhaltige Entwicklung: Stimm & Müller, 2023; zur nachhaltigen Nicht-Nachhaltigkeit: Blühdorn, Butzlaff, Deflorian, Hausknost & Mock, 2020) Relevanz zur Bearbeitung der „Limits to Growth" (Meadows, Meadows, Randers & Behrens, 1972), lässt sich seit einigen Jahren eine Begriffsverschiebung erkennen. Denn die theoretischen und empirischen interdisziplinären Auseinandersetzungen zum Begriff kritisieren, dass der politisch formulierten Idee von Nachhaltigkeit ein Modernisierungsprinzip und Wachstumsimperativ inhärent sei, welches sich in die Begriffsnutzung unkritisch eingeschrieben habe und grundlegend nicht „als Garant einer umweltverträglichen und global gerechten Welt gilt" (Brand, 2020, S. 17). Wenn eine ökologische Modernisierung nicht ausreicht, um den multikomplexen Krisen zu begegnen, ist ein sozial-ökologisch ausgerichteter Transformationsbegriff notwendig. Diese Transformation müsste grundlegende Funktionen der ökonomischen und alltagskulturellen Reproduktionsweisen der Gesellschaft berühren (Brand & Steffens, 2021, S. 32), so dass Selbstverständlichkeiten wie Wirtschaftswachstum, Machtstrukturen, Produktions- und Konsumbedingungen befragt werden (können).

Auch im aktuell vorliegenden und im Anschluss an die AGENDA 21 (BMU, 1992) formulierten Aktionsplan ‚Transforming our World: The 2030 Agenda of Sustainable Development', kurz Agenda 2030, in dem in 17 Nachhaltigkeitszielen erklärt wird, wie „bis 2030 eine Transformation der Welt zum

Besseren herbeizuführen“ (UN, 2015, S. 38) sei, wird die Idee von Transformation aufgegriffen, verharrt jedoch in den bestehenden gesellschaftspolitischen Rahmenbedingungen.

Der in den Diskursen eingebrachte Anspruch an eine sozial-ökologische Transformation verweist nun gerade nicht auf Veränderungen innerhalb eines bestehenden Kontextes, sondern hier ist der Kontext selbst einem strukturellen und permanenten Wandel unterworfen. Dem vorgeschaltet wäre das Verlernen von nicht-nachhaltigen Gewohnheiten, die Betonung der Relevanz von auszuhandelnden Konflikten, Denk- und Probierräumen (Brand & Steffens, 2017) sowie das Wahrnehmen des Mensch-Welt-Verhältnisses fernab eines polarisierenden Dualismus, mehr als verwickeltes In-der-Welt-Sein (Friedrichs, 2022).

5. Bedeutung von Relationalität in der sozial-ökologischen Transformation

Vor allem die Ausrufung des Anthroprozäns und die damit einhergehende Betonung des Menschen als zentrale planetare Kraft (Crutzen, 2002; Horn & Berthaller, 2020) regt in kritischer Wendung ebenso eine Neubefragung des Mensch-Welt-Verhältnisses im Sinne seiner Dezentrierung an. So wird in post-anthropozentrischen Theorieangeboten die menschliche Verortung in der Welt und das menschliche Verhältnis zu ‚Anderen‘ ganz grundlegend fraglich (z.B. Barad, 2007; Haraway, 2018). Statt des Anthropozäns, dass „dazu neigt, bereits transformative Praktiken zu übersehen und dabei reale Handlungsspielräume unsichtbar zu machen, während allumfassende Lösungen nahegelegt werden, die ihrerseits durch ‚den Menschen‘ eingesetzt werden könnten“ (Hoppe, 2022, S. 2), rücken Konzepte in den Vordergrund, die artenübergreifende Beziehungen zu erfassen versuchen (z.B. Lowenhaupt Tsing, 2018; Bennett, 2020).

Relationalität entwickelt hier eine weitreichende und tiefgreifende Bedeutung, dafür sind jedoch herrschende Dichotomien aufzubrechen und kritische Dualismen zu überwinden (Haraway, 1995). Denn: „[W]ir (müssen) uns auf eigensinnige Art verwandt machen. Das meint, dass wir einander in unerwarteten Kollaborationen und Kombinationen, in aktiven Kompostierungen brauchen. Wir werden miteinander oder wir werden gar nicht“ (Haraway, 2018, S. 13). Die (Wieder-)Wahrnehmung von Verflechtungen, vom In-der-Welt-Sein und Verwandtschaften ist notwendig, denn „keine Art handelt allein“, vielmehr sind es „Assemblagen organischer und abiotischer Akteure, die Geschichte machen“, (Haraway, 2018, S. 137), so dass es um ein Verständnis von „Arten-als-Gefüge“ geht (Haraway, 2018, S. 142).

Wenn diese Annahmen als Hintergrund der sozial-ökologischen Transformation fungieren, dann werden in diesem Transformationsprozess nicht nur Reflexionen zur Verwobenheit und zu den wechselseitigen Abhängigkeiten relevant, sondern artenübergreifende, gemeinschaftliche Perspektiven notwendig. Durch die Komplexität der bestehenden und sich entwickelnden Beziehungsgeflechte wird deutlich betont, dass unterschiedliches, situiertes Wissen anzuerkennen und einzubinden ist (Stimm & Dinkelaker, 2023).

6. Inhaltliche Zusammenführung für eine Beratung zur sozial-ökologischen Transformation

Es lässt sich entlang von politischen Dokumenten zurückverfolgen, dass Beratung als Angebot und Notwendigkeit in die entsprechenden Überlegungen zur ‚Erreichung' einer nicht genauer definierten Nachhaltigkeit eingeflochten wurden – ob es um Politikberatung auf verschiedenen Strukturebenen (z.B. Bund, Länder, Gemeinden; Bundesregierung, 1971; BMU, 1992) oder Beratung spezifischer Gruppen und Einzelpersonen (BMU, 1992; BLK, 1998) geht. Beratung wird damit zum politischen „Eckpfeiler" (Gieseke, 2016b, S. 31) einer Entwicklung hin zur ‚Nachhaltigkeit', die jedoch schon deutlich vor den politischen Einlassungen durch Umweltbewegungen und feministische Bewegungen differenziert und kritisch angestoßen wurde (Stimm & Müller, 2023) und ebenso frühzeitig Beratungsstrukturen ausbildete (Rudolf, 1997).

Die Rolle von Beratung im Kontext der sozial-ökologischen Transformation lässt sich daraus ableitend *in einem ersten Schritt* wie folgt einordnen.

Ein Schwerpunkt der in diesem Beitrag zum Handlungsfeld ‚Beratung' aufgeführten Arbeiten liegt auf der Betonung des dialogischen Prozesses in der Beratung (Gieseke & Stimm, 2016). Dadurch wird es möglich, verschiedene Interessen und Perspektiven zum Thema in Verhandlung zu bringen und differentes Wissen sichtbar zu machen. Gefragt ist hier das professionelle Handeln der Berater:innen, welches zielführend auf die Unterstützung der Entscheidungsprozesse der ratsuchenden Person ausgerichtet ist (Gieseke, 2014, 2016b). Die damit einhergehende Unterstützung von Selbstreflexion bietet ebenso den Zugang zu einem tieferen Verständnis der eigenen Rolle im Kontext der eingeforderten Entwicklungen (Gieseke & Stimm, 2017). Hier zeigt sich, dass Beratung mögliche individuelle Lernprozesse vor dem Hintergrund verschiedener Interessen und Perspektiven rahmt. Dabei bleibt das Beratungshandeln auf das ratsuchende Subjekt und seinen Umgang mit komplexen Herausforderungen, Krisen und Widerständen ausgerichtet.

Beratung ermöglicht dann Orientierung im Prozess der von den verschiedenen Akteuren und Akteur:innen eingeforderten nachhaltigen Veränderungen. Auch wenn sich Ausführungen zum Beratungsformat ‚Orientierungsberatung' im Kontext des lebenslangen Lernens verorten lassen (Gieseke, 2013, 2016d), ergibt sich doch auch die Möglichkeit, Beratung im Zusammenhang mit den Forderungen zur Nachhaltigkeit als Orientierungsberatung im Sinne einer vorgeschalteten Struktur für inhaltlich weiterführende Beratungs- oder Weiterbildungsangebote zu diskutieren.

Diese Darstellung verortet Beratung in bestehenden gesellschaftspolitischen Strukturen, die nicht – wie in der sozial-ökologischen Transformation angedacht – einem umfassenden und permanenten strukturellen Wandel unterliegen. Über den Bezugspunkt ‚Relationalität' wird *in einem zweiten Schritt* deutlich, dass Beratung zur sozial-ökologischen Transformation eine weitreichende Akzentuierung, fernab einer ‚Erfüllungsstruktur' erhält:

In der Darstellung von Relationalität in der Beratung wurde deutlich, dass das ‚Zwischen' als „Schnittstelle der historisch-gesellschaftlichen Bedingungen mit der individuellen Subjektivität" (Lechner, 2023, S. 495) u.a. strukturell und zeitlich deutlich über die einzelne Beratungssituation hinausweist. Damit wird nicht nur die Relevanz der Beziehungsausgestaltung unterstrichen, sondern es wird hervorgehoben, wie umfassend Reflexivität, Flexibilität und Sensibilität durch die Berater:innen mit Rückgriff auf differentes Wissen einzubringen sind, um dadurch relationale Praktiken professionell auszugestalten.

Wird aus dem Handlungsfeld herausgezoomt und es in den Kontext der sozial-ökologischen Transformation gestellt, erfährt Relationalität eine weitere Wendung: Relationalität ist integraler Bestandteil des Transformationsprozesses, der artenübergreifende Beziehungsweisen betont.

Beratung könnte hier zu einem experimentellen *Denkraum* werden, der nicht der „Aufgabe des optimierenden Steuerns im Interesse Dritter" (Gieseke, 2016a, S. 32) folgt, sondern Selbstverständlichkeiten in Frage stellt. Die stetige Wandlung der eigenen Identität hätte hier zudem einen *Erkundungsraum*. Wie er-fasse und er-fahre ich das In-der-Welt-Sein? In welchen Relationen sehe ich mich? Es geht darum, die Komplexität der Beziehungsgeflechte und Beziehungsweisen zu erkennen und zu gestalten. Gleichzeitig böte Beratung einen *Wissensraum* an, der es ermöglicht, aufgrund der Vielstimmigkeit des Wissens (in der Mehrzahl) wissensbasierte Entscheidungen zu treffen und Handlungen verantwortungsreflexiv auszurichten. Dieser mehrdimensionale Raum ist schlussendlich durch eine Offenheit gekennzeichnet, die die Autonomie der ratsuchenden Person anerkennt (Gieseke, 2016a).

Literatur

Barad, K. (2007). *Meeting the Universe Halfway*. Duke University Press.

Bennett, J. (2020). *Lebhafte Materie. Eine politische Ökologie der Dinge*. Matthes & Seitz.

Blühdorn, I., Butzlaff, F., Deflorian, M., Hausknost, D., & Mock, M. (Hrsg.). (2020). *Nachhaltige Nicht-Nachhaltigkeit: Warum die ökologische Transformation der Gesellschaft nicht stattfindet*. trancript.

BLK = Bund-Länder-Kommission (1997). Bildung für eine nachhaltige Entwicklung. Orientierungsrahmen. *Materialien zur Bildungsplanung und zur Forschungsförderung*, (69). https://doi.org/10.25656/01:147

BMU = Bundesministerium für Umwelt, Naturschutz und Reaktorsicherheit (Hrsg.). (1992). *Konferenz der Vereinten Nationen für Umwelt und Entwicklung im Juni 1992 in Rio de Janeiro. Dokumente: Agenda 21*. https://www.bmuv.de/fileadmin/Daten_BMU/Download_PDF/Nachhaltige_Entwicklung/agenda21.pdf

Brand, K.-W. (2020). Nachhaltige Entwicklung oder sozial-ökologische Transformation? Die Neurahmung der ökologischen Herausforderung. *INDES – Zeitschrift für Politik und Gesellschaft*, (4), 9–22.

Brand, U., & Steffens, G. (2021). Klimakrise und gesellschaftliches Lernen. *Jahrbuch für Pädagogik*, (1), 17–40.

Bundesregierung = Deutscher Bundestag, 6. Wahlperiode (1971). *Umweltprogramm der Bundesregierung*. https://dserver.bundestag.de/btd/06/027/0602710.pdf

Crutzen, P. J. (2002). Geology of mankind. *Nature*, *415*(23). https://doi.org/10.1038/415023a

Dewe, B., & Winterling, J. (2016). Beratung zwischen Bildung, Therapie und Hilfe – Abgrenzung der Übergänge. In W. Gieseke & D. Nittel (Hrsg.), *Handbuch pädagogische Beratung über die Lebensspanne* (S. 60–69). Beltz+Juventa.

Dinkelaker, J., Ebner von Eschenbach, M., & Kondratjuk, M. (2020). Ver-Mittlung oder Über-Setzung?: Eine vergleichende Analyse von Rela tionsbestimmungen in erziehungswissenschaftlichen Konzepten des Wissenstransfers. In M. Ballod (Hrsg.), *Transfer und Transformation von Wissen* (S. 27–50). Peter Lang Verlag.

Ebner von Eschenbach, M., & Schäffter, O. (Hrsg.). (2021). *Denken in wechselseitiger Beziehung. Das Spectaculum relationaler Ansätze in der Erziehungswissenschaft*. Velbrück Wissenschaft.

Friedrichs, W. (2022). Kommende politische Bildungen. Über das Zukünftigen nach der Zukunft. In W. Friedrichs (Hrsg.), *Atopien im Politischen* (S. 11–26). transcript.

Gieseke, W. (2008). Bildungsberatung und Professionalität. In T. Kieneke & F. Schröder (Hrsg.), *Qualität in der Bildungsberatung. Dokumentation zur Einführung des Lernerorientierten Qualitätstestierungsverfahrens LQW in Berliner Bildungsberatungsstellen. Strategie, Konzeption, Erfahrungen* (S. 9–17). Zukunft im zentrum GmbH.

Gieseke, W. (2013). Orientierungsberatung. In Agentur für Erwachsenen- und Weiterbildung (Hrsg.), *Bildungsberatung – Orientierung, Offenheit, Qualität. Die niedersächsischen Modellprojekte* (S. 15–35). W. Bertelsmann.

Gieseke, W. (2014). Entscheidungsfähigkeit des Individuums als Bildungsberatungsanforderung – die Wahl haben? In M. Ebner von Eschenbach, S. Günther & A. Hauser (Hrsg.), *Gesellschaftliches Subjekt. Festschrift für Prof. Dr. Joachim Ludwig* (S. 206–219). Baltmannsweiler.

Gieseke, W. (2015). Professionalität und Professionalisierung in der Erwachsenenbildung/Weiterbildung. In R. Tippelt & A. von Hippel, A. (Hrsg.), *Handbuch Erwachsenenbildung/Weiterbildung. Springer Reference Sozialwissenschaften*. Springer VS. https://doi.org/10.1007/978-3-531-20001-9_52-1

Gieseke, W. (2016a). Beratung über die Lebensspanne: Zwischen Steuerung, neuen Optionen und Erweiterung von Autonomiespielräumen – Wechselwirkungen. In W. Gieseke & D. Nittel (Hrsg.), *Handbuch Pädagogische Beratung über die Lebensspanne* (S. 31–41). Beltz Juventa.

Gieseke, W. (2016b). Entscheidungstheoretische Grundlegung der Beratung. In W. Gieseke & D. Nittel (Hrsg.), *Handbuch Pädagogische Beratung über die Lebensspanne* (S. 102–111). Beltz Juventa.

Gieseke, W. (2016c). *Lebenslanges Lernen und Emotionen. Wirkungen von Emotionen auf Bildungsprozesse aus beziehungstheoretischer Perspektive*. W. Bertelsmann.

Gieseke, W. (2016d). Orientierungsberatung. In W. Gieseke & D. Nittel (Hrsg.), *Handbuch Pädagogische Beratung über die Lebensspanne* (S. 536–547). Beltz Juventa, S. 536–547.

Gieseke, W. (2023). Beratung als Ergebnis gesellschaftlichen Wandelns – nicht nur ein Nebenstrang erwachsenenpädagogischen Denkens. In O. Schäffter, M. Ebner von Eschenbach, C. Alexander, M. Schulze & F. Schaller (Hrsg.), *Erwachsenenpädagogische Theoriebildung im Horizont gesellschaftlicher Transformationsprozesse – Relektüren zum Œuvre Ortfried Schäffters* (S. 38–55). Schneider Verlag Hohengehren.

Gieseke, W., & Nittel, D. (Hrsg.). (2016). *Handbuch Pädagogische Beratung über die Lebensspanne*. Beltz Juventa.

Gieseke, W., & Pohlmann, C. (2016). Institutionelle Strukturen der Beratung. In W. Gieseke, W. & D. Nittel (Hrsg.), *Handbuch Pädagogische Beratung über die Lebensspanne* (S. 412–424). Beltz Juventa.

Gieseke, W., & Stimm, M. (2015). Die professionellen Praktiken in der Berufs- und Weiterbildungsberatung – ein komplexes Innenleben. *Zeitschrift für Weiterbildungsforschung – REPORT*, (2), 227–240. https://link.springer.com/article/10.1007/s40955-015-0033-x

Gieseke, W., & Stimm, M. (2016). *Praktiken der professionellen Bildungsberatung – Innensichten auf die Entscheidungsfindung im Beratungsprozess*. Springer VS. https://link.springer.com/book/10.1007/978-3-658-10878-6

Gieseke, W., & Stimm, M. (2017). Neuralgische Sequenzen im Beratungsprozess. Bezüge zu biografischen Konstellationen im Lebenslauf. In O. Dörner, C. Iller, H. Pätzold, J. Franz & B. Schmidt-Hertha (Hrsg.), *Biografie – Lebenslauf – Generation* (S. 241–252). Verlag Barbara Budrich.

Gieseke, W., & Stimm, M. (2018). Emotionen als Einflussgröße auf Bildungsentscheidungen in der Beratung. In M. Huber & S. Krause (Hrsg.), *Bildung und Emotion* (S. 357–374). Springer VS.

Gieseke, W., & Stimm, M. (2023). Professionelle Anforderungen und empirische Herausforderungen zur Ausdifferenzierung von Beratung. *Hessische Blätter für Volksbildung, 73*(4), 33–43. https://hessische-blaetter.de/articles/10.3278/HBV2304W004

Haraway, D. (1995). Ein Manifest für Cyborgs. Feminismus im Streit mit den Technowissenschaften. In dies., *Die Neuerfindung der Natur. Primaten, Cyborgs und Frauen* (S. 33–72). Campus Verlag.

Haraway, D. (2018). *Unruhig bleiben. Die Verwandtschaft der Arten im Chthuluzän*. Campus.

Horn, E., & Bergthaller, H. (2020). *Anthropozän zur Einführung*. Junius.

Hoppe, K. (2022). Das Anthropozän kompostieren: Speziesübergreifende Verwandtschaft und sozial-ökologische Transformation. *INSERT. Artistic Practices as Cultural Inquiries*, (2), 1–15.

Lechner, T. (2023). Relationalität. In M. Huber & M. Döll (Hrsg.), *Bildungswissenschaft in Begriffen, Theorien und Diskursen* (S. 493–500). Springer VS. https://doi.org/10.1007/978-3-658-37858-5_61

Meadows, D. H., Meadows, D., Randers, J., & Behrens, W. W. (1972). *The Limit to Grwoth. A Report to the Clube of Rome's Project on the Predicament of Mankind*. Abgerufen am 13. Mai 2024, von https://www.donellameadows.org/wp-content/userfiles/Limits-to-Growth-digital-scan-version.pdf

Rudolf, F. (1997). Die Differenz Natur – Gesellschaft anhand der deutschen und der französischen Umweltberatung. In K.-S. Rehberg (Hrsg.), *Differenz und Integration: die Zukunft moderner Gesellschaften. Verhandlungen des 28. Kongresses der Deutschen Gesellschaft für Soziologie im Oktober 1996 in Dresden. Band 2: Sektionen, Arbeitsgruppen, Foren, Fedor-Stepun-Tagung* (S. 695–698). Westdeutscher Verlag.

Schäffter, O. (2019). Das Relational Reframe als transdisziplinäre Denkfigur. Eine rekurrente Nachlese. In M. Ebner von Eschenbach, *Relational Reframe. Einsatz einer relationalen Perspektive auf Migration in der Erwachsenenbildungsforschung* (S. 320–354). Velbrück Wissenschaft.

Stimm, M. (2024, i. E.). Adressierungen in Bildungsangeboten der Erwachsenenbildung – Spannungsfelder im Diskurs um ‚Nachhaltigkeit'. In M. Ebner von Eschenbach, M. Kondratjuk, K. Kraus, M. Rohs & B. Schmidt-Hertha (Hrsg.), *Nachhaltigkeit und Erwachsenenbildung*. Verlag Barbara Budrich.

Stimm, M., & Dinkelaker, J. (2023). Umgang mit differenten Wissenshorizonten in der Klimawandelkommunikation. Gesichtswahrung als Hürde? In J. Wolling, M. Becker & C. Schumann (Hrsg.), *Klima(wandel)kommunikation. Im Spannungsfeld von Wissenschaft, Medien und öffentlicher Meinung* (S. 123–140). Universitätsverlag Ilmenau.

Stimm, M., & Müller, S. (2023). Erwachsenenbildung für nachhaltige Entwicklung? Eine Problematisierung aus ökofeministischer Perspektive. *Magazin erwachsenenbildung.at. Das Fachmedium für Forschung, Praxis und Diskurs*, (49). https://erwachsenenbildung.at/magazin/ausgabe-49

Lowenhaupt Tsing, A. (2018). *Der Pilz am Ende der Welt. Über das Leben in den Ruinen des Kapitalismus*. Matthes & Seitz.

UN = United Nations (2015). *Resolution der Generalversammlung, verabschiedet am 25. September 2015. 70/1. Transformation unserer Welt: die Agenda 2030 für nachhaltige Entwicklung*. https://www.un.org/depts/german/gv-70/band1/ar70001.pdf

Claudia Kulmus und Erik Haberzeth

Inhalte in der Erwachsenenbildungsforschung – zum Potenzial für Programmplanungs- und Lerntheorie

1. Einleitung

In einem als graue Literatur veröffentlichten Beitrag aus dem Jahr 2019 hat Wiltrud Gieseke die Annahme, die Erwachsenenbildung würde generell das Wissen und speziell die Inhalte von Vermittlungsprozessen vernachlässigen (vgl. zur Diskussion; Nolda, 2001; Haberzeth, 2010), als Mythos bezeichnet. Dabei hat sie nicht nur selbst eine fundierte Gegenargumentation entfaltet, sondern entschieden betont, wie bedeutsam es gerade auch für den Stellenwert der Erwachsenenbildung im Bildungssystem ist, dass die Erwachsenenbildungsforschung Wissen und Inhalte differenziert untersucht und in ihrer Funktion für Lernprozesse reflektiert.

Im vorliegenden Aufsatz wird diese Annahme diskutiert und eingeordnet. Es wird gezeigt, dass die Frage nach der Inhaltlichkeit eine in der Tat eher vergessene analytische Kraft hat, die nicht nur für ein Verständnis des Programmplanungshandelns in der Erwachsenenbildung zentral ist, sondern auch grundlagentheoretische Vergewisserungen über das Lernen Erwachsener neu beleben kann und eine Wechselseitigkeit der Perspektiven nahelegt. Im Hinblick auf das Potenzial, das die Frage nach der Inhaltlichkeit für die Lerntheorie hat, werden erste Einblicke in ein Forschungsprojekt (Kulmus) gegeben.

2. Vernachlässigung der Inhalte in der Erwachsenenbildung – ein Mythos?

In dem Beitrag „Mythenbildung: Was ist von dem Vorwurf zu halten, die Erwachsenenbildung würde die Inhalte vernachlässigen?“ (2019) geht Wiltrud Gieseke auf eine nicht genauer zitierte Unterstellung ein, die Erwachsenenbildung vernachlässige die Inhalte von Vermittlungsprozessen. Dies sei ein Mythos, der sich aber hartnäckig halte, auch weil die „Erwachsenenbildung gerne mit den zugewiesenen Selbstherabsetzungen arbeitet“ (Gieseke, 2019, S. 7).

In einem zügigen Durchgang durch die Entwicklung der Volkshochschule (VHS) legt Gieseke hingegen dar, dass Inhalte (eigentlich selbstverständlich) konstitutiv sind für die Erwachsenenbildung. So sollte etwa über Bildung als Aneignung von Wissensbeständen und -umbrüchen die Demokratiefähigkeit eines Demokratie-unerfahrenen und zudem zerrissenen Volkes sichergestellt werden (Gieseke, 2019). Gieseke zeigt aber auch, dass es durchaus Gegenstand von Diskussionen, Aushandlungen und auch konkurrierenden Interessen und Sichtweisen war, wie diese Inhalte bzw. wie Bildung zu fassen sei. Die Kontroversen seien bereits in den Namen eingeschrieben: „Hochschule für das Volk" (Gieseke, 2019, S. 1). Schon damit gingen unterschiedliche Perspektiven bezogen auf die Funktionen von Inhalten sowie bezogen auf Bildungsansprüche einher. Diese bewegten sich zwischen einerseits einer Bildung durch die „Bindung an die eigenen Lebenskreise" (Gieseke, 2019, S. 1) und andererseits einem wissen(schaft)sorientierten Verständnis von Bildung als Befreiung, das eher darauf zielte, dass Menschen durch mehr Wissen ihre „Wirklichkeiten und Gestaltungsmöglichkeiten" einschätzen konnten. Bereits für die damalige Zeit konstatiert Gieseke zudem, dass Inhalte bzw. zu vermittelnde Wissensbestände der Zeit ebenso wenig Gegenstand von öffentlicher Reflexion und Diskussion gewesen seien wie wissenschaftliche Forschungsergebnisse oder Aufstiegsmöglichkeiten für Menschen durch Weiterbildung.

In der historischen Weiterentwicklung während der Weimarer Republik habe die VHS, so Gieseke, „sozusagen zu sich selbst" gefunden, indem sie einerseits offen für Bildungsinteressen der Bevölkerung gewesen sei und zugleich über Angebote Zugänge zu neuen Tätigkeitsprofilen schaffte. Damit erweise sich schon für diese Zeit die angebliche Inhaltsleere „als Schimäre" (Gieseke, 2019, S. 3), die noch dazu, von Gieseke durchaus zugespitzt formuliert, mit der Unterstellung einer fehlenden Bildsamkeit von Teilen der Bevölkerung konnotiert sei: Weniger bildungserfahrenen Menschen dürften keine anspruchsvollen Inhalte zugemutet werden, sondern es benötige v.a. Methoden, „um dem ‚einfachen Volk' nahe an seinem gewohnten Lebenskreis Anregungen zu geben" (Gieseke, 2019, S. 3).

Ein zentraler Grund dafür, dass sich die Annahme einer Inhaltsvernachlässigung verbreiten und halten konnte, ist, dass sich eine *Wissenschaft* der Erwachsenenbildung erst später entwickelt hat, die die Wissens- und Inhaltsfragen hinreichend ernst nahm. So gab es auch erst später – so nun unsere Annahme – einen Ort, an dem eine systematische Reflexion von Wissen, von den darauf aufbauenden Inhalten, von der Inhaltsauswahl und von Planungs-, aber auch von Aneignungsfragen vorgenommen werden konnten. Ein wenig unklar bleibt im Text, wo der Vorwurf der Inhaltslosigkeit schon für diese Gründungszeit verortet wird. Es gab allerdings 2001 einen viel beachteten Text von Nolda, in dem die Autorin zwar weniger mit dem Begriff des Inhalts arbeitet, aber mit einer Analyse zum „Verschwinden des Wissens in der Erwachsenenbildung" (Nolda, 2001) sehr wohl Inhaltsfragen analysierte und den Gieseke beim Verfassen ihres Beitrags vielleicht auch im Kopf hatte. Der Text von Nolda wird nun ebenfalls kurz rekapituliert.

3. „Sich versteckende" Inhalte und blinde Flecken in der Forschung

Nolda beginnt ihre Analyse mit den 1990er Jahren und bezieht sich u.a. auf die sogenannte Körber-Studie (Körber et al., 1995), eine der Leitstudien der Programmforschung in der Erwachsenenbildung. In dieser wurde eine Bestandsaufnahme des Weiterbildungsangebots im Lande Bremen vorgenommen. Die Studie zeigt einen „Rückgang anspruchsvoller Veranstaltungen" (Körber et al., 1995, S. 350) in allen thematischen Bereichen der Erwachsenenbildung. Exemplarisch wurde am Beispiel kultureller Bildung ein Rückgang rezeptiver, systematischer Vermittlungsangebote gegenüber kreativ-gestaltenden, erlebenden oder auch kommunikativ-gesprächsbezogenen Angeboten erkennbar. Dies deutet Nolda als ein „Verschwinden des ‚Wissens' in der Erwachsenenbildung" (Nolda, 2001, S. 101) und – mit Wittpoth (1997) argumentiert – als einen Rückgang einer Inhalts- oder Themenorientierung zugunsten einer Situations- und Subjektorientierung (Nolda, 2001, S. 102; Wittpoth, 1997, S. 64).

In der Analyse der Ursachen verweist auch sie in einem historischen Zugriff auf die Gründungszeit der VHS und die Idee einer „das gesamte Volk" betreffenden Erwachsenenbildung, die „von den Bedürfnissen des einzelnen ausgeht und ihn – in Form der so genannten intensiven Volksbildung – persönlich in den Bildungsprozess einbindet, die den unterschiedlichen Sichtweisen von Teilnehmern zur Artikulation verhilft und über ihren Austausch ein Bildungserlebnis gestaltet" (Nolda, 2001, S. 105). Gegenüber dem Anspruch einer solchen Teilnehmendenorientierung sei die Aufgabe einer popularisierenden Wissensvermittlung als banal erschienen. Allerdings hätten sich, so Nolda in Übereinstimmung mit Gieseke, die Praktiker:innen der Weimarer Erwachsenenbildung dieser Aufgabe – der Wissensvermittlung – immer wieder gestellt; das Wissen sei daher keineswegs aus der Erwachsenenbildung verschwunden, sondern habe sich vielmehr „in ihr versteckt" (Nolda, 2001, S. 105).

Diese „Hinwendung zum Teilnehmer" hat sich als didaktisches Prinzip der Teilnehmendenorientierung als identitätsstiftende Orientierung für die

Erwachsenenbildung durchgesetzt. Sie ist v.a. in der weitgehenden Freiwilligkeit der Teilnahme und fehlenden Curricula begründet (von Hippel et al., 2022). Fragen nach dem anzueignenden Wissen und seinen Formen sowie entsprechend nach didaktisch-inhaltlicher Vermittlung, wie sie u.a. von Klafki (1972) für die Schule systematisch ausgearbeitet wurden, sind damit ins Hintertreffen geraten (Haberzeth, 2010). Eine verstärkt aufkommende Teilnahmeforschung und auch primär sozialstrukturelles Teilnahmemonitoring auf der Basis vor allem des Adult Education Surveys (BMBF, 2024) liefern zudem dauerhaft und anhaltend Belege für die Notwendigkeit, Menschen, die wenig bildungserfahren sind, Bildung „niedrigschwellig" zugänglich zu machen. Die Unterstellung unzureichender Bildsamkeit bei einigen Personengruppen, die Gieseke schon für die Weimarer Zeit erkannt hat, setzt sich damit also bis heute – gestützt durch Strukturdaten zu Teilnahme – fort. Sie wird aber aktuell eher weniger in Bezug zu anspruchsvollen Inhalten diskutiert, wie es noch in der Popularisierungsdiskussion angelegt war, als vielmehr mit Blick auf die Notwendigkeit der Anschlüsse an die Lebenswelten von Teilnehmenden (Bremer, 2022).

Von konstruktivistisch und systemtheoretisch inspirierten Analysen zur fehlenden Belehrbarkeit von Erwachsenen und der entsprechenden Unmöglichkeit von Lehre ist bereits genug geschrieben (Siebert, 2012; von Hippel et al., 2022). Diese mögen ebenfalls einen Beitrag dazu geleistet haben, dass Inhalte als wenig legitimer oder auch nur wenig interessanter Forschungsgegenstand erscheinen. Damit lässt sich allerdings die (von Gieseke bereits widerlegte) These vernachlässigter Inhalte dahingehend präzisieren, dass es weniger um fehlende Inhalte in der Praxis als vielmehr um einen blinden Fleck in der wissenschaftlichen Analyse der Inhaltlichkeit als bildungsrelevantem Konzept geht (Haberzeth, 2010).

4. Programm- und Angebotsforschung als empirischer Zugang zu Inhaltsfragen

Auch diese These einer fehlenden wissenschaftlichen Analyse von Inhalten kann allerdings insofern zurückgewiesen werden, als zumindest aus der mesodidaktischen Perspektive der Programm- und Angebotsentwicklung nicht nur die Praxis natürlich nicht „inhaltsleer" ist, sondern es mittlerweile einen großen Korpus an Programmanalysen in der Erwachsenenbildung gibt. Diese nehmen eben gerade die Inhalte des Leistungsangebots von Weiterbildungseinrichtungen in den Blick (Überblick bei Fleige et al., 2019). In einem erweiterten Zugriff gehören dazu auch Analysen zu Handlungsstrategien und Begründungslogiken des Personals bezogen auf die Auswahl bzw. die Aufnahme von Themen als Inhalte in das Programm (z.B. Haberzeth & Dernbach-Stolz, 2022; von Hippel & Röbel, 2016; Kulmus, 2022; Lorenz, 2020; Pohlmann, 2018; Robak et al., 2023).

Mikrodidaktisch gesehen ist der Forschungsbereich hingegen deutlich weniger ausgearbeitet, was auch an einer erschwerten Zugänglichkeit liegen mag: Während Bildungsprogramme und -angebote zumindest von öffentlich geförderten und sogar von kommerziell-privaten Anbietern i.d.R. öffentlich zugänglich sind, sei es als gedruckte Programmhefte oder in digitaler Form, liegen Veranstaltungspläne in der Regel nicht öffentlich vor. Da es auch kaum fachdidaktische Vergewisserungen oder Vorlagen in der Erwachsenenbildung gibt, gibt es auch keine allgemeingültigen Lehrpläne für Veranstaltungen. Veranstaltungspläne „gehören" vielmehr den Lehrenden selbst und werden daher allenfalls als Gegenstand von Interviews aufgerufen und sichtbar gemacht (z.B. Haberzeth, 2010). Mikrodidaktisch gibt es daher bislang keinen breit und systematisch ausgearbeiteten Korpus an wissenschaftlichen Analysen zu Inhalten.

Die erwähnten Programmanalysen zeigen eindrücklich thematische Schwerpunkte und Themenkonjunkturen, inhaltliche Bandbreiten und thematische Ausdifferenzierungen auf, so etwa zur kulturellen Bildung, zu spezifischen Handlungsfeldern der beruflichen Bildung oder zu jüngeren Themen wie Nachhaltigkeit oder Resilienz (Käpplinger, 2021; Burdukova, 2019; zu einer Übersicht siehe u.a. Fleige et al., 2019). In Analysen des *Planungshandelns* (Gieseke, 2003) wird hingegen oft das Spannungsverhältnis deutlich, in dem sich (meso- und mikro-)didaktische Entscheidungen aus einer handlungstheoretischen Perspektive immer schon bewegen: Zwischen zu vermittelndem Wissen über – im weitesten Sinne – „die Welt" (dann eben als Themen und Inhalte von Bildungsveranstaltungen) und Adressat:innen bzw. Teilnehmenden, die aus ihrer ganzen biografischen Gewordenheit und situativen Einbindung Bildungsinteressen entwickeln und in Bildungsveranstaltungen hineintragen können (Grotlüschen, 2010; Haberzeth & Dernbach-Stolz, 2022; von Hippel et al., 2022; Kulmus, 2021; Robak et al., 2023). Die hierfür erforderlichen Antizipations- und Suchbewegungen sind konstitutiv für die Handlungspraxis der Erwachsenenbildung.

Was aus der mesodidaktischen Perspektive der Programm- und Angebotsforschung wiederum weniger in den Blick kommt, sind die Suchbewegungen der Teilnehmenden, und nicht nur ihre Suchbewegungen, sondern auch die erforderlichen Aneignungsleistungen, die sie erbringen müssen für eine „gelingende" Bildung, die ja doch gemeinsames Ziel ist (von Hippel, 2022; Kulmus, 2021). Unterstützt durch ein Bildungsangebot kann diese Leistung am Ende nur von den Lernenden selbst erbracht werden. Damit ist ein Wechsel der Perspektive hin zur Aneignungsseite angesprochen, die nicht nur als Gegenstand einer

Teilnehmendenorientierung relevant wird, sondern schlicht auch für die Frage nach expansivem Lernen und gelingender Bildung. Damit kommt ein weiterer, gewissermaßen komplementärer theoretischer Zugang in den Blick, nämlich die Betrachtung der Teilnahme und Aneignung von Subjekten. Für diese Forschungsperspektive würden wir entschieden auch weiterhin behaupten, dass die Inhaltlichkeit bzw. in unserem Fall eine *lerntheoretische* Betrachtung des Lerngegenstands zu wenig beachtet wird (vgl. zur Bedeutsamkeit des Gegenstands; Holzkamp, 1995, S. 206–251).

5. Perspektivwechsel: Inhaltlichkeit aus lerntheoretischer Perspektive

Mit dem Fokus auf das Leistungsversprechen einer Weiterbildung, nämlich gelingende Bildung als Erweiterung der Verfügung über Lebensbedingungen zu ermöglichen, wie sie im Beitrag von Gieseke auch schon in der Gründungszeit angesprochen sind, sind jedoch einige der Herausforderungen benannt, in denen sich Weiterbildung bewegt: Der relativen Ungewissheit auf Seiten der Planenden und Lehrenden über die konkreten Bildungsinteressen der Teilnehmenden steht eine Unsicherheit der Teilnehmenden über das Potenzial der Weiterbildung für die eigenen Bildungs- bzw. Lebensinteressen (Kulmus, 2021) gegenüber. Der Begriff der „Passung" wird damit dynamisch: Er kann nicht vorab und statisch allein durch möglichst genaue Bedürfnis- und Bedarfsanalysen abgesichert werden. Vielmehr erfordert gelingende Passung – im Rahmen der dann während einer Teilnahme gegebenen Strukturen des Angebots – sowohl ein gewisses Maß an professioneller, dann mikrodidaktischer Flexibilität von Lehrenden, als auch vor allem eine Abwägung von Aufwand und potenziellem Ertrag durch die Teilnehmenden selbst (Reich-Claassen, 2010; Schmidt-Hertha, 2009; Walter, 2014). Dazu kommt eine subjektive Aneignungsleistung, man könnte auch sagen, eine „Bildungsleistung" der Lernenden, ohne die jedes Angebot ins Leere zu laufen droht. Diese Bildungsleistung bezieht sich einerseits auf die Aneignung des Inhaltes, zugleich aber auch darauf, Verbindungen zu möglichen Verwendungssituationen herzustellen und damit den Wert des Angeeigneten im Lebenszusammenhang zu erkennen bzw. zu entwickeln. Diese Verbindung, also die Frage nach dem Wert der Aneignung konkreter Inhalte für die Erweiterung von Handlungsmöglichkeiten im Lebenskontext (Faulstich, 2013; Holzkamp, 1995; Kulmus, 2021; Robak, 2015) wird nach wie vor nicht systematisch unter dem Aspekt der Inhaltlichkeit ausgearbeitet, weder in empirisch-subjektorientierten Lern- und Bildungstheorien (z.B. Meyer-Drawe, 2005, 2008; Koller, 2012) noch in der Teilnahmeforschung. Dabei müsste es doch bei Bildungsfragen, gerade auch wenn es um transformatives oder expansives Lernen geht, immer auch darum gehen, durch *welches* Wissen und *welche* Inhalte die Expansion von Handlungsmöglichkeiten oder Transformation von Selbst- und Weltverhältnissen ermöglicht werden.

Interessanterweise ist hier die in jüngerer Zeit wieder aktualisierte Diskussion zu einem weit gedachten Nutzenbegriff durchaus anschlussfähig (Fleige, 2021, Fleige et al., 2014, Robak, 2015). Dieser meint keineswegs nur eine instrumentelle Verwendung, etwa im Sinne der Erfüllung fremdgesetzter Anforderungen z.B. von Arbeitgeber:innen. Vielmehr erlaubt die Perspektive auf „Wider Benefits", auch nach Erfahrungen von Freude und Lust (auch im Lernprozess selbst) zu fragen oder nach „Verwendung" in einem weitgefassten Sinne, etwa beim Nachholen von Lernthemen wie einer Fremdsprache bei älteren Menschen ohne konkreten Anwendungsbezug, aber doch mit einem Zugewinn an subjektiver Lebensqualität (Kulmus, 2018; Gensch, 2023).

Diese skizzierte Bildungsleistung der subjektiven Aneignung von Inhalten, an anderer Stelle auch als Relationierungsleistung beschrieben (Kulmus, 2021), mag zwar über die Zeit der Teilnahme hinausgehen und längerfristige Wirkung zeitigen. Diese Bildungsleistung findet aber, so Analysen aus einem Projekt zu Dropout in der Weiterbildung (Hoffmann et al., 2020; Kulmus, 2021), auch schon während der Teilnahme statt, und zwar gerade angesichts der vielfältigen Lebensanforderungen, in die Erwachsene involviert sind. Die Teilnahme an Weiterbildung und die darin eingeschriebene Chance auf Lernen und darauf, sich von Themen berühren zu lassen (Grotlüschen, 2010; Meyer-Drawe, 2005), stellt eben nicht den Normalfall dar, sondern muss gegenüber anderen Lebensaufgaben priorisiert werden, um gelingen zu können müssen (vgl. auch schon Haberzeth et al., 2013).

6. Lebenslinien zur Erfassung von Teilnahme- und Lernverläufen – ein empirisches Beispiel

Vor allem die erwähnten Relationierungsprozesse wurden in ersten Interviews[1] auf Basis einer Adaption der Methode der „Lebenslinien" als „Teilnahmelinien" deutlich, wie die folgende Abbildung 1 zeigt:

1 Diese Interviews werden im Rahmen einer Studie von Claudia Kulmus zur Rolle von Themen und Inhalten in Lernprozessen geführt.

Abb. 1: Teilnahmelinien Feldenkraisweiterbildung

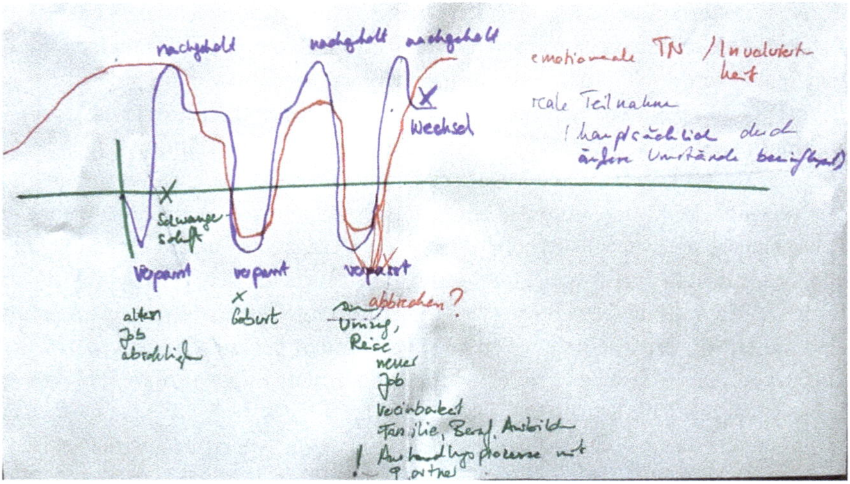

Eine Teilnehmerin ist zu einer Weiterbildung zum Thema „Feldenkrais[2]“ angemeldet, die zur Anwendung der Methode am Patienten, ggf. gar in einer eigenen Praxis, oder als Kursleiterin in dem Bereich qualifizieren soll. Die Weiterbildung verläuft überwiegend über Wochenendtermine, die oft Reisen zum Seminarort erfordern, dafür aber mit einer gewissen Flexibilität auch über einen längeren Zeitraum gestreckt werden können. Sie ist relativ kostenintensiv (mehrere Tausend Euro) und ist als berufsbegleitende Weiterbildung mit Zertifikat angelegt. Die Teilnehmerin ist in einer NGO angestellt und sucht zu der sehr arbeitsintensiven, überwiegend intellektuell-analytischen Schreibtisch-Tätigkeit eine Art Gegengewicht, ohne damit – bislang – ernsthaft zu erwägen, als Feldenkraislehrerin tätig zu sein. Schon gleich zu Beginn der Teilnahme entscheidet sie sich, ihre Arbeitstätigkeit für ein Sabbatical auszusetzen. Innerhalb dieses Sabbaticals geschehen ein großer Umzug in eine neue Stadt, die Geburt eines Kindes, die Kündigung der alten beruflichen Anstellung sowie die Aufnahme einer neuen Tätigkeit in leitender Funktion im universitären Kontext.

In der Grafik sind drei Linien zentral eingezeichnet und benannt: Grün ist eine Zeitleiste, der entlang entscheidende „kritische“ Lebensereignisse beschriftet sind. Die blaue Linie ist die reale Teilnahme, die rote Linie steht für das, was die

2 „Die Feldenkrais-Methode ist eine körperbezogene Behandlungsform, mit deren Hilfe die Qualität von Bewegungen und Körperhaltungen grundlegend verbessert werden kann“ (Deutsche Schmerzgesellschaft e.V., 2024).

Teilnehmerin als „emotionale Teilnahme“ bzw. „Involviertheit“ benennt. Gemeint ist, dass sie sich hier vom Thema gewissermaßen affiziert fühlt, ihr Interesse daran spürt, den Inhalten eine hohe subjektive Bedeutsamkeit zuspricht und gar Freude beim Lernen hat. Die blaue und die rote Linie sind durch deutliche Höhen und Tiefen gekennzeichnet, wobei die Tiefen von den genannten Lebensereignissen geprägt sind. Die Ereignisse selbst sind nicht negativ behaftet, haben aber, wie die Linien deutlich zeigen, „negative“ Auswirkungen auf die Teilnahme an der Weiterbildung („verpasst“). Die „Vereinbarkeit Familie, Beruf, Ausbildung“ (unterer Bildteil) wird als Herausforderung beschrieben, mit Ausrufezeichen versehen ist der Vermerk „!Aushandlungsprozesse mit Partner“.

Bezogen auf die „emotionale“ Teilnahme als die inhaltliche „Involviertheit“ ist dabei interessant, dass diese gewissermaßen nachlaufend zur realen Teilnahme angezeigt wird. Das jeweilige Durchringen zur erneuten *Teilnahme* an einem Wochenend-Block ist dem grundsätzlich offenbar sehr stabilen Interesse an der Weiterbildung und vielleicht auch einer gewissen Verbindlichkeit gegenüber dem Träger geschuldet. Hinzu kommen die hohen Kosten für die Weiterbildung, denn diese würden bei Abbruch nicht erstattet. Das konkrete *inhaltliche* Interesse wird allerdings offenbar immer wieder mit der Entscheidung für eine weitere Teilnahme an einem der Wochenendblöcke erneuert, aktualisiert und aufrechterhalten. Hier zeigen sich interessante Gegenläufigkeiten: Während einerseits ein grundsätzliches Interesse am Thema gegeben ist, werden bedeutsame Lebensereignisse zunächst zum Hinderungsgrund der Teilnahme. Die hier auftretenden Widerstände werden jedoch immer wieder überwunden und münden nicht in verstärkter Widerständigkeit wegen Doppel- und Dreifachbelastungen. Vielmehr erlaubt gerade der Raum für inhaltliche Auseinandersetzung während der Teilnahme selbst beständige Reflexionen darüber, dass mit den Themen und Inhalten der Weiterbildung eine Erhöhung der Lebensqualität möglich wird. Dies gilt für die Zeit der Teilnahme an den jeweiligen Wochenenden selbst, die als Auszeit von anderen Anforderungen empfunden wird. Es gilt auch für das Thema, das immer wieder (so die Interviewbefunde) das Wohlbefinden erhöht. Mit der Fortführung der Teilnahme werden auch Lebenschancen z.B. mit Blick auf einen Freizeitausgleich zur Berufstätigkeit oder gar auf Möglichkeiten (neben-)beruflicher Tätigkeiten aufrechterhalten. Neben dem (non-formalen) Abschluss ist hierbei v.a. die Vertiefung der Inhalte bedeutsam, die Auseinandersetzung mit den Themen, die v.a. die eigene Leiblichkeit adressieren. Damit erklärt sich auch die Funktion der Inhalte als Gegengewicht zur beruflichen Tätigkeit.

Es wird deutlich, dass der Inhalt als solcher zu einer Erweiterung der Verfügung über Lebensbedingungen – hier als die eigenen leiblichen Bedingungen

(Holzkamp, 1995; Kulmus, 2018) – und damit zur Erhöhung der Lebensqualität beiträgt. Die Lernprozesse als vertiefte Auseinandersetzung mit dem Thema und der Verbindung des Themas mit den eigenen Lebensinteressen lässt sich begrifflich auch als transformatives Lernen fassen, da hier Welt- und Selbstverhältnisse bearbeitet und verändert werden.

7. Resümee und Ausblick: Empirische Herausforderungen

Dieser kurze Einblick zeigt das Potenzial der Methode adaptierter Lebenslinien für eine inhaltlich rückgebundene Erfassung von Teilnahmeverläufen sowie für eine Sichtbarmachung emotionaler Höhen und Tiefen, die zugleich Dropout-Gefahren zeigen und verständlich werden lassen (vgl. auch Gieseke, 2016). Deutlich wird hier schon in Ansätzen das Gewicht der inhaltlichen Auseinandersetzung, da Nutzenfaktoren wie ein verbessertes Gehalt oder Aufstiegschancen hier keine Rolle spielen. Es geht also um Nutzen in anderen Formen, die sich sehr breit und gewissermaßen lebensumspannend auf die eigene Positionierung in der (beruflichen und privaten) Welt, auf eine Verständigung über sich selbst und die eigenen Bedürfnisse richten. Letztendlich geht es um sehr grundsätzliche Fragen von Lebensqualität und der selbstbestimmten Verfügung über Lebensbedingungen.

Trotz allem bleibt auch hier noch offen, welche Themen es genau sind, die jeweils das Interesse wieder aufrechterhalten haben. Hier wäre es sicher interessant, noch genauer nach den Inhalten selbst zu fragen. Dies würde eine stärkere Fokussierung des Leitfadens erfordern: Methodisch wäre es geboten, zusätzlich auf Basis von Seminarunterlagen und Ablaufplänen zu erfragen, was genau jeweils Gegenstand des Weiterbildungswochenendes war, um die in Lerntheorie und Teilnahmeforschung und selbst in den geführten Interviews fehlende Konkretheit bezogen auf inhaltliche Lerngegenstände einzuholen. Damit wäre zum einen der Blick auf Vertiefungsdimensionen der Inhaltlichkeit möglich, wie sie in der *lerntheoretischen* Dimension von Flachheit zu Tiefe bei Holzkamp (1995) ebenso mitgedacht ist wie in Klafkis *didaktischer* Analyse (1972; siehe auch Haberzeth 2014; Kulmus et al. 2023). Damit wäre zum anderen das Pendant zu detaillierten Programmanalysen aufgenommen, die ihrerseits z.T. sehr detailliert und in der Tiefe die Inhaltlichkeit von Angeboten in den Blick nehmen, ohne jedoch die Aneignungsseite einholen zu können.

Vor diesem Hintergrund bietet die Perspektive auf die Inhaltlichkeit einen weiterführenden Ansatz für eine Verschränkung der Planungs- und Lerntheorie, wobei in Letzterer die Teilnehmenden nicht nur in ihrer sozialstrukturellen und situativen Lage analysiert würden, sondern in ihren Aneignungs- und damit auch (hoffentlich gelingenden) Bildungsprozessen.

Literatur

BMBF (Bundesministerium für Bildung und Forschung) (2024). *Weiterbildungsverhalten in Deutschland 2022. Ergebnisse des Adult Education Survey – AES-Trendbericht.* https://www.bmbf.de/SharedDocs/Publikationen/de/bmbf/1/26667_AES-Trendbericht_2022.html

Bremer, H (2022). Passungsverhältnisse. Lebenswelten von Lernenden und Lehrenden. *weiter bilden, 29*(4), 18–21. https//doi.org/10.3278/WBDIE2204W005

Burdukova, G. (2019). *Nachhaltigkeit als Thema in den Programmen und Angeboten der Volkshochschulen im Zeitverlauf.* Programmanalysen auf der Basis des digitalen Volkshochschulprogrammarchivs am Deutschen Institut für Erwachsenenbildung. http://www.die-bonn.de/id/37081

Faulstich, P. (2013). *Menschliches Lernen.* transcript.

Fleige, M. (2021). *Weiterbildungsnutzen. Facetten eines Konzepts. Bildungstheoretische Erschließung und Bestimmung* [Unpublizierte Habilitationsschrift zur Erlangung der Lehrbefähigung für das Fach Erziehungswissenschaften]. Humboldt-Universität zu Berlin.

Fleige, M., Thöne-Geyer, B., Kil, M., Sgier, I., & Manninen, J. (2014). Benefits of lifelong learning – vom Nutzen der allgemeinen Erwachsenenbildung in Europa. *Der pädagogische Blick, 22*(3), 150–161.

Fleige, M., Gieseke, W., Hippel, A. von, Käpplinger, B., & Robak, S. (2019). *Programm- und Angebotsentwicklung. Band 3: Lehrbücher für die Erwachsenenbildung.* wbv Publikation. https://doi.org/10.36198/9783838552828

Gensch, K. (2023). *Arbeitstitel: Inhaltsgebundene Lerngründe älterer Menschen am Beispiel Englisch als Fremdsprache.* Dissertationsvorhaben [Unveröff. Exposé].

Gieseke, W. (2003). Programmplanungshandeln als Angleichungshandeln. Die realisierte Vernetzung in der Abstimmung von Angebot und Nachfrage. In W. Gieseke (Hrsg.), *Institutionelle Innensichten der Weiterbildung* (S. 189–211). W. Bertelsmann Verlag.

Gieseke, W., & Opelt, K. (2003). *Erwachsenenbildung in politischen Umbrüchen. Das Programm der Volkshochschule Dresden 1945–1997.* Leske & Budrich.

Gieseke, W. (2016). *Lebenslanges Lernen und Emotionen.* wbv.

Gieseke, W. (2019). *Mythenbildung: Was ist von dem Vorwurf zu halten, die Erwachsenenbildung würde die Inhalte vernachlässigen?* https://www.erziehungswissenschaften.hu-berlin.de/de/ebwb/forschung_neu/publikationen/prof.-dr.-wiltrud-gieseke/gieseke-w-mythenbildung-2019-04-03.pdf

Grotlüschen, A. (2010). *Erneuerte Interessetheorie.* VS.

Haberzeth, E. (2010). *Thematisierungsstrategien im Vermittlungsprozess.* Schneider.

Haberzeth, E. (2014). Die Kunst der Aneignung. Bildlernen zwischen Sinnlichkeit und Begriff. *Hessische Blätter für Volksbildung, 64*(4), 319–330.

Haberzeth, E., Käpplinger, B., & Kulmus, C. (2013). Geld und Bildungsentscheidungen – themen- und lebenslaufbezogene Teilnahmeeffekte des Bildungsschecks Brandenburg. In B. Käpplinger, R. Klein, & E. Haberzeth (Hrsg.), *Weiterbildungsgutscheine* (S. 211–238). wbv.

Haberzeth, E., & Dernbach-Stolz, S. (2022). Programmplanung in der Weiterbildung unter dem Einfluss der Corona-Pandemie: Befunde einer empirischen Studie. *Zeitschrift für Weiterbildungsforschung, 45*(2), 347–368. https://doi.org/10.1007/s40955-022-00217-7

Hippel, A. von (2022). Suchbewegungen – Konstitutionselemente der Erwachsenenbildung. In J. Schrader (Hrsg.), *Wissenschaft für die Praxis. Hans Tietgens und die Erwachsenenbildung in Deutschland* (S. 71–85). wbv Publikation.

Hippel, A. von, & Röbel, T. (2016). Funktionen als akteursabhängige Zuschreibungen in der Programmplanung betrieblicher Weiterbildung. *Zeitschrift für Weiterbildungsforschung – Report, 39,* 61–81. https://doi.org/10.1007/s40955-016-0053-1

Hoffmann, S., Thalhammer, V., Hippel, A. von, & Schmidt-Hertha, B. (2020). Drop-out in der Weiterbildung – eine Verschränkung von Perspektiven zur (Re-)Konstruktion des Phänomens Drop-out. *Zeitschrift für Weiterbildungsforschung, (43),* 31–46. https://link.springer.com/content/pdf/10.1007/s40955-019-00143-1.pdf

Holzkamp, K. (1995). *Lernen. Subjektwissenschaftliche Grundlegung*. Campus.

Käpplinger B. (2021). Programme in der Erwachsenenbildung: Viel mehr als ein gedruckter Katalog. *forum erwachsenenbildung, 54*(4), 37–41.

Klafki, W. (1972). *Studien zur Bildungstheorie und Didaktik*. Beltz.

Koller, H.-C. (2012). *Bildung anders denken, Einführung in die Theorie transformatorischer Bildungsprozesse*. Kohlhammer.

Körber, K., Kuhlenkamp, D., Peters, R., Schultz, E., Schrader, J., & Wilckhaus, F. (1995). *Das Weiterbildungsangebot im Lande Bremen: Strukturen und Entwicklungen in einer städtischen Region.* Strukturkommission Weiterbildung des Senats der Freien Hansestadt Bremen und Institut für Erwachsenen-Bildungsforschung der Universität Bremen.

Kulmus, C. (2018). *Altern und Lernen*. wbv.

Kulmus, C. (2021). Weiterbildungsbeteiligung als Suchbewegung – Die Vergessene Bedeutung von Inhalten für Weiterbildungsentscheidungen. *EP Education Permanente 2021-1,* 8–19. https://www.ep-web.ch/de/artikel/weiterbildungsbeteiligung-als-suchbewegung-die-vergessene-bedeutung-von-inhalten-fuer-weiterbildungsentscheidungen

Kulmus, C. (2022). Seniorenbildung in der Pandemie: Programmplanung zwischen Digitalisierung und Begegnung, zwischen Lähmung und Innovation. *Zeitschrift für Weiterbildungsforschung, 45*(2), 369–389. https://doi.org/10.1007/s40955-022-00215-9

Kulmus, C., Stimm, M., & Hippel, A. von (2023). Didaktik der Erwachsenen- und Weiterbildung. Zwischen reflexiver Vergewisserung und aktuellen Herausforderungen. *Hessische Blätter für Volksbildung, 73*(3), 8–20. https://www.wbv.de/shop/accessible/Didaktik-der-Erwachsenen-und-Weiterbildung-HBV2303W002

Lorenz, L. M. (2020). *Programm- und Angebotsplanung in der beruflichen Weiterbildung. Planungsstrategien zur Gestaltung von anbieterbezogenen Programmarten.* Gottfried Wilhelm Leibniz Universität. https://doi.org/10.15488/9419

Meyer-Drawe, K. (2005). Anfänge des Lernens. In D. Benner (Hrsg.), *Erziehung – Bildung – Negativität* (S. 24–37). Beltz.

Meyer-Drawe, K. (2012). *Diskurse des Lernens.* W. Fink.

Nolda, S. (2001). Vom Verschwinden des Wissens in der Erwachsenenbildung. *Zeitschrift für Pädagogik, 47(*1), 101–120.

Pohlmann, C. (2018). *Bildungsurlaub. Vom gesellschaftspolitischen Anliegen zum Instrument beruflicher Qualifizierung?* Peter Lang.

Reich-Claassen, J. (2010). *Warum Erwachsene (nicht) an Weiterbildungsveranstaltungen partizipieren.* Lit.

Robak, S. (2015). Anschlusslernen und Lern-Verwertungsinteressen als Untersuchungskategorien für Partizipation am Bildungsurlaub. In S. Robak, H. Rippien, L. Heidemann & C. Pohlmann (Hrsg.), *Bildungsurlaub – Planung, Programm und Partizipation. Eine Studie in Perspektivverschränkung* (S. 43–65). Peter Lang.

Robak, S., Gieseke, W., Heidemann, L., Fleige, M., Kühn, C., Preuß, J., Freide, S., & Krueger, A. (Hrsg.). (2023). *Wissenschaftliche berufliche Weiterbildung für Kunst und Kultur. Bildungssphäre für das künstlerisch-kulturelle Selbst: Entfalten. Platzieren. Gestalten.* wbv Publikation. https://doi.org/10.3278/9783763973316

Schmidt-Hertha, B. (2009). *Weiterbildung älterer Arbeitnehmer.* VS.

Siebert, H. (2012). *Didaktisches Handeln in der Erwachsenenbildung. Didaktik aus konstruktivistischer Sicht* (7., überarbeitete Auflage). Luchterhand.

Walter, M. (2014). *Lebenslanges Lernen zwischen Weiterbildungslust und Weiterbildungsfrust: Eine empirische Studie zu Anreizstrukturen in der beruflichen Weiterbildung.* wbv.

Wittpoth, J. (1997). *Recht, Politik und Struktur der Weiterbildung.* Schneider.

3. Professionalisierung, Profession und Disziplin

Josef Schrader

Ethische Reflexionen zur Erwachsenenbildung und ihre Grenzen

1. Ethik als Thema der Erwachsenenbildung

Zu Beginn der 1990er Jahre lud Peter Faulstich die Sektion Erwachsenenbildung zu ihrer Jahrestagung nach Kassel ein. Die Tagung stand unter dem Rahmenthema „Ethische Prinzipien der Erwachsenenbildung. Verantwortlich für was und vor wem?" (Gieseke, Meueler & Nuissl, 1991). Im Jahr zuvor waren die Ergebnisse eines Kolloquiums „Ethik in der Erwachsenenbildung" des Studiengangs Weiterbildung der Universität Bremen (Holzapfel, 1990) veröffentlicht worden. Beide Ereignisse schienen auf die Wiederanknüpfung an die pädagogische Tradition und ihren Ursprung in der praktischen Philosophie zu deuten, in der ethische Fragen im Zentrum standen. Relativierend verwies Wiltrud Gieseke (1991) jedoch in ihrem Überblicksbeitrag in der Dokumentation der Jahrestagung darauf, dass Ethik aktuell zwar wieder eine gewisse Aufmerksamkeit finde, seit den 1970er Jahren aber kein explizites Thema der Erwachsenenbildungswissenschaft gewesen sei. Sie führte dafür drei mögliche Gründe an: Ethische Reflexionen könnten als Ersatz für den Entwurf gesellschafts- und bildungstheoretischer Entwürfe betrachtet werden, die als hilfreicher für die Entwicklung von Leitvorstellungen für die Bildungsarbeit mit Erwachsenen betrachtet würden; das Vermeiden ethischer Reflexionen könnte zudem Ausdruck einer Furcht vor einer Renaissance pädagogischer Tugendkataloge sein; und schließlich könnte befürchtet werden, dass ethische Debatten dazu verleiten, die Verantwortung für den Umgang mit gesellschaftlichen Fehlentwicklungen auf die Individuen zu übertragen. Gleichzeitig machte Wiltrud Gieseke jedoch nachdrücklich darauf aufmerksam, dass es auch aktuell substanzielle Probleme gebe, die für die Erwachsenenbildung dringende Anlässe böten, sich mit ethischen Fragen zu beschäftigen: Dazu gehörten grundlegende Veränderungen gesellschaftlicher Lebensformen, eine zunehmende Individualisierung sowie die ökologische Krise. Die Auseinandersetzung mit diesen Herausforderungen erzeuge einen Bedarf an ethischen Prinzipien im professionellen Handeln und in der Forschungsarbeit und erfordere eine eigene Moral als Ausdruck professionellen Handelns.

An diese Überlegungen schließe ich im Folgenden an. Besondere Aufmerksamkeit widme ich der Diskussion um ethische Prinzipien der Erwachsenenbildung in Praxis und Wissenschaft, die seit den 1990er Jahren geführt wurde, aber eher responsiv (Dräger, 1999, S. 21) gegenüber wahrgenommenen Herausforderungen und Rechtfertigungszwängen als proaktiv im Sinne systematischer Forschungsanstrengungen. Gleichwohl lassen sich einige zentrale Einsichten zu Eckpunkten ethischer Prinzipien und zu den Formen ihrer Erarbeitung formulieren, an die man für notwendige Weiterentwicklungen anschließen kann. Dies scheint mir auch deshalb notwendig, weil jüngere gesellschaftliche Entwicklungen die Erwachsenenbildung vor eher größere als geringere Herausforderungen stellen werden, als sie zu Beginn der 1990er Jahre sichtbar wurden. Abschließend gebe ich Hinweise darauf, was zu tun bleibt, wenn ethisch verantwortbare Bildungs- und Forschungsarbeit an ihre Grenzen stößt.

2. Ethische Reflexionen zur Erwachsenenbildung – Einsichten und Entwicklungsperspektiven

Wiltrud Gieseke hat in dem einleitend zitierten Beitrag den Bedarf an ethischen Reflexionen in den Zusammenhang krisenhafter gesellschaftlicher Entwicklungen und den damit einhergehenden Herausforderungen an individuelles Handeln gestellt. Sie nutzt damit eine Argumentationsfigur, die typisch für Beiträge zu einer Ethik der Erwachsenenbildung ist. Doch auch jenseits gesellschaftlicher und individueller Krisen ist Erwachsenenbildung eine unausweichlich moralische Praxis. Denn ethisch zu rechtfertigen sind der moralische Gehalt des vermittelten Wissens und Könnens, das moralische Handeln und Verhalten der Lehrenden und Lernenden sowie die Unterstützung der moralischen Entwicklung der Teilnehmenden durch Institutionen und Organisationen (Erpenbeck, 2010; Fuhr, 2011). Das gilt zumal dann, wenn, wie es in Deutschland üblich ist, lebenslanges Lernen den einen als Pflicht abverlangt, anderen aber als Recht zugestanden wird, so im Fall der sprachlichen Grundbildung zugewanderter bzw. in Deutschland aufgewachsener Erwachsener. Damit wird für Teilnehmende wie Lehrkräfte ein widersprüchlicher Wertehorizont geschaffen, der zu Konflikten führen kann, z.B. dann, wenn beide Gruppen in denselben Kursen zusammenkommen.

Nimmt man verbreitete Zeitdiagnosen sowie alltägliche Beobachtungen zum Ausgangspunkt, dann deuten sie auf einen steigenden Bedarf an ethischen Reflexionen im Bildungsbereich, um einen verantwortbaren Umgang mit uneindeutigen, potenziell konflikthaften Situationen zu sichern. So steigt, folgt man den Diagnosen des Soziologen Andreas Reckwitz (2019), der Bedarf an der Fähigkeit zum Umgang mit Ambiguitäten und Ambivalenzen in spätmodernen Gesellschaften, die als widersprüchlich und chronisch konflikthaft wahrgenommen werden. Aktuell beobachtbar war und ist dies am Streit um ein sozial verantwortliches Handeln während der Pandemie, an der Diskussion um eine angemessene Reaktion auf den Klimawandel und auf weltweite Migrationsbewegungen, am Streit um eine moralisch unangreifbare und politisch verantwortbare Haltung zum Krieg im Nahen Osten. Genauer betrachtet wird diese Fähigkeit allerdings nicht erst mit der Spätmoderne unverzichtbar. Vielmehr ist die Befähigung zum Umgang mit kognitiven und moralischen Ambiguitäten, mit Divergenzen und Inkompatibilitäten eine unverzichtbare Voraussetzung seit der „Epochenwende", d.h. mit der Französischen Revolution. Nur wenn eine solche Fähigkeit gegeben ist, lässt sich personale und soziale Identität in modernen Gesellschaften aufbauen, sichern und entwickeln (Krappmann, 2005). Dabei handelt es sich, so die Annahme, um eine graduelle Fähigkeit, die zwischen den Polen Ambiguitätstoleranz und Ambiguitätsintoleranz inter- wie intraindividuell variiert (Webster & Kruglanski, 1994; Neuberg & Newsom, 1993). Gefordert ist sie in unserer alltäglichen Lebensführung ebenso wie für die fachlich, pädagogisch und ethisch verantwortbare Gestaltung pädagogischer Beziehungen.

Die Bedeutung von Ambiguitäten für Lern- und Bildungsprozesse ist evident, sowohl als Anlass wie auch als Gegenstand und Ziel von Lerngelegenheiten, ebenso wie die Bedeutung von Ambiguitätstoleranz als individuelles Merkmal von Lehrenden und Lernenden für erfolgreiche Lern- und Bildungsprozesse. Es mehren sich Hinweise, dass es an dieser Fähigkeit häufig fehlt, auch bei Lehrkräften. In einer jüngeren Studie antwortete ca. ein Drittel der Lehrerinnen und Lehrer auf die Frage nach ihren größten Herausforderungen mit: „Schülerverhalten", nur ca. 10% mit: „Digitalisierung" (Deutsches Schulportal der Robert Bosch Stiftung, 2024). Im Hochschulbereich haben die Besetzungen universitärer Räume durch pro-palästinensische Studierende in der Folge des Krieges um den Gaza-Streifen teils heftige, keinesfalls ausgestandene Kontroversen ausgelöst. Während die einen die Duldung der Besetzung als Verharmlosung von Terror und antisemitischen Straftaten auslegten, auf die mit den Mitteln des Rechts reagiert werden müsse, verwiesen andere auf die Autonomie des Wissenschaftssystems, die vor staatlichen Eingriffen zu schützen sei. Wieder andere de-thematisierten die unübersehbar zutage tretenden Konflikte, indem sie sich der öffentlichen Debatte entzogen, selbst im eigentlich geschützten universitären Seminarraum. Blicken wir auf die Erwachsenenbildung, so stoßen wir u.a. bei Lehrkräften in Integrationskursen auf große Unsicherheit, ja Rat- und Hilflosigkeit im Umgang mit konfligierenden Einstellungen und Haltungen, z.B. im Blick auf die Gleichberechtigung von Frauen und Männern, auf geschlechtliche Orientierungen, politische Überzeugungen oder nationale Identitäten (Schrader & Spang, 2019). Und in der politischen

Bildung wird derzeit eine Diskussion über den Stellenwert von Kontroversität geführt, auch gestützt auf die zunehmende Erfahrung, dass Kursleiter und Teamerinnen das Kontroversitätsgebot des Beutelsbacher Konsenses in der Weise fehldeuten, dass sie als Lehrpersonen gar keine eigene politische Position mehr beziehen, mit dem Argument, die Lernenden nicht zu überwältigen. Andere dagegen befürchten, dass die Betonung von Kontroversität die anti-pluralistischen Einstellungen von Lernenden noch befördern könne (Frech, Geyer & Oberle, 2023). Ähnliche Verunsicherungen lassen sich im Volkshochschulbereich beobachten, wenn es um einen sowohl politisch wie pädagogisch verantwortbaren Umgang mit Funktionären, Mitgliedern und Wählerinnen und Wählern der AfD geht.

Da Wertkonflikte zugleich alltäglich und doch enorm herausfordernd sind, haben sie inzwischen auch Resonanz im Wissenschaftssystem gefunden. Diese Resonanz ist allerdings noch vereinzelt und auf mehrere Wissenschaftsdisziplinen zerstreut. Ältere Beiträge stammen aus dem angloamerikanischen Raum und machen darauf aufmerksam, dass mit der Zunahme von Wertkonflikten im Bildungsbereich nicht allein pädagogische Fragen der Ansprache von Zielgruppen, der Programmentwicklung oder der Gestaltung von Lehr-Lernsituationen aufgeworfen werden, sondern immer zugleich auch ethische Fragen, sowohl für die handelnden Personen als auch für die Institutionen, in denen sie arbeiten (Levinson & Fay, 2018). Berührt sind damit Fragen des Umgangs mit Unsicherheit und Ambivalenz im Allgemeinen, aber auch Herausforderungen der Entwicklung einer Ethik professionellen Handelns. Das gilt zunächst dann, wenn Wertfragen wie in der politischen Bildung explizit avisiert werden, mehr aber noch, wenn sie sich gleichsam ungewollt in pädagogische Situationen einschleichen. Es sind solche Beobachtungen und Erfahrungen, die auch in der Geschichte der Erwachsenenbildung seit den 1990er Jahren immer wieder ethische Reflexionen angeregt haben (Überblicke z.B. in Schrader, 2014; Schrader, 2018, S. 119–127). Dabei geht es häufiger um Fragen einer Berufs- als einer Bereichsethik (z.B. Bernhardsson-Laros, 2016; Fuhr 2011; Bernhardsson-Laros & Fuhr, 2014; Peters, 1999; Peters, 2004). Zwar lassen sich keine übergreifenden Forschungsaktivitäten ausmachen. Gleichwohl zeichnen sich Einsichten und Fortschritte in der Diskussion ab, von denen ich im Folgenden vier betonen möchte.

Eine erste, konsensfähige Einsicht, die sich aus den vorliegenden Beiträgen ergibt, scheint mir zu sein, dass eine (erwachsenen-)pädagogische Ethik nicht aus einer allgemeinen Ethik abgeleitet werden kann. Vielmehr muss sie aus den spezifischen Aufgaben heraus entwickelt und begründet werden, die sich Pädagoginnen und Pädagogen stellen, sei es in der Programmplanung, der Kursgestaltung oder der Beratung. Wiltrud Gieseke (1991) hatte darauf aufmerksam gemacht, dass eine Entscheidung ethisch dann als richtig gilt, wenn sie begründet, gerechtfertigt und verantwortet werden kann. Idealerweise seien diese Begründungen und Rechtfertigungen „voraussetzungslos" (Gieseke, 1991, S. 13). Als Beispiele verweist sie auf die Diskursethik von Jürgen Habermas und auf den kategorischen Imperativ Kants (Gieseke, 1991, S. 14). Wiltrud Gieseke stellt mit diesen Überlegungen eine Verbindung zu Fundamentalethiken her. Fundamentalethiken bemühen sich um Letztbegründungen für das gute und richtige Leben und orientieren sich dabei z.B. an der Idee des Guten (Platon), des guten Willens (Kant) oder des geglückten Lebens (Aristoteles) (vgl. Rehfuß, 2003). Solche Fundamentalethiken wurden entweder als formale (Kant) oder als materiale Ethiken (Scheler) entwickelt. Mit diesen Unterscheidungen geht die Überlegung einher, ob Handlungen vor allem mit Blick auf ihre Motive (Gesinnungsethik) und/oder mit Blick auf ihre Folgen (Verantwortungsethik) beurteilt werden sollen. Schließlich lassen sich ethische Entwürfe danach unterscheiden, ob sie eine Minimal- oder eine Maximalethik entwerfen. Mit der Diskursethik (als Sozial-, nicht Individualethik) versuchte Habermas (1991), die Grundlagen menschlicher Kommunikationsgemeinschaften zu formulieren, die auf sprachlicher Verständigung beruhen. Erhard Schlutz (1984) hat dieses Konzept genutzt, um den bildenden Wert unterschiedlicher Typen von Veranstaltungen in der allgemeinen Erwachsenenbildung zu diskutieren.

Wie aber gelangt man von einer Fundamentalethik zu einer Berufs- oder Bereichsethik, die immer eine angewandte Ethik ist? In der Medizin wurden solche Ableitungen bereits erprobt. Urban Wiesing (2014, S. 32) verweist allerdings auf eine „Applikationsaporie". Er zeigt am Beispiel der noch jungen Disziplin Medizinethik, dass sich keine der „großen" Ethik-Theorien in eine Medizinethik übersetzen ließe. Er plädiert angesichts dieser Erfahrung für eine Prinzipienethik (Beauchamp & Childress, 2009), die vor allem auf der Rekonstruktion der existierenden Werte und Normen ärztlichen Handelns in pluralen Gesellschaften beruht, die gleichsam die Alltagsmoral rekonstruiert. Eine Prinzipienethik verzichtet, anders als Kant oder Scheler, auf ein einziges oberstes Moralprinzip, sondern rekonstruiert alltägliche ethische Entscheidungen vor dem Hintergrund oberster moralischer Prinzipien. Sie kommt auf dieser Grundlage zu vier „Prinzipien mittlerer Reichweite": Dies sind das Prinzip des Nicht-Schadens, das Prinzip des Wohltuns, das Prinzip des Respekts vor der Autonomie des Patienten sowie das Prinzip der Gerechtigkeit im Sinne einer Gleichbehandlung aller Patient:innen (Wiesing, 2014, S. 29–30).

Eine zweite, mit der ersten eng zusammenhängende Einsicht bezieht sich auf die Unterscheidung einer Ethik für Pädagoginnen und Pädagogen und einer pädagogischen Ethik. Das Applikationsproblem, das die Medizinethik aufzeigte, wurde auch in den Debatten um die Entwicklung einer pädagogischen Ethik bemerkt.

Den Anlass dazu bot ein Vorschlag für die Kodifizierung berufsethischer Standards, den Hartmut von Hentig (2012) formuliert hat. Von Hentig hatte einen Sokratischen Eid als Selbstverpflichtung von Lehrerinnen und Lehrern empfohlen. Er orientierte sich dabei an einem Katalog von Menschenrechten, die in der europäischen Geschichte seit der Aufklärung breite Anerkennung finden. In der Diskussion dieser Kodifizierung berufsethischer Standards wurde aber bezweifelt, ob aus der Formulierung begründbarer Zielsetzungen pädagogischen Handelns auch bereits handhabbare Maßgaben für konkrete pädagogische Entscheidungen folgen. So betonte Klaus Prange (2005) die Differenz von *allgemeiner* und *pädagogischer* Ethik. Moral sei in der Pädagogik doppelt anwesend: als Zielsetzung, aber auch als Maß für das pädagogische. Konsequenterweise entwickelte Prange die Maßstäbe ethischen Handelns aus den pädagogischen Aufgaben und leitete sie nicht aus ethischen „Traktaten" ab. Er zeigte sich zudem skeptisch, dass Pädagoginnen und Pädagogen durch die Verpflichtung auf ethische Prinzipien dazu beitragen könnten, Werte durchzusetzen, die nur gesellschaftlich gesichert werden können. Prange bindet pädagogische Ethik daher an Mandat und Lizenz des didaktisch Handelnden und formuliert drei Maßgaben: die Maßgabe der Verständlichkeit (Gebot der Wahrheit/Rationalität); die Maßgabe der Zumutbarkeit (Gebot der Achtung); die Maßgabe der Anschlussfähigkeit (Gebot der Anwendbarkeit in Freiheit). Damit wurde eine handhabbare Grundlage für ethisch verantwortbares Handeln in pädagogischen Kontexten formuliert, die im Einklang mit fundamentalethischen Prinzipien steht, aber nicht von diesen abgeleitet ist.

Eine dritte Einsicht, die in den aufgezeigten Diskussionsbeiträgen auf Zustimmung rechnen kann, bezieht sich auf Eckpunkte einer Berufsethik für Pädagoginnen und Pädagogen (auch) in der Erwachsenen- und Weiterbildung und zudem auf die Verfahren, mit Hilfe derer sie bestimmt werden können. In der Erwachsenen- und Weiterbildung wurden bereits Vorschläge für berufsethische Standards entwickelt. Dies geschah bemerkenswerterweise vor allem in jenen ihrer Felder, in denen überwiegend haupt- und freiberufliche Lehrkräfte tätig sind, die ein gleichsam natürliches Interesse an der Schließung von Arbeitsmärkten haben. So hat das „Forum Werteorientierung in der Weiterbildung e.V.", getragen u.a. vom Dachverband der Weiterbildungsorganisationen, bereits in den 1990er Jahren als Reaktion auf die Präsenz von Sekten und Psychogruppen (z.B. Scientology) in der betrieblichen Weiterbildung einen „Berufskodex für die Weiterbildung" entwickelt. Die insgesamt sechs Artikel dieses Kodex verpflichten die Trainerinnen und Coaches u.a. auf ein Menschenbild, das in der Werteordnung der Menschenrechte wurzelt, auf ihre Verantwortung für die Entwicklung der Gesellschaft und unserer Welt, auf eine besondere persönliche und soziale Fürsorgepflicht gegenüber Teilnehmenden, auf die Prinzipien der Wahrheit, Klarheit und Vertraulichkeit ihrer Angebote und Dienstleistungen, auf Respekt und Kollegialität, Fairness und Kooperationsbereitschaft untereinander sowie auf Wahrung und Förderung des Ansehens des Berufsstandes.

Vor dem Hintergrund der zuvor diskutierten Konzepte fällt zunächst auf, dass dieser Kodex, ähnlich wie der Sokratische Eid v. Hentigs, eher auf allgemeine als auf spezifisch pädagogische ethische Prinzipien verweist. Zudem wird deutlich, dass der Kodex formuliert, was Weiterbildnerinnen und Weiterbildner *tun sollten*. Demgegenüber wurde im Hippokratischen Eid, einem Basisdokument der Medizinethik, vor allem festgehalten, was Ärzte *unterlassen sollen*. Ähnlich argumentieren, wie bereits erwähnt, Vertreter einer Prinzipienethik. Berücksichtigt man diese Vorschläge und Argumente, so könnte ein Vorschlag für Eckpunkte einer Berufsethik in der Erwachsenen- und Weiterbildung andere Akzente als der grundsätzlich zu begrüßende „Berufskodex für die Weiterbildung" setzen. Einige Eckpunkte seien benannt: Professionell Handelnde in der Erwachsenen- und Weiterbildung könnten sich verpflichten, niemandem, auch nicht auf seine Bitte hin, etwas zu „zeigen", was nicht als „wahr" und „richtig", als zumutbar oder anschlussfähig betrachtet wird; nichts von dem, was Lehrkräfte innerhalb und am Rande von Veranstaltungen erfahren, an Außenstehende weiterzugeben, soweit dadurch nicht die Rechte anderer verletzt werden; die größtmögliche Eigenständigkeit der Lernenden zu fördern und diese nicht unnötig einzuschränken; sich jeden Unrechts gegenüber Lernenden zu enthalten, insbesondere dann, wenn sie von Lehrkräften abhängig sind (Schrader, 2018, S. 125).

Eine vierte Einsicht der hier erfassten Beiträge besagt, dass eine ethisch verantwortbare (Berufs-) Moral nicht gepredigt werden kann, sondern erfahren und erarbeitet werden muss. Denn moralische Überzeugungen sind primär das Ergebnis langjähriger Sozialisation und erst nachgeordnet von Erziehung und Bildung (vgl. Piaget, 1978; Kohlberg, 1996; Schwendemann, 2018). Bereits Schopenhauer (1841) hatte darauf aufmerksam gemacht, dass das Predigen ethischer Prinzipien leicht-, das Begründen aber schwerfällt. Einleitend war davon berichtet worden, dass der Umgang mit Wertkonflikten zu einer alltäglichen Herausforderung z.B. für Lehrkräfte in Integrationskursen gehört. Wie aber werden sie darauf vorbereitet bzw. in ihrer Arbeit begleitet? Das Bundesamt für Migration und Flüchtlinge (BAMF) hat in Begleitmaterialien den Hinweis gegeben, dass die Besprechung von Konfliktthemen „sensibel und systematisch unter Berücksichtigung der Interessen und Lebenslagen in der jeweiligen Kursgruppe" (BAMF, 2017, S. 15) erfolgen solle. Dass solche Hinweise nicht genügen, ist dem BAMF wohl bewusst. Denn aktuell wird an der Entwicklung von Unterstützungsangeboten gearbeitet. Solche Angebote sind auch für den Schulbereich nötig. So hatte das nordrhein-westfälische Kultusministerium Lehrkräfte nach dem terroristischen Angriff der

Hamas auf Israel am 7. Oktober des vergangenen Jahres aufgefordert, den Krieg und seine Hintergründe zu thematisieren und dafür Unterrichtsmaterialien zur historischen Einordnung des Konflikts bereitgestellt. Was aber sollen Lehrkräfte tun, wenn Schülerinnen und Schüler Gewalt nicht nur nicht beklagen, sondern begrüßen, wie es vielfach in den Medien zu beobachten war?

Da der Umgang mit Wertkonflikten in pädagogischen Situationen nicht mit Moralismen bewältigt werden kann (Sautermeister, 2022), wurde die Arbeit mit Fällen als eine mögliche Methode vorgeschlagen. Mit den Mitteln der Fallarbeit ließe sich prüfen, ob und wie in der Auseinandersetzung mit Konflikten „praktische Weisheit" im aristotelischen Sinne (Levinson & Fay, 2016) bzw. ein „pädagogischer Takt" im Sinne Herbarts (vgl. Zirfas & Burghardt, 2019) erworben werden kann, der es erlaubt, „Ambiguität auf ein lebbares Maß zu reduzieren" (Bauer, 2018). Interessanterweise erweist sich Ambiguitätsfähigkeit dabei zum einen als eine Kernkompetenz von Pädagoginnen und Pädagogen. Zum anderen „moderiert" sie aber auch auf eine spezifische Weise den Umgang mit uneindeutigen und konflikthaften Situationen. In den Tübinger Fallarbeitsstudien, die wir mit Lehrkräften im Referendariat durchgeführt haben, waren es entgegen unserer Erwartung gerade jene Lehrkräfte mit einer *geringeren* Toleranz gegenüber uneindeutigen Situationen, die in höherem Maße Theorien und Konzepte zur Diagnose pädagogischer Fälle nutzten. Gleichzeitig nutzten vor allem Lehrkräfte mit *höherer* Ambiguitätstoleranz die angebotenen Perspektiven der Lernenden und Lehrenden, um zu einem angemessenen Fallverständnis zu kommen. Während die Ambiguitätsintoleranten also Theorien nutzten, um uneindeutige Situationen zu vereindeutigen, waren die Ambiguitätstoleranten erwartungskonform der Tendenz nach eher bereit, zusätzlich zur Nutzung von Theorien auch die Mehrdeutigkeit von Unterrichtssituationen wahrzunehmen, um zu angemessenen Handlungsoptionen zu kommen. Ambiguitätstoleranz scheint also die Förderung professioneller Kompetenzen in ambivalenter Weise zu moderieren: positiv, indem sie die Bereitschaft unterstützt, Mehrdeutigkeit zuzulassen; negativ, indem der Rückgriff auf die „Autorität" wissenschaftlicher Theorien und Modelle Lehr-Lernsituationen Fälle eindeutiger erscheinen lässt, als sie es ggf. sind (Schrader & Goeze, 2023).

3. Was bleibt zu tun, wenn ethisch verantwortbares Handeln an Grenzen stößt?

Wiltrud Gieseke folgend bin ich gestartet mit der Überzeugung, dass professionelles Handeln in Praxis und Wissenschaft der Erwachsenenbildung ethisch gerechtfertigt werden können muss. Diese Auffassung wird weithin geteilt, so dass nicht überrascht, wenn ethische Reflexionen in der Geschichte der Erwachsenenbildung immer wieder angestellt wurden. Diese Reflexionen haben zu Einsichten im Umgang mit beobachteten und erfahrenen Ambiguitäten, Konflikten und Kontroversen geführt, aber auch offene Fragen aufgezeigt, die auf Entwicklungsbedarf verweisen. Während Elemente einer Berufsethik und die Art und Weise, wie sie entwickelt und vermittelt werden können, bereits gut erkennbar sind, fehlt es nahezu vollständig an Wissen darüber, wie Pädagoginnen und Pädagogen nicht nur der Erwachsenen- und Weiterbildung in moralisch herausfordernden Situationen handeln, z.B. im Umgang mit Wertkonflikten, von denen wir teils ahnen, teils fürchten, dass sie schon jetzt alltäglich sind und künftig an Bedeutung gewinnen werden.

Aber unabhängig von der Frage, wie professionell dieser Alltag sich derzeit darstellt und wie sehr er durch eine veränderte Aus- und Fortbildung verbessert werden kann, lassen sich zwei Dinge bereits jetzt absehen. Der Umgang mit Wertkonflikten führt in moralisch dilemmatische Situationen, in denen es kein für alle eindeutig richtiges Handeln und Entscheiden gibt. Dieses Dilemma muss sowohl persönlich ausgehalten als auch anderen vermittelt werden. Ambiguitätstoleranz bei Lehrkräften und Teilnehmenden mag dabei helfen, kann aber nicht genügen. Denn so notwendig die Fähigkeit ist, Uneindeutigkeit auszuhalten, so unverzichtbar ist gleichzeitig die Bereitschaft, entschieden zu widersprechen, wenn Meinungen, Haltungen und Einstellungen *nicht* toleriert werden können (so Drerup, 2021). Das gilt etwa dann, wenn rassistisch argumentiert wird, wenn Gewalt verherrlicht wird, wenn Diversität geleugnet wird, kurz: wenn die Grenzen rationaler Deliberation erreicht sind, also weder eine Diskursethik noch der kategorische Imperativ weiterhelfen. Toleranz kann daher auch Ablehnung einschließen, eine Ablehnung, die durch Respekt gegenüber grundsätzlich Gleichen gezähmt wird. Oder umgekehrt, es geht um die Fähigkeit, Respekt zu zeigen, auch wenn er durch Ablehnung belastet wird (so Simon, 2017; Simon et al., 2019). Respekt bedeutet die Anerkennung der anderen als Gleiche. Wertschätzung oder gar Zuneigung verlangt er nicht. Empirisch offen ist die Frage, ob ein solches Toleranzverständnis sowohl den Toleranten wie den Tolerierten die Möglichkeit eröffnet, ihr Leben ohne unangemessene Eingriffe durch andere zu leben. Viel gewonnen wäre schon, wenn eine solche Haltung die Wahrscheinlichkeit erhöht, pädagogische Interaktion auch dann fortzusetzen, wenn religiöse, ethnische, politische, Geschlechts- oder sexuelle Identitäten auf dem Spiel stehen.

Zu einem ethisch reflektierten Umgang mit moralischen Konflikten in pädagogischen Kontexten gehört schließlich auch, die Grenzen pädagogischer Arbeit anzuerkennen. Siegfried Bernfeld hatte bereits 1925, polemisch, aber mit durchaus systematischem Anspruch in seiner Streitschrift „Sysiphos“ (2022) auf die

Grenzen der Erziehung aufmerksam gemacht. Diese Grenzen sah er nicht so sehr, aber doch auch in der Erziehbarkeit des Kindes sowie der Person des Erziehers; er sah sie vor allem in der Funktion der Erziehung für die kapitalistische Gesellschaft. Erziehung sei immer konservativ und orientiert an den Machttendenzen der erziehenden Gruppe. Das mag man teilen oder bestreiten. Es ändert jedoch nichts an der Notwendigkeit für Lehrende und Lernende, pädagogisch handlungsfähig auch unter gesellschaftlichen Bedingungen zu bleiben, die sie ablehnen. Wenn aber Pädagogik scheitert, kann nicht noch mehr Pädagogik die Lösung sein. So setzt z.B. die norwegische Integrationspolitik nicht allein auf Sprachkurse, sondern fördert auch die Integration der Zugewanderten in die Zivilgesellschaft, in Sportvereine, ehrenamtliche Initiativen, in die Nachbarschaft. Das dahinterliegende Prinzip lässt sich verallgemeinern: Wenn man keine Möglichkeit mehr findet, sich respektvoll trotz Ablehnung zu „zeigen", wie Wertkonflikte lernend bearbeitet werden können, dann bleibt vielleicht, dass man *gemeinsam* lebt, was alle teilen, *gemeinsam* beschweigt, worüber man (noch) nicht reden kann, dass man *gemeinsam* betrauert, was an unsttrittigem Unrecht geschieht, *gemeinsam* besingt, worüber alle sich freuen. Wenn auch das nicht hilft, die Voraussetzungen für einen pädagogisch begründeten und ethisch verantwortbaren Umgang mit Wertkonflikten herzustellen, bleibt die Suche nach Unterstützung in anderen Sozialsystemen. Wenn Lehrende und Lernende ihren Alltag nicht mehr organisieren können, wenn sie traumatisiert sind, wenn sie Regeln und Gesetze nicht mehr beachten, dann sind die Therapeuten, die Sozialpädagoginnen, notfalls die Polizistinnen und Juristen gefragt. Vorher aber sollte die Erwachsenenbildung aber alles ihr Mögliche getan haben.

Literatur

Bauer, T. (2018). *Die Vereindeutigung der Welt: Über den Verlust an Mehrdeutigkeit und Vielfalt*. Reclam.

Beauchamp, T. L., & Childress, J. F. (Hrsg.). (2019). *Principles of biomedical ethics* (Eighth edition). Oxford University Press.

Bernhardsson, N., & Fuhr, T. (2014). Standards ethischen Handelns in Verbänden der Erwachsenenbildung: zum Stand der Entwicklung einer erwachsenenpädagogischen Bereichsethik. *REPORT – Zeitschrift für Weiterbildungsforschung*, *37*(1), 39–58. https://doi.org/10.3278/REP1401W039

Bernhardsson-Laros, N. (2016). Die Leerstelle schließen. Probleme und Perspektiven einer Berufsethik für die Erwachsenenbildung. *DIE-Zeitschrift für Erwachsenenbildung*, (2), 28–29.

Bernfeld, S. (2022). *Sisyphos oder die Grenzen der Erziehung*. Suhrkamp.

Bundesamt für Migration und Flüchtlinge (BAMF) (2017). *Curriculum für einen bundesweiten Orientierungskurs. Überarbeitete Neuaufl. für 100 UE.* Nürnberg.

Deutsches Schulportal der Robert Bosch Stiftung (2024). *Lehrkräftebefragung - Das Deutsche Schulbarometer – die wichtigsten Ergebnisse – Das Deutsche Schulportal.* Abgerufen am 31. Oktober 2024, von https://deutsches-schulportal.de/bildungswesen/deutsches-schulbarometer/

Dräger, H. (1999). Zur Kritik der pädagogischen Ethik in der Andragogik. *Hessische Blätter für Volksbildung, 49*(1), 20–30.

Drerup, J. (2021). *Kontroverse Themen im Unterricht: Konstruktiv streiten lernen.* Reclam.

Erpenbeck, J. (2010). Ethik. In R. Arnold, S. Nolda & E. Nuissl (Hrsg.), *Wörterbuch Erwachsenenbildung* (2. Aufl., S. 95–96). Klinkhardt.

Frech, S., Geyer, R., & Oberle, M. (Hrsg.). (2023). *Beutelsbacher Gespräche. Kontroversität in der politischen Bildung.* Wochenschau Verlag; Zentralen für politische Bildung.

Fuhr, T. (2011). Ethik der Erwachsenenbildung/Weiterbildung. In T. Fuhr, P. Gonon, C. Hof & G. Mertens (Hrsg.), *Handbuch der Erziehungswissenschaft. 4. Erwachsenenbildung – Weiterbildung.* (S. 505–518). Schöningh.

Gieseke, W. (1991). Ethik und Erwachsenenbildung. In W. Gieseke, E. Meueler & E. Nuissl von Rein (Hrsg.), *Ethische Prinzipien der Erwachsenenbildung. Verantwortlich für was und vor wem?* (S. 10–20). Gesamthochschule Kassel.

Gieseke, W., Meueler, E., & Nuissl von Rein, E. (1991). *Ethische Prinzipien der Erwachsenenbildung. Verantwortlich für was und vor wem?* Gesamthochschule Kassel.

Habermas, J. (1991). *Erläuterungen zur Diskursethik.* Suhrkamp.

Hentig, H. v. (2012). *Die Schule neu denken: Eine Übung in pädagogischer Vernunft* (6. Aufl., erweiterte Neuausgabe). Beltz.

Holzapfel, G. (Hrsg.). (1990). *Ethik und Erwachsenenbildung. Ein Kolloquium des Studiengangs Weiterbildung.* Universität Bremen.

Kohlberg, L. (1996). *Die Psychologie der Moralentwicklung.* Suhrkamp.

Krappmann, L. (2000). *Soziologische Dimensionen der Identität: Strukturelle Bedingungen für die Teilnahme an Interaktionsprozessen* (9., in der Ausstattung veränd. Aufl.). Klett-Cotta.

Levinson, M., & Fay, J. (Hrsg.). (2016). *Dilemmas of educational ethics: Cases and commentaries.* Harvard Education Press.

Neuberg, S. L., & Newsom, J. T. (1993). Personal need for structure: Individual differences in the desire for simpler structure. *Journal of personality and social psychology, 65*(1), 113–131.

Peters, R. (1999). Erwachsenbildnerisches Handlungsethos. *Hessische Blätter für Volksbildung, 49*(1), 31–39.

Peters, R. (2004). *Erwachsenenbildungs-Professionalität. Ansprüche und Realitäten. Theorie und Praxis der Erwachsenenbildung*. Bertelsmann. http://www.die-bonn.de/doks/peters0401.pdf

Piaget, J. (1978). *Das Weltbild des Kindes.* Klett-Cotta.

Prange, K. (2005). *Die Zeigestruktur der Erziehung: Grundriss der Operativen Pädagogik*. Verlag Ferdinand Schöningh.

Reckwitz, A. (2019). *Das Ende der Illusionen: Politik, Ökonomie und Kultur in der Spätmoderne* (Originalausgabe). Suhrkamp.

Rehfus, W. D. (Hrsg.). (2003). *Handwörterbuch Philosophie*. Vandenhoeck & Ruprecht.

Sautermeister, J. (2022). Moralisierung und Missachtung. Ambiguitätstoleranz als „Moralismusprophylaxe". In K. Hilpert & J. Sautermeister (Hrsg.), *Jahrbuch für Moraltheologie: Band 6. Moralismen: Formen und Strukturen einer neuen Sensibilität* (S. 252–267). Herder.

Schlutz, E. (Hrsg.). (1984). *Theorie und Praxis der Erwachsenenbildung. Sprache, Bildung und Verständigung.* Klinkhardt.

Schopenhauer, A. (1841). *Die beiden Grundprobleme der Ethik*. Joh. Christ. Hermannsche Buchhandlung.

Schrader, J. (2014). Ethik erwachsenenpädagogischen Handelns – alltäglich gefordert, selten bedacht. *REPORT – Zeitschrift für Weiterbildungsforschung, 37*(1), 17–28.

Schrader, J. (2018). *Lehren und Lernen in der Erwachsenen- und Weiterbildung. Erwachsenen- und Weiterbildung, Befunde – Diskurse – Transfer: Band 1*. wbv Publikation.

Schrader, J., & Goeze, A. (2023). Ambiguität in Lehr-Lernprozessen: Die Bedeutung von Ambiguitätstoleranz für Lehrkräfte. *weiter bilden, 30*(4), 19–22.

Schwendemann, N. (2018). *Werthaltungen von Lehrkräften. Eine rekonstruktive Studie*. Springer Research.

Simon, B. (2017). Grundriss einer sozialpsychologischen Respekttheorie. *Psychologische Rundschau, 68*(4), 241–250. https://doi.org/10.1026/0033-3042/a000326

Simon, B., Eschert, S., Schaefer, C. D., Reininger, K. M., Zitzmann, S., & Smith, H. J. (2019). Disapproved, but Tolerated: The Role of Respect in Outgroup Tolerance. *Personality & social psychology bulletin, 45*(3), 406–415. https://doi.org/10.1177/0146167218787810

Webster, D. M., & Kruglanski, A. W. (1994). Individual differences in need for cognitive closure. *Journal of personality and social psychology*, *67*(6), 1049–1062. https://doi.org/10.1037/0022-3514.67.6.1049

Wiesing, U. (2014). Prinzipienethik in der Pädagogik? *REPORT – Zeitschrift für Weiterbildungsforschung*, *37*(1), 29–38. https://doi.org/10.3278/REP1401W029

Zirfas, J., & Burghardt, D. (2018). *Der pädagogische Takt: Eine erziehungswissenschaftliche Problemformel*. Beltz Verlagsgruppe.

Anita Pachner

Die Rolle von Ungewissheit und Reflexion für Professionalität und Professionalisierung in der Erwachsenenbildung/Weiterbildung

1. Einleitung

In ihren beiden Publikationen „Professionalität und Professionalisierung in der Erwachsenenbildung/Weiterbildung“ und „Professionalisierung der Erwachsenenbildung/Weiterbildung. Historische Prozesse und strukturelle Herausforderung der Gegenwart“ aus dem Jahr 2018 beleuchtet Wiltrud Gieseke die neuerlich in der Diskussion stehenden Entwicklungen und Veränderungen der Professionalisierung in der Erwachsenenbildung/Weiterbildung als Prozess sowie die aktuellen Herausforderungen, die damit für die Professionalisierung als Anforderung an die in diesem Bereich Tätigen verbunden sind. Ihre damit zusammenhängenden Analysen zu begrifflichen Fundierungen, Phasen der Professionalisierungsdiskussion, relevanten theoretischen Ausrichtungen und Definitionen von Professionalisierung sowie möglichen Entwicklungsalternativen, vor denen die Professionalisierungsdiskussion in der Erwachsenenbildung/Weiterbildung steht, sollen zum Ausgangspunkt für diesen Beitrag genommen werden. Angeregt durch Wiltrud Giesekes Ausführungen, soll herausgearbeitet werden, wie sich das Verhältnis von (professionellem) Wissen und Handeln in der Erwachsenenbildung darstellt, wie professionelles Wissen zu Können werden kann. Insbesondere soll der Frage nachgegangen werden, welche Rolle die beiden Konstrukte „Reflexion“ und „Ungewissheit“ dabei – je nach Betrachtungsweise – spielen.

Es werden zunächst die Herleitungen von Wiltrud Gieseke zu den Begriffen Professionalisierung, Professionalität und Profession nachgezeichnet und im Anschluss daran die Rolle von Ungewissheit und Reflexion für professionelles, erwachsenenpädagogisches Handeln in den Blick genommen. Der Beitrag schließt mit einer Zusammenfassung der wichtigsten Desiderata, die Wiltrud Gieseke für die Professionalitätsentwicklung in der Erwachsenenbildung/Weiterbildung formuliert.

2. Professionalisierung, Professionalität, Profession: Begriffliche Fundierungen und zentrale theoretische Ausrichtungen der erwachsenenpädagogischen Diskussion

Wiltrud Gieseke (2018a) fundiert ihr Verständnis der Begriffe Professionalisierung, Professionalität und Profession, indem sie die historischen Wurzeln dieser Begrifflichkeiten und die Entwicklungsverläufe ihrer Verwendung nachzeichnet. Für die Erwachsenenbildung/Weiterbildung kommt sie auf diese Weise zu den im Folgenden näher zu betrachtenden Auslegungen dieser Begriffe.

Der Professions- und Professionalisierungsdiskurs, so führt sie aus, dient seit den 1960er Jahren v.a. der Strukturbildung der Erwachsenenbildung/Weiterbildung, i.e. „zur Berufsgenerierung im Kontext der Institutionalisierung" (Gieseke, 2018a, S. 1053). Sie identifiziert drei theoretische Ausrichtungen bzw. Definitionen von *Professionalisierung*, auf die dabei besonders Bezug genommen wurde:

a) Professionalisierung ist eine Folgewirkung von Verwissenschaftlichung aller Tätigkeiten in dem jeweiligen Feld, hier die Erwachsenenbildung/Weiterbildung, um sie mit einer entsprechenden Profilbildung zu unterstützen (vgl. Schulenberg, 1972 … etc.),
b) Professionalisierung zielt auf gesellschaftliche Positionsgewinnung zur Sicherung von Interpretationseinfluss und -dominanz für bestimmte Handlungsfelder (vgl. Pfadenhauer, 2005 … etc.),
c) Professionalisierung zielt darauf ab, berufliche Kompetenz auf wissenschaftlicher Basis und Handlungsautonomie zu gewinnen, die eingebunden sind in ethische Verpflichtungen gegenüber dem [*sic*] jeweiligen Klientel, um den Ansprüchen von Trägern und Märkten aufgabenspezifische Standards entgegenzusetzen (vgl. Gieseke, 2012 … etc.). (Gieseke, 2018a, S. 1053)

Professionalität beschreibt sie zurückgehend auf Tietgens (1988) als „Fähigkeit, unter einer Leitaufgabe auf hohem wissenschaftlichen und theoretischen Niveau komplexe Lehr-/Lernanforderungen und Strukturbildungsanforderungen in diesem Feld zu erforschen, zu konzeptionieren, zu begleiten, die eingebrachten Konzepte zu evaluieren und dabei den lernenden Menschen und seine Bedarfe und Bedürfnisse im Mittelpunkt zu sehen" (Gieseke, 2018a, S. 1054). Insbesondere der Bezug auf ein entsprechendes Menschenbild findet sich wiederholt. Nötig ist dafür nach Gieseke (2005, S. 12) „Grundlagenwissen, das durch Erfahrungen ausgewertet wird. [Professionalität] geht nicht von einem durchgeplanten Ablauf aus, sondern von speziellen Aufgabenlösungen, Deutungen, Interpretationen, Diagnosen, die in individueller Verantwortung zu treffen sind" (vgl. auch Nittel, 2000).

Für den eng damit verknüpften Begriff *Profession* stellt Wiltrud Gieseke fest, dass dieser aktuell eher abgelöst wird durch Vorstellungen von unterschiedlichen sozialen Welten (Tippelt & Nittel, 2014). Dies berge die Chance, sich den anderen erziehungswissenschaftlichen Teildisziplinen anzunähern und alle unter dem Dach des lebenslangen Lernens zu verbinden. Dies kann aber nur gelingen, wenn der Teildisziplin der Erwachsenenbildung/Weiterbildung entsprechende Entfaltungsspielräume zuerkannt werden. Für den Professionsdiskurs zeichnet Gieseke (2018a) vier Entwicklungsphasen nach von der Konstruktion über eine Dekonstruktion hin zur Marktentwicklung unter neuen Effizienzgesichtspunkten und der aktuellen vierten Phase einer Reorganisation von wissenschaftlichen und ethischen Ansprüchen. Sie definiert Professionen im Anschluss an das Hartmannsche Modell (1982) als „Tätigkeits- und Fähigkeitsbündelungen, die einen hohen Grad an Verwissenschaftlichung, sozialer Orientierung und Dienstgesinnung (im Sinne von Berufsethos) aufweisen" und identifiziert als charakteristische Elemente von Professionen „[h]ohe wissenschaftliche Standards im Fach, Tätigkeitsangebote, die für die Gesellschaft von hohem Wert sind und eigene klientengebundene ethische Codes, die das Verhältnis zwischen Klienten und Professionsträgern regeln" (Gieseke, 2018a, S. 1055). Sie stellt fest, dass sich dies für den Bereich Bildung nicht hat durchsetzen können. Stattdessen, so konstatiert Wiltrud Gieseke, sei der Begriff „‚Professionalität' … im Alltag angekommen" und wird dabei nicht (mehr) in erster Linie als „erweiterte Verberuflichung" verstanden (Gieseke, 2018a, S. 1056).

Entgegen naheliegender Vermutungen geht dies jedoch nicht mit reduzierten Ansprüchen an *Professionalität* einher. Entwicklungen wie eine verstärkte Markt- und Governanceorientierung oder die zunehmende Finanzierung von Erwachsenenbildung/Weiterbildung durch bildungspolitisch intendierte Projektprogramme, die zu fluiden Institutionen führen, tragen vielmehr dazu bei, dass sich die professionellen Anforderungen eher erhöhen. Belege für diese Sichtweise findet Wiltrud Gieseke in gängigen Definitionen von Professionalität, wie sie etwa Pfadenhauer (2005) vorlegt:

> ‚Professionelle Kompetenz ist … dadurch gekennzeichnet, dass sich Befähigung (nachgewiesen durch eine meist wissenschaftliche Ausbildung), Bereitschaft (angezeigt durch Leistungsangebote) und Befugnis (beglaubigt durch Zertifikate) in formaler Deckung befinden. Das Prinzip der Zertifizierung ‚regelt' im Rekurs auf besondere und exklusive Wissensbestände die Frage der Zuständigkeit […] für Probleme und ihre Lösungen' (ebd., S. 14) (Gieseke, 2018a, S. 1057).

Diese Auffassung von Professionalität kommt nun gänzlich ohne „ein organisiertes professionelles Kollegialitätsprinzip mit verbandrechtlicher Strukturierung und der daran geknüpften professionellen Sozialisation … [aus]. Im Blick ist nicht mehr die Orientierung des professionell Handelnden auf den Menschen, sondern er selbst mit seiner professionellen Kompetenz … Das Professionelle individualisiert sich", so resümiert Gieseke (2018a, S. 1057) für dieses gewandelte Verständnis von Professionalität.

3. Professionelles Wissen und Handeln in der Erwachsenenbildung/Weiterbildung: Zur Rolle von Ungewissheit und Reflexion für das professionelle pädagogische Handeln

Mit dieser individualisierten Auffassung von Professionalität und der Fokussierung auf die professionelle Kompetenz des pädagogisch Handelnden, zuungunsten einer übergeordneten gesellschaftlichen Verantwortung, wird der Wissensaspekt zentral (Gieseke, 2018a). Der Maßstab für nützliches wissenschaftliches Wissen ist dabei sein Beitrag zum Gelingen professionellen Handelns. Wissen allein ist dafür aber nicht ausreichend, so führt Wiltrud Gieseke (2018a) weiter aus, vielmehr müssen *Reflexivität, Erfahrung und das Nichtwissen* als gleichwertige Komponenten hinzukommen, damit individuelle Handlungskompetenz entsteht. Voraussetzung für die Bildung einer solchen *reflexiven professionellen Kompetenz* ist, dass ihr organisatorisch und ökonomisch Spielräume eröffnet werden. Nur dann kann es gelingen, dass „Wissen und der Fall oder die Situation intelligent verschränkt, gedeutet und diagnostiziert werden" können (Gieseke, 2018a, S. 1059). Offen bleibt dabei, wie solche organisatorischen und ökonomischen Spielräume für Reflexivität gestaltet werden können, welche Ausprägungen sie konkret annehmen können und welche Umsetzungsformen es bereits in den unterschiedlichen Handlungsfeldern der Erwachsenenbildung und Weiterbildung gibt. Ein systematischer Überblick fehlt hierzu bislang. Wiltrud Gieseke (2018a, S. 1059) betont weiter, dass diese Fähigkeit zu einem situativen Handeln, das auf den Einzelfall bezogen ist und vor dem Hintergrund wissenschaftlichen Wissens im Interesse des einzelnen Menschen verantwortungsvolles, professionelles Handeln gewährleistet, zu einer wichtigen *Zukunftskompetenz* werden wird. Voraussetzung für den Erwerb dieser komplexen, situativen und reflexiven Kompetenz ist eine wissenschaftliche, professionsorientierte Ausbildung und eine begleitete Sozialisation von künftigen Erwachsenenbildnerinnen und Erwachsenenbildnern, die genau hierauf ihr Augenmerk legt. Als weiteren Beleg führt Wiltrud Gieseke (2018a) Kurtz (2005, S. 244) an, der feststellt, dass auch „das Expertenwissen der Wissensberufe interpretationsbedürftig, kontingent und im Handeln immer wieder neu zu reproduzieren" ist. Mit dieser Bezugnahme auf Kurtz löst sich Wiltrud

Gieseke weiter vom Begriff der (klassischen) Profession. Kurtz (2005) setzt an seine Stelle, genauer gesagt an die Stelle des Begriffs der Leitprofession für ein bestimmtes gesellschaftliches Funktionssystem (i.e. Erziehung, Krankenbehandlung, Recht und Religion), den Begriff des Wissensberufes. Der Blick richtet sich damit verstärkt auf *Professionalität* bzw. *professionelles Handeln*.

Welche Rolle gerade *Ungewissheit* und *Reflexion* für ein so verstandenes professionelles Handeln spielen, soll im Folgenden betrachtet werden. Dabei ist zwischen systemtheoretisch informierten und handlungstheoretisch orientierten Zugängen zu unterscheiden. Gieseke (2018a, b) bezieht sich auf beide Ansätze.

Einer systemtheoretischen Betrachtungsweise folgend, argumentiert Kurtz (2005) weiter, dass die genannten „Wissensberufe" mit den klassischen Professionen gemeinsam haben, dass das professionelle Handeln in ihnen durch ein „Technologiedefizit" charakterisiert ist. Dieses ist im Anschluss an Luhmann und Schorr (1982) darauf zurückzuführen, dass das professionelle Handeln – hier noch im Kontext der klassischen Professionen – immer in Interaktion mit Klienten stattfindet, deren Probleme stellvertretend gedeutet und bearbeitet werden sollen. Diese Personen sind für den professionell Handelnden in ihrem (Entscheidungs-)Verhalten jedoch unvorhersehbar und unverfügbar, weswegen ein solches professionelles Handeln immer mit Ungewissheit einhergeht (Kurtz, 2005). Darüber hinaus erfordert eine solche professionelle Arbeit die Mitarbeit der Klienten, d.h. es findet zumeist eine „Kommunikation unter Anwesenden" statt, die per se unsicher ist (Kurtz, 2005 mit Verweis auf Kieserling, 1999). Es ist also davon auszugehen, dass die professionell zu bearbeitenden Situationen komplexer sind als das vorhandene professionelle Wissen der Praktikerinnen und Praktiker. Damit hat professionelles Handeln immer

> „die Komplexität der Arbeitssituationen zu berücksichtigen, die fallweise variieren können, unter Zeitdruck stehen und auf Kooperation mit den Klienten angewiesen sind. Die professionelle Arbeitssituation ist im wesentlichen [*sic*] durch *Ungewissheit* [Hervorhebung hinzugefügt] zu beschreiben, worunter sowohl die Dynamik der Interaktionssituation, die gewählte Handlungsstrategie wie auch der prognostizierte Ausgang der professionellen Intervention fallen" (Kurtz, 2005, S. 247).

Dies lässt sich auch auf das professionelle Handeln in erwachsenenpädagogischen Situationen übertragen. Auch hier steht die von Fall zu Fall angemessene Bearbeitung von komplexen Situationen in Kooperation mit den jeweiligen Akteuren im Mittelpunkt, unabhängig davon, ob es um planende, beratende oder lehrende Tätigkeiten geht (vgl. Tietgens, 1988). So beschreibt Tietgens (1988, S. 39–40, 69) für die Erwachsenenbildung als „Kern des Professionellen" das „Relevieren von theoretisch Gewußtem und praktisch Beobachtetem und Verlangtem" bzw. von

„Allgemeinem und Besonderem …, die durch Wissenschaft und Berufserfahrung repräsentiert werden". Diese Definition könnte zu der Annahme verleiten, dass es für professionelles Handeln in der Erwachsenenbildung genügen würde, über das für das Verstehen des jeweiligen Falles notwendige Wissen zu verfügen und dieses auf den Fall bzw. die konkrete Situation theorieadäquat anwenden zu können (was an sich schon herausfordernd genug wäre). Dem entgegnet Kurtz (2005, S. 247) jedoch: „Das professionelle Wissen liegt … nicht in der Zusammenfassung verschiedener Wissensformen bzw. Kompetenzen, sondern ist eben mehr als die Summe seiner Teile und insofern, mit Durkheim gesprochen, ein Wissen bzw. eine Kompetenz *sui generis*." Wie kann eine solche professionelle Kompetenz oder – um mit Tietgens zu sprechen – Relevierungskompetenz – im Übergang vom Wissen zum Handeln nun erreicht werden? Hier kommen die Beurteilungsformen zum Tragen, denen der/die professionell Handelnde in komplexen, erwachsenenpädagogischen Situationen verpflichtet ist (vgl. auch Nittel, 2000). Kurtz (2003) unterscheidet zwei Beurteilungsformen, nämlich *Wahrheit* als der Wissenschaft und *Angemessenheit* als der Praxis zugehörige Beurteilungsform. Aus ihrem Zusammenspiel – vermittelt über das Medium der *Reflexion* – kann Professionalität entstehen, kann sich Wissen zu Können entwickeln. Kurtz (2005, S. 248; vgl. auch Schön, 1983) beschreibt diesen Zusammenhang folgendermaßen:

> „Über das wissenschaftliche Medium der Wahrheit kann zwar nicht die Handlungskompetenz des Professionellen verbessert werden, wohl aber seine *Reflexionskompetenz* [Hervorhebung hinzugefügt], so dass Entscheidungen auf der Grundlage von Wahrheit reflektiert und auf ihre Angemessenheit hin überprüft werden können. Professionalität symbolisiert somit die Verknüpfung von Wahrheit und Angemessenheit über die reflektierte Handhabung von Differenzen als einen Weg vom Wissen zum professionellen Können über den Umweg der Reflexion".

Interessant ist hierbei, dass trotz eines systemtheoretisch fundierten Blicks auf Profession schließlich ein handlungstheoretisches Konzept von Professionalität und professionellem Handeln stehen bleibt. Dabei dient als „leitende Modellannahme … ‚Handeln unter Unsicherheit' bzw. ‚Handeln vor dem Hintergrund von Nicht-Wissen'" (Reh, 2004, S. 361).

Eine rein handlungstheoretische Perspektive nimmt Gieseke (2018b) ein, wenn sie auf die Notwendigkeit zur Balancierung von Antinomien für professionelles, (erwachsenen-)pädagogisches Handeln verweist. Dies tut sie, indem sie ihre dritte Entwicklungsalternative für die Erwachsenenbildung/Weiterbildung in Aussicht stellt. Sie geht darin davon aus, dass sich für

> „Berufe in der EB/WB … unter Professionsanspruch Antinomien und Widerspruchskonstellationen (Paradoxien) (vgl. von Hippel 2013; siehe auch Helsper 2002; Helsper

und Tippelt 2011) [zeigen], die mehr *reflexive Beachtung* [Hervorhebung hinzugefügt] verlangen, wenn der Qualitätsanspruch nicht nur im betriebswirtschaftlichen Sinne gilt. Mit dieser Argumentation wird theoretisch und empirisch der Spielraum für professionelle Autonomie in der Gestaltung für situatives, professionell zu verantwortendes Handeln erhöht, ja notwendig" (Gieseke, 2018b, S. 69).

Sie stärkt damit die oben genannte, dritte Professionalisierungsdefinition (c), die ein Ausgangspunkt der vorgängigen Überlegungen war. Denn Voraussetzung für diese Entwicklungsalternative ist nicht zuletzt, dass die professionell Handelnden in der Erwachsenenbildung/Weiterbildung über das entsprechende Professionswissen bzw. die notwendige professionelle Kompetenz verfügen. Reflexionskompetenz im handlungstheoretischen Sinn lässt sich dabei v.a. über die handlungsentlastete Arbeit an Fällen aus der pädagogischen Praxis ausbilden (Helsper, 2016). Reh (2004, S. 364) spricht in diesem Zusammenhang von Reflexivität „als radikale Perspektivierung des Wissens" und meint die „reflexive Verfügbarkeit über das eigene berufliche Tun" (Reh, 2004, S. 368), wenn eigene Fallerzählungen Gegenstand der reflexiven Bearbeitung sind. Auch für erwachsenenpädagogische Settings konnten die Potentiale der Arbeit an eigenen Fällen für die Anbahnung von Reflexionskompetenz nachgezeichnet werden (vgl. z.B. Pachner, 2024; Baust & Pachner, 2020).

Beide von Gieseke (2018a, b) aufgegriffenen, professionalisierungstheoretischen Konzeptionen – professionelles Handeln als Handeln unter der Bedingung von Ungewissheit und Nicht-Wissen und professionelles Handeln als Balancieren von Widersprüchen – münden interessanterweise in der weithin im pädagogischen Diskurs konsensfähigen Steigerungsformel „Professionalität durch Reflexivität" (vgl. auch Reh, 2004, S. 363).

4. Zusammenfassung und Ausblick: Desiderata für die Anbahnung reflexiver Professionalität in der Erwachsenenbildung/Weiterbildung

Noch nicht umfassend für die Erwachsenenbildung/Weiterbildung geklärt ist, wie eine solchermaßen verstandene reflexive Professionalität (vgl. auch Dewe & Gensicke, 2018) bei den Professionsvertreterinnen und -vertretern ausgebildet und weiterentwickelt werden kann und welche organisatorischen Rahmenbedingungen dafür notwendig sind. Wiltrud Gieseke formuliert in ihren beiden Beiträgen aus dem Jahr 2018 (a, b) an verschiedenen Stellen Desiderata hierfür. Zunächst sind ausreichende Forschungsbefunde über das pädagogische Handeln in der Erwachsenenbildung/Weiterbildung erforderlich, die sich auf alle ihre Handlungsfelder, i.e. Lehre, Beratung und Planung, erstrecken. Darauf aufbauend muss eine komplexe Ausbildung und Sozialisationsbegleitung der künftigen Erwachsenenbildner und Erwachsenenbildnerinnen erfolgen. Reflexionskompetenz kann dabei etwa mit Hilfe von Perspektivverschränkung und angeleiteter (Selbst-)Reflexion angebahnt werden (vgl. z.B. Pachner, 2024; Baust & Pachner, 2020). Auf organisatorischer Ebene schließlich sind Spielräume und nicht zuletzt ökonomische Ressourcen für die Gestaltung entsprechender Rahmenbedingungen vorzuhalten, so Gieseke (2018a). Dies bestätigen auch Dewe und Gensicke (2018, S. 5), wenn sie für pädagogisches Handeln auf „*Reflexivität als organisatorische Struktur*" hinweisen. Auch hier wäre für die Erwachsenenbildung ein systematisches Überblickswissen theoretisch und empirisch noch zu erarbeiten.

Literatur

Baust, C., & Pachner, A. (2020). Transformation ermöglichen. Potentiale von Reflexion und Perspektivverschränkung für die Professionalisierung von Lehrenden. Evaluationsstudie zu einem reflexionszentrierten Fortbildungsangebot der Erwachsenenbildung für Lehrkräfte. In O. Dörner, C. Iller, I. Schüßler, H. von Felden & S. Lerch (Hrsg.), *Erwachsenenbildung und Lernen in Zeiten von Globalisierung, Transformation und Entgrenzung* (S. 61–75). Verlag Barbara Budrich.

Dewe, B., & Gensicke, D. (2018). Theoretische und methodologische Aspekte des Konzeptes „Reflexive Professionalität". In C. Schnell & M. Pfadenhauer (Hrsg.), *Handbuch Professionssoziologie* (S. 1–20). Springer Reference Sozialwissenschaften, https://doi.org/10.1007/978-3-658-13154-8_6-1

Gieseke, W. (2012). Profession. In B. Schäffer & O. Dörner (Hrsg.), *Handbuch Qualitative Erwachsenen- und Weiterbildungsforschung* (S. 435–447). Barbara Budrich.

Gieseke, W. (2018a). Professionalität und Professionalisierung in der Erwachsenenbildung/Weiterbildung. In R. Tippelt & A. von Hippel (Hrsg.), *Handbuch Erwachsenenbildung/Weiterbildung* (S. 1051–1069). Springer Reference Sozialwissenschaften, https://doi.org/10.1007/978-3-531-19979-5_52

Gieseke, W. (2018b). Professionalisierung der Erwachsenenbildung/Weiterbildung. Historische Prozesse und strukturelle Herausforderung der Gegenwart. In R. Dobischat, A. Elias & A. Rosendahl (Hrsg.), *Das Personal in der Weiterbildung* (S. 57–77). Springer Fachmedien Verlag.

Hartmann, H., & Hartmann, M. (1982). Vom Elend der Experten: Zwischen Akademisierung und Deprofessionalisierung. *Kölner Zeitschrift für Soziologie und Sozialpsychologie, 34*(2), 193–223.

Helsper, W. (2002). Lehrerprofessionalität als antinomische Handlungsstruktur. In W. Marotzki, M. Kraul & C. Schweppe (Hrsg.), *Biographie und Profession* (S. 67–86). Klinkhardt.

Helsper, W., & Tippelt, R. (2011). Ende der Profession und Professionalisierung ohne Ende? Zwischenbilanz einer unabgeschlossenen Diskussion. In W. Helsper & R. Tippelt (Hrsg.), *Pädagogische Professionalität* (S. 268–288). Beltz. https://doi.org/10.25656/01:7098

Hippel, A. von (2013). Programmplanung als professionelles Handeln – „Angleichungshandeln" und „Aneignungsmodi" im aktuellen Diskurs der Programm- und Professionsforschung. In B. Käpplinger, S. Robak & S. Schmidt-Lauff (Hrsg.), *Engagement für die Erwachsenenbildung* (S. 131–143). VS Verlag für Sozialwissenschaften.

Kieserling, A. (1999). *Kommunikation unter Anwesenden. Studien über lnteraktionssysteme.* Suhrkamp.

Kurtz, T. (2003). Wissen und Handeln – Zur ausserdisziplinären Relevanz soziologischer Erkenntnis. *Schweizerische Zeitschrift für Soziologie, 29*, 417–432.

Kurtz, T. (2005). Das professionelle Handeln und die neuen Wissensberufe. In M. Pfadenhauer (Hrsg.), *Professionelles Handeln* (S. 243–252). VS Verlag für Sozialwissenschaften.

Luhmann, N., & Schorr, K. E. (1982). Das Technologiedefizit der Erziehung und die Pädagogik. In N. Luhmann & K. E. Schorr (Hrsg.), *Technologie und Selbstreferenz. Fragen an die Pädagogik* (S. 11–40). Suhrkamp.

Nittel, D. (2000). *Von der Mission zur Profession? Stand und Perspektiven der Verberuflichung in der Erwachsenenbildung.* wbv.

Pachner, A. (2024). Professionalität und Professionalisierung in der Erwachsenenbildung: Ungewissheit – Reflexion – Transformation. In J. Schütz & U. Elsholz (Hrsg.), *Perspektiven auf Professionalisierung in Beruflicher Bildung, Erwachsenenbildung und Hochschulbildung* (S. 101–114). wbv Publikation. doi.org/10.3278/9783763974504

Pfadenhauer, M. (2005). Die Definition des Problems aus der Verwaltung der Lösung. In M. Pfadenhauer (Hrsg.), *Professionelles Handeln* (S. 9–22). VS Verlag für Sozialwissenschaften.

Reh, S. (2004). Abschied von der Profession, von Professionalität oder vom Professionellen? Theorien und Forschungen zur Lehrerprofessionalität. *Zeitschrift für Pädagogik, 50*(3), 358–372.

Schön, D. A. (1983). *The Reflective Practitioner. How Professionals Think in Action.* Basic Books.

Schulenberg, W. (1972). *Zur Professionalisierung der Erwachsenenbildung.* Westermann.

Tietgens, H. (1988). Professionalität für die Erwachsenenbildung. In W. Gieseke (Hrsg.), *Professionalität und Professionalisierung* (S. 28–75). Klinkhardt.

Tippelt, R., & Nittel, D. (2014). Die Professionalisierung von Erziehung und Bildung im Spannungsverhältnis zwischen einem pädagogisch organisierten oder einem pädagogisch verfassten System des lebenslangen Lernens. In D. Nittel, J. Schütz & R. Tippelt (Hrsg.), *Pädagogische Arbeit im System lebenslangen Lernens – Ergebnisse komparativer Berufsgruppenforschung* (S. 255–268). Beltz.

Alexander Kolling, Sabine Schmidt-Lauff und Regina Egetenmeyer

Professionalisierung durch Studiengänge entlang disziplinärer Grundlagen

Wiltrud Gieseke, seit nunmehr 30 Jahren Professorin bzw. Seniorprofessorin am Lehrstuhl für Erwachsenenbildung an der Humboldt-Universität zu Berlin (Humboldt-Universität zu Berlin, 2023), hat sich in vielfältigen Forschungsfeldern einen Namen gemacht. Dabei zeichnet sich ihre Forschung durch die enge Verzahnung mit ihrem Engagement für das Handlungsfeld der Erwachsenenbildung und der Profession aus, für das sie von Forneck & Wrana (2005) als „*Anwältin der Profession*" (S. 115) beschrieben wird.

Anlässlich dieser Festschrift stellt sich daher die Frage, was wir von den umfangreichen Erfahrungen und Forschungen, die sie in zahlreichen Publikationen verschriftlicht und veröffentlicht hat, lernen können. Dieser Beitrag der Festschrift widmet sich insbesondere dem Bereich der Studiengänge in der Erwachsenenbildung und beleuchtet die Aspekte, die sie dazu eingebracht, reflektiert, entwickelt und weitergedacht hat. Im Fokus des Beitrags steht die zentrale Frage danach, was Studiengänge für die (individuelle und kollektive) Professionalitätsentwicklung leisten können.

1. Dynamische Gesellschaft im Kontinuum von Studium und Studiengängen

Gesellschaftliche Dynamiken und ihre vielfältigen Einflüsse auf gesellschaftliche Strukturen konnten in den letzten Jahren zuhauf beobachtet werden. Von globalen Fluchtbewegungen, Klimakrise(n) und den einschneidenden Corona-Jahren, bis zu digitalen Transformationsprozessen, zuletzt durch den rasanten Aufstieg von KI-Technologien. Auch Bildungsorganisationen werden von diesen Dynamiken erfasst. In der sich stets wandelnden Bildungslandschaft verkörpern Studiengänge kontinuierlich Orte des Wissenstransfers und der Qualifizierung und stellen gleichzeitig ein Spiegelbild gesellschaftlicher Transformation dar. Der Organisationspsychologie Vaill (1998) beschreibt mit der Metapher „*permanentes Wildwasser*" eine eben solche Gesellschaft, die sich im dauerhaften Wandel befindet, wodurch die Handelnden in ihr stetig mit immer neuen Handlungsanforderungen konfrontiert werden und innovative Lösungen für neue

Herausforderungen finden müssen (Müller, 2007, S. 99–100). Bildungsorganisationen werden hier in doppelter Weise angesprochen, da sie als Organisationen einerseits den gleichen gesellschaftlichen Wandlungsprozessen und damit einhergehenden Herausforderungen ausgesetzt sind und andererseits ihre Aufgabe darin besteht, die Lernenden zu befähigen, im permanenten Wildwasser *navigieren* zu können und den damit einhergehenden Anforderungen gerecht zu werden (Pütz, 2012, S. 253–254).

Auch Wiltrud Gieseke verweist in ihren Texten regelmäßig auf die Zusammenhänge zwischen gesellschaftlichen Veränderungsdynamiken und beispielsweise Anforderungen an Professionalität und Professionalisierung. Eine zentrale gesamtgesellschaftliche Herausforderung, die Wiltrud Gieseke in ihren jüngeren Schriften verstärkt betonte, ist die Zunahme kapitalistisch geprägter Orientierungen, die mit den Prinzipien, „... *Flexibilität, Finanzreduktion, Innovations- und Kreativitätsforderungen* ...“ beschrieben werden (Gieseke, 2018a, S. 57). Diese Orientierungen wirken sich in Deutschland auch auf die Landschaft der Erwachsenen- und Weiterbildung (EB/WB) und damit inbegriffen Studiengänge und dessen Trägerstrukturen aus. Dies machte Wiltrud Gieseke schon früh sichtbar, indem sie sich in der DGfE für die Profession Erwachsenenbildung engagierte. Dazu lohnt es sich, nachfolgend etwas auszuholen und einen Teil der historischen Anfänge der Sektion (Schmidt-Lauff, 2014; Grotlüschen et al., 2022) nachzuzeichnen.

2. Exkurs: Zur Etablierung erwachsenenpädagogischer Schwerpunkte in der akademischen Professionalisierung

Im Zuge der Verabschiedung der Rahmenordnung für die Diplomprüfung der Erziehungswissenschaft durch die KMK 1969, etablierte sich der Diplom-Pädagogik-Studiengang mit Schwerpunkt Erwachsenen-/Weiterbildung durchaus erfolgreich (Egetenmeyer & Schüßler, 2012, S. 7). Die zeitgleich eingerichteten Lehrstühle und die Initiativen Arbeitskreis Universitäre Erwachsenenbildung (AUE) sowie die Kommission Erwachsenenbildung – heute Sektion – innerhalb der DGfE trieben die Entwicklung der Teil- bzw. Subdisziplin EB/WB innerhalb der Erziehungswissenschaften entscheidend voran (Lobe & Walber, 2020, S. 17). Mit der Reform der Diplomstudiengänge wurde die Ausgestaltung von Studienanteilen bereits 1971 zur Kernaufgabe der Sektion und ging mit der Novellierung der Diplomeinordnung einerseits und dem Entwickeln von Plänen für erwachsenpädagogische Zusatzstudiengänge andererseits einher (Schmidt-Lauff, 2014, S. 27–32). In etwa dieser Zeit, nämlich 1975, tritt Wiltrud Gieseke zwei Jahre nach dem Abschluss ihres Diploms der Sektion bei (Humboldt-Universität zu Berlin, 2023).

> „Um zu einer angemessenen Integration erwachsenpädagogischer Anteile zu gelangen, agiert man auf allen Ebenen …. Immerhin ging es um die erste bundesweit übergreifende Initiierung von Studienschwerpunkten der Erwachsenenbildung und Weiterbildung in Westdeutschland!" (Schmidt-Lauff, 2014, S. 28)

1978 wird von der Arbeitsgruppe *Studiengänge für Weiterbildner* erstmals ein Vorschlag für eine *„curriculare Struktur für die Studienrichtung Erwachsenenbildung"* vorgelegt, die für den Diplomstudiengang die Etablierung von Teil-Fächern fordert und in der *„wesentliche theorie- und berufsrelevante Handlungsqualifikationen im kategorialen und organisatorischen Rahmen …"* (Schmidt-Lauff, 2014, S. 30) verankert werden sollen. Ende der 1970er und Anfang der 1980er Jahre stieg die Nachfrage nach Weiterbildung des hauptamtlichen pädagogischen Personals und von Weiterbildner:innen generell (Gieseke & Dietel, 2012, S. 247). Grund dafür waren nach Schmidt-Lauff *„… bildungspolitische Entwicklungen und gesetzliche Neurahmungen …"* (Schmidt-Lauff, 2014, S. 32), also gesellschaftliche Dynamiken, aus denen neue Qualifizierungsbedarfe von Mitarbeiter:innen/Professionell Handelnden und damit einhergehend erste Erfahrungen aus Modellversuchen zu inhaltlichen Weiterbildungsstudiengängen hervorgingen (Schmidt-Lauff, 2014, S. 32). Was sich hieraus zum einen gut nachzeichnen lässt, ist, dass gesellschaftliche Dynamiken neue Bedarfe herauskristallisierten, die durch Bildungsorganisationen und den Formaten von Studiengängen durch die Qualifizierung entsprechenden Personals aufgenommen werden konnten.

1988 wird dann Wiltrud Gieseke zur zweiten Sprecherin und damit auch zur ersten Frau an die Spitze der Sektion gewählt (Schmidt-Lauff, 2014, S. 24). Im Rahmen ihrer vierjährigen Arbeit im Vorstand brachte sie 1989/90 auch das Thema *„Weiterbildung der Weiterbildner"* verstärkt als Aufgabe der Sektion ein. Damit einher gingen Ziele zur Bildung neuer Kooperationen und das Anregen von Reflexionen, um die Praxis zu unterstützen und die erwachsenenpädagogische Professionalisierung zu fördern (Schmidt-Lauff, 2014, S. 32). Wiltrud Gieseke spielte damit eine zentrale Rolle bei der Etablierung und Weiterentwicklung erwachsenenpädagogischer Studiengänge, in dem sie wichtige Impulse zur Verknüpfung von akademischer Forschung und praxisorientierter Reflexionen setzte.

Die enge Verzahnung zwischen Theorie und Praxis in der akademischen Professionalisierung, die sich bei Wiltrud Gieseke wie ein roter Faden durch ihre Texte zieht, ist auch aus meiner Perspektive (Alexander Kolling), der eines

Wissenschaftlers in der Qualifikationsphase, nicht genug zu betonen: Es sind gerade die wertvollen Einblicke und die Fragen aus der Praxis, die Forschung bereichern, das Einladen von Gästen aus der Praxis oder die Hinzunahme praktischer Beispiele, die Wissenschaft erst lebendig machen und Student:innen Zugänge zu den Gegenständen der Forschung erschließen lassen, die Texte nicht auf dieselbe Weise nahbar machen können.

Gerade an dieser Stelle scheint jedoch die Umgestaltung der Studiengänge im Rahmen der Bologna-Reform neue Rahmenbedingungen vorzugeben. So werden die Entwicklungen mit Forderungen nach *effizientem*, wie *effektivem Hochschulmanagement* und steigenden Anforderungen durch die Notwendigkeit zur Konkurrenzfähigkeit beschrieben (Egetenmeyer & Schüßler, 2012, S. 7), womit verwertungslogische und vermarkungsstrategische Rahmungen von Studiengängen bereits strukturell vorgegeben sind. Wiltrud Gieseke war auch hier erneut in das Engagement der Sektion, sich im Bologna-Prozess einzubringen, involviert. Dazu wird 2001 eine Arbeitsgruppe innerhalb der Sektion heraus gegründet, die es sich zur Aufgabe macht, die kommenden Herausforderungen zu identifizieren und Strategien zu entwickeln. 2004 münden die Bestrebungen der Sektion in einem *Basiscurriculum Erwachsenenbildung*, welches zwei Jahre später in der DGfE abgestimmt und gleichzeitig mit einer Debatte über Kerncurricula begleitet wird (Schmidt-Lauff, 2014, S. 34).

Zur Überprüfung erwachsenenpädagogischer Inhalte in den Angeboten pädagogischer Studiengänge, beauftragte die Sektion Erwachsenenbildung der DGfE 2016 eine Studie (Lobe & Walber, 2020). Dabei konnten Daten von 40 aus insgesamt 65 *Arbeitseinheiten* deutscher Universitäten mit Studienschwerpunkten im Bereich EB/WB erhoben werden. Aus den Ergebnissen lässt sich herausarbeiten, dass kein Bachelorstudiengang genuin der EB/WB zuzuordnen ist und Themenbereiche der EB/WB in BAs zu durchschnittlich 20% vertreten sind. Walber und Lobe (2020) interpretieren dies als Fortführung des sich abzeichnenden Profilverlustes der EB/WB innerhalb der Erziehungs- und Bildungswissenschaftlichen Studiengänge. Dies wird jedoch nicht nur im Kontrast zu einer Vorerhebung aus dem Jahr 2010, sondern auch im Vergleich mit den ehemaligen Diplomstudiengängen deutlich, in denen die EB/WB noch sichtbarer war. Ebenfalls ersichtlich ist in den Ergebnissen der Studie, dass die Masterstudiengänge eher eine Spezialisierung der Student:innen für den Bereich Erwachsenenbildung/Weiterbildung ermöglichen, jedoch laut Walber und Lobe (2020) die Studienzeit teils zu gering ist, um *die „Elemente der Disziplinorientierung und der Professionsfeldorientiertung*" (Lobe & Walber, 2020, S. 23) miteinander zu verknüpfen, was zum Beispiel mit den nicht immer realisierbaren Praxissemestern zusammenhängt. Daraus ergibt sich in der Betrachtung individueller Professionalisierungsprozesse, dass die Studiengänge zwar eine *vorgelagerte* generalisierte Professionalisierung als Erziehungswissenschaftler:in ermöglichen, jedoch berufspraktische Perspektiven häufig erst an späteren Zeitpunkten erworben und so nachträglich zum bereits aufgeladenen wissenschaftlichen Wissen reflektiert werden müssen (Lobe & Walber, 2020, S. 23–24.).

3. Der Beitrag von Studiengängen zur individuellen wie kollektiven Professionalisierung

Obwohl sich „*professionelle Kernbestände erwachsenenpädagogischer Tätigkeit …*" (Gieseke, 2018a, S. 70) über 35 Jahre lang in Studiengänge einbetten konnten und dort immer wieder (weiter-) entwickelt worden sind, zeichnen sich bislang im deutschsprachigen Raum keine Tendenzen dafür ab, eine einheitliche rahmengebende Gesetzgebung der Qualifizierung für Erwachsenenbildner:innen zu schaffen. Hier verweist Gieseke auf die heterogenen und pluralen Strukturen des Handlungsfeldes Weiterbildung, in dem die Anbieter und Träger eigene Qualitätsstandards und Einstellungsmerkmale definieren und damit den Markt prägen (Gieseke, 2018b, S. 1052). Dieses Phänomen wird auch vom Weiterbildungspersonal gespiegelt, da zwar ein großer Anteil akademisch ausgebildet wurde (73%), jedoch nicht zwingend in pädagogischen Disziplinen (26,3% genuin pädagogisch / 7,0% pädagogisches Neben- oder Beifach) (Martin et al., 2017, S. 113–114) (wobei hier noch zwischen lehrendem und planenden Personal unterschieden werden muss) und seitens der Weiterbildungseinrichtungen dies auch nicht gefordert wird. Vielfach sind es gerade die fachspezifischen Qualifikationen oder andere latente, persönlichkeitsbezogene Qualifikationen und Passungen zur Organisationsidentität, unter denen die erwachsenenpädagogische Kompetenz als Einstellungskriterium aus dem Fokus gerät (Martin et al., 2017, S. 116–117).

Dabei scheint es vor dem Hintergrund, „*…, dass die Spielräume und die Zeitmaße für die Arbeit geringer, die Qualifikationsanforderungen an die Erwachsenenbildner/innen, was Handlungskompetenz im engeren Sinne sowie die Komplexität des Wissens und die Erschließung von Ressourcen betrifft, jedoch größer werden*" (Gieseke, 2018b, S. 58–59) nicht zielführend, auf erwachsenpädagogische Qualifikationen zu verzichten. Gieseke erörterte bereits in einem kurzen Aufsatz zu ersten Erfahrungen und Einschätzungen der Kompetenzentwicklung von Studierenden des konsekutiven Studiengangs an der Humboldt-Universität zu Berlin, dass mit dem Abschluss des Bachelors wichtige Grundlagenkompetenzen erworben werden. Hier nennt sie sowohl wissensbezogene Kompetenzen über das Handlungsfeld und grundlegende Theorien und Modelle der Erwachsenenbildung ebenso wie handlungsbezogene Kompetenzen, die zur

„... übergreifenden Konzept-, Projekt- und Programmentwicklungsarbeit ...“ (Gieseke, 2006, S. 25) befähigen. Gerade dieser Anknüpfungspunkt lässt sich bei Gieseke im Bezug zum Wert individueller akademischer Professionalisierung immer wieder finden und auch in den Einklang mit dem Begriff der Bezugsdisziplin bringen. Es stellt gleichermaßen eine Anforderung an, wie eine Stärke von Studiengängen dar, die Grundlage professioneller Identitätsbildung zu setzen und damit eine *„akademische Basis“* (Egetenmeyer & Schüßler, 2012, S. 12) *„... für die Entwicklung erwachsenenpädagogischer Kompetenz wissenschaftlichen und reflexiven Charakters – also erwachsenenpädagogischer Professionalität“* zu setzen (Gieseke, 2018a, S. 70–71).

Nach Wiltrud Gieseke (2006) entfalten Grundlagenwissen über das Feld der Erwachsenenbildung und die Herstellung theoretischer Bezüge ihre ganze Wirkung jedoch vor allem dann, wenn sie mit praxisnahen Bezügen und praktischen Erfahrungswerten ergänzt werden können. Gerade im Kontext des erworbenen Grundlagenwissens stellen sich hier nach Gieseke vielfältige positive Effekte ein. Einerseits lässt sich nachzeichnen, dass Student:innen Ermutigung erfahren, wenn das erworbene Wissen im Praktikum *praxistauglich* zum Einsatz kommen kann und sie gleichzeitig Kompetenzen aktiv nutzen können. Darüber hinaus profitieren auch die Institutionen von Kompetenzen der Student:innen und spiegeln dies wertschätzend zurück. Zuletzt ist hervorzuheben, dass die erworbenen Erfahrungen aus den Praktika in den Seminaren des Studiums reflektiert werden können und so nicht nur das ganze Seminargeschehen inhaltlich bereichern, sondern auch neue Forschungsbezüge hervorbringen können (Gieseke, 2006, S. 25–26). Dies ist gerade unter dem Aspekt relevant, da viele in der Erwachsenenbildung Tätigen ihren *„beruflichen Habitus“* durch die praktischen Erfahrungen, sowie dessen *„sozialisatorischen Wirkungen“* ausprägen und dieser damit spezifisch und organisationsbezogenen (Gieseke, 2023, S. 341), jedoch nicht bezogen auf die Bezugsdisziplin ausgeprägt wird. Betrachtet man diesen Aspekt unter Vergegenwärtigung des Fehlens eines Berufsverbandes, was von Wiltrud Gieseke regelmäßig betont wird, kommt gerade hier den Studiengängen eine bedeutsame Rolle zur Ausprägung der *„mentalen Mitgliedschaft“* zu, die sowohl für das professionelle pädagogische Handeln, als auch für Engagement, Identität und Qualitätssicherung relevant ist (Gieseke, 2018b, S. 1064).

Unter dieser Betrachtung, in denen Studiengänge zu ersten Erfahrungen eigener Wissens- und Handlungskompetenzen in Praktika anregen, sowie dessen Austausch und Rückspiegelung an wissenschaftstheoretische Grundlagen der Bezugsdisziplin ermöglichen, werden Studiengänge auch zu Räumen gelebter Fehlerkultur. Unter dem Aspekt, dass Professionalität kein Zustand, sondern als situative Handlung und Interaktion in der Beziehung, mit dem Subjekt gedacht werden muss, wobei insbesondere die (Selbst-)Reflexion dieser Handlung und das In-Beziehung-Setzen zwischen Theorie und Praxis besonders hervorgehoben werden muss, können den Formaten in Studiengängen eine besondere Rolle zugesprochen werden. Besonders auch deshalb, weil Studiengänge im Gegensatz zu durchrationalisierten Strukturen gesellschaftlicher Ansprüche an Professionalität stehen und außerhalb dieser, nur wenige Räume die nötige Offenheit zum Umsteuern, Nachbessern oder Scheitern aufweisen. Gieseke und Dietel (Gieseke & Dietel, 2012) betonen jedoch schon früh, dass gerade der Bachelor-Studiengang strukturell nicht in der Lage ist, praxisnahe Erfahrungen im nötigen Maße zu ermöglichen (S. 254), was sich gegenwärtig auch empirisch nachzeichnen lässt (Lobe & Walber, 2020, S. 23).

Doch welche Potentiale zu Veränderungsdynamiken von Studiengängen finden sich bei Wiltrud Gieseke? Einerseits betont sie auch weiterhin die Etablierung klassischer konsekutiver Bachelor- und Masterstudiengänge, die sich originär auf erwachsenenpädagogische Inhalte, Forschung und (Forschungs-)Methoden fokussieren (Gieseke & Dietel, 2012, S. 254–255). Weiter sieht sie Potentiale in der Umsetzung von spezifischen Master- oder Weiterbildungsstudiengängen der Erwachsenenbildung/Weiterbildung (Gieseke & Dietel, 2012, S. 255).

Dabei sind Inhalte der EB/WB für Gieseke in ihrer Relevanz längst nicht auf die eigene Disziplin begrenzt. In jüngeren Schriften lenkte sie den Blick auch auf Module der Erwachsenenbildung, die „*polyvalent*“ in anderen Disziplinen angeboten werden um damit die „*… Sichtbarkeit und Profilierung der Forschung der Erwachsenen-/Weiterbildung zu gewährleisten (z.B. in der Medizin-/Pflegepädagogik, Genderstudiengang, Interkulturalität, Betriebliche Weiterbildung)*“ (Gieseke & Dietel, 2012, S. 255). In einem anderen Artikel zu *(Erwachsen-)Pädagogische(n) Herausforderungen im Prozess der Akademisierung und der Ausdifferenzierung der Gesundheitsberufe* betont sie die enge Verzahnung des Handlungsfeldes der Gesundheitsbildung und den dazu nötigen oder unterstützenden erwachsenenpädagogischen Kompetenzen. Dabei zielt die Gesundheitsbildung auf das „… Verstehen des subjektiven Befindens und d er dazugehörigen Selbstauslegung“ (Gieseke, 2019, S. 162–163) ab und entfaltet sich als „… eine notwendige Balancierung zwischen Selbstverantwortung, die durch Bildung zu unterstützen ist, und gesellschaftlicher Verantwortung, die ebenfalls zur Partizipation der Bürger, der Arbeitswelt und der Politik verlangt“ (Gieseke, 2019, S. 163). Da die Beratung in den Gesundheitsberufen, sowie der Gesundheitsbildung eine relevante Kompetenz darstellt, für die Gieseke auch erwachsenenpädagogische Grundbildung vorsieht (Gieseke, 2019, S. 167), erscheint es sinnvoll, in entsprechenden Studiengängen auch erwachsenenpädagogische Lehr-Lernformate zu implementieren. Es liegt nahe, dass durch die damit verbundene Sichtbarkeit der

Disziplin nicht nur auch mehr Bedeutsamkeit zukommen würde, sondern sie sich darüber hinaus interdisziplinär entfalten, neue Forschungshorizonte erschließen und möglicherweise auch eine neue Zielgruppe adressieren könnte.

4. Schlussfolgerung: Individuelle Professionalisierung im Spiegel der Zeit

Seit den Anfängen von Wiltrud Gieseke im wissenschaftlichen Kontext wie im disziplinpolitischen Engagement hat sie sich als Vorreiterin und Anwältin der Profession profiliert, stets bestrebt, bessere Bedingungen für Bildung im Erwachsenenalter und über die Lebensspanne insgesamt zu schaffen, zu professionalisieren und die Erwachsenenbildung als eigenständige Bezugsdisziplin zu begründen. Ihr Einsatz für die enge Verzahnung von gesellschaftlichen Dynamiken und der Entwicklung von Studiengängen spiegelt sich in ihren vielen Beiträgen zur Etablierung und Weiterentwicklung dieser Disziplin wider. Sowohl in ihren früheren, als auch in ihren jüngeren Texten lässt sich ihre deutliche Haltung für die Disziplin, für die akademische Professionalisierung und gegen Rationalisierungsbestrebungen und Verwertungslogiken deutlich herausarbeiten. Dabei unterstreicht sie die Bedeutung einer engen Verknüpfung von theoretischem Wissen und praktischen Erfahrungen, der Herausbildung eines beruflichen Habitus und interdisziplinären Vernetzungen.

Die Bologna-Reform hat den Druck auf die Qualität und Struktur von Bildungseinrichtungen und ihren Angeboten bei stetiger Maximierung der Qualifikationsanforderungen an Erwachsenenbildner:innen erhöht, während finanzielle Ressourcen und zeitliche Spielräume geringer werden, die nötige Professionalisierung zu leisten. Gleichzeitig bilden sich in der EB/WB-Landschaft kapitalistisch-orientierte Formate und Trägerstrukturen zur individuellen Professionalisierung aus, die Lehren und Lernen nutzenmaximierend und verwertungslogisch denken. Besonders *Online-Bildungsakademien*, in denen *Micro-Credentials* oder *Nano-Degrees* vergeben werden oder auch private Hochschulen, in denen Studieren als maßgeschneidertes Angebot mit vermeintlich wenig Aufwand und Engagement beworben wird, stehen bezeichnend für solche (kapitalistischen) Rationalisierungsbestrebungen. Praktische Erfahrungen, Fehlerkulturen, Zeit und Raum – auch zur Ausbildung von Zugehörigkeit, ethischer Verantwortung, eines professionellen Selbstverständnisses und interdisziplinären Wissens und Fähigkeiten durch z.B. Nebenfächer – rücken in den Hintergrund.

Es scheint offensichtlich, dass Studiengänge nach wie vor Anwaltschaften bedürfen, die – wie Wiltrud Gieseke nicht müde wird zu erinnern – die Bedeutung der Bezugsdisziplin betonen und Profilierung vorantreiben. Dabei gilt es, neue Zugänge, Innovationspotenziale und Perspektiven zur Schaffung stabiler und qualitativ hochwertiger Professionalisierungsstrukturen zu schaffen und die Handlungsfähigkeit in und durch Studiengänge durch die Verzahnung umfassender, wissensvermittelnder und kompetenzprägender Formate zu stärken. Darüber hinaus muss das Studium ein Ort bleiben, in dem Raum für Erfahrungen, Reflexionen, Versuche und Scheitern möglich bleibt und in dem Lernen und Bildung zur Entwicklung erwachsenenpädagogischer Professionalität mit Identifizierung und Engagement für den so spannenden wie vielseitigen Bereich der Erwachsenenbildung einhergeht.

„Bessere Bedingungen für Bildung zu schaffen, kann keine Fehlentwicklung sein" (Gieseke, 2018b, S. 71).

Literatur

Egetenmeyer, R., & Schüßler, I. (2012). Zur akademischen Professionalisierung in der Erwachsenenbildung/Weiterbildung – Entwicklungen im Kontext des Bologna-Prozesses. In R. Egetenmeyer & I. Schüßler (Hrsg.), *Akademische Professionalisierung in der Erwachsenenbildung/Weiterbildung* (Bd. 70, S. 7–28). Schneider Verlag Hohengehren.

Forneck, H. J., & Wrana, D. (2005). *Ein parzelliertes Feld. Eine Einführung in die Erwachsenenbildung.* W. Bertelsmann Verlag GmbH & Co KG.

Gieseke, W. (2006). BA-/MA-Studiengänge – Erste Erfahrungen, erste Einschätzungen zur Kompetenzentwicklung. *Der pädagogische Blick, 14*(1), 25–27).

Gieseke, W. (2018a). Professionalisierung der Erwachsenenbildung/Weiterbildung. Historische Prozesse und strukturelle Herausforderungen der Gegenwart. In R. Dobischat, A. Elias & A. Rosendahl (Hrsg.), *Das Personal in der Weiterbildung* (S. 57–77). Springer Fachmedien Wiesbaden.

Gieseke, W. (2018b). Professionalität und Professionalisierung in der Erwachsenenbildung/Weiterbildung. In R. Tippelt & A. von Hippel (Hrsg.), *Handbuch Erwachsenenbildung/Weiterbildung* (S. 1051–1069). Springer Fachmedien Wiesbaden.

Gieseke, W. (2019). (Erwachen-)Pädagogische Herausforderung im Prozess der Akademisierung und Ausdifferenzierung der Gesundheitsberufe. In S. Dietel & T. Ufer, (Hrsg.), *Forschung und Lehre der Fakultät Gesundheits- und Sozialwissenschaften. Der lange Weg zur Chancengleichheit* (Bd. 2, S. 161–173). Verlag Dr. Kovač GmbH.

Gieseke, W. (2023). Profession. In R. Arnold, E. Nuissl & J. Schrader (Hrsg.) *Wörterbuch Erwachsenen- und Weiterbildung* (S. 341–342). Verlag Julius Klinkhardt.

Gieseke, W., & Dietel, S. (2012). Professionelles Selbstverständnis der Disziplin Erwachsenen-/Weiterbildung. In R. Egetenmeyer & I. Schüßler (Hrsg.), *Akademische Professionalisierung in der Erwachsenenbildung/Weiterbildung* (Bd. 70, S. 247–257). Schneider Verlag Hohengehren.

Grotlüschen, A., Käpplinger, B., & Molzberger, G. (Hrsg.). (2022). *50 Jahre Sektion Erwachsenenbildung in der Deutschen Gesellschaft für Erziehungswissenschaft. Konstituierendes – Errungenes – Umbrüchiges aus einem halben Jahrhundert Sektionsgeschichte*. Verlag Barbara Budrich.

Humboldt-Universität zu Berlin. (2023, März 17). Prof. Dr. Wiltrud Gieseke. *Internetauftritt der Humboldt-Universität zu Berlin. Institut für Erziehungswissenschaften. Abteilung Erwachsenenbildung/Weiterbildung.* https://www.erziehungswissenschaften.hu-berlin.de/de/ebwb/team/wiltrud-gieseke#Forschung

Lobe, C., & Walber, M (2020). Das Studium der Erwachsenen- und Weiterbldung in Deutschland: Stand und Perspektiven disziplinärer Professionalisierungsangebote. *Hessische Blätter für Volksbildung*, (1), *Professionalität-Studiengänge der Erwachsenenbildung*, 16–27.

Martin, A., Lencer, S., Schrader, J., Koschek, S., Ohly, H., Dobischat, R., Elias, A., & Rosendahl, A (2017). *Das Personal in der Weiterbildung. Arbeits- und Beschäftigungsbedingungen, Qualifikationen, Einstellungen zu Arbeit und Beruf*. W. Bertelsmann Verlag GmbH & Co. KG.

Müller, U. (2007). Bildungsmanagement – Skizze zu einem orientierenden Rahmenmodell. In G. Schweizer, U. Iberer & H. Keller (Hrsg.), *Lernen am Unterschied. Bildungsprozesse gestalten – Innovationen vorantreiben* (S. 99–121). Bertelsmann. https://www.ssoar.info/ssoar/bitstream/handle/document/51530/ssoar-2007-keller_et_al-Lernen_am_Unterschied_Bildungsprozesse_gestalten.pdf;jsessionid=02FE7648367119F7A9C834BBD38E5340?sequence=1

Pütz, M. S. (2012). ZWH – Geschäftsprozessoptimierung (GPO) – Ein Verfahren für Bildungsanbieter zur Kompetenz- und Organisationsentwicklung. In G. Westhoff, K. Jenewein & H. Ernst (Hrsg.), *Kompetenzentwicklung in der flexiblen und gestaltungsoffenen Aus- und Weiterbildung* (S. 243–264). Bundesinstitut für Berufsbildung.

Schmidt-Lauff, S. (2014). Geschichte der Sektion Erwachsenenbildung. Eindrücke, Einblicke und Zusammenhänge aus 40 Jahren Sektionsentwicklung. In *Vergangenheit als Gegenwart – Zum 40-jährigen Bestehen der Sektion Erwachsenenbildung der DGfE* (S. 11–57). Verlag Barbara Budrich.

Vaill, P. B. (1998). *Lernen als Lebensform. Ein Manifest wider die Hüter der richtigen Antworten*. Klett-Cotta.

Matthias Alke

Berufsbild HPM in der öffentlichen Erwachsenenbildung – Forschungsstand und aktuelle Perspektiven

In Bezugnahme auf die vielfältigen theoretischen, konzeptionellen und empirischen Beiträge von Wiltrud Gieseke zum Diskurs der Professionalisierung der Hauptberuflichkeit in der Erwachsenenbildung und insbesondere zur Konturierung des Berufsbilds hauptberuflich pädagogischer Mitarbeitenden (HPM) mit planend-disponierendem Aufgabenprofil, rekapituliert der Artikel den aktuellen Forschungs- und Diskussionstand zu dieser spezifischen pädagogischen Berufsgruppe in der Erwachsenenbildung. Damit ist das Ziel verbunden, das Werk Wiltrud Giesekes und ihr Wirken für die Professionalisierung zu würdigen und auf Basis der sichtbar werdenden Desiderate notwendige Forschungsperspektiven am Beispiel eines aktuellen Projekts aufzuzeigen.

1. Einleitung

HPM ist als Chiffre für die hauptberuflich pädagogischen Mitarbeitenden im Feld der gemeinwohlorientierten, öffentlich verantworteten Erwachsenenbildung fest verankert und auch in der Erwachsenenbildungswissenschaft eine geläufige Abkürzung. Sie übernehmen vor allem planend-disponierende Aufgaben, die sich auf die mesodidaktische Programmplanung und Angebotsentwicklung in den Organisationen konzentrieren, in Abgrenzung zur mikrodidaktisch eingebetteten Lehrtätigkeit in der Erwachsenenbildung (Überblick: Fleige, 2024). Dieses spezifische Berufsbild HPM wurde vor allem im Zuge der westdeutschen Bildungsreformen der 1960er und 1970er Jahren als Referenzmodell für die Ausgestaltung von Förderungsstrukturen hauptberuflicher Stellen in den Organisationen konzipiert. Wiltrud Gieseke hat durch ihr professionspolitisches Engagement und ihre umfangreichen Forschungsarbeiten zur Professionalisierung der hauptberuflichen Planungstätigkeit einen wichtigen Beitrag dazu geleistet. Zudem war sie während ihrer Tätigkeit als wissenschaftliche Mitarbeiterin in der Pädagogischen Arbeitsstelle des Deutschen Volkshochschulverbandes (PAS-DVV) von 1973 bis 1980 an der Konzeptionsarbeit des Berufsbild HPM mitbeteiligt, etwa durch die Erstellung von Studienbriefen, die das hauptberuflich planende Personal in der Erwachsenenbildung adressierten (vgl. Gieseke, 2008, S. 50–54).

Ausgehend von einer begriffstheoretischen und historischen Einordnung des Berufsbild HPM (Kapitel 2) wird im Beitrag der wissenschaftliche Forschungs- und Diskussionsstand zur hauptberuflichen Tätigkeit dargelegt und entlang von drei thematischen Schwerpunkten bilanziert (Kapitel 3). Anknüpfend an sichtbar werdende Desiderate wird ein aktuelles Forschungsprojekt vorgestellt, das u.a. die historische Genese und den Wandel des Berufsbilds HPM untersucht (Kapitel 4).

2. Begriffstheoretische und historische Einordnung

Im Allgemeinen umfassen Berufsbilder aus professionstheoretischer Sicht „typische Aufgaben, Verantwortlichkeiten, Kompetenzen, erforderliche Ausbildungswege und Qualifikationen sowie Weiterbildungsmöglichkeiten, Arbeitsbedingungen und Karrieremöglichkeiten, die üblicherweise von Berufs- und Fachverbänden oder staatlichen Institutionen formuliert werden. Sie ermöglichen eine standardisierte Beschreibung und Klassifizierung von Berufen und dienen als Grundlage für Personalplanung, Berufsberatung, Ausbildung oder Arbeitsmarktanalysen" (Alke et al., 2023, S. 498). Demgegenüber ist der Begriff „Stellenprofil" organisationstheoretisch eingebettet, in dem er auf die Stellen innerhalb einer Organisation mit ihren spezifischen Aufgaben bzw. Funktionen verweist. Stellenprofile werden von Organisationen in der Regel selbst formuliert (Alke & Uhl, 2021, S. 246).

In der Erwachsenenbildung kursieren diverse Begrifflichkeiten zur Systematisierung von Berufsbildern, Berufsrollen, Stellen-, Tätigkeits- und Kompetenzprofilen, die kategorial nicht immer trennscharf verwendet werden (Überblick: Müller-Naevecke, 2019, S. 42–43). Diskursiv hat sich eine Differenzierung von vier pädagogischen Berufskategorien etabliert: Hauptberufliche Einrichtungsleitungen, HPM mit planend-disponierenden Aufgaben, hauptberuflich tätige Lehrende sowie ehrenamtlich, frei- oder nebenberuflich Lehrende (Nittel, 2000, S. 186–187). Daneben ist auf Verwaltungskräfte zu verweisen, die teilweise auch pädagogische Aufgaben übernehmen sowie auf neue Profilierungen im Schnittfeld von Pädagogik, Management und Verwaltung (siehe dazu genauer Kapitel 3.1).[1]

Hinsichtlich der zeitgeschichtlichen Professionalisierung der Erwachsenenbildung werden von Gieseke (1996; 2018) verschiedene Phasen beschrieben: Für die Etablierung hauptberuflicher Tätigkeit liegt vor allem in den westdeutschen Bildungsreformen der 1960er und 1970er Jahre in der Bundesrepublik

1 Dieser Abschnitt ist ähnlich in Alke et al. 2023 erschienen.

eine entscheidende Phase, indem durch die neu geschaffenen Weiterbildungsgesetze ein flächendeckender Ausbau hauptberuflicher Stellen stattfand, von dem insbesondere Volkshochschulen als zentrale Einrichtungen der öffentlich verantworteten Erwachsenenbildung profitierten. In dieser Zeit wurde auch die Konzeption des Berufsbild HPM forciert, vor allem durch die PAS-DVV, etwa durch ihre Autorenschaft der „Blätter für Berufskunde", den besagten Studienbriefen und Fortbildungsreihen (Tietgens, 1976; Gieseke, 2008). Parallel dazu wurde die akademische Professionalisierung der Erwachsenenbildung durch die Einrichtung von neuen Lehrstühlen und der Einführung von Diplomstudiengängen mit erwachsenenpädagogischer Ausrichtung vorangetrieben, die zugleich die Etablierung des Berufsbild HPM unterstützte (Nittel, 2000). Mit den 1980er Jahren stagnierte dann die durch die Bildungsreformen hervorgebrachte Professionalisierung, sowohl aufgrund des allmählichen Rückgangs finanzieller staatlicher Zuwendungen (Nittel, 2000, S. 133–134) als auch durch den „Rückzug von Professionalisierungsansprüchen" (Gieseke, 2018, S. 64) innerhalb der Erwachsenenbildung. Diese Phase mündete schließlich in eine Phase der „Marktorientierung unter neuen Effizienzgesichtspunkten" (Gieseke, 2018, S. 65), indem durch neoliberale Reformen neue betriebswirtschaftlich und auf das Management bezogene Anforderungen an das hauptberufliche Personal gestellt wurden: „Die Auseinandersetzung um Professionalisierung verengte sich, aber gleichzeitig entgrenzte sie sich noch einmal" (Gieseke, 2018, S. 66), auch durch eine stark geförderte Vernetzung zwischen den Organisationen und mit anderen Professionen. In der Rückschau werden Stand und Fortschritt der Professionalisierung in der öffentlichen Erwachsenenbildung vorwiegend skeptisch betrachtet (z.B. Faulstich, 1996; Helsper & Tippelt, 2011; Nittel & Schütz, 2016; Seitter, 2011): So weisen zwar die Beschäftigten in der Erwachsenenbildung insgesamt einen relativ hohen Akademisierungsgrad auf (Martin et al., 2016), es gibt aber nach wie vor keine geregelten beruflichen Zugangsvoraussetzungen wie dies in klassischen Professionen der Fall ist. Zudem kursieren vielfältige Berufsbezeichnungen (Peters, 2004), die darauf schließen lassen, dass sich trotz konzeptioneller Bemühungen der 1960er und 1970er Jahre „weder ein eigenständiger vierter Bildungssektor noch ein gesellschaftlich anerkanntes Berufsbild mit spezifischem Qualifikationsprofil und einer gesellschaftlich anerkannten Identität [entwickelt hat], das für diesen Sektor federführend und leitend wäre" (Hartig, 2008, S. 38). Anknüpfend an die eher skeptischen Diagnosen konstatiert Gieseke (2018), dass, es „zu früh [ist], eine totale Ökonomisierung, eine Auflösung von Professionsbemühungen als Fehlentwicklungen zu akzeptieren. Bessere Bedingungen für Bildung zu schaffen, kann keine Fehlentwicklung sein" (Gieseke, 2018, S. 71).

3. Diskussions- und Forschungsstand

Mit Blick auf die Professionalisierung in der Erwachsenenbildung eröffnet sich ein weitreichendes Forschungsfeld. Anknüpfend an die skizzierten etablierten berufskategorialen Differenzierungen haben sich verschiedene Forschungsstränge herauskristallisiert, wie z.B. zu frei- und nebenberuflichen Lehrenden (Überblick: Müller-Naevecke, 2019; Schrader, 2018, S. 48–57). Im Folgenden liegt der Fokus auf empirischen Untersuchungen zum hauptberuflichen pädagogischen Personal mit planend-disponierenden Aufgabenprofil. Dabei sind in den einzelnen Studien die Grenzen zwischen hauptberuflichen pädagogischen Mitarbeitenden und Leitungskräften mal mehr, mal weniger stark konturiert. Ausgehend von einer umfassenden Recherche und Bestandsaufnahmen wurden drei thematische Schwerpunkte empirischer Untersuchungen erschlossen.[2]

3.1 Studien zu Aufgaben und Tätigkeitsprofilen von Hauptberuflichen

In der Erwachsenenbildung lässt sich eine programmatische Diskussion zum Aufgaben- und Zuständigkeitsbereich der Hauptberuflichen, ihrer Professionalisierung sowie notwendigen Qualifizierungs- oder Fortbildungsbedarfen zurückverfolgen, die bis in die Zeit vor den Bildungsreformen zurückreicht. Bereits in den 1950er Jahren fanden erste konzeptionelle Überlegungen zur Hauptberuflichkeit statt (z.B. Grau, 1957; Steindorf, 1960; Tietgens, 1962). In den 1970er und 1980er Jahren werden erste empirische Untersuchungen zu Tätigkeitsprofilen durchgeführt, z.B. auf Basis von Stellenanzeigen (Siebert, 1974; Fülgraff, 1975; Fülgraff & Rolff, 1981; Peters-Tatusch, 1981). Die Ergebnisse zeigen die hohe Bedeutung von Programmplanung und Organisationsaufgaben sowie den geringen Stellenwert von Lehrtätigkeiten (Peters-Tatusch, 1981, S. 68–69). Weitere Bestandsaufnahmen ab den 2000er Jahren verdeutlichen dann, dass neben Organisations- und Planungsaufgaben Bildungsmarketing, Qualitätsmanagement, Beratung, Drittmittelakquise und Kooperation für Hauptberufliche an Bedeutung gewinnen (Kraft, Seitter & Kollewe, 2009; von Hippel & Fuchs, 2009). Darüber hinaus verweisen die empirischen Befunde auf eine Entgrenzung der Tätigkeitsfelder: So übernehmen Verwaltungsmitarbeitende ebenfalls Aufgaben im Bereich Programmplanung, Beratung, Betreuung von Kursleitenden oder Bildungsmarketing. In Abgrenzung zu hauptberuflich planend-disponierenden Mitarbeitenden (HPM)

2 An dieser Stelle möchte ich Laura Uhl für ihre wertvollen Hinweise zum skizzierten Forschungsstand herzlich danken.

etabliert sich hier das als Assistenz angelegte Profil von organisatorisch-pädagogischen Mitarbeitenden (OPM) (von Hippel, 2010). Weitere Studien bestätigen, dass die Grenzen der Tätigkeiten von HPM, OPM, Verwaltungsmitarbeitenden und Kursleitenden fließend sind (Dietsche, 2015; Franz, 2013; Schneider, 2019). Die Entgrenzung und Ausdifferenzierung von Tätigkeitsprofilen in der Erwachsenenbildung und benachbarten Kontexten bestätigt auch eine Analyse zu den Auswirkungen von hochschulischen Bologna-Reformen auf Stellenprofile mit erwachsenenpädagogischen Anteilen (Hoffmann et al., 2018). Somit stützen die verschiedenen Studien ein zentrales Ergebnis aus dem WB Personalmonitor 2014, „dass die meisten Beschäftigungsverhältnisse in der Weiterbildung ein breites Bündel an unterschiedlichen Tätigkeiten umfassen und sich damit als sehr viel heterogener erweisen, als dies häufig in den konzeptionellen Annahmen zugrunde gelegt wird" (Martin, 2016, S. 103). Aktuell wird vor allem diskutiert, ob die digitale Transformation zu einer „Neukonfiguration und Spezialisierung der klassischen Tätigkeitsfelder in der Weiterbildung" (Rohs, 2019, S. 126) führt. Empirische Untersuchungen liegen dazu noch nicht vor. Zudem ist bilanzierend festzuhalten, dass sich ein Wandel von Aufgaben und Tätigkeitprofilen des hauptberuflichen Personals abzeichnet. Jedoch liegen keine Längsschnittanalysen oder diachronen Vergleiche vor, die das Verhältnis von Kontinuität und Wandel hier genauer beleuchten.

3.2 Studien zum beruflichen Selbstverständnis von Hauptberuflichen

Neben Untersuchungen, die sich mit dem Berufseinstieg, der beruflichen Sozialisierung, der Entwicklung eines Berufshabitus oder der Tradierung von Berufswissen beschäftigen (Gieseke 1989; Nittel & Maier, 2006; Benz-Gydat, 2017), liegen mehrere Studien zum beruflichen Selbstverständnis von Hauptberuflichen vor, das sich insgesamt als sehr heterogen und nicht ubiquitär erwachsenenpädagogisch zeigt (Nittel & Völzke, 2002; Peters, 2004). Zu dieser Einschätzung gelangt auch Hartig (2008), die in einer Studie die beruflichen Selbstbilder unterschiedlicher Berufsgruppen rekonstruierte. Zwar beinhalten die untersuchten Selbstbilder erwachsenenpädagogische Bezüge (z.B. durch ein entsprechendes Studium oder die Zugehörigkeit zum System Erwachsenenbildung), jedoch bewegt sich die berufskulturelle Selbstreflexion der Interviewten zwischen „kreativer Ausgestaltung und Beliebigkeit, zwischen funktionaler Anpassung und resignativer Unterordnung und zwischen Anschlussfähigkeit und Selbstmarginalisierung" (Hartig, 2008, S. 338). Ein ähnlich weites Spektrum im professionellen Selbstverständnis, das sich zwischen normativen Bildungsansprüchen, ökonomischen

Herausforderungen und einer managementbezogenen Effizienzorientierung bewegt, verdeutlichen die Studien von Hary (2017) zu Leitungskräften und Pfiszter (2018) zu unterschiedlichen Generationenangehörigen in der Gruppe der Hauptberuflichen an Volkshochschulen. Außerdem ist auf Ergebnisse aus der komparativ pädagogischen Berufsgruppenforschung zu verweisen, die sich u.a. mit beruflichen Selbst- und Fremdzuschreibungen pädagogischer Berufe befasst hat (Überblick: Nittel, Schütz & Tippelt, 2014). Im Rahmen von Befragungen konnte hierbei „in unterschiedlicher Weise die Signal-, Selektions- und Selbstdarstellungsfunktion von Berufsbezeichnungen" und ihre identitätsstiftende Wirkung (von Hippel et al., 2014, S. 217–219) belegt werden. In der Gesamtschau liefern die Befunde zu beruflichen Selbstverständnissen und Selbstbildern damit wichtige Erkenntnisse, inwieweit die programmatisch-konzeptionell etablierten Berufsbilder in der Erwachsenenbildung Widerhall in subjektiven Auslegungen finden (können). Es zeigt sich, dass die Selbstbilder teils eng, teils wenig und häufig nur diffus an erwachsenenpädagogische Bezüge anschließen. Gleichzeitig lässt sich aus den Studien ableiten, dass für die Professionalisierung auch die Organisationen im Feld der Erwachsenenbildung einflussgebend sind.

3.3 Studien an der Schnittstelle von Professions- und Organisationsforschung

Während das Verhältnis von Organisation und Profession lange Zeit eher kritisch betrachtet wurde, so ist es mittlerweile unstrittig, dass sich die kollektive Professionalisierung in der Erwachsenenbildung erst über den Ausbau von Organisationsstrukturen vollziehen und Organisationen als Konstitutionszusammenhang erwachsenenpädagogischer Professionalität zu betrachten sind (vgl. Schicke, 2011, S. 12–13). Im Zuge einer „organisationalen Wende" (Schäffter, 2003) in der Erwachsenenbildungsforschung in den 1990er Jahren sind eine Reihe von Studien entstanden, die professionelles Handeln im Lichte institutionell-organisatorischer Rahmenbedingungen untersuchen. So liefern die von Gieseke (2003) vorgelegten Arbeitsplatzanalysen zum Programmplanungshandeln empirische Einblicke in die vielfältigen Tätigkeitsfelder von Hauptberuflichen sowie in die institutionell eingebettete Komplexität vernetzter Aufgaben und Wissensbereiche. Ausgehend von dem kontrovers diskutierten Verhältnis von Programmplanung und Management untersuchte Robak (2004) das Leitungshandeln und konnte zeigen, dass die Anforderungen hier in der Sicherung der Binnenfunktionalität (organisationsstrukturelles Management), der Entwicklung eines Profils (Rahmenbedingungen für Programmplanung) und in der Einbindung der Umwelt (überinstitutionelles Vernetzungsmanagement) liegen. Eine Reihe von Studien beschäftigen sich mit den Auswirkungen der angesprochenen neoliberalen Reformen und der Marktorientierung auf das professionelle Handeln und liefern Einblicke in die paradoxen pädagogischen, betriebswirtschaftlichen sowie organisations- und managementbezogenen Handlungslogiken (z.B. Ehses & Zech, 1999; Behrmann, 2006). Weitere Studien beleuchten die organisationskulturellen Einflüsse auf das professionelle Handeln und zeigen damit die Wirkmächtigkeit von Organisation als Gestaltungsebene für die Professionalisierung (Dollhausen, 2008; Fleige, 2011; Franz, 2016). Die Aufmerksamkeit liegt hier auf dem organisationalen Binnenraum als Kontext für die Professionalisierung des Personals, oftmals verbunden mit Aspekten der Organisationsentwicklung (Feld, 2007). Demgegenüber wurde bislang nicht untersucht, welche Einflüsse von den (Einzel-)Organisationen auf die kollektive Professionalisierung innerhalb des Feldes ausgehen und wie sie dadurch die Formierung von Berufsbildern beeinflussen. So kann angenommen werden, dass die von Verbänden und Politik konstituierten Berufsbilder auf die Bezugnahme in den Einzelorganisationen angewiesen sind, um sich mittel- und langfristig durchsetzen zu können.

4. Ausblick: Das Forschungsprojekt StellA[3]

In einem aktuellen, historiographisch angelegten Forschungsprojekt unter der Leitung des Autors werden seit 2022 die historische Formierung und der Wandel hauptberuflicher Tätigkeit in der öffentlichen Erwachsenenbildung seit der Nachkriegszeit bis heute untersucht, mit besonderer Bezugnahme zum Berufsbild HPM.

Mit dem Vorhaben wird an das in Kapitel 3.1 skizzierte Desiderat angeknüpft, dass bislang keine Längsschnittanalysen zur historischen Entwicklung und (möglichen) Veränderungen von Berufsbildern, Aufgaben, Anforderungen sowie neuen Profilierungen und Entgrenzungstendenzen in der hauptberuflichen Tätigkeit vorliegen. Bezugnehmend auf den in Kapitel 3.3 herausgearbeiteten Stellenwert von Organisationen für die Professionalisierung wird ein Schwerpunkt auf deren Einfluss gelegt. Hier ist von Interesse, ob und inwieweit Verbände, Träger- und Einzelorganisationen an der Konturierung des Berufsbilds HPM mitgewirkt und möglicherweise durch neue, organisationsspezifische Stellenprofilierung eigene Akzente gesetzt haben. Mit diesem Zuschnitt wird in Rechnung gestellt, dass

3 Das Projekt „StellA – Formierung und Wandel hauptberuflicher Tätigkeit in der öffentlichen Erwachsenenbildung zwischen idealtypischen Berufsbildern und organisationsspezifischen Stellenprofilen“ wird von 09/2022 bis 05/2025 von der Deutschen Forschungsgemeinschaft unter dem Förderkennzeichen AL 1954/1-1 gefördert.

anders als in anderen Bildungsbereichen Berufszugänge wenig bis gar nicht staatlich oder verbandlich reguliert werden und kaum rechtliche Vorgaben zu Berufszugängen, Qualifikationen, Aufgaben und Kompetenzen des hauptberuflichen Personals vorliegen. Die Rekrutierung und Stellenprofilierung liegt vielmehr in der Hand der Einzelorganisationen in der Erwachsenenbildung selbst (Alke et al., 2023). Somit kann angenommen werden, dass Verbände und Einzelorganisationen eine wichtige Rolle spielen, damit sich Berufsbilder überhaupt durchsetzen können.

Vor diesem Hintergrund werden exemplarisch am Volkshochschulbereich, dem aufgrund der beschriebenen Stellenexpansion für HPM eine Vorreiterrolle der Professionalisierung zugewiesen wird (Gieseke, 1996, S. 685), historische Stellenprofile von Einzelorganisationen im Verhältnis zu den von Verbänden und anderen Akteuren formulierten Standards und idealtypischen Berufsbildern sowie den gesetzlichen Rahmenbedingungen im historischen Verlauf untersucht. Die mehrperspektivisch angelegte Untersuchung umfasst zwei zentrale Bestandteile:

1. Eine qualitativ-quantitative Längsschnittanalyse von Stellenanzeigen, um die von den Einzelorganisationen konzipierten Stellenprofile im historischen Verlauf zu rekonstruieren. Hier werden u.a. Berufsbezeichnungen, Aufgaben, Anforderungen, Vergütungsstrukturen, formale Qualifikationen und weitere Zugangsvoraussetzungen – auch unter Gesichtspunkten regionaler und zeithistorischer Unterschiede – analysiert. Grundlage bildet ein Korpus an Stellenanzeigen aus dem Volkshochschulbereich seit der Nachkriegszeit bis heute, der auf Basis unterschiedlicher Quellen zusammengestellt wurde (1952–2022, n = 4418).
2. Eine Dokumentenanalyse von Berufskonzeptionen, Gesetzestexten, bildungspolitischen Planungsdokumenten, verbandlichen Strategie- und Positionspapieren sowie Berufseinführungs- und Fortbildungsprogrammen, in denen idealtypische Berufsbilder und professionelle Standards zeithistorisch dokumentiert sind.

Mit diesem Forschungsvorhaben soll ein Beitrag zur Professionalisierungsgeschichte der öffentlichen Erwachsenenbildung geleistet werden, auch unter der Berücksichtigung der verschiedenen historischen Phasen zur Professionalisierung wie sie von Gieseke (2018) beschrieben wurden. Konkret ist dabei zu fragen, ob und inwieweit die von ihr beschriebenen Markt- und Effizienzorientierungen in Aufgaben- und Anforderungszuschnitten zum Ausdruck kommen und „welche Zusammenhänge und Grenzziehungen bzw. Abstufungen zwischen Programmplanung und Bildungsmanagement“ (Gieseke, 2018, S. 66) sichtbar werden. Vor allem ist es auch von Interesse, wie sich die von ihr skizzierten gegenwärtigen

Entwicklungen einer „Reorganisation von wissenschaftlichen und ethischen Ansprüchen" (Gieseke, 2018, S. 67) in den aktuellen Stellenprofilen von Volkshochschulen bereits niederschlagen. Anschlussperspektiven an den aktuellen Untersuchungskontext liegen vor allem darin, den Einfluss des Berufsbild HPM auf konfessionelle, gewerkschaftliche und freie Trägerkontexte, zu untersuchen, die ebenfalls öffentliche Fördermittel für hauptberufliche Mitarbeiterstellen erhalten und inwieweit es hier implementiert oder auch spezifiziert wurde.

Literatur

Alke, M., Uhl, L., & Troidl, K. (2023). Intermediäre Akteure und ihre Bedeutung für die historische Formierung von spezifischen Berufsbildern und Arbeitsmärkten in der öffentlichen Erwachsenenbildung. *Zeitschrift für Weiterbildungsforschung, 46*(3), 495–516.

Alke, M., & Uhl, L. (2021). Stellenprofile an Volkshochschulen in der digitalen Transformation: Analyse von Stellenanzeigen aus organisationstheoretischer Sicht. In C. Bernhard-Skala, R. Bolten-Bühler, J. Koller, M. Rohs & J. Wahl (Hrsg.), *Erwachsenenpädagogische Digitalisierungsforschung. Impulse – Befunde – Perspektiven* (S. 243–265). wbv.

Behrmann, D. (2008). Organisationsentwicklung durch Qualitätsmanagement. Ergebnisse von Fallstudien in Weiterbildungseinrichtungen. *Zeitschrift für Pädagogik, 54*(5), 650–662.

Benz-Gydat, M. (2017). *Einstieg in Erwachsenenpädagogische Berufe. Studie zum Übergang von der Hochschule in die berufliche Praxis.* wbv.

Dietsche, B. (2015). *Verwaltung in Weiterbildungseinrichtungen. Vom diffusen Unbehagen zum professionell-reflektierten Umgang mit Verwaltungstätigkeiten.* Springer VS.

Dollhausen, K. (2008). *Planungskulturen in der Weiterbildung*. wbv.

Ehses, C., & Zech, R. (1999). Professionalität als Qualität in der Erwachsenenbildung. Zur Organisationsentwicklung von Volkshochschulen im Spannungsfeld diversifizierter Lernmilieus und wirtschaftlicher Marktanforderungen. In R. Zech & C. Ehses (Hrsg.), *Organisation und Lernen* (S. 13–17). Expressum.

Faulstich, P. (1996). Höchstens ansatzweise Professionalisierung. Zur Lage des Personals in der Erwachsenenbildung. In W. Böttcher (Hrsg.), *Die Bildungsarbeiter: Situation – Selbstbild – Fremdbild* (S. 50–80). Juventa Verlag.

Feld, T. C. (2007). *Volkshochschule als „lernende Organisation"*. Verlag Dr. Kovac.

Fleige, M. (2011). *Lernkulturen in der öffentlichen Erwachsenenbildung. Theorieentwickelnde und empirische Betrachtungen am Beispiel evangelischer.* Waxmann.

Fleige, M. (2024). Programmbereichsleitung (an Volkshochschulen). Eine Verortung im Sinne von Diskurs und Forschung zum planenden Personal in der Erwachsenenbildung/Weiterbildung. *Online-Journal Volkshochschulen in Berlin*, (1), 31–38.

Franz, J. (2013). Verwaltungskräfte in pädagogischen Organisationen. Erste empirische Ergebnisse zur Perspektive von Verwaltungskräften auf die pädagogische Praxis von Organisationen Allgemeiner Erwachsenenbildung. *bildungsforschung, 13*(1), 111–134.

Franz, J. (2016). *Kulturen des Lehrens. Eine Studie zu kollektiven Lehrorientierungen in Organisationen Allgemeiner Erwachsenenbildung.* wbv.

Fülgraff, B. (1975). *Stellen- und Qualifikationsanforderungen in den Studien- und Praxiseinrichtungen der Erwachsenenbildung.* MAEB Schwerpunktheft zu III 2.1. Stellenentwicklung. Arbeitskreis Universitäre Erwachsenenbildung.

Fülgraff, B., & Rolff, G. (1981). *Neue Mitarbeiter in der Weiterbildung. Vergleich der Einstellungspraxis auf der Basis von Stellenanzeigen in „Die Zeit" von 1975–1980.* Arbeitskreis Universitäre Erwachsenenbildung.

Gieseke, W. (1989). *Habitus von Erwachsenenbildnern. Eine qualitative Studie zur beruflichen Sozialisation.* BIS.

Gieseke, W. (1996). Der Habitus von Erwachsenenbildern: Pädagogische Professionalität oder plurale Beliebigkeit? In A. Combe & W. Helsper (Hrsg.), *Pädagogische Professionalität. Untersuchungen zum Typus pädagogischen Handelns* (S. 678–713). Suhrkamp.

Gieseke, W. (2003). Programmplanungshandeln als Angleichungshandeln. Die realisierte Vernetzung in der Abstimmung von Angebot und Nachfrage. In W. Gieseke (Hrsg.), *Institutionelle Innensichten der Weiterbildung* (S. 189–211). wbv.

Gieseke, W. (2008). Zwischen Verberuflichung und Professionalität: 50 Jahre Support für die Profession Erwachsenenbildung. In E. Nuissl (Hrsg.), *50 Jahre für die Erwachsenenbildung. Das DIE – Werden und Wirken eines wissenschaftlichen Service-Instituts* (S. 45–62). wbv.

Gieseke, W. (2018). Professionalisierung der Erwachsenenbildung/Weiterbildung. Historische Prozesse und strukturelle Herausforderung der Gegenwart. In R. Dobitschat et al. (Hrsg.), *Das Personal in der Weiterbildung* (S. 57–77). Springer.

Grau, H. (1957). Hauptamtliche Mitarbeiter. *Volkshochschule im Westen, (8)*9/10, 121–122.

Hartig, C. (2008). *Berufskulturelle Selbstreflexion. Selbstbeschreibungslogiken von ErwachsenenbildnerInnen.* Springer VS.

Hary, C. (2017). *Das professionelle Selbstverständnis von Leitungskräften in Weiterbildungseinrichtungen unter Berücksichtigung bildungsbezogener und ökonomischer Herausforderungen.* Verlag Dr. Kovac.

Helsper, W., & Tippelt, R. (2011). Ende der Profession und Professionalisierung ohne Ende? Zwischenbilanz einer unabgeschlossenen Diskussion. *Zeitschrift für Pädagogik*, 57. Beiheft, 268–287.

Hippel, A. v. (2010). Erwachsenenbildner/innen an der Schnittstelle zwischen Verwaltung und Pädagogik – eine explorative Analyse der Tätigkeitsfelder von Verwaltungsmitarbeiter/-innen mit pädagogischen Aufgaben. *REPORT – Zeitschrift für Weiterbildungsforschung, 33*(2), 77–88.

Hippel, A. v., Buschle, C., Schütz, J., Fuchs, S., Nittel, D., Dellori, C., Siewert-Kölle, A., & Wahl, J. (2014). Pädagogische Berufe: Zwischen Selbstbeschreibungen und Fremdzuschreibungen. In D. Nittel, J. Schütz & R. Tippelt (Hrsg.), *Pädagogische Arbeit im System des lebenslangen Lernens. Ergebnisse komparativer Berufsgruppenforschung* (S. 200–254). Beltz.

Hippel, A. v., & Fuchs, S. (2009). Aufgaben und Tätigkeitsprofile von Weiterbildner/innen. In A. v. Hippel & R. Tippelt (Hrsg.), *Fortbildung der Weiterbildner/innen. Eine Analyse der Interessen und Bedarfe aus verschiedenen Perspektiven* (S. 63–88). Beltz.

Hofmann, N., Buchwald, C., & Desoye, A. K. (2018). Von ‚Tätigkeitsbündeln' an den Rändern des (erwachsenen-)pädagogischen Arbeitsmarkts im Spiegel jüngerer Stellenanzeigen. *Der pädagogische Blick*, *4*(26), 227–238.

Kraft, S., Seitter, W., & Kollewe, L. (2009). *Professionalitätsentwicklung des Weiterbildungspersonals.* wbv.

Martin, A., Lencer, S., Schrader, J., Koscheck, S., Ohly, H., Dobischat, R., Elias, A., & Rosendahl, A. (2016). *Das Personal in der Weiterbildung. Arbeits- und Beschäftigungsbedingungen, Qualifikationen, Einstellungen zu Arbeit und Beruf.* wbv.

Müller-Naevecke, C. (2019). *Wie bildet sich die Weiterbildung? Studie zur Erschließung von Fachinformationen.* wbv.

Nittel, D. (2000). *Von der Mission zur Profession? Stand und Perspektiven der Verberuflichung in der Erwachsenenbildung.* wbv.

Nittel, D., & Maier, C. (2006). *Persönliche Erinnerung und kulturelles Gedächtnis. Einblicke in das lebensgeschichtliche Archiv der hessischen Erwachsenenbildung.* Barbara Budrich.

Nittel, D., & Schütz, J. (2016). Erwachsenenbildung. In M. Dick, W. Marotzki & H. Mieg (Hrsg.), *Handbuch Professionsentwicklung* (S. 568–576). Klinkhardt.

Nittel, D., Schütz, J., & Tippelt, R. (Hrsg.). (2014). *Pädagogische Arbeit im System des lebenslangen Lernens. Ergebnisse komparativer Berufsgruppenforschung.* Beltz.

Nittel, D., & Völzke, R. (2002). (Hrsg.). *Jongleure der Wissensgesellschaft. Das Berufsfeld der Erwachsenenbildung.* Luchterhand Verlag.

Peters, R. (2004). *Erwachsenenbildungs-Professionalität. Ansprüche und Realitäten.* wbv.

Peters-Tatusch, R. (1981). *Anforderungen an Berufstätigkeit in der Erwachsenenbildung/Weiterbildung. Stellenangebote aus den Jahren 1976–1980.* Arbeitskreis Universitäre Erwachsenenbildung.

Pfiszter, F. (2018). *Professionelles Selbstverständnis im Wandel der Generationen. Intergenerationelle Veränderungen im Selbstverständnis von Leitenden und Programmplanenden an Volkshochschulen.* Verlag Dr. Kovac.

Robak, S. (2004). *Management in Weiterbildungsinstitutionen. Eine empirische Studie zum Leitungshandeln in differenten Konstellationen.* Verlag Dr. Kovac.

Rohs, M. (2019). Medienpädagogische Professionalisierung des Weiterbildungspersonals. In E. Haberzeth & I. Sgier (Hrsg.), *Digitalisierung und Lernen. Gestaltungsperspektiven für das professionelle Handeln in der Erwachsenenbildung und Weiterbildung* (S. 119–136). hep verlag.

Schäffter, O. (2003). Erwachsenenpädagogische Organisationstheorie. In W. Gieseke (Hrsg.), *Institutionelle Innenansichten der Weiterbildung* (S. 59–81). wbv.

Schicke, H. (2011). *Organisationsgebundene pädagogische Professionalität. Initiierter Wandel – theoretisches Konstrukt – narrative Methodologie – Interpretation.* Budrich.

Schneider, D. (2019). *Rekrutierungserfahrungen und -strategien von KursleiterInnen und TrainerInnen. Über den Zugang in und die Zusammenarbeit mit Bildungsorganisationen.* wbv.

Schrader, J. (2018). *Lehren und Lernen in der Erwachsenenbildung.* wbv.

Seitter, W. (2011). Wandel des Professionellen im Feld der Weiterbildung. *Zeitschrift für Pädagogik*, 57. Beiheft, 122–137.

Siebert, H. (1974). *Stellenangebote in der Erwachsenenbildung.* AUE Information. Hannover.

Steindorf, G. (1960). Zur Frage des Mitarbeiters in der Volkshochschule. *Volkshochschule im Westen, 12*(3), 144–147.

Tietgens, H. (1962). Ausbildung für hauptberufliche Leiter und Mitarbeiter. *Hessische Blätter für Volksbildung, 12*(6), 456–461.

Tietgens, H. (1976). Zum Berufsbild der Mitarbeiter an Volkshochschulen. *Hessische Blätter für Volksbildung, 26*(2), 99–107.

Bernd Käpplinger

Gibt es einen Fortschritt in der Erwachsenenbildung?

1. Einleitung

Erwachsenenbildung ist sowohl ein Praxisfeld mit professionellen Charakteristika als auch eine Wissenschaft und erziehungswissenschaftliche (Teil-)Disziplin. Als Politikfeld fällt es tendenziell in die Zuständigkeit mehrerer Ministerien auf Bundes- und Landesebene zwischen Arbeit, Bildung und Wirtschaft. Im folgenden Beitrag soll eine kleine Bestandaufnahme der Entwicklung von Praxis, Politik als auch Wissenschaft seit den 1990er Jahren gewagt werden. Diese Bestandaufnahme im Rahmen eines relativ kurzen Artikels kann keinen Anspruch auf Vollständigkeit haben, aber datenorientiert einige wichtige Entwicklungslinien über rund drei Dekaden nachzeichnen.

Der Begriff des Fortschritts wird hierbei mit gewissem Zögern verwendet. Ein simpler Fortschrittsoptimismus im Sinne von stetigem Wachstum ist nicht allein aus ökologischen Gründen zu hinterfragen. Fortschritt führt oftmals zu Verbesserungen und Erleichterungen, die neue bzw. andere Probleme schaffen, wie man an der Entwicklung der Atomenergie u.a. verfolgen kann. Gleichwohl ist ein gewisser Fortschrittsoptimismus notwendig, um sich nicht mit dem Status quo zufrieden zu geben und individuellen wie gesellschaftlichen Progress anzustreben, wofür Wiltrud Gieseke in sicherlich nicht nur meinen Augen auf jeden Fall im Persönlichen wie Fachlichen steht und was dieser Text würdigen möchte. Ähnlich wie sie sehe ich es auch so, dass es „auf jeden Fall nicht von Sachzwängen und ökonomischen Zwangsläufigkeiten abhängen wird, in welche Richtung sich Weiterbildungskonzepte entwickeln werden, sondern von gesellschaftlichen und kulturellen Gestaltungswillen“ (Gieseke, 1999, S. 39), welche aber leider größer oder kleiner ausfallen können über die Zeit hinweg. Nichts zu tun, stellt jedoch auch eine Entscheidung dar.

2. Kennzeichen von Fortschritten seit den 1990er Jahren

Einiges spricht dafür, dass sowohl Politik, Praxis als auch Wissenschaft der Erwachsenenbildung seit den 1990er Jahren einiges quantitativ vorangebracht haben. Vier beispielhafte Eckdaten auf den Ebenen von Gesetzgebung, individueller

Beteiligung, Entwicklung von Weiterbildungseinrichtungen/Personalentwicklung sowie der Lehre & Forschung an Universitäten und Hochschulen:

Politik: Kein Ländergesetz zu Erwachsenenbildung sowie kein Bildungsurlaubsgesetz wurde seit 1990 abgeschafft, aber neue Gesetze zu Bildungsurlaub (1993 in Brandenburg und Rheinland-Pfalz, 2001 in Mecklenburg-Vorpommern, 2012 in Schleswig-Holstein, 2015 in Baden-Württemberg und Thüringen) oder zur Erwachsenenbildung (2021 in Berlin) kamen neben Novellierungen der vorhandenen Gesetze neu dazu. Lediglich Hamburg hat weiterhin kein Weiterbildungsgesetz und Bayern sowie Sachsen kein Bildungsurlaubsgesetz. Auf Bundesebene wurde 2023 ein sogenanntes „Gesetz zur Stärkung der Aus- und Weiterbildungsförderung – Aus- und Weiterbildungsgesetz" beschlossen.

Beteiligung: 1991 lag die Weiterbildungsbeteiligung bei lediglich 37%, aber 2020 bei stattlichen 60% (BMBF, 2023, S. 11). Im europäischen Vergleich hat jenseits der allgemein in Deutschland immer wieder beliebten Krisenrhetorik das Land mittlerweile so zum Beispiel das ehemals nach Schweden führende Finnland bei der Weiterbildungsbeteiligung mittlerweile überholt, was 2022 nur eine Teilnahmequote von 53% aufwies (Eurostat, 2024).

Weiterbildungseinrichtungen und Personal: 1990 boten 1.024 Volkshochschulen mit 4.044 Hauptberuflich Mitarbeitenden (HPM) 428.000 Kurse mit 5,7 Mio. Belegungen an (Pehl & Reitz 1992, S. 16–17). 2019 boten 888 Volkshochschulen mit 4.130 Hauptberuflich Mitarbeitenden (HPM) 558.000 Kurse mit 6,2 Mio. Belegungen an (Huntemann et al., 2021). Durch die Corona-Pandemie kam es nachvollziehbarerweise zu Einbrüchen bei Belegungen und Kursen, die aber zunehmend wieder aufgeholt werden.

Lehre und Forschung: Die Sektion Erwachsenenbildung innerhalb der Deutschen Gesellschaft für Erziehungswissenschaft ist von 132 Mitgliedern (1990) auf 513 (2023) deutlich angewachsen (Sektion Erwachsenenbildung, 2024). Die Zahl der Professuren stellt sich nach einem Wachstum in den Neuen Bundesländern, wo es 1989 keine dezidierten Erwachsenenbildungs-/ Weiterbildungsprofessuren gab, als relativ stabil seit Mitte der 1990er Jahre dar. Kartographien der Erwachsenenbildungsstudiengänge in Deutschland zeigen – auch im internationalen Vergleich – ein durchaus beeindruckendes Gesamtbild nach (vgl. Iller & Dörner, 2020).

Alles in allem spricht somit viel für deutliche, vor allem quantitative Fortschritte seit den 1990er Jahren sowohl in Praxis, in Politik als auch in der Wissenschaft der Erwachsenenbildung. Weitere Eckdaten für Fortschritte würden sich sicherlich noch finden lassen, was hier aus Platzgründen jedoch nicht erfolgen kann.

Allerdings wäre es naiv und unzutreffend hier allein unkritisch eine simple Erfolgsgeschichte schreiben zu wollen. Im folgenden Kapitel wird zu den identischen Eckpunkten auf Stagnation und Rückschritte eingegangen.

3. Kennzeichen von Stagnation und Rückschritten seit den 1990er Jahren

Politik: Zwar wurde kein Ländergesetz für Erwachsenenbildung oder Bildungsurlaubsgesetz abgeschafft, aber man kann einen partiellen Bedeutungsverlust dieser Gesetze beobachten. Beispielsweise Kuhlenkamp (2005) sowie Tolksdorf (2009) sprechen hier von „De-Regulierung" und „Dinosaurier", weil die mit den Gesetzen verbundenen finanziellen Mittel seit den 1990er Jahren lange in absoluten Zahlen rückläufig waren und relativ zur Höhe des Bruttosozialprodukts oder der öffentlichen Bildungsausgaben insgesamt nicht mehr das Niveau der frühen 1990er Jahre erreicht haben. Das Engagement des Bundes in Weiterbildungsfragen ist zugleich sehr diskontinuierlich. Deutliche Kürzungen für Weiterbildung im Kontext der sogenannten Hartz-Reformen in den 2000er Jahren werden begleitet mit hohen Ausgaben für Integrationskurse nach der Verabschiedung des Zuwanderungsgesetzes 2005 und dann vor allem ab 2015 mit der sogenannten Flüchtlingskrise. Das sogenannte Weiterbildungsgesetz von 2023 hat eine relativ enge Ausrichtung auf vor allem beruflich-betriebliche Weiterbildung und unattraktive, bürokratische Zugangswege für Betriebe und Beschäftigte, sodass die Nutzung bislang gering ausfällt. Ein Update der Finanzierungsstudie von Dobischat et al. (2019) steht aus, aber es ist wahrscheinlich, dass in den 2020er Jahren dies sich in Deutschland nicht gravierend verbessert hat: „Die Entwicklung der öffentlichen Weiterbildungsausgaben spiegelt dies jedoch nicht wider. Sie sind zwischen 1995 und 2015 um gerade einmal 4,8 % gestiegen. In die anderen Bildungsbereiche hat der Staat im gleichen Zeitraum zwischen 41 % und 150 % mehr investiert. Zur Verwirklichung des Anspruchs ‚Lebenslanges Lernen für alle' ist mehr Engagement der öffentlichen Hand gefragt." (Dobischat et al., 2019, S. 43) Diese Steigerung um 4,8% in einem demografisch eindeutig alternden Deutschland ist nicht inflationsbereinigt, sodass die öffentlichen Weiterbildungsausgaben relativ sogar abgenommen haben in den letzten Dekaden. Weiterbildung ist weiterhin kein kompletter Markt und geschätzt 23% sind öffentlich finanziert (Dobischat et al., 2019, S. 20), aber individuelle Weiterbildungsausgaben werden wichtiger und staatliche Geldgeber finanzieren oft mit ihren Ressourcen sogenannte Quasi-Märkte. Quasi-Märkte insofern, dass Programme und Projekte an Bedeutung gewonnen haben und sich Weiterbildungsanbieter im Wettbewerb mit großem Preisdruck bewerben müssen, der nicht selten zu Lohndumping und prekärer

Beschäftigung führt. „Projektitis“ ist hier der zugespitzte Kritikpunkt. Im Bereich Qualitätsentwicklung sind staatlich gewollt eigene Märkte mit Zertifikaten und Agenturen entstanden, die aber oft kaum der Professionalisierung und Angebots-/ Programmentwicklung zuträglich sind (Hartz, 2011; Käpplinger, 2017).

Beteiligung: Die erfreulich hohe Weiterbildungsbeteiligung im Sinne einer Teilnahmequote pro Kopf wird relativiert durch rückläufige Zeitbudgets für Weiterbildung (Käpplinger, 2018). Zieht man Daten des AES-Vorgängers Berichtssystem Weiterbildung heran, dann stellt sich in der Langzeitentwicklung das Zeitvolumen für berufliche Weiterbildung als erheblich rückläufig dar. In den 1990er Jahren lagen die Zahlen bei über 100 Stunden und erreichten in den neuen Bundesländern im Zuge der großen, primär wirtschafts- und arbeitsmarktpolitisch begründeten und gewollten Umschulungsmaßnahmen sogar über 200 Stunden im Schnitt pro Teilnehmenden. 2014 lag die individuelle berufsbezogene Weiterbildung im Schnitt bei nur noch 75 Stunden (Käpplinger, 2018, S. 8). Die zeitliche Verknappung und der stete Optimierungsdruck haben zu einem eklatanten Einbruch an Bildungshäusern geführt, die man historisch einmal als Königsdisziplin der Erwachsenenbildung bezeichnete: „Zwei Drittel der Bildungsstätten sind in den letzten 30 Jahren verschwunden“ (Waldmann, 2023, S. 30). Modernistische Wortschöpfungen machen sich heute für kleinteilige „Micro-Credentials“ sowie „Wissensnuggets“ stark. Komplexeres Verständnis kann so mit Anpassungsqualifizierungen kaum angestrebt werden, und es bleibt stark zu bezweifeln, dass die großen sich vollziehenden bzw. anstehenden ökologischen, digitalen, sozialen und wirtschaftlichen Transformationen durch so kleine, unterkomplexe Lerngegenstände gut bewerkstelligt werden können, sodass die Breite der Bevölkerung mitgenommen werden kann wie es Wiltrud Gieseke immer wieder und demokratiebezogen gefordert hat. Wenngleich sich die Weiterbildungsscheren durch die insgesamt wachsende Beteiligung auf den ersten Blick zwischen sozialen Gruppen schließen, so ist der Zugang zu hochwertiger Weiterbildung mit Muße wahrscheinlich heute selektiver denn je bzw. es droht der historische Rückfall in eine Gesellschaft mit einer kleinen, mächtigen, nun globalen Elite, einer Mittelschicht mit durchaus berechtigten Abstiegsängsten sowie einer Masse an Menschen nicht selten in einer Art Dienstbotenberufen arbeitend.

Weiterbildungseinrichtungen und Personal: Die Zahl der HPMs in Volkshochschulen ist nur marginal seit den 1990er gewachsen und ohne die Integrationskursdynamik ab den 2000er Jahren wäre sie wohl sogar geschrumpft. Trotzdem stemmt das quantitativ nahezu gleich große Personal heute deutlich mehr an Kursen (mehr als 25% gegenüber 1990) und mehr Belegungen (rund 10% mehr als 1990). Es ist nicht unwahrscheinlich, dass dies auch zu Qualitätsverlusten geführt hat in den Programmen bzw. es deutlich schwieriger macht, neue, innovative Angebote zu planen. Die deutliche Abnahme an Volkshochschulen in den letzten Dekaden um rund 20% führt zu weniger dezentraler Präsenz in der Fläche, aber auch in den Städten. Viele Außenstellen gleichen heute „Automatenvolkshochschulen“ (informeller O-Ton einer Volkshochschulleitung), wo kein planendes Personal oder ehrenamtliche Außenstellenleitungen mehr sind, sondern Kursleitende sich lediglich Schlüssel für Kursräume abholen können. Viele Personalgruppen in der Weiterbildung erleben prekäre Arbeitsbedingungen durch die politisch gewollte „Projektitis“. Hochwertige Berufseinführungen für die HPMs ähnlich wie Sestmat (Gieseke et al., 1979) samt hochwertiger Begleituntersuchung (Gieseke, 2000) sind heute eher die absolute Ausnahme bzw. zeitlich deutlich knapper angelegt, wenngleich auch heute wichtige Lehrbücher entstehen (z.B. Fleige et al., 2018), die stark nachgefragt werden.

Lehre und Forschung: Zwar sind die Mitglieder der Sektion deutlich angewachsen und die Zahl der Professuren relativ stabil seit Mitte der 1990er Jahre, aber hier ist zu bedenken, dass die Zahl der Universitätsprofessuren abnahm (u.a. in Bremen, Berlin, Dortmund, Leipzig oder Oldenburg), während die Zahl der Professuren an Hochschulen deutlich zunahm. Die Arbeitsbedingungen an Hochschulen mit hohem Lehrdeputat machen es dabei schwer, forschend intensiv aktiv zu sein. Das Drittmittelaufkommen in der Erwachsenenbildungsforschung ist zwar einerseits erfreulich hoch, aber auch existentiell notwendig generell in der aktuellen, drittmittelorientierten Forschungslandschaft. Dadurch resultiert eine relativ große Abhängigkeit von oft thematisch eng ausgerichteten Förderprogrammen, während Grundlagenforschung selbst an Universitäten nur sehr begrenzt möglich ist. Projektbasierte Promotionen folgen in der Konsequenz häufig den Förderkontexten (z.B. Alphabetisierung/Grundbildung, wissenschaftliche Weiterbildung) und weniger den Bedarfen der Praxis oder dem wissenschaftlich-theoretischen Erkenntnisinteresse. Walber & Lobe (2018) sehen mit den Bologna-Umstellungen eine „Marginalisierung“ des Studiums der Erwachsenen-/Weiterbildung im Bachelor und erst im Master eine Profilbildung, aber bei weitem nicht alle Studierenden setzen nach dem Bachelor das Studium mit einem Master fort. Die Professionalisierung von Erwachsenenpädagoginnen und Erwachsenenpädagogen dürfte insgesamt im Studium sowie in der wissenschaftsorientierten Berufseinführung durch Träger nicht wesentlich vorangegangen zu sein, sondern ggf. sogar rückläufig sein, wenn man klassische professionelle Merkmale anlegt und anstrebt, was eigentlich weiterhin notwendig ist (vgl. Gieseke 1994, 2018) und auch für die Bildungsberatung gilt (vgl. Gieseke & Nittel, 2016; Gieseke & Stimm, 2023).

4. Fazit und Ausblick: Das unvollendete Projekt der Erwachsenenbildung

Ist also das Glas halb voll oder halb leer in der Politik, Praxis und Wissenschaft der Erwachsenenbildung? Bei dem Blick auf diesem Text könnte man den Eindruck gewinnen, dass durch die schiere Länge der verschiedenen Textteile der eher skeptische Blick überwiegt. In der Tat droht die Gefahr, dass Erwachsenenbildung noch mehr eine Art „Scheinriese" wird, der in vielen Sonntagsreden regelmäßig gepriesen wird als enorm bedeutungsvoll, aber in der Substanz wird die Erwachsenenbildung viel kleiner gehalten wird als es eigentlich notwendig sein müsste. Wiltrud Gieseke hat immer wieder auf diese Diskrepanz rund um die vielen Slogans hingewiesen und ein Mehr an Komplexität, Struktur, öffentlicher Verantwortung und Professionalität eingefordert. Wichtig ist dabei auch, dass bei aller Fortschrittsorientierung dies auch mit einem fundierten Wissen um die Geschichte der Erwachsenenbildung in Politik, Praxis und Wissenschaft erfolgen sollte, die auch heute noch in mehrfacher Hinsicht wegweisend und Diskurse anregen kann (vgl. Gieseke & Käpplinger, 2019; Gieseke & Käpplinger, 2023).

Allerdings hat Wiltrud Gieseke auch immer wieder darauf hingewiesen, dass es zu einfach wäre, alle Schuld an dem unvollendeten Projekt der Erwachsenenbildung allein der Politik anzukreiden: „Weiterbildung/Erwachsenenbildung ist gleichsam die Frau im Bildungssystem. Sie ist so postmodern, aber sie begreift sich selbst nicht, sie hat ihre sich selbst stärkende Performanz nicht abgeliefert. Sie war in ihrer Vielgliedrigkeit zu wenig selbstreferentiell. Man macht sie unsichtbar und nutzt ihre Leistungen" (Gieseke, 2001, S. 3 in Opelt, 2003, S. 38). Sowohl Praxis als auch Wissenschaft der Erwachsenenbildung machen sich leider allzu oft selbst zu klein. Anforderungen werden willig und zum Teil sogar proaktiv antizipierend erfüllt, statt selbstbewusst professionelle Forderungen zu stellen und eigene Standards zu formulieren. Wissenschaft zieht sich auf ihre Rolle der Beobachtung und Zulieferung von Steuerungswissen zurück. Praxis ignoriert Erkenntnisse der Wissenschaft der Erwachsenenbildung und je nach disziplinärer Ausbildung oder Image wird eher auf das mehr Prestige versprechende Wissen von Psychologie, Soziologie oder Ökonomie zugegriffen. Trotz aller ggf. größer gewordenen Distanzen sollte aber der „Trialog" (Robak & Käpplinger, 2015) zwischen Wissenschaft, Politik und Praxis unbedingt fortgesetzt werden mit langem Atem, Engagement für die Erwachsenenbildung und ethischer Verantwortung, wofür jeweils kaum jemand so wie Wiltrud Gieseke in der Weiterbildungsforschung steht (Käpplinger et al., 2012). Dieser lange Atem ist wichtig und wird seit Dekaden von deutlich mehr als einer Generation getragen, was leider aktuelle Publikationen bedauerlicherweise verkennen und falsch darstellen: „In dieser Untersuchung ist schon mehrfach aus dem Weiterbildungsteil des „Strukturplans für das Bildungswesen“ von 1970 zitiert worden. Damals schien die Weiterbildung auf dem Weg zu einem vierten, gleichberechtigten Bereich des Bildungswesens zu sein. Diese Entwicklung muss man als Ein-Generationen-Projekt einordnen.“ (Kuhlenkamp, 2024, S. 174–175). Allerdings kann man diesem Zitat unter anderem entgegenhalten, dass zum Beispiel noch nach 2000 neue Bildungsurlaubsgesetze (Baden-Württemberg, Thüringen) oder auch Landesgesetze zur Erwachsenenbildung (Berlin) beschlossen wurde, d.h. an dem weiteren gesetzlichen Ausbau der Erwachsenen-/Weiterbildung wird auch heute noch gearbeitet von der zweiten und dritten Generation. Es ist bedauerlich, dass Kuhlenkamp dies in seiner allzu pessimistischen Einschätzung verkennt und die - vielleicht zu langsamen, aber doch vorhandenen – Fortschritte ausblendet.

Wie könnte ein konkretes Entwicklungsprogramm für die Politik, Wissenschaft und Praxis der Erwachsenenbildung jedoch konkret aussehen, um noch mehr über einen Appell hinauszugehen? Abschließend hier einige Impulse:

Politik: Hier wäre es gut, wenn sich Wissenschaft und Praxis proaktiv selbst engagiert mit Impulsen einbringen würden. Nicht allein darauf warten, dass man aufgefordert wird u.a. im Rahmen von Evaluationen als Auftragnehmer wie ein Untertan Steuerungswissen zu generieren, sondern durchaus unaufgefordert mit innovativen, konkreten Ideen fordernd voranzugehen. Früher wurden in Bezug auf Politik Begriffe wie öffentliche (Mit-)Verantwortung fordernd und durchaus normativ verwendet. Heute dominiert der vermeintlich nicht-normative Steuerungsbegriff, der aber letztlich selbst einen normativen Kern hat, da Nicht-Engagement letztlich auch eine Norm darstellt. Wissenschaftlerinnen und Wissenschaftler, die sich auf eine Beobachtungsposition in politischen Diskursen zurückziehen, haben letztlich gleichwohl eine normative Entscheidung getroffen. Dazu zählt, selbst politische Ämter in Parteien sowie der Administration vielleicht anzustreben. Bislang trifft man eher selten Personen mit erwachsenenpädagogischem Hintergrund in solchen Positionen an bzw. politische Menschen wie Borinski, Grimme oder Süßmuth sind heute in der Erwachsenenbildungslandschaft wohl eher selten geworden. Zwar hat dies strukturelle Gründe, da generell der Anteil von Juristinnen und Juristen hier überproportional hoch ist und Politik sich eng an juristischen Maßstäben abarbeitet, während inhaltliche Argumente unterrepräsentiert sind. Trotzdem scheint ein Mehr an Engagement notwendig – durchaus im Sinne einer Gegensteuerung. Dazu zählt, den Wert der Erwachsenenbildung auch im Kontrast zu anderen Bildungsbereichen durchaus konkurrierend stark zu machen statt auf eine berufsgruppen- und bildungsbereichsübergreifende Zusammenarbeit kooperativ zu setzen. Konkurrenz und

Kooperation müssen sich dabei jedoch nicht komplett ausschließen, aber fern von Illusionen und Naivität zusammengedacht werden.

Praxis: Die Forderung nach professionellen Standards ist aktueller denn je. Professionalität muss dabei im Sinne von Gieseke wissenschaftlich rückgebunden sein. Es geht bei weitem nicht allein um optimierte Abläufe mit Fokus auf Effektivität und Effizienz. Berufseinführungen müssen neu gedacht bzw. revitalisiert werden. Fortbildungen für erwachsenenpädagogisches Personal anspruchsvoller werden. Die Verbände und Träger der Erwachsenenbildung haben hier eine Mitverantwortung, woran sie erinnert werden müssen. Die Einstellungspraxis von Weiterbildungspersonal ist durchaus kritisch zu hinterfragen, wo erwachsenenpädagogischen Qualifikationen deutlich mehr Gewicht zu geben wäre. Allzu oft sind beispielsweise die Entscheidungen für Leitungen von Volkshochschulen eher kommunalpolitisch informiert, während zu wenig zählt, was an erwachsenenpädagogischen Qualifikationen vorliegt. Wenn jedoch die Einrichtungsleitung schon mit Erwachsenenpädagogik relativ wenig anzufangen weiß, dann wirkt sich das auf die Einstellungen des sonstigen Personals und die Entwicklung von Programmen und Personal aus. Die Kooperation zwischen Praxis und Wissenschaft muss kooperativ angelegt sein, aber Wissenschaft sollte hier ggf. als critical friend fordernder sein, die Praxis zu mehr Anspruch, Komplexität und Niveau anzustacheln. Anderen Disziplinen gelingt dies ggf. besser und das Paradoxe könnte sein, dass dieses höhere Niveau an Forderungen seitens Wissenschaft dazu führt, dass die Erwachsenenbildungswissenschaft weniger wertgeschätzt wird. Insofern muss sich die Erwachsenenbildungswissenschaft und ihre Akteure auch selbstkritisch fragen lassen, ob sie sich selbst ausreichend ernst nehmen und entsprechend selbstbewusst auftreten. Damit ist dezidiert nicht gemeint, wissenschaftlich arrogant und praxisabwertend aufzutreten, aber man sollte auch nicht anstreben, lediglich gefallen zu wollen. Wiltrud Gieseke hat hier immer wieder im Gespräch auf Hans Tietgens und sein Auftreten gegenüber Volkhochschulpersonal verwiesen, was wohl mehr als einmal fordernd bis herausfordernd angelegt war.

Wissenschaft: Die Stabilisierung und der Ausbau von Studiengängen der Erwachsenenbildung ist existentiell. Hier sollte nichts als gesichert und etabliert angesehen werden, sondern es braucht hier fortlaufende Bemühungen. Man mag mit den Bologna-Strukturen gerade auf Bachelor-Niveau berechtigt hadern, aber man muss damit arbeiten bzw. hoffen, dass sich vielleicht irgendwann wieder ein allgemeines Zeitfenster für Reformen öffnet. Wenn nun die Studierendenzahlen deutlich rückläufig sind, könnten sich neue Chancen für wissenschaftliche Weiterbildung für Berufstätige in der Erwachsenenbildung ergeben. Drittmittelforschung bleibt wichtig, aber strategisch sollten sich Wissenschaftlerinnen und

Wissenschaftler in der Erwachsenenbildung breiter aufstellen und Grundlagenforschung nicht vergessen. Forschungsverbünde könnten dafür ein Mittel sein und die langjährige und erfolgreiche Etablierung und Wirkung einer Expertinnen- und Expertengruppe Programmforschung[1] mit maßgeblicher Mitwirkung von Wiltrud Gieseke zunächst am Deutschen Institut für Erwachsenenbildung und dann an der Universität Hannover ist dafür ein Beispiel neben anderen. Dabei ist auch nicht immer mit einer kollegialen Unterstützung und Akzeptanz im Wissenschaftssystem zu rechnen, zumal wenn theoretisch und methodisch keine Anleihe primär an Bezugswissenschaften genommen wird, sondern innerhalb der Erwachsenenbildungswissenschaft eigene Methoden, Konzepte und Theorien entwickelt werden. Ähnlich wie die Praxis muss sich auch die Wissenschaft der Erwachsenenbildung vielleicht noch ernster nehmen. Dabei ist zu beachten, dass Forschungsdiskurse anschlussfähig an die Praxis bleiben und es muss eine gute Balance zwischen Fachsprache und Verständlichkeit angestrebt werden. Die Vielfältigkeit der Erwachsenenbildungslandschaft sollte nicht unterkomplex, aber auch nicht hyperkomplex bearbeitet werden, was m.E. manchmal Zugänge und Austausch unnötig erschweren kann.

Alles in allem bleibt viel zu tun. Viel wurde bereits u.a. maßgeblich durch das Wirken von Wiltrud Gieseke erreicht, was nachdrücklich zu würdigen ist und Errungenschaften darstellt, die man sowohl verteidigen als auch weiter ausbauen muss. Rund 100 Jahre nach der Machtübernahme der Nationalsozialisten sollte und muss uns bewusst sein, dass Progress oft Jahre bis Jahrzehnte braucht, aber in regressiven Phasen, die Errungenschaften von Dekaden innerhalb von lediglich Tagen und Wochen verloren gehen können.

Literatur

BMBF – Bundesministerium für Bildung und Forschung (Hrsg.). (2023). *Weiterbildungsverhalten in Deutschland 2020 – Ergebnisse des Adult Education Survey.* Bundesministerium für Bildung und Forschung.

Dobischat, R., Münk, D., & Rosendahl, A. (2019). *Weiterbildungsfinanzierung in Deutschland 1995–2015.* Bertelsmann-Stiftung. https://www.bertelsmann-stiftung.de/de/publikationen/publikation/did/weiterbildungsfinanzierung-in-deutschland-1995–2015

Eurostat (2024). *Teilnahmequote an Bildung und Weiterbildung.* Eurostat. Abgerufen am 23. März 2024, von https://ec.europa.eu/eurostat/databrowser/view/

1 https://www.bwi.uni-hannover.de/en/forschung/expertengruppe-programmforschung

trng_aes_100/default/table?lang=de&category=educ.educ_part.trng.trng_aes_1*2m0. https://doi.org/10.2908/TRNG_AES_100

Fleige, M., Gieseke, W., Hippel, A. von, Käpplinger, B., & Robak, S. (2018). *Programm- und Angebotsentwicklung. Band 3: Lehrbücher für die Erwachsenenbildung.* UTB.

Gieseke, W. (1994). Der Erwachsenenpädagoge. In D. Lenzen (Hrsg.), *Erziehungswissenschaft – Ein Grundkurs* (S. 282–313). Rowohlt.

Gieseke, W. (1999). Positionen. *Zeitschrift für Erwachsenenbildung,* (1), 39–41.

Gieseke, W. (2018). Professionalität und Professionalisierung in der Erwachsenenbildung/Weiterbildung. In R. Tippelt & A. von Hippel (Hrsg.), *Handbuch Erwachsenenbildung/Weiterbildung* (S. 1051–1069). Springer.

Gieseke, W. (Hrsg.). (2000). *Programmplanung als Bildungsmanagement? Qualitative Studie in Perspektivverschränkung. Begleituntersuchung des Modellversuchs „Entwicklung und Erprobung eines Berufseinführungskonzepts für hauptberufliche Erwachsenenbilder/innen".* Bitter.

Gieseke, W., & Käpplinger, B. (2019). Geschichtsschreibung der Erwachsenen- und Weiterbildungsforschung – Ein Überblick mit Reflexionen für den wissenschaftlichen Nachwuchs. *Debatte – Beiträge zur Erwachsenenbildung,* (1), 97–113.

Gieseke, W., & Käpplinger, B. (Hrsg.). (2023). *Hans Tietgens und die Erwachsenenbildung. Gespräche über frühe wegweisende Texte.* wbv.

Gieseke, W., & Nittel, D. (Hrsg.). (2016). *Handbuch Pädagogische Beratung über die Lebensspanne.* Juventa.

Gieseke, W., & Stimm, M. (2023). Professionelle Anforderungen und empirische Herausforderungen zur Ausdifferenzierung von Beratung. *Hessische Blätter für Volksbildung, 73*(4), 33–43.

Gieseke, W., Tietgens, H., & Venth, A. (1979). *Zur Berufseinführung und Fortbildung für eine pädagogische Tätigkeit in der Erwachsenenbildung.* Esprit.

Hartz, S. (2011). *Qualität in Organisationen der Weiterbildung.* Springer.

Huntemann, H., Echarti, N., Lux, T., & Reichart, E. (2021). *Volkshochschul-Statistik – Berichtsjahr 2019.* w. Bertelsmann.

Iller, C., & Dörner, O. (2020). Kartografische Arbeiten zur Erwachsenenbildungswissenschaft. *Hessische Blätter für Volksbildung, (70)*1, 49–56.

Käpplinger, B. (2017). Qualitätsentwicklung in der Weiterbildung: Fluch oder Segen? Eine mikropolitische Analyse. In A. Bolder et al. (Hrsg.), *Bildung für Arbeit unter neuer Steuerung* (S. 167–184). Springer.

Käpplinger, B. (2018). Zeit für Weiterbildung und zeitgemäße Weiterbildung – Impulse für Wissenschaft und Praxis. *Zeitschrift Berufsbildung in Wissenschaft und Praxis*, (1), 6–10.

Käpplinger, B., Robak, S., & Schmidt-Lauff, S. (Hrsg.). (2012). *Engagement für die Erwachsenenbildung – Ethische Bezugnahmen und demokratische Verantwortung. Festschrift zum 65. Geburtstag von Prof. Dr. Wiltrud Gieseke*. Springer.

Kuhlenkamp, D. (2005). Weiterbildungsrecht der Länder und SGB III – Ambivalente (De-)Regulierung. *Zeitschrift für Erwachsenenbildung*, (3), 27–29.

Kuhlenkamp, D. (2024). Förderungsstrukturen der Weiterbildung. Rechtliche Regelungen – Finanzierungen – Realitäten. wbv.

Opelt, K. (2003). Volkshochschulen unter gesellschaftlichen Umbrüchen. In W. Gieseke (Hrsg.), *Institutionelle Innensichten in der Weiterbildung* (S. 27–45). w. Bertelsmann.

Pehl, K., & Reitz, G. (1992). *Statistische Mitteilungen des Deutschen Volkshochschul-Verbandes*. Pädagogische Arbeitsstelle des Deutschen Volkshochschulverbandes.

Robak, S., & Käpplinger, B. (2015). Zum Trialog von Wissenschaft, Praxis und Politik – Eine essayistische Annäherung 60 Jahre nach der Hildesheim-Studie. *Hessische Blätter für Volksbildung, 65*(1), 46–55.

Sektion Erwachsenenbildung (2024). Zur Geschichte der Sektion. Berlin. Abgerufen am 23. März 2024, von https://www.dgfe.de/sektionen-kommissionen-ag/sektion-9-erwachsenenbildung

Tolksdorf, M. (2009). Dinosaurier der Weiterbildungspolitik? Erwachsenenbildungsgesetze vor dem Aussterben oder der Revitalisierung. *Erwachsenenbildung – Vierteljahresschrift für Theorie und Praxis, 55*(2), 68–74.

Walber, M., & Lobe, C. (2018). Das Studium der Erwachsenen- und Weiterbildung in Deutschland. Marginalisierung im Bachelor – subdisziplinäre Profilbildung im Master – Professionalisierung in der wissenschaftlichen Weiterbildung. *Erziehungswissenschaft, 29*, 65–80.

Waldmann, K. (2023). Sterben Bildungsstätten aus? *Journal für Politische Bildung*, (4), 28–35.

Aiga von Hippel, Annika Müllner, Laura Uhl und Emma Fawcett

Strukturen für Wissenschaft und Praxis der Erwachsenenbildung

1. Inhaltliche Hinführung zu Strukturen und Überblick über den Beitrag

Der vorliegende Band setzt sich aus verschiedenen Perspektiven mit den wissenschaftlichen Erkenntnissen von W. Gieseke der letzten zehn Jahre auseinander. Im Unterschied zu den anderen Beiträgen bezieht sich unser Beitrag weniger auf die Publikationen – die ebenfalls durch ihre theoretischen und empirischen Analysen sowie Begriffe strukturbildend wirken – als auf die durch W. Gieseke geschaffenen (Infra-)Strukturen für Wissenschaft und Praxis der Erwachsenenbildung/Weiterbildung (EB/WB). Diese Strukturen sind von ihr als Lehrstuhlinhaberin für Erwachsenenbildung an der Humboldt-Universität zu Berlin seit den 1990er Jahren angelegt worden. Wir beschreiben die Strukturen in ihrer Entstehung und in ihrer Weiterentwicklung in den letzten zehn Jahren unter der Perspektive, dass diese Weiterentwicklungen ohne die grundlegende Anlage der Strukturen nicht möglich wären.

Als Merkmale institutioneller bzw. institutionalisierter Strukturen verstehen wir – teilweise angelehnt an Definitionen von Forschungsinfrastrukturen (Wissenschaftsrat, 2011, S. 17) und in breiterer Auslegung – folgende Punkte:

- sie sind mittel- und langfristig angelegt,
- sie wurden speziell für diese Zwecke (Förderung von Wissenschaft und Praxis der EB/WB) errichtet,
- ihre Funktion ist es, Forschung, Lehre und Nachwuchsförderung zu ermöglichen,
- für ihre Gestaltung sind fachwissenschaftliche Kompetenzen und qualifiziertes Personal erforderlich,
- sie stehen nicht nur einzelnen Gruppen, sondern einer größeren Fach- und Praxisgemeinschaft offen und
- zu ihnen gehören auch allgemeine Infrastrukturen wie Gebäude und andere Rahmenbedingungen.

Strukturen verstehen wir hiermit also als Infrastrukturen, die Forschung, Lehre (und damit Professionalisierung auch im Feld) und Nachwuchsförderung ermöglichen, ebenso interpretierbar als Teil der öffentlichen Verantwortung bzw. öffentlichen Daseinsvorsorge in Bezug auf Wissenschaft und Praxis der EB/WB und des Lebenslangen Lernens. Infrastrukturen übernehmen unterschiedliche Funktionen für die gelingende Entwicklung einer Gesellschaft (Barlösius et al., 2011).

Im Folgenden gehen wir anschließend an die obigen Ausführungen auf das Weiterbildungsprogramm-Archiv Berlin/Brandenburg als wissenschaftliche Informationsinfrastruktur (2), auf den Studiengang Master Erwachsenenbildung/Lebenslanges Lernen als eine Lehr-/Lernstruktur zur akademischen Professionalisierung, (3) auf Kooperation von Wissenschaft und Praxis als Struktur zur Professionalisierung (4) und auf den *Erwachsenenpädagogischen Report* als eine Struktur für insbesondere studentische Forschungsergebnisse (5) ein. Wir schließen mit einem kurzen weiterführenden Blick auf die Beiträge dieser Strukturen für gesellschaftliche und individuelle Entwicklungen (6).

2. Das Weiterbildungsprogramm-Archiv Berlin/Brandenburg als wissenschaftliche Informationsinfrastruktur

Das Weiterbildungsprogramm-Archiv Berlin/Brandenburg gehört als wissenschaftliche Informationsinfrastruktur (vgl. Wissenschaftsrat, 2012, S. 7; siehe auch Widany 2023) zu den Forschungsinfrastrukturen. Es versteht sich explizit als eine Support-Struktur für Forschung und Lehre insbesondere im Bereich der Programmplanungs-, aber auch der Organisationsforschung.

Im Jahr 1995 von W. Gieseke gegründet (siehe Übersicht im Anhang), stellt das Programmarchiv seither einen integralen Bestandteil der Abteilung Erwachsenenbildung/Weiterbildung und des Instituts für Erziehungswissenschaften dar. Damit blickt die Sammlung auf ein beinahe 30-jähriges Bestehen in institutioneller Anbindung an den Lehrstuhl zurück. Mit der Gründung der Sammlung verband sich das Bestreben, „Weiterbildungsprogramme, die in der Regel weder von kommunalen Archiven, Bibliotheken noch den Anbietern selbst vollumfänglich gesammelt werden" (Hippel et al., 2024) an einem Ort zentral vorzuhalten und damit den Wandel der Weiterbildungslandschaft in den Ländern Berlin und Brandenburg ab 1990 fortlaufend zu dokumentieren und v. a. über Programmanalysen auszuwerten.

Der Archivbestand umfasst aktuell (Stand: Oktober 2024) ca. 18.500 Programme von über 1.100 Weiterbildungsanbietern. Die Programme werden als Forschungsprimärdaten für die Nutzung bereitgestellt: Student:innen greifen auf das Archivgut für das Erstellen von Abschlussarbeiten zu und besuchen das Archiv im Rahmen von Lehrveranstaltungen. Forschungsprojekte konnten bereits mehrfach mit und aus dem Bestand heraus verwirklicht werden. Zudem sind die archivierten Programme Materialbasis für die Erarbeitung von (Institutionen-)Typologien im Anschluss an eine Befragung der im Archiv gesammelten Anbieter (siehe Hippel & Stimm, 2020). Grundsätzlich steht das Archiv allen Interessierten offen. Ganz ausdrücklich adressiert die Sammlung Vertreter:innen aus der Praxis. Für zahlreiche der in ihr archivierten Weiterbildungseinrichtungen übernimmt die Sammlung eine Gedächtnisfunktion und schafft die Möglichkeit zur Reflektion des eigenen professionellen Handelns. Dabei deckt die Sammlung das gesamte Spektrum der allgemeinen wie beruflichen EB/WB in den Ländern Berlin und Brandenburg ab. Vertretene Institutionentypen sind neben öffentlichen Einrichtungen wie den Volkshochschulen (VHSen) bspw. partikulare Institutionen wie konfessionelle oder gewerkschaftliche Einrichtungen, Kammern, Fachschulen, Vereine und Verbände sowie privat-kommerzielle Anbieter. Darüber hinaus umfasst der Bestand auch Institutionen, die Weiterbildung beigeordnet anbieten.

Die Merkmale des Archivs als Informationsinfrastruktur stellen Grundlage und Ausgangspunkt für weitere forschungs- und lehrstrukturbezogene Entwicklungen dar. Zusätzlich zu der oben genannten Erarbeitung einer Institutionentypologie seien vier Entwicklungen beispielhaft herausgegriffen.

Mit der fachgerechten Umverpackung der Programme in säurefreie Archivkartons war 2014 eine essenzielle Maßnahme der präventiven Konservierung umgesetzt worden, die darauf abzielte, möglichen Schadensrisiken vorzubeugen und die Archivalien für die gegenwärtige und zukünftige Nutzung zu erhalten (verbunden auch mit einer neuen Klassifizierung und Umstrukturierung der Bestände).

Um dem sich verändernden Publikationsverhalten von Weiterbildungseinrichtungen, die ihre Angebote häufig nicht mehr als gedruckte Programmhefte oder -flyer veröffentlichen, adäquat zu begegnen, wurde 2015 ein Pilotprojekt zur Archivierung von Webseiten durchgeführt (Projekt ForPrim-WBArch-E) (vgl. Gieseke et al., 2018, S. 468).

Ein Prozess, der 2021 zum Abschluss gebracht wurde, betrifft die Neumodellierung der Archivdatenbank. Die Neustrukturierung ergab sich aus dem Bedarf, Weiterbildungsprogramme nicht nur formal zu erfassen, sondern inhaltlich zu erschließen und darüber hinaus Informationen zu den herausgebenden Institutionen zu dokumentieren. Auch umfasst die neue Datenbank die Oberkategorie *Bildungsprofile*, die Informationen zu u. a. der Ausrichtung des jeweiligen Bildungsangebots oder der Zielgruppensystematik verzeichnet.

Im Sinne der Qualitätssicherung und als Grundlage für die Weiterentwicklung der Sammlung wurden in den Jahren 2020/2021 sowohl ein Leitbild als auch ein

Sammlungskonzept erarbeitet[1]. Gerade dem Sammlungskonzept, das strategische Ziele der Sammlungsarbeit festschreibt, kommt als Instrument einer langfristigen Planung besondere Bedeutung zu; es wird kontinuierlich angepasst und aktualisiert (vgl. Zauzig, 2014, S. 1–3).

Die Ergebnisse der vergangenen Jahre wirken festigend auf die eingangs genannten Strukturmerkmale zurück. Diese Festigung ist durchaus notwendig; sie stellt sicher, dass das Archiv auch zukünftig angemessen auf die Bedarfe von Wissenschaft und Praxis reagieren kann. Aktuell findet eine umfassende Bestandsbetrachtung und Institutionenrecherche statt mit dem Ziel, Veränderungen im dynamischen Weiterbildungsmarkt offenzulegen. Dieser Prozess erweist sich als notwendig, um dem Anspruch inhaltlicher Repräsentation (vgl. Merkens, 1997, S. 100) für die Region weiterhin gerecht zu werden. Ein auf diese Weise gepflegter Bestand stellt eine Voraussetzung für weitere Arbeiten im Bereich der Programmforschung dar, die ihrerseits Rückschlüsse auf die Realisierung von EB/WB in der Praxis zulassen (vgl. Gieseke & Robak, 2022, S. 256).

3. Der Studiengang Master Erwachsenenbildung/Lebenslanges Lernen als eine Lehr-/Lernstruktur zur akademischen Professionalisierung

Zur Entwicklung erwachsenenpädagogischer Professionalität wird einer fundierten akademischen Ausbildung eine zentrale Bedeutung zugeschrieben (vgl. Egetenmeyer & Schüßler, 2012, S. 10 und Kolling, Schmidt-Lauff & Egetenmeyer in diesem Band). Die Möglichkeiten zur akademischen Professionalisierung hängen dabei wesentlich von der Verfügbarkeit geeigneter Studiengänge ab, die als Lehr-Lern-Strukturen längerfristig stabile Ausbildungsoptionen gewährleisten.

Den Grundstein für den heutigen Masterstudiengang Erwachsenenbildung/Lebenslanges Lernen als Lehr-Lern-Infrastruktur zur akademischen Professionalisierung in der Region Berlin/Brandenburg legte W. Gieseke in der Phase des „Neuaufbau[s] von Hochschule und Wissenschaft in den neuen Ländern" (vgl. Bundesminister für Bildung und Wissenschaft, 1991) kurz nach ihrer

1 Beide Dokumente können in ihren jeweils aktuellen Fassungen über die Homepage des Weiterbildungsprogramm-Archivs abgerufen werden: https://www.erziehungswissenschaften.hu-berlin.de/de/ebwb/weiterbildungsprogrammarchiv/wbprogrammarchiv/leitbild/copy_of_leitbild

Berufung auf den Lehrstuhl für Erwachsenenpädagogik am 01.04.1992. Zu dieser Zeit brachte sie – durchaus gegen Widerstände (vgl. Gieseke, 1997a, S. 3) – in Kooperation mit dem Pädagogischen Landesinstitut Brandenburg den Antrag auf einen Modellversuch „Ergänzende Studienangebote zur erwachsenenpädagogischen Qualifizierung" ein, der mit Mitteln des Hochschulerneuerungsprogramms finanziert werden sollte (vgl. Gieseke, 1992a, o.S.; Gieseke, 1997a, S. 3). Die argumentativen Hintergründe für die Einrichtung des Studienangebotes bezogen sich zum einen auf die Situation in den neuen Bundesländern: Im Antrag hebt W. Gieseke die Bedeutung von Weiterbildung, der „gesellschaftlich eine Scharnierrolle zukommt" (Gieseke, 1994, S. 1), für eine Vorbereitung „auf radikal veränderte Arbeitsmarktbedingungen" und neue Lebensbedingungen in den neuen Bundesländern hervor (Gieseke, 1992b, S. 1). Dabei ging es ihr auch um die Frage, wie Weiterbildung zu Austausch und Verständigung zwischen West- und Ostbürger:innen beitragen kann (Gieseke, 1994, S. 9). Zwar expandierte die Weiterbildungslandschaft zu dieser Zeit stark, dennoch fehlte erwachsenenpädagogisch ausgebildetes Personal, welches „Vermittlungsformen anbieten kann, die bei dieser besonderen erwachsenenpädagogischen Aufgabe in dieser historischen Situation von Nutzen sind" (Gieseke, 1993, S. 7). Auch war es ein Ziel, „Erwachsenenbildner aus Ost und West" (Gieseke, 1997b, S. 9) zusammenzuführen. Zum anderen stellte sie fest, dass die „bisherigen Studienprofile, in denen erwachsenenpädagogische Anteile angeboten werden [...] nicht hin[reichen], [...] um den nachgefragten Qualifikationsprofilen in der Vielfalt der Weiterbildungslandschaft zu genügen" (Gieseke, 1997b, S. 5). Demgegenüber sah sie dreierlei zukunftsweisende Studienformate: Erwachsenenbildung als grundlegender Studiengang, als postgradualer Zusatzstudiengang und als Nebenfach (z.B. in der Medizinpädagogik) (vgl. Gieseke, 1998, S. 50–51). Von Bedeutung war für sie, dass eine ausgewiesene erwachsenenpädagogische Qualifizierung „Kompetenz und Orientierung für den gesamten Bereich der Weiterbildung" vermittelt und Segmente der Weiterbildung nicht getrennt werden (Gieseke, 1998, S. 47).

Der Modellversuch wurde mit 45 Teilnehmer:innen aus dem Ostteil von Berlin, Brandenburg und dem Westteil von Berlin zwischen März 1993 und Juni 1994 erfolgreich umgesetzt (vgl. Wahse, 1997). Dabei richtete sich das Studienangebot an Interessent:innen mit und ohne Berufserfahrung in der EB/WB (vgl. Wahse, 1997). Die thematischen Schwerpunkte bezogen sich auf den gesamten Bereich der EB/WB und umfassten eine breite Palette, die von der Entwicklung didaktischer Konzepte über Programmplanung bis hin zu gesetzlichen Grundlagen reichten (vgl. Gieseke, 1992b, S. 5–6). Anschließend wurde das Angebot als regulärer viersemestriger „Zusatzstudiengang zur erwachsenenpädagogischen

Qualifizierung" verstetigt.[2] Im Jahr 2003 wurde der Zusatzstudiengang zunächst modularisiert und umbenannt. Unter Federführung W. Giesekes knüpfte daran die Konzeption des mit 120 LP deutlich umfangreicheren Masterstudiengangs „Erwachsenenpädagogik/Lebenslanges Lernen" an, dessen erste Ordnung im Jahr 2006 in Kraft trat (siehe Übersicht zur Genese des Studiengangs im Anhang).

Ab April 2013 hatte W. Gieseke eine Seniorprofessur am Arbeitsbereich EB/WB inne. Unter Federführung der neuen Lehrstuhlinhaberin A. von Hippel und im Austausch mit W. Gieseke wurde der Studiengang über eine neue Studien- und Prüfungsordnung im Jahr 2014 zu „Erwachsenenbildung/Lebenslanges Lernen" (EB/LL) umbenannt und weiterentwickelt, indem u. a. ein Modul in Forschungsmethoden und ein Pflichtpraktikum eingeführt wurden und eine stärkere Anbindung an das Kerncurriculum Erziehungswissenschaft mit Schwerpunkt Erwachsenenbildung (2006) der Deutschen Gesellschaft für Erziehungswissenschaft[3] erfolgte.

Der heutige Masterstudiengang EB/LL ist eine der unterschiedlichen Möglichkeiten der universitären erwachsenenpädagogischen Qualifizierung im Bundesgebiet[4], jedoch der einzige Studiengang dieser Art an einer staatlichen Universität in den Bundesländern Berlin und Brandenburg. Der Studiengang bildet trägerübergreifend für meso- und mikrodidaktische Handlungsfelder aus. Damit befähigt er für Tätigkeiten in unterschiedlichen Bereichen der allgemeinen, beruflichen und betrieblichen EB/WB, für die es sonst wenig geregelte Zugangsmöglichkeiten gibt. Handlungsfelder liegen in der pädagogischen Leitung, Planung, Lehre, Beratung sowie in der Wissenschaft.

Der Master EB/LL ist ein konsekutiver Masterstudiengang, besitzt aber zugleich eine Offenheit, indem er sich an Bachelorabsolvent:innen unterschiedlicher

---

2 Der Zusatzstudiengang hatte einen Gesamtumfang von 32 Semesterwochenstunden; daneben gab es die Möglichkeit, im Magisterstudiengang Erziehungswissenschaften einen erwachsenenpädagogischen Schwerpunkt zu wählen sowie einen erwachsenenpädagogisch ausgerichteten Studienanteil Erziehungswissenschaften im Diplomstudiengang Medizin- und Pflegepädagogik (vgl. Opelt et al., 1998), heute M.Sc. Health Professions Education an der Charité. Auch die Schaffung dieser Strukturen reicht bis in die Gegenwart (siehe Anhang).

3 https://www.dgfe.de/fileadmin/OrdnerRedakteure/Stellungnahmen/2006_KCE_EB-WB_konsekutiv.pdf (01.10.2024)

4 Lobe und Walber (2020) kommen in einer von der Sektion Erwachsenenbildung der DGfE 2016 in Auftrag gegebenen Studie auf 72 Bachelor- und Masterstudiengänge sowie 26 wissenschaftliche Weiterbildungsangebote mit einem Studienschwerpunkt in Erwachsenen- und Weiterbildung, die von 65 Arbeitseinheiten in Deutschland angeboten werden.

geistes- und sozialwissenschaftlicher Fächer richtet, wodurch Doppelqualifikationen möglich werden. Auf diese Weise kann Professionswissen ausgebildet werden, das erwachsenenpädagogisches Fachwissen sowie in unterschiedlichen Anteilen inhaltlich-themenspezifisches wie fachdidaktisches domänenspezifisches Fachwissen beinhaltet (z.B. Marx et al., 2014). Das Professionswissen mit allen Bestandteilen ist zentral für die Entscheidungs-, Argumentations- und Begründungsfähigkeit von Lehrenden und Planenden in der EB/WB. Inhaltlich sowie strukturell richtet sich der Studiengang bis heute sowohl an Berufspraktiker:innen als auch an Personen, die zukünftig in der EB/WB tätig sein möchten, und kann aus individueller Sicht eine tätigkeitsbezogene und finanzielle Verbesserung bedeuten, indem z.B. Leitungspositionen eröffnet werden.

Dass der Masterstudiengang auf leitende, planende, lehrende, beratende sowie wissenschaftliche Tätigkeiten in unterschiedlichen Organisationen vorbereitet, zeigen auch Ergebnisse einer explorativen Alumni-Verbleibsbefragung. Hierfür wurden im Oktober 2023 alle 55 Absolvent:innen der Abschlussjahrgänge 2020 bis 2023 (bis September) angeschrieben[5] und nach ihrer derzeitigen beruflichen Tätigkeit befragt. Der Rücklauf war mit 71% (39 Antworten) hoch, was auf eine Verbindung zum Arbeitsbereich und damit zur Erwachsenenbildungswissenschaft hindeutet.

Die Ergebnisse zeigen, dass sich der Großteil der Absolvent:innen zum Befragungszeitpunkt in Arbeit befindet (38 Personen, 97%). Nur eine Person ist arbeitssuchend. Von den Personen in Arbeit sind die meisten in einem Angestelltenverhältnis beschäftigt (35 Personen), drei Absolvent:innen sind hauptberuflich selbstständig tätig und haben gegründet. Insgesamt sind 31 Absolvent:innen im Weiterbildungsbereich beschäftigt (82%). Hierzu gehören auch die drei hauptberuflich selbstständigen Absolvent:innen. Das Spektrum der arbeitgebenden Organisationen reicht von partikularen, kommerziellen und öffentlichen Anbietern bis zur betrieblichen Weiterbildung in Unternehmen und der Erwachsenenbildungswissenschaft. Sechs Absolvent:innen haben in anderen Bildungsbereichen einen Arbeitsplatz gefunden. Ein:e Absolvent:in arbeitet in einem bildungsnahen Bereich. Die Analyse der zentralen Tätigkeitsfelder verdeutlicht, dass drei Absolvent:innen hauptsächlich leitend (mit Personalverantwortung), 18 planend-konzeptionierend, sechs lehrend, drei beratend, sechs wissenschaftlich und zwei Absolvent:innen anders (sozialpädagogisch, journalistisch) tätig sind.

---

5 Insgesamt haben im untersuchten Zeitraum 79 Personen das Studium abgeschlossen. Durch die ‚Corona-Semester' gab es etwas weniger Studienanfänger:innen.

In der Gesamtschau zeigt die Analyse, dass der Großteil der Absolvent:innen (82%) ausbildungsadäquat beschäftigt und damit erfolgreich in den Beruf eingemündet ist. Dieses Ergebnis deckt sich mit anderen Absolvent:innenverbleibsstudien zu erziehungswissenschaftlichen Studiengängen, wonach der große Teil der Absolvent:innen nach einem Studium einen ausbildungsadäquaten Arbeitsplatz findet (vgl. Hüfner et al., 2019). Weiterhin zeigen die Ergebnisse, dass sich den Absolvent:innen des Masterstudiengangs EB/LL sowohl mit Blick auf die arbeitgebenden Organisationen als auch mit Blick auf die pädagogischen Tätigkeiten ein breites und zugleich spezifisches Tätigkeitsfeld eröffnet, auf welches das Studium durch seine bereichsübergreifende Ausrichtung vorbereitet. Ein Schwerpunkt liegt dabei auf planend-konzeptionierenden Tätigkeiten.

Neben dem Masterstudiengang und ebenfalls anknüpfend an die in den 1990er Jahren durch W. Gieseke geschaffenen Strukturen gestaltet der Arbeitsbereich EB/WB Module im Bachelor- und Masterstudiengang Erziehungswissenschaften, wobei es Möglichkeiten gibt, Studienschwerpunkte in EB/WB zu wählen.

4. Kooperation von Wissenschaft und Praxis als Struktur zur Professionalisierung

Über die Gestaltung von Modulen in anderen Studiengängen hinaus bringt sich der Arbeitsbereich EB/WB auch in die Erwachsenenbildungspraxis ein, indem Module des Masterstudiengangs EB/LL für die Fortbildung von Kursleiter:innen und Programmplaner:innen der Berliner EB/WB geöffnet werden. Diese Möglichkeit geht auf die durch W. Gieseke initiierte Kooperation zwischen dem Arbeitsbereich und der Berliner Senatsverwaltung für Bildung, Jugend und Sport (SenBJF) zurück, die dem Ziel folgte, universitäre Lehrveranstaltungen im Bereich EB/WB für eine größere Fachöffentlichkeit zu öffnen und so die Professionalisierung im Praxisfeld zu fördern.

2003 stellte W. Gieseke das „Zusatzstudium zur erwachsenenpädagogischen Qualifizierung" auf der Fortbildungskonferenz der SenBJF vor (siehe Anhang). Schon ab dem Wintersemester 2003/04 wurde die Teilnahme von Kursleiter:innen an einzelnen Modulen des Studiengangs als Gasthörer:innen ermöglicht. 2012 entstand ein Kooperationsvertrag zwischen dem Arbeitsbereich und der SenBJF. Seitdem können alle Kursleitenden und Planenden, die in Berlin in der öffentlich geförderten EB/WB arbeiten, im Rahmen eines Fortbildungsprogramms[6] ausgewählte Lehrveranstaltungen des Masterstudiengangs besuchen. Seit dem

6 https://www.berlin.de/vhs/fuer-kursleitende/ (18.09.2024)

Sommersemester 2021 läuft die Kooperation über das Servicezentrum der Berliner VHSen[7].

Die Lehrveranstaltungen sind explizit theorie- und forschungsorientiert. Sie behandeln neben den Grundlagen der EB/WB die mesodidaktische Programmplanung und das mikrodidaktische Handeln in Lehr-Lernsettings und in der Beratung. Für den Abschluss des über das Fortbildungsprogramm strukturierten Zertifikats *Lehren in der Erwachsenenbildung* muss mindestens ein Seminar des Masterstudiengangs besucht werden[8]. Je nach Semester werden zwölf bis 15 Plätze pro Halbjahr für das Fortbildungsprogramm vorgehalten und i. d. R. auch wahrgenommen.

Diese Kooperation ist beispielhaft für eine langfristig angelegte Struktur, die das zuweilen thematisierte Problem der Praxisferne der Erwachsenenbildungswissenschaft (vgl. Robak & Käpplinger, 2015) angeht. Für die Professionalisierung des erwachsenenpädagogischen Personals gilt es, die Vertrautheit und die positive Identifikation mit den Aufgaben und Möglichkeiten der EB/WB und des lebenslangen Lernens zu fördern; in diesem Sinne bieten die geöffneten Lehrveranstaltungen des Masterstudiengangs eine Sozialisation im erwachsenenpädagogischen Feld (vgl. Gieseke, 2018, S. 1064). Neben der Wissensaneignung liefert die Auseinandersetzung mit den wissenschaftlichen Prämissen der EB/WB Begründungsmuster für das professionelle Handeln und regt zur Reflexion darüber an. Sie schult die Beurteilungskompetenz und lässt organisatorische Abläufe und didaktische Handlungen in einem neuen Licht erscheinen.

Die Kooperation leistet nicht nur einen Beitrag zur Kompetenzentwicklung und Qualifikation des erwachsenenpädagogischen Personals, sondern regt gleichzeitig eine Praxisorientierung in der Lehre an. Hierbei können das Professionswissen und die Erfahrungen, die Praktiker:innen einbringen, beispielweise als Anlass für die Reflexion des Spannungsfeldes zwischen theoretischem Wissen und praktischer Handlungsmöglichkeit dienen (vgl. im Kontext einer vergangenen Praxiskooperation Höhle & Gieseke, 2013, S. 19) und so die Lehrveranstaltungen bereichern. Insofern stellt diese Kooperation eine auf Dauer angelegte strukturelle Verknüpfung von Wissenschaft und Praxis dar, die auf Erkenntnisgewinn auf beiden Seiten abzielt.

---

7 Das Servicezentrum fungiert als Verbund der Berliner VHSen. Siehe https://www.berlin.de/vhs/ueber-uns/verbund/ (18.09.2024)

8 Fortbildungsprogramm, S. 56. Online unter https://www.berlin.de/vhs/fuer-kursleitende/ (18.09.2024)

5. Eine Struktur für – insbesondere studentische – Forschungsergebnisse: Der Erwachsenenpädagogische Report

Eine weitere Struktur, die durch W. Gieseke eingeführt wurde, ist der *Erwachsenenpädagogische Report*: eine eigene Zeitschriftenreihe des Arbeitsbereichs EB/WB, in der seit dem Jahr 2000 Studien, Forschungsberichte, Handbücher des Weiterbildungsprogramm-Archivs und v. a. sehr gute und gute Bachelor- sowie Master- und Magister-Arbeiten veröffentlicht werden[9]. Die Schriften werden mit ISSN als gedrucktes Heft und seit 2016 auch online auf dem Open-Access-Publikationsserver der Humboldt-Universität veröffentlicht. Die Reihe, die aktuell 86 Bände umfasst, stellt einen wertvollen Fundus an Forschungsergebnissen für die Wissenschaft und Praxis der EB/WB dar und ist zugleich eine wichtige Ressource für Student:innen und die Förderung junger Wissenschaftler:innen. Sie erscheint in wechselnder Herausgeber:innenschaft; W. Gieseke ist seit dem ersten Band bis heute Mitherausgeberin.

Inhaltlich deckt die Reihe ein breites Spektrum an Forschungsbereichen, Themen und methodischen Zugängen ab. Neben einigen theoretischen und begrifflichen Abhandlungen ist die Mehrheit der veröffentlichten Abschlussarbeiten empirisch ausgerichtet. Circa ein Drittel ist primär in der Programm(planungs)-forschung zu verorten, was die Schwerpunkte des Arbeitsbereichs widerspiegelt. Ein weiteres Drittel ist primär der Lehr-/Lernforschung zuzuordnen. Weitere Bereiche sind die Professionalisierungsforschung, die Adressat:innen-, Teilnehmer:innen- und Zielgruppenforschung, die Organisationsforschung, die Beratungsforschung sowie Politik, Recht und Finanzen.

Was die Themen betrifft, fokussieren knapp unter der Hälfte der Arbeiten entweder spezifische Bildungsbereiche (vertreten sind die berufliche Weiterbildung, die politische, kulturelle sowie konfessionelle – evangelische, islamische und jüdische – EB/WB, die Familienbildung, die Gesundheitsbildung und die wissenschaftliche Weiterbildung) oder bestimmte Zielgruppen (Frauen, Ältere, behinderte Menschen, Geflüchtete) und verwandte Konzepte wie Genderkonstruktionen, Inklusion, Inter-/Transkulturalität und die Migrationsgesellschaft. Weitere Schwerpunkte sind Beratung, Coaching und Mediation, Emotionen sowie Lernprozesse. Jeweils zwei der Bände legen den Fokus auf Qualitätsmanagement, die Weiterbildungsteilnahme sowie die Geschichte der VHSen.

---

9 https://www.erziehungswissenschaften.hu-berlin.de/de/ebwb/erwachsenenpaedagogischer-report

Hinsichtlich der methodischen Zugänge basiert circa ein Viertel der Abschlussarbeiten auf Programmanalysen, was auf die methodischen Schwerpunkte des Arbeitsbereichs zurückzuführen ist. Circa ein Drittel der Arbeiten weist einen regionalen Bezug zu Berlin/Brandenburg auf bzw. zieht Weiterbildungseinrichtungen in der Region als Fallstudie heran. Grund dafür ist neben dem Standort der Universität und dem Feldzugang im Berufsfeld der Student:innen auch die Zugänglichkeit von primären Daten im Weiterbildungsprogramm-Archiv (siehe Punkt 2).

Der Wert des *Erwachsenenpädagogischen Reports* als institutionalisierte Struktur lässt sich unter zwei Aspekten zusammenfassen: dem Nutzen für Student:innen und den wissenschaftlichen Nachwuchs sowie dem Nutzen für die größere Fach- und Praxisgemeinschaft. Zum einen werden durch die Veröffentlichung gelungene studentische Arbeiten gewürdigt und so wissenschaftsorientierte Berufspraxen gefördert. Die Beiträge werden als Beispiele in die Lehre eingebunden. Zum anderen werden durch die Reihe qualitativ hochwertige Forschungsergebnisse für die Wissenschaft und Praxis der EB/WB zugänglich gemacht[10]. Die ausgewählten Abschlussarbeiten weisen eine hohe Spezifizität auf und befassen sich oft mit weniger erforschten Themen. Zudem setzen sie sich häufig mit Einrichtungen und/oder Themen auseinander, zu denen die Student:innen durch ihre eigenen beruflichen Erfahrungen in Kontakt getreten sind. In diesen Fällen ermöglichen die Abschlussarbeiten eine vertiefende Reflexion über das eigene Praxisfeld, während die Veröffentlichung von Studienergebnissen wiederum den Austausch zwischen Forschung und Praxis fördert.

6. Beiträge der Strukturen für gesellschaftliche und individuelle Entwicklungen

Ziel des Beitrags war es, die von W. Gieseke geschaffenen Forschungs-, Lehr-, Kooperations- und Veröffentlichungs-Infrastrukturen in ihrer Entwicklung, Weitergestaltung und Bedeutung für Wissenschaft und Praxis der EB/WB aufzeigen. Dabei sind die beschriebenen Infrastrukturen nicht getrennt voneinander zu sehen, sondern sie greifen komplex ineinander und leisten Beiträge für gesellschaftliche und individuelle Entwicklungen.

10 Es gibt einen festen regelmäßigen (Pflicht-)Verteiler an verschiedene Bibliotheken, Universitäten, Deutsche Nationalbibliothek (DNB) Leipzig sowie auch das Deutsche Institut für Erwachsenenbildung (DIE) Bonn. Hinzu kommen ggf. weitere Anfragen von Forscher:innen. Seit 2016 stehen Exemplare auch open access zur Verfügung.

So macht das Programmarchiv Weiterbildungsprogramme für die Wissenschaft und das Praxisfeld zugänglich. Damit dokumentiert es nicht nur die individuellen und gesellschaftlichen Angebote für Lebenslanges Lernen im Erwachsenenalter in Berlin/Brandenburg, sondern ermöglicht auch die Reflexion gesellschaftlicher Entwicklungen in Forschung, Lehre und mit Praxispartner:innen in der Region.

Die Weiterbildungsprogramme selbst sind Ergebnis professionellen pädagogischen Handelns. Hierfür ist Professionswissen notwendig, welches im Rahmen akademischer Professionalisierung ausgebildet wird. Das Masterstudiengang EB/LL hält eine solche Lehr-Lern-Struktur vor und ermöglicht es Student:innen und Teilnehmer:innen des Fortbildungsprogramms, benötigte Wissensbestände im Rahmen ihrer individuellen Professionalisierung auszubauen und professionelles pädagogisches Handeln mit wissenschaftlichen Erkenntnissen begründen zu können. Die Einbindung von Praxiserfahrungen der Teilnehmer:innen in die Lehrveranstaltungen sowie die Schnittstellen zum Programmarchiv ermöglichen es dabei, wissenschaftliches Wissen und Praxiswissen in Beziehung zu setzen (vgl. auch Jütte et al., 2012) und aktuell relevante (auch regionale) gesellschaftliche Themen im Kontext der EB/WB zu reflektieren. Sichtbar werden die Ergebnisse dieser Auseinandersetzungen u. a. im *Erwachsenenpädagogischen Report*.

Diese Beispiele zeigen die weitreichende Bedeutung der durch W. Gieseke geschaffenen Infrastrukturen auf. Diese stehen nicht nur in Wechselwirkung zueinander, sondern wirken auch stets ins Praxisfeld hinein. Begünstigt wird hierdurch zum einen der wechselseitige Austausch von Wissenschaft und Praxis. Zum anderen ermöglichen es Infrastrukturen wie die beschriebenen, die Bedeutung der Profession Erwachsenenbildung gegenüber Gesellschaft, aber auch Politik, zu begründen und zu unterstreichen.

Literatur

Barlösius, E., Keim, K.-D., Meran, G., Moss, T., & Neu, C. (2011). Infrastrukturen neu denken: gesellschaftliche Funktionen und Weiterentwicklung. In R. F. Hüttl, R. Emmermann, S. Germer, M. Naumann & O. Bens (Hrsg.), *Globaler Wandel und regionale Entwicklung* (S. 147–173). Springer-Verlag.

Bundesminister für Bildung und Wissenschaft (1991). *Erneuerungsprogramm für Hochschulen und Forschung in den neuen Ländern.* Reihe Bildung – Wissenschaft – Aktuell, 7/91. Bonn.

Egetenmeyer, R., & Schüßler, I. (2012). Zur akademischen Professionalisierung in der Erwachsenenbildung/Weiterbildung. In R. Egetenmeyer & I. Schüßler (Hrsg.), *Akademische Professionalisierung in der Erwachsenenbildung/Weiterbildung* (S. 7–28). Schneider Verlag.

Gieseke, W. (1992a). *TOP 2 der Fachbereichssitzung am 27.05.1992. Vorlage für die Mitglieder des Fachbereichsrats* [Unpubliziertes Dokument]. Humboldt-Universität zu Berlin.

Gieseke, W. (1992b). *Antrag auf einen Modellversuch: „Ergänzende Studienangebote zur erwachsenenpädagogischen Qualifizierung“* [Unpubliziertes Dokument]. Humboldt-Universität zu Berlin.

Gieseke, W. (1993). *Erfahrungen als behindernde und fördernde Momente im Lernprozeß Erwachsener.* Antrittsvorlesung am 11. Januar 1993. Abgerufen am 12. September 2024 von https://doi.org/10.18452/1560

Gieseke, W. (1994). Weiterbildung in den neuen Bundesländern. In A. Kaiser, J. E. Feuchthofen & R. Güttler (Hrsg.), *Europahandbuch Weiterbildung*, Teil A, 25.30.220 (S. 1–12). Luchterhand.

Gieseke, W. (1997a). Einleitung. In W. Gieseke (Hrsg.), *Kompetenzentwicklung im erwachsenenpädagogischen Handeln. Zusatzstudium zur erwachsenenpädagogischen Qualifizierung. Kolloquium am 18. September 1996.* Studien zur Wirtschafts- und Erwachsenenpädagogik, Band 12 (S. 3–4). Humboldt-Univ.

Gieseke, W. (1997b). Das Zusatzstudium im Kontext anderer erwachsenenpädagogischer Qualifizierungsangebote. In W. Gieseke (Hrsg.), *Kompetenzentwicklung im erwachsenenpädagogischen Handeln. Zusatzstudium zur erwachsenenpädagogischen Qualifizierung. Kolloquium am 18. September 1996.* Studien zur Wirtschafts- und Erwachsenenpädagogik, Band 12 (S. 5–9). Humboldt-Univ.

Gieseke, W. (1998). Erwachsenenpädagogik als universitäres Fach. In *Studienleitfaden Erwachsenenpädagogik an der Humboldt-Universität.* Studien zur Wirtschafts- und Erwachsenenpädagogik, Band 16 (S. 45–52). Humboldt-Univ.

Gieseke, W. (2018). Professionalität und Professionalisierung in der Erwachsenenbildung/Weiterbildung. In R. Tippelt & A. von Hippel (Hrsg.), *Handbuch Erwachsenenbildung/Weiterbildung* (S. 1051–1069). Springer VS.

Gieseke, W., Hippel, A. von, Stimm, M., Georgieva, I., & Freide, S. (2018). Programmarchive und -sammlungen der Erwachsenenbildung/Weiterbildung: Grundlage für die Forschung zum Lebenslangen Lernen. In R. Tippelt & A. von Hippel (Hrsg.), *Handbuch Erwachsenenbildung/Weiterbildung: Band 1* (6. überarb. u. aktual. Aufl., S. 451–474). Springer VS. https://doi.org/10.1007/978-3-531-19979-5_23

Gieseke, W., & Robak, S. (2022). Bildungsforschung als Zugang zur Erschließung gesellschaftlicher Wirklichkeit. *Zeitschrift für Weiterbildungsforschung, 45*(2), 253–274. https://doi.org/10.1007/s40955-022-00216-8

Hippel, A. von, Fleige, M., & Müllner, A. (2024). *Das Weiterbildungsprogramm-Archiv Berlin/Brandenburg der Abteilung Erwachsenenbildung/*

Weiterbildung: Von der Entstehung und Entwicklung einer aktiven HU-Sammlung. Objekt des Monats. https://www.kulturtechnik.hu-berlin.de/objekt-des-monats-das-weiterbildungsprogramm-archiv-berlin-brandenburg-der-abteilung-erwachsenenbildung-weiterbildung-von-der-entstehung-und-entwicklung-einer-aktiven-hu-sammlung

Hippel, A. von, & Stimm, M. (2020). Typen von Weiterbildungseinrichtungen – Überblick und Ausdifferenzierungen für die Programm- und Organisationsforschung. *Zeitschrift für Weiterbildungsforschung, 43*(3), 413–427. https://doi.org/10.1007/s40955-020-00164-1

Höhle, S., & Gieseke W. (2013). Wissenschaft sucht Praxis. Über eine richtungsweisende Kooperation der Humboldt-Universität mit der VHS Treptow-Köpenick von Berlin. *Dis.kurs*, (3), S. 18–19.

Hüfner, K., Grunert, C., & Züchner, I. (2019). Wohin führen erziehungswissenschaftliche Hauptfachstudiengänge? Zum Stand fachbezogener Absolvent*innenstudien nach der Bolognareform. *Erziehungswissenschaft, 30*(59), 63–75.

Jütte, W., Walber, M., & Behrens, J. (2012). Interaktive Professionalisierung in der Weiterbildung. Das Bielefelder Modell. In R. Egetenmeyer & I. Schüßler (Hrsg.), *Akademische Professionalisierung in der* Erwachsenenbildung (S. 171–181). Schneider-Verl. Hohengehren.

Lobe, C., & Walber, M. (2020). Das Studium der Erwachsenen- und Weiterbildung in Deutschland: Stand und Perspektiven disziplinärer Professionalisierungsangebote. *Hessische Blätter für Volksbildung,* (1), 16–27.

Marx, C., Goeze, A., & Schrader, J. (2014). Pädagogisch-psychologisches Wissen zur Gestaltung von Lehr-Lernsituationen: (Wie) unterscheidet es sich in Erwachsenenbildung/Weiterbildung und Schule? *Hessische Blätter für Volksbildung,* (3), 238–251.

Merkens, H. (1997). Stichproben bei qualitativen Studien. In B. Friebertshäuser & A. Prenger (Hrsg.), *Handbuch qualitative Forschungsmethoden in der Erziehungswissenschaft* (S. 97–106). Juventa.

Opelt, K., Siebers, R., & Wahse, A.-K. (1998). Das Studium der Erwachsenenpädagogik an der HU. In: *Studienleitfaden Erwachsenenpädagogik an der Humboldt-Universität.* Studien zur Wirtschafts- und Erwachsenenpädagogik, Band 16 (S. 59–91). Humboldt-Univ.

Robak, S., & Käpplinger, B. (2015). Zum Trialog von Wissenschaft, Praxis und Politik. Eine essayistische Annäherung 60 Jahre nach der Hildesheim-Studie. *Hessische Blätter für Volksbildung, 65*(1), 46–55.

Wahse, A.-K. (1997). Lernort Studium – ein Ort sozialer Erfahrungen, der Kompetenzerweiterung und der Selbstreflexion – Ergebnisse der wissenschaftlichen Begleitung des Modellversuchs. In W. Gieseke (Hrsg.), *Kompetenzentwicklung im erwachsenenpädagogischen Handeln. Zusatzstudium zur erwachsenenpädagogischen Qualifizierung. Kolloquium am 18. September 1996*. Studien zur Wirtschafts- und Erwachsenenpädagogik, Band 12 (S. 11–24). Humboldt-Univ.

Widany, S. (2023). Forschungsinfrastrukturen. In R. Arnold, E. Nuissl & J. Schrader (Hrsg.), *Wörterbuch Erwachsenen- und Weiterbildung* (3., vollst. überarb. Aufl.). Verlag Julius Klinkhardt. https://doi.org/10.35468/wbeb2022-107

Wissenschaftsrat (2011). *Übergreifende Empfehlungen zu Informationsinfrastrukturen* (Drs. 10466-11). Berlin 28 01 2011. https://www.wissenschaftsrat.de/download/archiv/10466-11.pdf?__blob=publicationFile&v=1

Wissenschaftsrat (2012). *Empfehlungen zur Weiterentwicklung der wissenschaftlichen Informationsinfrastrukturen in Deutschland bis 2020* (Drs. 2359-12). Berlin 23 07 2012. https://www.wissenschaftsrat.de/download/archiv/2359-12.pdf?__blob=publicationFile&v=2

Zauzig, O. (2014). *Leitfaden Sammlungskonzept und Leitbild.* Abgerufen am 12. September 2024 von https://doi.org/10.18452/25148

4. Anhang

Gerlinde Sonnenberg

1. Erwachsenenpädagogischer Report
2. Erstbetreute veröffentlichte Abschlussarbeiten in der Zeitschriftenreihe: Erwachsenenpädagogischer Report (seit 2013) (Stand: 10. April 2025)
3. Das Masterstudium Erwachsenbildung/Lebenslanges Lernen an der Humboldt-Universität zu Berlin
4. Kooperation mit der Charité, Institut für Gesundheits- und Pflegewissenschaft
5. Kooperation HU Berlin mit der Berliner Senatsverwaltung und dem Servicezentrum der Berliner VHS im Bereich Fortbildung
6. Weiterbildungsprogramm-Archiv Berlin/Brandenburg
7. Publikationsliste Prof.in Dr.in Wiltrud Gieseke von 2013–2024 (Stand: 18. November 2024)
8. Übersicht über Forschung und Lehre sowie weitere Tätigkeiten von Wiltrud Gieseke von 2013–2024

1. Erwachsenenpädagogischer Report

Jahr	
2000	**Einführung des Erwachsenenpädagogischen Reports** als abteilungseigene Zeitschriftenreihe, welche u.a. Studien, Forschungsprojekte, Handbücher des Weiterbildungsprogramm-Archivs Berlin/ Brandenburg, sehr gute und gute Bachelor- sowie Master- und Magister-Arbeiten beinhaltet
05/2000	**Beantragung der ISSN-Nr. (print)** bei der Deutschen Bibliothek, Frankfurt am Main, jetzt Leipzig
03/2018, Veröffentlichung rückwirkend bis 2016	**Beantragung der ISSN-Nr. (online) sowie erste Onlineausgabe auf dem edoc-Server**, Open-Access-Publikationsserver der Humboldt-Universität zu Berlin. Die entsprechenden Ausgaben sind verlinkt unter: https://www.erziehungswissenschaften.hu-berlin.de/de/ebwb/erwachsenenpaedagogischer-report

Herausgeberinnen und Herausgeber der Reihe:

- Prof.in Dr.in Wiltrud Gieseke (ab Band 1)
- Prof.in Dr.in Aiga von Hippel (Band 29, ab Band 31)
- PD Dr.in Marion Fleige (ab Band 83)
- Prof. Dr. Matthias Alke (Band 61 bis 77)
- Prof. Dr. Bernd Käpplinger (Band 25 bis 44)
- Prof. Dr. Ortfried Schäffter (Band 1 bis 17)

2. Erstbetreute veröffentlichte Abschlussarbeiten in der Zeitschriftenreihe: Erwachsenenpädagogischer Report (seit 2013) (Stand: 10. April 2025)

Band 25 Neu, S. (2013). *Lernwiderstände bei Erwachsenen beim Sprachenlernen.* Masterarbeit im Studiengang „Erwachsenenpädagogik/Lebenslanges Lernen". Humboldt-Univ. Berlin.

Band 26 Steinkemper, K. (2013). *Über den Umgang mit Emotionen in Diversity Trainings.* Masterarbeit im Studiengang „Erwachsenenpädagogik/Lebenslanges Lernen". Humboldt-Univ. Berlin.

Band 28 Devers, T. (2013). *Erhebung der Lernkultur am Beispiel des neuen Berufsausbildungsganges des Sozialassistenten in Berlin am IB GIS Medizinische Akademie.* Masterarbeit im Studiengang „Erwachsenenpädagogik/Lebenslanges Lernen". Humboldt-Univ. Berlin.

Band 32 Meixner, J. (2014). *Transferwirkungen Kultureller Bildung – eine triangulative Untersuchung des politischen Bildungsprojekts „Kulturschock".* Masterarbeit im Studiengang „Erziehungswissenschaften", Profilbereich II: Internationale Bildungsforschung und Bildungsexpertise. Humboldt-Univ. Berlin.

Band 33 Glaß, E. (2014). *Weiterbildungsgutscheine und Geschlecht. Eine Fallanalyse zur Nutzung des Bildungsschecks Brandenburg.* Bachelorarbeit im Studiengang „Erziehungswissenschaften", Profil III: Erwachsenenbildung/Weiterbildung. Humboldt-Univ. Berlin.

Band 34 Hinneburg, V. (2014). *Frauenbildung im Wandel – Eine exemplarische Programmanalyse der Einrichtung „Flotte Lotte"* (2. Aufl. 2024). Masterarbeit im Studiengang „Erziehungswissenschaften", Profilbereich III: Erwachsenenbildung/Weiterbildung. Humboldt-Univ. Berlin.

Band 35 Helmig, M. (2014). *Kultureinrichtungen als Orte kultureller Erwachsenenbildung. Eine kritische Analyse beigeordneter Bildung am Beispiel des Jüdischen Museums Berlin.* Masterarbeit im Studiengang „Erziehungswissenschaften", Profilbereich III: Erwachsenenbildung/Weiterbildung. Humboldt-Univ. Berlin.

Band 36 Freide, S. (2014). *Der Kompetenzbegriff in der Erwachsenenbildung/Weiterbildung. Inhaltsanalytische Betrachtung einer Gruppendiskussion hinsichtlich eines möglichen Zertifizierungssystems zur Anerkennung von Kompetenzen für Lehrende in der Erwachsenenbildung/Weiterbildung.* Masterarbeit im Studiengang „Erziehungswissenschaften", Profilbereich III: Erwachsenenbildung/Weiterbildung. Humboldt-Univ. Berlin.

Band 37 Rämer, S. (2014). *Familienbildung als Aufgabe der Erwachsenenbildung. Programmanalyse familienbildungsbezogener Bildungsangebote an einer Berliner Volkshochschule* (2. Aufl. 2016). Masterarbeit im Studiengang „Erziehungswissenschaften", Profilbereich III: Erwachsenenbildung/Weiterbildung. Humboldt-Univ. Berlin.

Band 38 Stelzer, G. (2015). *Langeweile im Spannungsfeld von Kompetenzentwicklung und Bildung.* Diplomarbeit im Diplomstudiengang „Medizin-/Pflegepädagogik"; Universitätsklinikum Charité, Medizinische Fakultät der Humboldt-Univ. Humboldt-Univ. Berlin.

Band 39 Hurm, N. (2015). *Die Erarbeitung von emotionaler Kompetenz am Beispiel des Konzeptes „Emotional Literacy" nach Claude Steiner.* Masterarbeit im Studiengang „Erziehungswissenschaften", Profilbereich III: Erwachsenenbildung/Weiterbildung. Humboldt-Univ. Berlin.

Band 40 Braun, S. [verh. Sydow] (2015). *„Sind Sie zum Studieren nicht ein wenig zu alt?" Altersbilder in der Gesellschaft und ihre Umsetzung an der Universität am Beispiel von Seniorstudenten.* Bachelorarbeit im Studiengang „Erziehungswissenschaften", Profilbereich III. Humboldt-Univ. Berlin.

Band 41 Thürauf, N. (2015). *Diagonale/hybride Aneignungsmomente – Entfremdung und Lernen im Erwachsenenalter.* Masterarbeit im Studiengang „Erwachsenenpädagogik/Lebenslanges Lernen". Humboldt-Univ. Berlin.

Band 43 Wessa, P. (2015). *Lernprozesse von Erwachsenen und Kindern – ein pädagogisches Experiment.* Masterarbeit im Studiengang „Erwachsenenpädagogik/Lebenslanges Lernen". Humboldt-Univ. Berlin.

Band 44 Seifert, K. (2015). *Programmplanungshandeln an Zentren für Hochschullehre.* Masterarbeit im Studiengang „Erwachsenenpädagogik/Lebenslanges Lernen". Humboldt-Univ. Berlin.

Band 45 Mecarelli, L. [verh. Seidel] (2016). *Unterstützung des Entscheidungsprozesses als Ziel von Weiterbildungsberatung.* Bachelorarbeit im Studiengang „Erziehungswissenschaften“, Profilbereich III. Humboldt-Univ. Berlin. https://edoc.hu-berlin.de/handle/18452/20579. https://doi.org/10.18452/19782

Band 46 Hoffmann, S. (2016). *Ethische Herausforderungen und Vorstellungen in der Mediationspraxis – Befragung von Mediator/inn/en.* Master-Studiengang „Erziehungswissenschaften“, Profilbereich III: Weiterbildung/Lebensbegleitendes Lernen/Berufsbildung. Humboldt-Univ. Berlin. https://edoc.hu-berlin.de/handle/18452/21553. https://doi.org/10.18452/20815

Band 47 Dilger, I. (2016). *Frauenbildungsinstitutionen und ihre Angebote – Eine Programmanalyse zum Bildungsangebot der Berliner Frauenbildungseinrichtungen.* Masterarbeit im Studiengang „Erwachsenenpädagogik/Lebenslanges Lernen“. Humboldt-Univ. Berlin. https://edoc.hu-berlin.de/handle/18452/20402. https://doi.org/10.18452/19628

Band 49 Burdukova, G. (2016). *Vergleichende Analyse von Evaluationsfragebogenformularen einiger Fremdsprachenanbieter unter Berücksichtigung von Qualitätsvorstellungen.* Masterarbeit im Studiengang „Erwachsenenpädagogik/Lebenslanges Lernen“. Humboldt-Univ. Berlin. https://edoc.hu-berlin.de/handle/18452/20349. https://doi.org/10.18452/19579

Band 51 Fawcett, E. (2016). *Zielgruppenorientierung in der Erwachsenenbildung am Beispiel des Fachbereichs „Angebote für behinderte und nicht-behinderte Menschen“ am Bildungszentrum Nürnberg – Eine Programmanalyse.* Masterarbeit im Studiengang „Erwachsenenpädagogik/Lebenslanges Lernen“. Humboldt-Univ. Berlin. https://edoc.hu-berlin.de/handle/18452/20167. https://doi.org/10.18452/19401

Band 53 Iffert, S. (2017). *Kulturelle Bildung durch ästhetische Erfahrung? Eine explorative Untersuchung zu Planungsprozessen und Lernerfahrungen am Beispiel eines Kunstvereins.* Masterarbeit im Studiengang „Erwachsenenbildung/Lebenslanges Lernen“. Humboldt-Univ. Berlin. https://edoc.hu-berlin.de/handle/18452/20027. https://doi.org/10.18452/19265

Band 54 Tschepe, S. (2017). *Was sind die wichtigsten Eigenschaften und Fähigkeiten von Design Thinking-Coaches?* Masterarbeit im Studiengang „Erwachsenenbildung/Lebenslanges Lernen". Humboldt-Univ. Berlin. https://edoc.hu-berlin.de/handle/18452/19988. https://doi.org/10.18452/19233

Band 57 Trampe-Kieslich, V. (2018). *Inter- und Transkulturalität an Berliner Volkshochschulen. Eine Programmanalyse.* Masterarbeit im Studiengang „Erwachsenenbildung/Lebenslanges Lernen". Humboldt-Univ. Berlin. https://edoc.hu-berlin.de/handle/18452/19834. https://doi.org/10.18452/19090

Band 59 Burk, K. (2018). *Bildung oder Kompetenz? Theoriegeleitete Abwägungen zu einem Paradigmenwechsel in der wissenschaftlichen Erwachsenenbildung.* Masterarbeit im Studiengang „Erwachsenenbildung/Lebenslanges Lernen". Humboldt-Univ. Berlin. https://edoc.hu-berlin.de/handle/18452/20191. https://doi.org/10.18452/19422

Band 60 Dehmer, M. (2018). *Wandel im Bereich der Gesundheitsbildung von 1984 bis 2015 unter Bezugnahme auf gesellschaftliche und gesundheitspolitische Entwicklungen. Eine exemplarische Programmanalyse an der Volkshochschule Berlin Mitte.* Masterarbeit im Studiengang „Erwachsenenbildung/Lebenslanges Lernen". Humboldt-Univ. Berlin. https://edoc.hu-berlin.de/handle/18452/20181. https://doi.org/10.18452/19413

Band 62 Winkenbach, K. F. (2019). *Emotionen im Kontext von biographischen Entscheidungen: Eine qualitative Untersuchung über den Einfluss von Emotionen auf die Entscheidung ein Start-up zu gründen und daran anschließende Lernprozesse.* Masterarbeit im Studiengang „Erwachsenenbildung/Lebenslanges Lernen". Humboldt-Univ. Berlin. https://edoc.hu-berlin.de/handle/18452/20668. https://doi.org/10.18452/19869.

Band 63 Loermann, J. (2019). *Präventive Sensibilisierungsmaßnahmen in der Personalentwicklung zur Reduktion „gruppenbezogener Menschenfeindlichkeit". Herausforderungen für die erwachsenenpädagogische Gestaltung von inter- und transkulturellen Lernangeboten.* Masterarbeit im Studiengang „Erwachsenenbildung/Lebenslanges Lernen". Humboldt-Univ. Berlin. https://edoc.hu-berlin.de/handle/18452/21450. https://doi.org/10.18452/20722

Band 66 Soyka, F. (2019). *Geschlechterverhältnisse – Frauen diskutieren. Die Relevanz der aktuellen Frauenbildung bei der Auseinandersetzung mit dem eigenen weiblichen Selbstbild vor dem Hintergrund gesellschaftlich bestehender Geschlechterkonstruktionen.* Masterarbeit im Studiengang „Erwachsenenbildung/Lebenslanges Lernen". Humboldt-Univ. Berlin. https://edoc.hu-berlin.de/handle/18452/21598. https://doi.org/10.18452/20864

Band 71 Hirdina, E. (2021). *Das Thema Stammtischparolen und seine Bearbeitung in der Literatur, im didaktischen Konzept und in seinen Bearbeitungsmöglichkeiten in der Praxis.* Masterarbeit im Studiengang „Erwachsenenbildung/Lebenslanges Lernen". Humboldt-Univ. Berlin. https://edoc.hu-berlin.de/handle/18452/23681. https://doi.org/10.18452/23007

Band 73 Kleinbach, F. (2022). *Feministische Bildungsangebote in Frauenzentren? Eine Programmanalyse zweier Berliner Frauenzentren von 1992 bis 2019.* Masterarbeit im Studiengang „Erwachsenenbildung/Lebenslanges Lernen". Humboldt-Univ. Berlin. https://edoc.hu-berlin.de/handle/18452/23879. https://doi.org/10.18452/24650

Band 74 Rzehak, H. (2022). *Erwin Marquardt als Repräsentant der Volkshochschule Groß-Berlin am Ende der Weimarer Republik. Eine historische Dokumentenanalyse bisher nicht ausgewerteter Zeitschriftenartikel.* Masterarbeit im Studiengang „Erwachsenenbildung/Lebenslanges Lernen". Humboldt-Univ. Berlin. https://edoc.hu-berlin.de/handle/18452/25897. https://doi.org/10.18452/25190

Band 76 Nose, J. (2022). *Gegensteuerung nach Hans Tietgens. Eine Systematisierung und Impulserarbeitung – angereichert durch Sichtweisen aus der kritischen Theorie – im Sinne einer demokratiefördernlichen Erwachsenenbildungstheorie.* Masterarbeit im Studiengang „Erwachsenenbildung/Lebenslanges Lernen". Humboldt-Univ. Berlin. https://edoc.hu-berlin.de/handle/18452/26404. https://doi.org/10.18452/25738

Band 78 Seidel, L. (2023). *Der Beitrag des staatlichen Fortbildungsangebots zur (Weiter-)Entwicklung professioneller Kompetenz von Grundschullehrkräften. Eine exemplarische qualitativ-quantifizierende Programmanalyse des regionalen Fortbildungsangebots des Landes Berlin im Schuljahr 2020/2021.* Masterarbeit im Studiengang „Erziehungswissenschaften", Forschungsprofil Erwachsenenbildung/Weiterbildung und Empirische Schul- und Unterrichtsforschung. Humboldt-Univ. Berlin. https://edoc.hu-berlin.de/handle/18452/26789. https://doi.org/10.18452/26127

Band 81 Selo, N. (2023). *Holocaust-Erinnerungsvermittlung in Deutschland im Kontext der Migrationsgesellschaft. Eine qualitative Untersuchung über die Auswahl verwendeter Arbeitsformen am Beispiel eines Modellprojekts in Berlin.* Masterarbeit im Studiengang „Erwachsenenbildung/Lebenslanges Lernen". Humboldt-Univ. Berlin. https://edoc.hu-berlin.de/handle/18452/28149. https://doi.org/10.18452/27485

Band 82 Tometschek, P. (2023). *Professionelles Handeln von Programmplanenden in der betrieblichen Weiterbildung im Kontext eines postmodernen Wertewandels. Eine professionstheoretische Analyse des Umgangs mit der Widerspruchskonstellation Ökonomie und Pädagogik im New Work Ansatz.* Masterarbeit im Studiengang „Erwachsenenbildung/Lebenslanges Lernen". Humboldt-Univ. Berlin. https://edoc.hu-berlin.de/handle/18452/27945. https://doi.org/10.18452/27287

Band 86 Fritz, K. (2024). *Das Initiieren und Begleiten von Reflexionsprozessen in der pädagogischen Biographiearbeit. Eine Expert:innenstudie zur Untersuchung des didaktischen Vorgehens von Erwachsenenbildner:innen beim biographischen Arbeiten.* Masterarbeit im Studiengang „Erwachsenenbildung/Lebenslanges Lernen". Humboldt-Univ. Berlin. https://edoc.hu-berlin.de/items/289f0d55-b281-4d98-b750-90deea7f8755. https://doi.org/10.18452/29491

Band 87 Ekşi, S. (2025). *Lebenslanges Lernen im Wandel der Zeiten: Bildungsbiografien von Frauen aus Ostdeutschland nach der Wiedervereinigung.* Masterarbeit im Studiengang „Erwachsenenbildung/Lebenslanges Lernen". Humboldt-Univ. Berlin.

3. Das Masterstudium Erwachsenbildung/ Lebenslanges Lernen an der Humboldt-Universität zu Berlin

Jahr	
05/1992	**Antrag auf einen Modellversuch: *„Ergänzende Studienangebote zur erwachsenenpädagogischen Qualifizierung*"**; Sitzung der Struktur- und Berufungs-kommission der Humboldt-Universität zu Berlin (HUB) am 09.06.1992; Information über die einstimmige Bestätigung / Entscheidung des erweiterten Fachbereichsrates vom 27.05.1992 zum o.g. Modellversuch
10/1992	**Bewilligung Modellversuch**: *„Ergänzende Studienangebote zur erwachsenenpädagogischen Qualifizierung"* durch die Studienabteilung, Referat Wissenschaftliche Weiterbildung und Nachwuchsförderung der HUB / Finanzierung aus Mitteln des Erneuerungsprogramms für Hochschule und Forschung in den neuen Ländern (HEP-Förderung).
03/1993–06/1994	**Modellversuch „Zusatzstudium zur erwachsenenpädagogischen Qualifizierung"**; Orte: HUB und Pädagogisches Landesinstitut Brandenburg (PLIB), Ludwigsfelde → <u>Team:</u> Prof.in Dr.in Gieseke, Prof. Dr. Schäffter, Dr.in Opelt, Dipl.-Päd.in Siebers, Dr.in Wahse, Dr. Spielmann (PLIB) → <u>Gastdozent:innen</u>: Prof. Dr. Arnold, Prof. Dr. Dikau, Prof. Dr. Kuhlenkamp, Prof. Dr. Meueler, Prof. Dr. Nuissl, Prof. in Dr.in Schiersmann, Prof. Dr. Siebert, Prof. Dr. Tietgens, Prof. Dr. Weinberg → 45 angemeldete Teilnehmer:innen am Modellversuch → Begleitende Evaluation mittels Fragebögen; Auswertung erschienen in: Wahse, A.-K., Gieseke, W., & Struwe, C. (1997). *Modellversuch – Zusatzstudium zur erwachsenenpädagogischen Qualifizierung. Positionen – Ergebnisse.* Studien zur Wirtschafts- und Erwachsenenpädagogik, Band 14, Teil I und II. Humboldt-Universität zu Berlin.

Jahr	
	→ Abschlusstagung/Kolloquium am 18.09.1996; als Dokumentation veröffentlicht in: Gieseke, W. (Hrsg.). (1997). *Kompetenzentwicklung im erwachsenenpädagogischen Handeln – Zusatzstudium zur erwachsenenpädagogischen Qualifizierung – Kolloquium am 18. September 1996.* Studien zur Wirtschafts- und Erwachsenenpädagogik, Band 12. Humboldt-Universität zu Berlin.
09/1994	**Überführung in ein reguläres Studienangebot** der HUB → Studien-/Prüfungsordnung „Zusatzstudium zur erwachsenenpädagogischen Qualifizierung", Amtliches Mitteilungsblatt der HU 26/1994
02/2003	**Modularisierung und Reformierung des Zusatzstudiums Erwachsenenpädagogik** → Studien-/Prüfungsordnung „Zusatzstudium zur erwachsenenpädagogischen Qualifizierung", Amtliches Mitteilungsblatt der HU 02/2003
2005/2006	**Weiterentwicklung des Zusatzstudiums Erwachsenenpädagogik und Entwicklung eines Konzepts für die Einrichtung eines Masterstudienganges „Erwachsenenpädagogik/Lebenslanges Lernen"** → Ländergemeinsame Strukturvorhaben für die Akkreditierung von Bachelor- und Masterstudiengängen (Beschluss der Kultusministerkonferenz vom 10.10.2003); Vorgaben des Gesetzes zur Errichtung einer Stiftung „Stiftung zur Akkreditierung von Studiengängen in Deutschland" (GV.NRW.2005)
07/2006	**Einführung des Masterstudiengangs Erwachsenenpädagogik/Lebenslanges Lernen** → Studien-/Prüfungsordnung „Masterstudiengang Erwachsenenpädagogik/Lebenslanges Lernen", Amtliches Mitteilungsblatt der HU 37/2006
10/2009	**Akkreditierung des nicht-konsekutiven Masterstudienganges Erwachsenenpädagogik/ Lebenslangen Lernens** durch die Zentrale Evaluations- und Akkreditierungsagentur Hannover (ZEvA)
04/2014	**Anpassung an die „Fächerübergreifende Satzung zur Regelung von Zulassung, Studium und Prüfung der Humboldt-Universität zu Berlin" (ZSP-HU)** → Änderung der Studien-/Prüfungsordnung und **Änderung des Namens des Studienganges in „Erwachsenenbildung/Lebenslanges Lernen"**, Amtliches Mitteilungsblatt der HU 16/2014

Jahr	
09/2016	**Erste Änderung der fachspezifischen Studien- und Prüfungsordnung** für den Masterstudiengang Erwachsenenbildung/Lebenslanges Lernen (AMB Nr. 16/2014), Amtliches Mitteilungsblatt der HU 63/2016
07/2023	Erneute **Anpassung der fachspezifischen Studien- und Prüfungsordnung** für den Masterstudiengang Erwachsenenbildung/Lebenslanges Lernen, Amtliches Mitteilungsblatt der HU 38/2023

4. Kooperation mit der Charité, Institut für Gesundheits- und Pflegewissenschaft

Jahr	
seit 10/1992 WS 1992/1993	**Kooperation mit der Abteilung Medizinpädagogik** und dem Fachbereich Erziehungswissenschaften, Institut für Wirtschafts- und Erwachsenenpädagogik der Humboldt-Universität zu Berlin (HUB) / Lehre im berufsbegleitenden Teilstudiengang Erziehungswissenschaften im Diplomstudiengang Medizinpädagogik
WS 2002/2003	Ab dem WS 2002/03 ersetzt die Abteilung Erwachsenenbildung/ Weiterbildung für den Diplomstudiengang Medizinpädagogik/ Pflegepädagogik die Studienvariante „*Erziehungswissenschaft*" durch ein grundsätzlich überarbeitetes **modularisiertes Lehrangebot**, neu mit der Bezeichnung ***„Erziehungswissenschaft (mit Schwerpunkt Erwachsenenpädagogik)"*** (Prüfungsordnung §§ 17, 18, Anlagen S. 17; Studienordnung §§ 5, 6, 7, 9, Anlagen 7–8) **im teilmodularisierten Diplomstudiengang Medizinpädagogik/Pflegepädagogik /** **Prüfungs- und Studienordnung für den Diplomstudiengang Medizinpädagogik/Pflegepädagogik** (bestätigt am 15. Januar 2002) im Präzens- und Fernstudium
07/2011	**Verhandlungen über eine vertragliche Absicherung des Lehrtransfers (Import/Export)** zwischen dem Institut für Medizin-, Pflegepädagogik und Pflegewissenschaft der Charité – Universitätsmedizin Berlin und dem Institut für Erziehungswissenschaften, Philosophische Fakultät IV der Humboldt-Universität zu Berlin hinsichtlich der Kooperation bei der Umsetzung des von der Charité geplanten Masterstudiengangs „Health Professions Education" (MHPE)
seit 10/2014	**Kooperationsvertrag / Dienstleistungsexport** des Instituts für Erziehungswissenschaften der Kultur-, Sozial- und Bildungswissenschaftlichen Fakultät der HUB **für den Masterstudiengang „Health Professions Education"** der Medizinischen Fakultät Charité – Universitätsmedizin Berlin (Module: *Einführung in die Erwachsenen- und Weiterbildung* und *Erwachsenenpädagogische Handlungsformen*)

5. Kooperation HU Berlin mit der Berliner Senatsverwaltung und dem Servicezentrum der Berliner VHS im Bereich Fortbildung

Jahr	
05/2003	**Vorstellung** des **berufsbegleitenden Studienganges Erwachsenenpädagogik** an der HUB durch Frau Prof.in Dr.in Wiltrud Gieseke auf der Fortbildungskonferenz der Berliner Senatsverwaltung für Bildung, Jugend und Sport, Referat Weiterbildung
WS 2003/2004	**erste Angebotsplanung** für alle Kursleiterinnen und Kursleiter; Teilnahme **im Gasthörerstatus** (Besuch einzelner Module), Anmeldung erfolgt über die HUB / https://www.erziehungswissenschaften.hu-berlin.de/de/ebwb/studium_neu/gasthoererinnen/gasthoerer-an-der-abteilung-erwachsenenbildung-weiterbildung-der-hu
seit 04/2012	**Kooperationsvertrag zur Zusammenarbeit** bei der Prüfungsvorbereitung und -durchführung **im Bereich Fortbildung / Allgemeine Erwachsenenbildung für Mitarbeiterinnen und Mitarbeiter der Berliner Erwachsenenbildung** zwischen der Senatsverwaltung Bildung, Jugend und Wissenschaft und der Humboldt Universität zu Berlin, Abteilung Erwachsenenbildung/Weiterbildung → seit dem SoSe 2021 Servicezentrum der Berliner Volkshochschulen, Ressort Fortbildung, Organisation und Konzeption (zusammen mit den Fachabteilungen) der Fortbildungen für Kursleitende und Mitarbeiter:innen der Berliner Volkshochschulen / https://www.berlin.de/vhs/fuer-kursleitende/

6. Weiterbildungsprogramm-Archiv Berlin/Brandenburg

Jahr	
1995	**Gründung 1995** von Prof.in Dr.in Wiltrud Gieseke • Rückwirkende Archivierung seit 1990 • Durch kontinuierliches aktives Sammeln im Verlauf der letzten 30 Jahre umfasst der Bestand heute Programme von über 850 Berliner Weiterbildungseinrichtungen und von ca. 250 Brandenburger Weiterbildungseinrichtungen (über 18.500 Programme) • Gesamtes Spektrum von Anbietertypen • Seit 1995 Einbindung des Archivs in Lehre und Forschung
1996	Einrichtung einer 0,5-Stelle als Dokumentar:in, Archivar:in
	<u>Überblick über Einrichtungen im Archiv</u>: • *Einrichtungen der Erwachsenenbildung/Weiterbildung in Berlin. Handbuch 2004* / zusammengest. u. bearb. von Heidi Raczek. Erwachsenenpädagogischer Report, Band 7. Humboldt-Universität zu Berlin, 2005. 366 S. • *Einrichtungen der Erwachsenenbildung/Weiterbildung im Land Brandenburg. Handbuch 2003* / zusammengest. u. bearb. von Heidi Raczek. Erwachsenenpädagogischer Report, Band 5. Humboldt-Universität zu Berlin, 2004. 220 S. • *Einrichtungen der Erwachsenenbildung/Weiterbildung in Berlin. Handbuch 2000* / zusammengest. u. bearb. von Heidi Raczek. Erwachsenenpädagogischer Report, Band 4. Humboldt-Universität zu Berlin, 2001. 322 S. • *Archiv – Information Brandenburg*, 2/1999 / Heidi Raczek. • *Archiv – Information Berlin*, 1/1998 / Heidi Raczek.
seit 2012, jährlich fortlaufend (außer 2021, 2022)	Präsentation/Ausstellung als Teil der Abteilung Erwachsenenbildung/Weiterbildung bei **Langer Nacht der Wissenschaften** an der HU Berlin
07/2014	Bewilligung Antrag auf Förderung der Sammlung aus dem Sammlungsbudget 2014 der HU Berlin für die **Umverpackung**. In der Folge **Inventur von Teilbeständen**, Verpackung der Archivalien in säurefreie Jurismappen und Archivkartons sowie Erstellung einer Konkordanzliste zur besseren Auffindbarkeit.

Jahr	
09/2015	**International conference** „*Cultures of Program Planning in Adult Education: Policies, Autonomy, and Innovation*“, Leibniz University Hannover; mit Archivpräsenz; Verknüpfung Expert:innengruppe, Austausch – mit einem Schwerpunkt auch auf Weiterbildungsprogrammarchiven
07/2015–07/2017	**Projekt ForPrim-WBArch-E:** Erfassung, Erschließung und Bereitstellung von Forschungsprimärdaten im Kontext des Weiterbildungsprogramm-Archivs – Erarbeitung und Erprobung einer Pilotlösung für die langfristige digitale Archivierung von webbasierten Weiterbildungsprogrammen und Profilen von Weiterbildungseinrichtungen
11/2015	**Jubiläumsfeier** zum 20jährigen Bestehen des WBPA
2018	**Anbieterbefragung** und daraus Entwicklung einer Typologie von Weiterbildungseinrichtungen (siehe von Hippel & Stimm, 2020, https://doi.org/10.1007/s40955-020-00164-1)
2020/2021	Entwicklung eines **Leitbilds** und **Sammlungskonzepts**
2020/2021	**Umstrukturierung** der MS-Access-basierten **Archivdatenbank und Datenmigration in** die **neu modellierte relationale Datenbank**. Seitdem werden Weiterbildungsprogramme nicht nur erfasst, sondern inhaltlich erschlossen. Auch beinhaltet die neue Datenbank die Entität *Bildungsprofile*, in der Informationen zu den in der Sammlung vertretenen Weiterbildungsanbietern dokumentiert werden.
06-07/2022	**Umgestaltung des Magazin- und Lesesaals** (mit Vitrinen, zusätzlichen Arbeitsplätzen für Nutzer:innen etc.)
06/2024	Vorstellung als **Objekt des Monats**, https://www.kulturtechnik.hu-berlin.de/objekt-des-monats-das-weiterbildungsprogramm-archiv-berlin-brandenburg-der-abteilung-erwachsenenbildung-weiterbildung-von-der-entstehung-und-entwicklung-einer-aktiven-hu-sammlung
kontinuierlich	Nutzung für Forschungsprojekte, Qualifikationsarbeiten, studentische Projekte

7. Publikationsliste Prof.in Dr.in Wiltrud Gieseke von 2013–2024 (Stand: 18. November 2024)

Monografien und Herausgeberwerke

- Gieseke, W. (2024). *Professionelle Handlungskompetenzen durch Begriffsentwicklung auf empirischer Basis.* Erwachsenenpädagogischer Report, Band 85. Humboldt-Universität zu Berlin.
- Gieseke, W., & Käpplinger, B. (Hrsg.). (2023). *Hans Tietgens und die Erwachsenenbildung. Gespräche über frühe wegweisende Texte.* wbv Media GmbH & Co. KG. https://www.wbv.de/shop/Hans-Tietgens-und-die-Erwachsenenbildung-I71701
- Robak, S., Gieseke, W., Heidemann, L., Fleige, M., Kühn, C., Preuß, J., Freide, S., & Krueger, A. (Hrsg.). (2023). *Wissenschaftliche berufliche Weiterbildung für Kunst und Kultur. Bildungssphäre für das künstlerisch-kulturelle Selbst: Entfalten. Platzieren. Gestalten.* wbv Media GmbH & Co. KG. https://www.wbv.de/shop/Wissenschaftliche-berufliche-Weiterbildung-fuer-Kunst-und-Kultur-I73316
- Fleige, M., Gieseke, W., von Hippel, A., & Stimm, M. (2022). *Berufliche Weiterbildung in Volkshochschulen. Zugänge zum lebenslangen Lernen.* Peter Lang. https://www.peterlang.com/document/1278397
- Iffert, S., Thöne-Geyer, B., Schmidt, C., Fleige, M., Gieseke, W., Hippel, A. von, & Stimm, M. (2021). *Kodierleitfaden zur Programmanalyse im Projekt „Berufliche Weiterbildung in Volkshochschulen. Zugänge zum Lebenslangen Lernen.* Working Paper Forschungsförderung; Nr. 214, Juli 2021. Hans-Böckler-Stiftung. https://www.boeckler.de/de/faust-detail.htm?sync_id=HBS-008056
- Dietel, S., & Gieseke, W. (Hrsg.). (2020). *Positionieren in der Erwachsenenbildung/Weiterbildung vor dem Hintergrund einer deutsch-deutschen Biographie. Gedenkband für Dr. sc. Helga Stock.* Verlag Dr. Kovac.
- Fleige, M., Gieseke, W., Hippel, A. von, Käpplinger, B., & Robak, S. (2018). *Programm- und Angebotsentwicklung. Band 3: Lehrbücher für die Erwachsenenbildung.* W. Bertelsmann.
- Büchel, K., Eichhorn, F., Fleige, M., Gieseke, W., Graeser, N., Hinz, O., Petri, J., & Ritschel, T. (Hrsg.). (2018). *Kulturelle Bildung in der Evangelischen Erwachsenenbildung.* Waxmann.

- Gieseke, W., Käpplinger, B., Robak, S., Fleige, M., & von Hippel, A. (Hrsg.). (2017). *Cultures of Program Planning in Adult Education. Studies in Pedagogy, Andragogy, and Gerontagogy*. Peter Lang.
- Gieseke, W., & Nittel, D. (Hrsg.). (2016). *Handbuch Pädagogische Beratung über die Lebensspanne*. Beltz Juventa.
- Gieseke, W., & Stimm, M. (2016). *Praktiken der professionellen Bildungsberatung – Innensichten auf die Entscheidungsfindung im Beratungsprozess*. Springer VS. https://link.springer.com/book/10.1007/978-3-658-10878-6
- Gieseke, W. (2016). *Lebenslanges Lernen und Emotionen. Wirkungen von Emotionen auf Bildungsprozesse aus beziehungstheoretischer Perspektive* (3. überarb. Aufl.). W. Bertelsmann Verlag GmbH & Co. KG.
- Fleige, M., Gieseke, W., & Robak, S. (2015). *Kulturelle Erwachsenenbildung: Strukturen – Partizipationsformen – Domänen*. W. Bertelsmann Verlag GmbH & Co. KG. https://www.die-bonn.de/doks/2015-kulturelle-bildung-02.pdf
- Gieseke, W., & Ludwig, J. (Hrsg.). (2014). *Hans Tietgens. Ein Leben für die Erwachsenenbildung. Theoretiker und Gestalter in der zweiten Hälfte des 20. Jahrhunderts. Dokumentation des Kolloquiums am 23.10.2009 an der Humboldt-Universität zu Berlin*. Erwachsenenpädagogischer Report, Band 16. [Printausgabe von 2011]. http://dx.doi.org/10.18452/17885
- Gieseke, W. (2013). *Entwicklung der Erwachsenenbildung. Studienbrief* (3. überarb. Aufl.) TU-Kaiserslautern, Zentrum für Fernstudien und Universitäre Weiterbildung 2013.

Aufsätze in Sammelbänden

- Gieseke, W. (2024). Bildungswissenschaftliche Positionierung und Stärkung des Individuums in der Betrieblichen Weiterbildung. In M. Allespach, B. Käpplinger & J. Wienberg (Hrsg.), *Handbuch Betriebliche Weiterbildung – Emanzipatorische Ansätze in Theorie und Praxis* (S. 448–460). Bund-Verlag.
- Käpplinger, B., & W. Gieseke (2023). Das argumentative Potenzial historischer Texte im Gespräch freilegen und diskutieren. In B. Käpplinger & W. Gieseke (Hrsg.), *Hans Tietgens und die Erwachsenenbildung. Gespräche über frühe wegweisende Texte* (S. 15–23). wbv Media GmbH & Co. KG.
- Gieseke, W. (2023). Rezeptionsverläufe nachvollziehbar nach und durch die geführten Interviews. In B. Käpplinger & W. Gieseke (Hrsg.), *Hans Tietgens und die Erwachsenenbildung. Gespräche über frühe wegweisende Texte* (S. 93–110). wbv Media GmbH & Co. KG.
- Robak, S., Heidemann, L., Gieseke, W., & Fleige, M. (2023). Einführung: Eine bildungswissenschaftliche Sicht auf den Kunst- und Kulturbereich. In S. Robak,

W. Gieseke, L. Heidemann, M. Fleige, C. Kühn, J. Preuß, S. Freide & A. Krueger (Hrsg.), *Wissenschaftliche berufliche Weiterbildung für Kunst und Kultur. Bildungssphäre für das künstlerisch-kulturelle Selbst: Entfalten. Platzieren. Gestalten* (S. 9–25). wbv Media GmbH & Co. KG.

- Gieseke, W. (2023). Zur Entwicklung eines bildungswissenschaftlichen Handlungsbegriffs: Komplexe Wechselwirkungen zwischen den Programminhalten, dem Planungshandeln und der Partizipation in der wissenschaftlichen beruflichen Weiterbildung. In S. Robak, W. Gieseke, L. Heidemann, M. Fleige, C. Kühn, J. Preuß, S. Freide & A. Krueger (Hrsg.), *Wissenschaftliche berufliche Weiterbildung für Kunst und Kultur. Bildungssphäre für das künstlerisch-kulturelle Selbst: Entfalten. Platzieren. Gestalten* (S. 113–140). wbv Media GmbH & Co. KG.
- Robak, S., Gieseke, W., Fleige, M., Heidemann, L., Kühn, C., Krueger, A, Freide, S., & Preuß, J. (2023). Fallanalyse in Perspektivverschränkung. In S. Robak, W. Gieseke, L. Heidemann, M. Fleige, C. Kühn, J. Preuß, S. Freide & A. Krueger (Hrsg.), *Wissenschaftliche berufliche Weiterbildung für Kunst und Kultur. Bildungssphäre für das künstlerisch-kulturelle Selbst: Entfalten. Platzieren. Gestalten* (S. 141–160). wbv Media GmbH & Co. KG.
- Gieseke, W., & Krueger, K. (2023). Methodischer Zugang: Zur Methode der Programmanalyse. In S. Robak, W. Gieseke, L. Heidemann, M. Fleige, C. Kühn, J. Preuß, S. Freide & A. Krueger (Hrsg.), *Wissenschaftliche berufliche Weiterbildung für Kunst und Kultur. Bildungssphäre für das künstlerisch-kulturelle Selbst: Entfalten. Platzieren. Gestalten* (S. 187–216). wbv Media GmbH & Co. KG.
- Gieseke, W., & Krueger, A. (2023). Perspektive: Programm. In S. Robak, W. Gieseke, L. Heidemann, M. Fleige, C. Kühn, J. Preuß, S. Freide & A. Krueger (Hrsg.), *Wissenschaftliche berufliche Weiterbildung für Kunst und Kultur. Bildungssphäre für das künstlerisch-kulturelle Selbst: Entfalten. Platzieren. Gestalten* (S. 233–326). wbv Media GmbH & Co. KG.
- Gieseke, W. (2023). Beratung als Ergebnis gesellschaftlichen Wandelns – nicht nur ein Nebenstrang erwachsenenpädagogischen Denkens. In O. Schäffter, M. Ebner von Eschenbach, C. Alexander, M. Schulze & F. Schaller, *Erwachsenenpädagogische Theoriebildung im Horizont gesellschaftlicher Transformationsprozesse – Relektüren zum Œuvre Ortfried Schäffters* (S. 38–55). Schneider Verlag Hohengehren.
- Gieseke, W. (2022). Tietgens' Realanthropologie als Zugang zu einer Theorie der Erwachsenenbildung. In J. Schrader (Hrsg.), *Wissenschaft für die Praxis. Hans Tietgens und die Erwachsenenbildung in Deutschland* (S. 57–69). wbv Media GmbH & Co. KG. https://www.wbv.de/shop/Wissenschaft-fuer-die-Praxis-14-1142w

- Gieseke, W. (2022). Demokratische politische Bildungsarbeit, dramaturgisch entwickelt. Ein doppelter Blick auf Hans Tietgens' Verhältnis zur politischen Bildung in den 70er-Jahren. In P. Ciupke & N. Reichling, N. (Hrsg.), *Versachlichen – Deuten – Gegensteuern. Hans Tietgens und die politische Erwachsenenbildung* (S. 185–198). wbv Media GmbH & Co. KG. https://www.wbv.de/shop/Versachlichen-Deuten-Gegensteuern-6004825w
- Gieseke, W., & Opelt, K. (2021). Volkshochschule in zwei Diktaturen des letzten Jahrhunderts. In R. Egler, U. Klemm & J. Küfner (Hrsg.), *Blick zurück nach vorn. Überlegungen zur Zukunft der Volkshochschule* (S. 72–87). vhs Dresden und Verlag Klemm+Oelschläger.
- Gieseke, W. (2020). Helga Stock – Zusammenarbeit seit der Wendezeit. Ein Essay – Nachreflektionen. In S. Dietel & W. Gieseke, W. (Hrsg.), *Positionieren in der Erwachsenenbildung/Weiterbildung vor dem Hintergrund einer deutsch-deutschen Biographie. Gedenkband für Dr. sc. Helga Stock* (S. 11–23). Verlag Dr. Kovač GmbH.
- Gieseke, W. (2019). Kulturelle Bildung in der Volkshochschule – Mechanismen der Macht im NS-Staat. In J. Schrader & E. D. Rossman (Hrsg.), *100 Jahre Volkshochschulen. Geschichten ihres Alltags* (S. 66–67). Julius Klinkhardt Verlag.
- Gieseke, W. (2019). Wie kommen wir zu einer ausdifferenzierten erwachsenenpädagogischen Begrifflichkeit? In M. Rohs, I. Schüßler, H.-J. Müller & M. Schiefner-Rohs (Hrsg.), *Pädagogische Perspektiven auf Transformationsprozesse. Reflexionen auf Rolf Arnolds Forschen und Wirken* (S. 237–252). wbv Media GmbH & Co. KG.
- Gieseke, W. (2019). 1933 bis 1945. Fragmente zur Volkshochschulentwicklung – Thüringen als Übungsfeld der NSDAP zur Machtübernahme im Reich. In Thüringer Volkshochschulverband e.V. (Hrsg.), *100 Jahre Volkshochschule Thüringen. Herausforderung zu jeder Zeit* (S. 21–27). Verlag VOPELIUS.
- Gieseke, W. (2019). (Erwachsen-)Pädagogische Herausforderungen im Prozess der Akademisierung und der Ausdifferenzierung der Gesundheitsberufe. In S. Dietel & T. Ufer (Hrsg.), *Forschung und Lehre der Fakultät für Gesundheits- und Sozialwissenschaften. Perspektivverschränkungen in den Gesundheitswissenschaften. Band 2: Der lange Weg zur Chancengleichheit* (S. 161–175). Verlag Dr. Kovač GmbH.
- Gieseke, W. (2018). Das neue Interesse an der Kulturellen Bildung. In A. Grotlüschen, S. Schmidt-Lauff, S. Schreiber-Barsch & Chr. Zeuner (Hrsg.), *Das Politische in der Erwachsenenbildung* (S. 208–215). Wochenschau Verlag.
- Gieseke, W., von Hippel, A., Stimm, M., Georgieva, I., & Freide, S. (2018). Programmarchive und -sammlungen der Erwachsenenbildung/Weiterbildung.

In R. Tippelt & A. von Hippel (Hrsg.), *Handbuch Erwachsenenbildung/ Weiterbildung* (6. überarb. u. aktual. Aufl., S. 451–474). Springer VS.

- Gieseke, W. (2018). Professionalität und Professionalisierung in der Erwachsenenbildung/Weiterbildung. In R. Tippelt, R. & A. von Hippel (Hrsg.), *Handbuch Erwachsenenbildung/Weiterbildung* (6. überarb. u. aktual. Aufl., S. 1051–1069). Springer VS.
- Gieseke, W., & Stimm, M. (2018). Emotionen als Einflussgröße auf Bildungsentscheidungen in der Beratung. In M. Huber & S. Krause S. (Hrsg.), *Bildung und Emotion* (S. 357–374). Springer VS.
- Gieseke, W. (2018). Professionalisierung der Erwachsenenbildung/Weiterbildung. Historische Prozesse und strukturelle Herausforderung der Gegenwart. In R. Dobischat, A. Elias & A. Rosendahl (Hrsg.), *Das Personal in der Weiterbildung* (S. 57–77). Springer VS.
- Gieseke, W. (2018). Elemente einer Theorie der Kulturellen Bildung. Anthropologische, kulturwissenschaftliche und bildungstheoretische Orientierungen. In K. Büchel, F. Eichhorn, M. Fleige, W. Gieseke, N. Graeser, O. Hinz, J. Petri & T. Ritschel (Hrsg.), *Kulturelle Bildung in der Evangelischen Erwachsenenbildung* (S. 34–60). Waxmann.
- Gieseke, W. (2018). Gelebte Praxis kriterienbezogen vorstellund reflektieren. In K. Büchel, F. Eichhorn, M. Fleige, W. Gieseke, N. Graeser, O. Hinz, J. Petri & T. Ritschel (Hrsg.), *Kulturelle Bildung in der Evangelischen Erwachsenenbildung* (S. 75–77). Waxmann.
- Gieseke, W. (2018). Nachwort. In K. Büchel, F. Eichhorn, M. Fleige, W. Gieseke, N. Graeser, O. Hinz, J. Petri & T. Ritschel (Hrsg.), *Kulturelle Bildung in der Evangelischen Erwachsenenbildung* (S. 149–150). Waxmann.
- Gieseke, W., & Fleige, M. (2018). Dimensionen des Planungshandelns: Makro-, meso- und mokrodidaktische Handlungsebene. In K. Büchel, F. Eichhorn, M. Fleige, W. Gieseke, N. Graeser, O. Hinz, J. Petri & T. Ritschel (Hrsg.), *Kulturelle Bildung in der Evangelischen Erwachsenenbildung* (S. 141–145). Waxmann.
- Gieseke, W. (2018). Berufs- und Lernkultur unter Professionsdruck. Überlegungen aus erwachsenenpädagogischer Sicht. In C. Albrecht & J. Schneider (Hrsg.), *Lernortverknüpfung. Didaktische Ansätze und Perspektiven berufsintegrierenden Studierens* (S. 24–36). Evangelische Hochschule Dresden.
- Gieseke, W. (2018). Professionelles Handeln in der Erwachsenenbildung: Bedarfserhebung – Planung – Durchführung – Evaluation – Transfer. In C. Zeuner (Hrsg.), *Erwachsenenbildung. Enzyklopädie Erziehungswissenschaft Online* (EEO). https://www.beltz.de/fileadmin/beltz/inhaltsverzeichnisse/eeo/Inhaltsverzeichnis_Erwachsenenbildung.pdf

- Gieseke, W. (2017). Programs, Program Research, Program-planning Activities – Rhizome-like Developments. In B. Käpplinger, S. Robak, M. Fleige, A. von Hippel & W. Gieseke (Hrsg.), *Cultures of Program Planning in Adult Education* (S. 23–42). Peter Lang.
- Gieseke, W., Slowinska, S., Solarczyk, H., & Stock, H. (2017). The Relationship between Organizations of Adult and Further Education and Program Designs as illustrated by the Comparative Study on Germany and Poland. In B. Käpplinger, S. Robak, M. Fleige, A. von Hippel & W. Gieseke, W. (Hrsg.), *Cultures of Program Planning in Adult Education* (S. 113–130). Peter Lang.
- Gieseke, W., von Hippel, A., Stimm, M., Georgieva, I., & Freide, S. (2017). The Archive of Programs of Adult Education Berlin/Brandenburg. A Collection in Progress. In B. Käpplinger, S. Robak, M. Fleige, A. von Hippel & W. Gieseke, W. (Hrsg.), *Cultures of Program Planning in Adult Education* (S. 277–282). Peter Lang.
- Gieseke, W., & Stimm, M. (2017). Neuralgische Sequenzen im Beratungsprozess. Bezüge zu biografischen Konstellationen im Lebenslauf. In O. Dörner, C. Iller, H. Pätzold, J. Franz & B. Schmidt-Hertha (Hrsg.), *Biografie – Lebenslauf – Generation.* Schriftenreihe der Sektion Erwachsenenbildung der Deutschen Gesellschaft für Erziehungswissenschaften (S. 241–252). Verlag Barbara Budrich. https://www.pedocs.de/volltexte/2018/16085/pdf/Doerner_et_al_2017_Biografie_Lebenslauf_Generation.pdf
- Gieseke, W., von Hippel, A., Stimm, M., Georgieva, I., & Freide, S. (2016). Programmarchive und -sammlungen der Erwachsenenbildung/Weiterbildung. Grundlage für die Forschung zum Lebenslangen Lernen. In R. Tippelt & A. von Hippel (Hrsg.), *Handbuch Erwachsenenbildung/Weiterbildung.* Springer Reference Sozialwissenschaften. First Online: 01 January 2016. DOI 10.1007/978-3-531-20001-9_23-1. https://link.springer.com/referenceworkentry/10.1007/978-3-531-20001-9_23-1
- Gieseke, W. (2016). Professionalität und Professionalisierung in der Erwachsenenbildung/Weiterbildung. In Tippelt, R. & A. von Hippel (Hrsg.), *Handbuch Erwachsenenbildung/Weiterbildung.* Springer Reference Sozialwissenschaften. First Online: 01 January 2016. https://doi.org/10.1007/978-3-531-20001-9_52-1. https://link.springer.com/referenceworkentry/10.1007/978-3-531-20001-9_52-1
- Dietel, S., & Gieseke, W. (2016). Organisationsbildung durch Innovation im pädagogischen Feld am Beispiel Beratung. Organisationstheoretische Herausforderungen. In A. Schröer, M. Göhlich, S. M. Weber & H. Pätzold (Hrsg.), *Organisation und Theorie. Beiträge der Kommission Organisationspädagogik* (S. 159–173). Springer VS.

- Gieseke, W., & Nittel, D. (2016). Einleitung. „Pädagogische Beratung über die Lebensspanne". In W. Gieseke & D. Nittel (Hrsg.), *Handbuch Pädagogische Beratung über die Lebensspanne* (S. 11–18). Beltz Juventa.
- Gieseke, W. (2016). Beratung über die Lebensspanne: Zwischen Steuerung, neuen Optionen und Erweiterung von Autonomiespielräumen – Wechselwirkungen. In W. Gieseke & D. Nittel (Hrsg.), *Handbuch Pädagogische Beratung über die Lebensspanne* (S. 31–41). Beltz Juventa.
- Gieseke, W. (2016). Entscheidungstheoretische Grundlegung der Beratung. In W. Gieseke & D. Nittel (Hrsg.), *Handbuch Pädagogische Beratung über die Lebensspanne* (S. 102–111). Beltz Juventa.
- Gieseke, W. (2016). Orientierungsberatung. In W. Gieseke & D. Nittel (Hrsg.), *Handbuch Pädagogische Beratung über die Lebensspanne* (S. 536–547). Beltz Juventa.
- Gieseke, W. (2016). Reichweite und Tiefe der Berufs-, Bildungs- und Weiterbildungsberatung. In W. Gieseke & D. Nittel (Hrsg.), *Handbuch Pädagogische Beratung über die Lebensspanne* (S. 468–483). Beltz Juventa.
- Gieseke, W., & Pohlmann, C. (2016). Institutionelle Strukturen der Beratung. In W. Gieseke & D. Nittel (Hrsg.), *Handbuch Pädagogische Beratung über die Lebensspanne* (S. 412–424). Beltz Juventa.
- Gieseke, W., & Stimm, M. (2016). Unterstützung von Entscheidungsprozessen durch professionelle Bildungsberatungspraktiken. In W. Gieseke & D. Nittel (Hrsg.), *Handbuch Pädagogische Beratung über die Lebensspanne* (S. 493–504). Beltz Juventa.
- Gieseke, W. (2015). Der Beitrag des BeQu – Konzepts zur Selbstverständigung und Konsensbildung in der Professional Community – ein Kommentar von Wiltrud Gieseke (Humboldt Universität zu Berlin). In Nationales Forum Beratung, nfb (Hrsg.), *Das BeQu – Konzept im Kontext. Sonderausgabe Newsletter Beratungsqualität: April 2015* (S. 53–56). http://www.beratungsqualitaet.net/upload/Menu_Operational/Veroffentlichungen/Newsletter/BeQu-Sondernewsletter_April_2015.pdf
- Gieseke, W. (2015). Professionelle Entwicklung der Erwachsenenbildung/Weiterbildung. In N. Justen & B. Mölders (Hrsg.), *Professionalisierung und Erwachsenenbildung. Selbstverständnis – Entwicklungslinien – Herausforderungen* (S. 23–39). Barbara Budrich.
- Gieseke, W. (2015). Programme und Angebote. In J. Dinkelaker & A. von Hippel (Hrsg.), *Erwachsenenbildung in Grundbegriffen* (S. 165–173). Kohlhammer.
- Schmidt-Lauff, S., & Gieseke, W. (2014). Professionelles Sein im Referenzkontext Erwachsenenbildung. In M. Schwarz, W. Ferchoff & R. Vollbrecht

(Hrsg.), *Professionalität: Wissen – Kontext. Sozialwissenschaftliche Analysen und pädagogische Reflexionen zur Struktur bildenden und beratenden Handelns. Festschrift für Prof. Dr. Bernd Dewe* (S. 519–535). Klinkhardt.

- Gieseke, W. (2014). Adult and Continuing Education: Results in the Context of Research on Programs and Professionality. In B. Käpplinger & S. Robak (Hrsg.), *Changing Configurations of Adult Education in Transitional Times* (S. 153–173). Lang.
- Gieseke, W., Stimm, M., & Putensen, M. (2014). Dialogmusteranalyse am Beispiel der Studienberatung. In A. Schlüter (Hrsg.), *Beratungsfälle. Fallanalysen für die Lern- und Bildungsberatung* (S. 79–102). Verlag Barbara Budrich.
- Gieseke, W. (2014). Entscheidungsfähigkeit des Individuums als Bildungsberatungsanforderung – die Wahl haben? In M. Ebner von Eschenbach, S. Günther & A. Hauser (Hrsg.), *Gesellschaftliches Subjekt. Erwachsenenpädagogische Perspektiven und Zugänge* (S. 206–219). Schneider.
- Gieseke, W. (2014). Konzept- und Strukturanforderungen für die Beratung von gering Qualifizierten. In Projektträger im DLR (Hrsg.), *Kompetenzen von gering Qualifizierten. Befunde und Konzepte* (S. 89–100). W. Bertelsmann Verlag GmbH & Co. KG.
- Gieseke, W. (2014). Bemühen um die Professionalität und die Anforderungen an grundlagentheoretische Arbeiten für die Erwachsenenbildung/Weiterbildung. In R. Brödel, T. Nettke & J. Schütz (Hrsg), *Lebenslanges Lernen als Erziehungswissenschaft* (S. 51–68). W. Bertelsmann Verlag GmbH & Co. KG.
- Gieseke, W. (2013). Lebenslanges Lernen. Erwachsenenbildung/Weiterbildung sichtbar und wirksam zwischen Forschungsmöglichkeiten und Bildungspolitik? In H. von Felden, C. Hof & S. Schmidt-Lauff (Hrsg.), *Erwachsenenbildung im Spannungsfeld von Wissenschaft, Politik und Praxis. Dokumentation der Jahrestagung der Sektion Erwachsenenbildung der Deutschen Gesellschaft für Erziehungswissenschaften vom 27.–29. September 2012 am Deutschen Institut für Erwachsenenbildung – Leibniz-Zentrum für Lebenslanges Lernen (DIE)* (S. 2–23). Schneider Verlag Hohengehren.
- Gieseke, W. (2013). Herausforderungen in der Zivilgesellschaft. Bildungschancen in der Evangelischen Erwachsenenbildung. In A. Seiverth (Hrsg.), *Jahrbuch Evangelische Erwachsenenbildung (JEEB)* (S. 183–199). Evangelische Verlagsanstalt.
- Gieseke, W. (2013). Orientierungsberatung. In Agentur für Erwachsenen- und Weiterbildung (Hrsg.), *Bildungsberatung – Orientierung, Offenheit, Qualität. Die niedersächsischen Modellprojekte* (S. 15–35). W. Bertelsmann Verlag GmbH & Co. KG. https://www.pedocs.de/volltexte/2015/10159/pdf/Gieseke_Orientierungsberatung_2013.pdf

- Gieseke, W., Enoch, & Lehmann, A. (2013). Weiterbildungspersonal. In P. Krug & E. Nuissl (Hrsg.): *Praxishandbuch Weiterbildungsrecht.* 7.0 (September 2013; 4. überarb. Aufl., S. 1–63). Wolters Kluwer.

Aufsätze in wissenschaftlichen Zeitschriften

- Fleige, M., von Hippel, A., Gieseke, W., Stimm, M., Thöne-Geyer, B., & Iffert, S. (2024). Volkshochschulen im Kontext beruflicher Weiterbildung. Einblicke aus der Programmforschung anhand von Einrichtungen in Deutschland. *Magazin erwachsenenbildung.at*, Ausgabe: 51, 110–121. https://erwachsenenbildung.at/magazin/ausgabe-51/19072-volkshochschulen-im-kontext-beruflicher-weiterbildung.php
- Gieseke, W., & Stimm, M. (2023). Professionelle Anforderungen und empirische Herausforderungen zur Ausdifferenzierung von Beratung. *Hessische Blätter für Volksbildung, 73*(4), 33–43. https://doi.org/10.3278/HBV2304W004. https://hessische-blaetter.de/articles/10.3278/HBV2304W004
- Robak, S., Gieseke, W., Fleige, M., Kühn, C., Heidemann, L., & Freide, S. (2023). Programm- und Angebotsentwicklung für die Weiterbildung von Tätigen in den Handlungsfeldern der Kunst und Kultur. *Der Pädagogische Blick, 30*(1), 96–109.
- Gieseke, W., & Robak, S. (2022). Bildungsforschung als Zugang zur Erschließung gesellschaftlicher Wirklichkeit. Das Beispiel der Programmforschung als ein Beitrag aus der erwachsenenbildungswissenschaftlichen Forschung. *Zeitschrift für Weiterbildungsforschung, 45*(2), 253–274. https://link.springer.com/article/10.1007/s40955-022-00216-8
- Fleige, M., Gieseke, W., von Hippel, A., Stimm, M., Iffert, S., & Thöne-Geyer, B. (2022). Projektvorstellung: Berufliche Weiterbildung in Volkshochschulen – Zugänge zum lebenslangen Lernen. *Volkshochschule in Berlin*, (1), 28–33. https://www.vhs-foerdergesellschaft-berlin.de/wp-content/uploads/2022/06/Journal-2022-komplett_3.pdf
- Gieseke, W. (2022). Bildungsbedarfe und -bedürfnisse im Erwachsenenalter. Eine bildungstheoretische Perspektive. *Education Permanente*, (1), 20–30. https://www.ep-web.ch/de/artikel/bildungsbedarfe-und-beduerfnisse-im-erwachsenenalter-eine-bildungstheoretische-perspektive
- Gieseke, W. (2021). Freude. *weiter bilden. DIE Zeitschrift für Erwachsenenbildung, 28*(1), 12–13. https://www.die-bonn.de/doks/weiterbilden/2021/gieseke.pdf
- Gieseke W., & Fleige, M. (2020). Kulturelle Erwachsenenbildung als Ressource für Aneignung und Gestaltung ländlicher Räume. *forum erwachsenenbildung*, (1), 14–19. https://www.pedocs.de/volltexte/2023/26657/pdf/Forum_EB_2020_1_Fleige_Gieseke_Kulturelle_Erwachsenenbildung.pdf

- Fleige, M, Gieseke, W., Stimm, M., & Thöne-Geyer, B. (2020). Relative Autonomie von Programmplanenden in kooperativen Beziehungen der Volkshochschulen. *Hessische Blätter für Volksbildung, 70*(4), 9–18. https://hessische-blaetter.de/articles/10.3278/HBV2004W002
- Gieseke, W. (2019). Emotionen und ihre Sichtbarkeit in Lernkulturen. Emotionen als Einflussgrößen auf Bildung und Lernen – auch im Erwachsenenalter. *forum erwachsenenbildung. Die evangelische Zeitschrift für Bildung im Lebenslauf*, (2), 21–25. https://www.waxmann.com/artikelART102787
- Gieseke, W., & Käpplinger, B. (2019). Geschichtsschreibung der Erwachsenen- und Weiterbildungsforschung – Ein Überblick mit Reflexionen für den wissenschaftlichen Nachwuchs. *Debatte. Beiträge zur Erwachsenenbildung,* (1), 97–113. https://doi.org/10.3224/debatte.v2i1.08
- Robak, S., Gieseke, W., Fleige, M., Kühn, C., Freide, S., Heidemann, L., Preuß, J., & Krüger, A. (2019). Weiterbildung für Tätige in Kunst und Kultur: Konzeption und Erträge von Programm(planungs)forschung in Perspektivverschränkung. *Hessische Blätter für Volksbildung, 69*(2), 122–132. https://hessische-blaetter.de/articles/10.3278/HBV1902W122
- Gieseke, W. (2018). Bildung selbstgemacht oder: Sich selbst bilden – wie kann das gelingen? *ASG-Magazin „ausgefuchst 18.2“* mit dem Thema „Selbstgemacht“, 4–5.
- Gieseke, W. (2018). 1918 – demokratischer Aufbruch und Bildung. *Journal für politische Bildung: 1918 – demokratischer Aufbruch?,* (1), 46–48.
- Gieseke, W. (2017). Hauptberuflichkeit in der politischen Bildung. Notwendigkeit und Voraussetzungen der Professionalisierung politischer Bildner. *Außerschulische Bildung,* mit Schwerpunkt „Der Kommunismus im 20. Jahrhundert – 100 Jahre nach der Oktoberrevolution“, (3), 45–49.
- Gieseke, W., & Krueger, A. (2017). Selbstsuche und Platzierung der Kulturellen Bildung. Einführung in aktuelle und historische Fragen. *Hessische Blätter für Volksbildung:* Schwerpunkt Kulturelle Erwachsenenbildung, *67*(4), 312–323. https://www.wbv.de/shop/Selbstsuche-und-Platzierung-der-Kulturellen-Bildung-HBV1704W312
- Gieseke, W. (2016). Theoretische und empirische Herausforderungen zur Integrationsdebatte in der Erwachsenenbildung. Ein Essay. *Hessische Blätter für Volksbildung, 66*(4), 311–323. https://doi.org/10.3278/HBV1604W311. https://www.wbv.de/shop/Theoretische-und-empirische-Herausforderungen-zur-Integrationsdebatte-in-der-Erwachsenenbildung-HBV1604W311

- Gieseke, W., & Stimm, M. (2015). Die professionellen Praktiken in der Berufs- und Weiterbildungsberatung – ein komplexes Innenleben. *Zeitschrift für Weiterbildungsforschung (ZfW), 38*(2), 227–240. https://link.springer.com/article/10.1007/s40955-015-0033-x
- Gieseke, W. (2015). Können wir noch von einer Geschlechterhierarchie sprechen? *AEP-Informationen. Feministische Zeitschrift für Politik und Gesellschaft, 42*(3), 26–28.
- Gieseke, W. (2014). Studienberatung zwischen Bildungsberatung, Lernberatung und psychologischer Beratung. *ZBS, 9*(1), 10–14.
- Gieseke, W. (2014). The macro-didactic level of planning and taking decisions in continuing education: negotiating between research-based requirements for adult education, individual needs and demands, market challenges and management requirements. (Dt. Titel: Die Makrodidaktische Ebene des Planens und Entscheidens in der Weiterbildung. Zwischen wissenschaftlichen, erwachsenenpädagogischen Anforderungen, individuellen Bedarfen und Bedürfnissen, Marktherausforderungen sowie Steuerungsanforderungen). *Edukacja Dorosłych. Adult Education and Competencies – Approaches of Researchers in Poland and Germany, 70*(1), 153–167.
- Gieseke, W., & Nittel, D. (2014). (Zwischen-)Bilanz und Perspektiven der Professionalisierung in der Erwachsenenbildung. Ein zweistimmiger Kommentar. *Hessische Blätter für Volksbildung*: Situation des Personals in der Erwachsenenbildung/Weiterbildung, (1), 7–16.
- Höhle, W., & Gieseke, W. (2013). Wissenschaft sucht Praxis. Über eine richtungsweisende Kooperation der Humboldt-Universität mit der VHS Treptow-Köpenick von Bildung. *dis.kurs,* (3), 18–19.
- Gieseke, W. (2013). Organisationsmodelle in der Bildungsberatung von Personen. *Education Permanente,* (3), 22–23.
- Gieseke, W., & Robak, S. (2013). „Schmuddelkind" kulturelle Bildung? Selbsttätig-kreative Bereiche kultureller Erwachsenenbildung. *DIE Zeitschrift für Erwachsenenbildung, 4*(1), 29–31.

Online-Dokumente

- Fleige, M., Gieseke, W., & Robak, S. (2020, 02. Juli). *Wir brauchen ein breites Bündnis für die Kulturelle Erwachsenenbildung.* Abgerufen am 17. Oktober 2024, von https://www.jmwiarda.de/2020/07/08/ein-breites-b%C3%BCndnis-f%C3%BCr-die-kulturelle-erwachsenenbildung/

Interview

- Egger, R. (2016). [Interview mit Frau Prof. Dr. Gieseke, Professorin an der Humboldt Universität zu Berlin, Gut beraten – handlungsfähig bleiben]. *Zeitschrift Weiterbildung,* (2), 6–7.

Rezensionen

- Gieseke, W. (2013). Rezension: Joachim Ludwig (Hrsg.). Lernen und Lernberatung – Alphabetisierung als Herausforderung für die Erwachsenendidaktik. *Report,* (2) (Juli), 70.

Vorträge, Podiumsdiskussionen, unveröffentlichte Manuskripte und Aufsätze von Prof.in Dr.in Wiltrud Gieseke von 2013–2024

- Gieseke, W. (2024, 08. Mai). *Lebenslanges Lernen und Emotionen* [Vortrag]. Leibnitz Universität Hannover, Institut für Berufspädagogik und Erwachsenenbildung, Abteilung Erwachsenenbildung/Weiterbildung, Hannover. Deutschland.
- Gieseke, W. (2023, 22. November). *Demokratisierung des Geschlechterverhältnisses in beruflichen Kontexten* [Online-Vortrag]. BauFrauen, online-Veranstaltung, Nürnberg. Deutschland.
- Gieseke, W. (2020, 18. Juni). *Wolfgang Schulenberg, 100 Jahre* [Online-Vortrag] Würdigung des 100. Geburtstages von Wolfgang Schulenberg an der Carl von Ossietzky Universität Oldenburg, Deutschland.
- Gieseke, W. (2020, 11. März). *Beratungsforschung* [Online-Vortrag]. Bildungsangebot der Fernuniversität Hagen, Deutschland. https://www.fernuni-hagen.de/zebo/lehrvideos/Beratungs_forschung.shtml
- Gieseke, W. (2019). Mythenbildung: Was ist von dem Vorwurf zu halten, die Erwachsenenbildung würde die Inhalte vernachlässigen? Abgerufen am 17. Oktober 2024, von https://www.erziehungswissenschaften.hu-berlin.de/de/ebwb/forschung_neu/publikationen/prof.-dr.-wiltrud-gieseke/gieseke-w-mythenbildung-2019-04-03.pdf
- Gieseke, W. (2019, 14. November). *Die Relevanz empirischer Beratungsforschung für den professionellen Austausch* [Vortrag]. Tagung „‘Über den Tellerrand‘ Beratung in einer Gesellschaft im Wandel“, Mainz. Deutschland.
- Gieseke, W. (2019, 20. September). *100 Jahre Volkshochschule in Deutschland* [Vortrag]. Veranstaltung „Lange Nacht der Volkshochschulen“, Frankfurt/Oder. Deutschland.
- Gieseke, W. (2019, 14. Juni). *100 Jahre Volkshochschule in Deutschland* [Vortrag]. Jubiläum „100 Jahre Volkshochschule“, Dahme-Spreewald. Deutschland.

- Gieseke, W. (2019, 16. Mai). *Professionalität in der Bildungsberatung. Status quo der Entwicklung* [Vortrag]. Tagung „Tag der Beratung", Gießen. Deutschland.
- Gieseke, W. (2019, 31. Januar). *Spielräume – relative Autonomie für Beratung als professioneller Anspruch* [Vortrag]. Tagung „Beratung in der Erwachsenenbildung- und Weiterbildung", Zürich. Schweiz.
- Gieseke, W. (2017, 16.–17. März). *Das Politische in der kulturellen Bildung* [Vortrag]. Tagung „Das Politische in der Erwachsenenbildung. Werk und Wirken von Peter Faulstich", Universität, Hamburg. Deutschland.
- Gieseke, W. (2017, 30. Januar). *Elemente einer Theorie kultureller Erwachsenenbildung. Anthropologische, kulturwissenschaftliche und bildungstheoretische Orientierung* [Vortrag]. Werkstatt kritische Bildungstheorie. Abgerufen am 17. Oktober 2024, von https://jimdo-storage.global.ssl.fastly.net/file/c2437dce-4db7-4a12-a016-48d70d2e7979/Gieseke.pdf
- Gieseke, W. (2016, 23. November). *Bildungsberatung im Kontext eines kommunalen Bildungsmanagements* [Vortrag/Präsentation]. Themenkonferenz „Bildungsbiographien begleiten. Qualitätsentwicklung, Vermittlung und Transparenz in der Bildungsberatung", Erlangen. Deutschland. Abgerufen am 17. Oktober 2024, von https://www.erziehungswissenschaften.hu-berlin.de/de/ebwb/forschung_neu/publikationen/prof.-dr.-wiltrud-gieseke/downloads/gieseke_bildungsberatung-im-kontext-eines-kommunalen-bildungsmanagements.pdf
- Gieseke, W. (2016, 09. November). *Was ist eine gute Beratung?* [Vortrag/Präsentation]? Vereinstag Weiterbildung Hessen e.V., Frankfurt am Main. Deutschland. Abgerufen am 17. Oktober 2024, von https://www.erziehungswissenschaften.hu-berlin.de/de/ebwb/forschung_neu/publikationen/prof.-dr.-wiltrud-gieseke/downloads/161114_gieseke_was-ist-eine-gute-beratung.pdf
- Gieseke, W. (2016, 22. Oktober). *Wechselwirkungsprozesse bei Bildungsentscheidungen im Lebenslauf zwischen kognitiven und emotionalen Einflüssen* [Vortrag]. Internationale Tagung „Bildung und Emotion – Emotion und Gefühl im Kontext pädagogischer und anthropologischer Überlegungen", Wien. Österreich.
- Gieseke, W. (2016, 20. Mai). *Die Autonomie der Erwachsenenbildung* [Vortrag]. Fachtag zu Themen der Evangelischen Erwachsenenbildung, Frankfurt am Main. Deutschland. Abgerufen am 17. Oktober 2024, von https://www.erziehungswissenschaften.hu-berlin.de/de/ebwb/forschung_neu/publikationen/prof.-dr.-wiltrud-gieseke/downloads/gieseke_die-autonomie-der-erwachsenenbildung.pdf
- Gieseke, W. (2015, 19. November). *Bildung und Emotionalität* [Vortrag]. Tagung „Bildung mit Gefühl – Impulse aus der Emotionsforschung", Hildesheim. Deutschland.

- Gieseke, W. (2015, 19. November). *Sind alle Lernprozesse unterstützungswürdig?* [Vortrag]. Tagung „Bildung mit Gefühl – Impulse aus der Emotionsforschung“, Hildesheim. Deutschland.
- Gieseke, W. (2015, 12. November). *Ein- und Ausblicke: 20 Jahre Weiterbildungsprogramm-Archiv* [Vortrag]. Jubiläumsfeier des Weiterbildungsprogramm-Archivs Berlin/Brandenburg. Humboldt-Universität zu Berlin. Deutschland.
- Gieseke, W. (2015, 05. Oktober). *Professionelle Entwicklung der Erwachsenenbildung/Weiterbildung* [Vortrag]. Kooperationstagung der UDE und des DIE anlässlich des 65. Geburtstages von Professorin Dr. Anne Schlüter „Professionalität in der Erwachsenenbildung – Herausforderungen und Entwicklungen, Universität Duisburg-Essen, Campus Essen. Deutschland.
- Gieseke, W. (2015, 28. September). *Why do we need program research*? [Vortrag]. Tagung “Cultures of Program Planning in Adult: Education: Policies, Autonomy and Innovation”, Hannover. Deutschland.
- Gieseke, W. (2015, 18. September). *Beratung und Case Management: Dynamiken und Schnittmengen* [Vortrag]. Tagung „Case Management und Beratung“, Freiburg. Deutschland.
- Gieseke, W. (2014, 22. November). *Genderverhältnisse in Bildung. Zwischen Entwicklung und Stillstand – wo befinden sich die Frauen?* [Vortrag]. Frauenenquete 2014 „Frauen. Bilden. Kritik“, Pädagogische Hochschule, Wien. Österreich.
- Gieseke, W. (2014, 23.–25. Oktober). *Bilanz und Perspektiven der Professionalisierung der Erwachsenenbildung und beruflichen Weiterbildung* [Vortrag]. Weiterbildungsakademie: „Arbeitsplatz Weiterbildung – Profession und Profil“, GEW Hauptvorstand Martin-Luther Universität Halle-Wittenberg, Halle. Deutschland.
- Gieseke, W. (2014, 07. Oktober). *Orientierungsberatung* [Vortrag]. Tagung Bildungsberatung – Der Hessische Weg – HESSEN Campus, Frankfurt am Main. Deutschland.
- Gieseke, W. (2014, 01. September). *Weiterbildung, Öffentlichkeit, Medien* [Vortrag]. mekolab|Weiterbildung, Öffentlichkeit & Medien, Humboldt-Universität, Berlin. Deutschland.
- Gieseke, W. (2014, 14. Juli). *Lebenslanges Lernen und seine Anforderungen an Weiterbildungsorganisationen* [Vortrag]. Weiterbildungskongress Adult and Professional Education WBK A&PE, Luzern. Schweiz.
- Gieseke, W. (2014, 04. Juli). *Referenzmodelle für die Koordination bildungsbereichs- und trägerübergreifender Bildungsberatung im Rahmen eines Bildungsmanagements auf kommunaler Ebene als Leitung und Steuerung mit professioneller, heterarchischer Struktur* [Vortrag]. VHS-Zentrum, Saarbrücken. Deutschland.

- Gieseke, W. (2014, März). *Programmforschung in der Kulturellen Erwachsenenbildung* [Vortrag]. Expertenworkshop: Perspektiven und Vernetzung der Programmforschung und der Archive. Arbeitsgruppe Programmforschung DIE, Bonn. Deutschland.
- Dietel, S., & Gieseke, W. (2014, 20. Februar). *Organisationsbildung durch Innovation im pädagogischen Feld am Beispiel Beratung – Organisationstheoretische Herausforderungen* [Vortrag]. Sektionstagung der Deutschen Gesellschaft für Erziehungswissenschaften, Kommission Organisationspädagogik, Koblenz-Landau. Deutschland.
- Gieseke, W. (2014, 23. Januar). *Herausforderungen des Planungshandelns in der kulturellen Bildung* [Vortrag]. Tagung „Salon für Erwachsenenbildung", Agentur für Erwachsenen- und Weiterbildung Niedersachsen (AEWB) in Kooperation mit dem Niedersächsischen Bund für freie Erwachsenenbildung (nbeb) und dem Institut für Berufspädagogik und Erwachsenenbildung der Leibniz-Universität, Hannover. Deutschland.
- Gieseke, W. (2014, 21. Januar). *Programmentwicklung von Erwachsenenbildungseinrichtungen unter vernetzten Strukturen in einer Region* [Vortrag]. Tagung „Vernetzung im regionalen Raum. Spannungsverhältnis zwischen Vernetzung, Kooperation und Kommunikation", Würzburg. Deutschland.
- Gieseke, W. (2013, 18. Oktober). *Emotionalität und Lernen* [Vortrag]. Dozentenkonferenz, Volkshochschule, Teltow Fläming. Deutschland.
- Gieseke, W. (2013, 06. September). *Professionalität in der Bildungsberatung. Status quo der Entwicklung* [Vortrag]. Bundestagung der Gesellschaft für Information, Beratung und Therapie an Hochschulen e.V., Johannes Gutenberg-Universität, Mainz. Deutschland. Abgerufen am 17. Oktober 2024, von https://gibet.org/getmedia.php/_media/gibet/201804/770v0-orig.pdf
- Gieseke, W. (2013, 19. Juni). *Workshop zum Thema Orientierungsberatung.* Agentur für Erwachsenenbildung/Weiterbildung, Hannover. Deutschland.
- Gieseke, W. (2013, 11. April). *Bildungsarbeit mit Frauen unter dem Gender Diskurs. Wirklichkeitskonstruktionen – Habitualisierung bleibender Aufklärungsbedarf?* [Vortrag]. Fachtagung „Uns reicht's – noch lange nicht", St. Virgil, Salzburg. Österreich. Abgerufen am 01. November 2024, von www.virgil.at/media/vortrag_bildungsarbeit_mit_frauen_unter_dem_gender_diskurs._wirklichkeitskonstruktionen_gieseke.pdf
- Gieseke, W. (2013, 11. März). *Entscheidungsfähigkeit des Individuums als Beratungsgrundlage* [Vortrag]. Fachtagung Bildungsberatung: Bildungsberatung für Entscheidungen – Entscheidungen für Bildungsberatung, Humboldt-Universität, Berlin. Deutschland.

8. Übersicht über Forschung und Lehre sowie weitere Tätigkeiten von Wiltrud Gieseke von 2013–2024

Berufstätigkeit

01. März 1992 bis 31. März 2013	Lehrstuhl für Erwachsenenpädagogik (C 4) und Leiterin der Abteilung Erwachsenenbildung/Weiterbildung an der Humboldt-Universität zu Berlin
01. April 2013 bis 30. September 2021	Seniorprofessur für Erwachsenenpädagogik an der Humboldt-Universität zu Berlin

Lehraufträge

2014	Gastprofessur an der Universität Luzern
2015	Gastprofessur an der Universität Klagenfurt
März 2021	Lehrauftrag für das Bundesinstitut für Erwachsenenbildung, St. Wolfgang, Österreich (Masterlehrgang Erwachsenenbildung/Weiterbildung); Blockseminar
WS 2021/2022 bis WS 2024/2025	Lehraufträge an der Humboldt-Universität Berlin, Institut für Erziehungswissenschaften, Abt. Erwachsenenbildung/Weiterbildung

Forschungsprojekte

Januar 2016 bis Juli 2018	BMBF-Projekt: Berufliche Weiterbildung für professionelles Handeln in Kunst, Kultur und kultureller Bildung – empirische Analyse zu Passungsprofilen von Angebotsstrukturen, Verwendungsinteressen und Nutzen am Beispiel der Bundesakademie für Kulturelle Bildung Wolfenbüttel (in Kooperation mit dem Deutschen Institut für Erwachsenenbildung und Leibnitz Universität Hannover)
April 2018 bis März 2020 *(kostenneutrale Verlängerung bis 30. Juni 2021)*	Hans Böckler Stiftung: Berufliche Weiterbildung in Volkshochschulen. Zugänge zum Lebenslangen Lernen (WB_VHS_ZuLL) (in Kooperation mit dem Deutschen Institut für Erwachsenenbildung)

Forschungsschwerpunkte der letzten 12 Jahre

Programmforschung, Programmplanungsforschung

Beratungsforschung

Professionsforschung im Bereich Erwachsenenbildung

Theorie zum Zusammenhang von Lebenslangem Lernen und Emotionen

Theorieentwicklung für die Kulturelle Bildung

Berufliche Weiterbildung

Gutachterliche Tätigkeiten/Mitgliedschaften/Beiratstätigkeiten

von Januar 2008 bis März 2015	Mitglied im Vorstand der Deutschen Evangelischen Arbeitsgemeinschaft für Erwachsenenbildung e.V., Frankfurt a. M.
2013	Mitglied in Akkreditierungskommission für den BA-Studiengang „*Soziale Arbeit: Erziehung und Bildung*“ an der TH Nürnberg
2010–2013	Mitglied im Beirat Verbundvorhaben „*Koordinierungsprozess Qualitätsentwicklung in der Beratung für Bildung, Beruf und Beschäftigung*” an der Ruprecht-Karls-Universität Heidelberg / Sprecherin der AG 1: „*Qualitätsmerkmale/Standards für die Beratung und Kompetenzen der Beratungsfachkräfte*“
seit 2010	Mitglied in der Expert:innengruppe Programmforschung (https://www.bwi.uni-hannover.de/en/forschung/expertengruppe-programmforschung)
2012–2015	Mitglied im Beirat „*Weiterbildungsteilnahme als Moratorium im Lebenslauf – Auswirkung auf Lernstrategien, Habitus und Gesellschaftsbild*“, Hans-Böckler-Stiftung, Düsseldorf
von 2012 bis Dezember 2014	Beratende Begleitung der Konferenzen für Bildung und Wissenschaft, Gesamtverband TEXTIL + Mode, Abt. Bildung
Dezember 2013 bis Juni 2018	Mitglied der Fachgruppe „*Kulturelle Bildung*“ der Deutschen Evangelischen Arbeitsgemeinschaft für Erwachsenenbildung (DEAE)

27. August bis 2. September 2013	Organisation und Ausrichtung der Berliner Sommer-Uni an der Humboldt-Universität zu Berlin
November 2013 bis Dezember 2020	Mitgliedschaft im Wissenschaftlichen Beirat des Deutschen Instituts für Erwachsenenbildung (DIE)
2013 bis März 2014	Mitgliedschaft im Wissenschaftlichen Beirat im AK DQR-informelles Lernen
2016	Akkreditierung im Bereich Erziehungswissenschaften Universität Bielefeld
2017	Berufungskommission „*Professur für Beratungswissenschaften mit dem Schwerpunkt Berufliche und digitale Beratung*“ für Campus Schwerin und Mannheim
2019–2023	Mitglied im Beirat der von der Kurt-Alten-Stiftung vergebenen Promotionsstipendien zum Thema „*Förderung ethischen Handelns in den Technikwissenschaften*“ am Institut für Berufspädagogik und Erwachsenenbildung, Universität Hannover
2020	Evaluationskommission Weiterbildung im Beirat der Bundeswehrhochschule „Helmut Schmidt“, Hamburg

Berlin, November 2024

Autor:innenverzeichnis

Matthias Alke, Prof. Dr., Professur für Erziehungswissenschaft mit dem Schwerpunkt Erwachsenenbildung/Weiterbildung, Institut für Erziehungswissenschaft, Wirtschafts- und Sozialwissenschaftliche Fakultät, Eberhard Karls Universität Tübingen, Matthias.Alke@uni-tuebingen.de

Rolf Arnold, Prof. em. Dr., Dr. h. c. an der Rheinland-Pfälzischen Technischen Universität (RPTU) Kaiserslautern, https://sowi.rptu.de/fgs/paedagogik/team/ehemalige/rolf-arnold und www.systhemia.com

Regina Egetenmeyer, Prof.in Dr.in, Professur für Erwachsenenbildung/Weiterbildung, Fakultät für Humanwissenschaften, Julius-Maximilians-Universität Würzburg, regina.egetenmeyer@uni-wuerzburg.de

Emma Fawcett, M. A., wissenschaftliche Mitarbeiterin, Abteilung Erwachsenenbildung/Weiterbildung, Institut für Erziehungswissenschaften, Kultur-, Sozial- und Bildungswissenschaftliche Fakultät, Humboldt-Universität zu Berlin, emma.fawcett@hu-berlin.de

Marion Fleige, PD Dr.in, wissenschaftliche Mitarbeiterin und Wissenschaftliche Betreuung des Weiterbildungsprogramm-Archivs Berlin/Brandenburg, Abteilung Erwachsenenbildung/Weiterbildung, Institut für Erziehungswissenschaften, Kultur-, Sozial- und Bildungswissenschaftliche Fakultät, Humboldt-Universität zu Berlin, marion.fleige@hu-berlin.de

Stephanie Freide, Wissenschaftliche Mitarbeiterin im Projekt „Gerechte Übergänge, Bildungs- und Teilhabechancen für Kinder, Jugendliche und Erwachsene", Arbeitsbereich Systematische Erziehungswissenschaft, Institut für Pädagogik, Philosophische Fakultät III Erziehungswissenschaften, Martin-Luther-Universität Halle-Wittenberg, stephanie.freide@paedagogik.uni-halle.de

Anke Grotlüschen, Prof.in Dr.in, Professur für Lebenslanges Lernen, Fachbereich Berufliche Bildung und Lebenslanges Lernen, Fakultät für Erziehungswissenschaft, Universität Hamburg, anke.grotlueschen@uni-hamburg.de

Erik Haberzeth, Prof. Dr., Professur Erwachsenenbildung und Weiterbildung, Institut für Pädagogik, Philosophische Fakultät, Technische Universität Chemnitz, erik.haberzeth@phil.tu-chemnitz.de

Aiga von Hippel, Prof.in Dr.in, Professur für Erwachsenenbildung/Weiterbildung, Abteilung Erwachsenenbildung/Weiterbildung, Institut für Erziehungswissenschaften, Kultur-, Sozial- und Bildungswissenschaftliche Fakultät, Humboldt-Universität zu Berlin, aiga.von.hippel@hu-berlin.de

Stefanie Hoffmann, M. A., Wissenschaftliche Mitarbeiterin im BMBF-Projekt „First-Generation-Studierende als Zielgruppe privater Hochschulen – Formen und Bedingungen organisationaler Unterstützung“ (FiPHo), Otto-von-Guericke-Universität Magdeburg, Professur für Erziehungswissenschaft, Schwerpunkt Wissenschaftliche Weiterbildung und Weiterbildungsforschung, stefanie.hoffmann@ovgu.de

Bernd Käpplinger, Prof. Dr., Professur für Weiterbildung, Arbeitsbereich Weiterbildung, Institut für Erziehungswissenschaft, Fachbereich 03, Justus-Liebig-Universität Gießen, bernd.kaepplinger@erziehung.uni-giessen.de

Alexander Kolling, M. A., Wissenschaftlicher Mitarbeiter an der Professur für Weiterbildung und lebenslanges Lernen der Helmut-Schmidt-Universität/Universität der Bundeswehr Hamburg und Mitarbeiter im Projekt hpc.bw der Professur für High Performance Computing (HPC), alexander.kolling@hsu-hh.de

Claudia Kulmus, Prof.in Dr.in, Juniorprofessur für Erwachsenenbildung Arbeitsbereich Lebenslanges Lernen, Fachbereich Berufliche Bildung und Lebenslanges Lernen, Fakultät für Erziehungswissenschaft Universität Hamburg, claudia.kulmus@uni-hamburg.de

Annika Müllner, Archivarin/Dokumentarin, Weiterbildungsprogramm-Archiv Berlin/Brandenburg, Abteilung Erwachsenenbildung/Weiterbildung, Institut für Erziehungswissenschaften, Kultur-, Sozial- und Bildungswissenschaftliche Fakultät, Humboldt-Universität zu Berlin, annika.muellner.1@hu-berlin.de

Jakob Nose, M. A., Lehrbeauftrager (HU-Berlin & JLU-Gießen) und Doktorand an der Abteilung Erwachsenenbildung/Weiterbildung, Institut für Erziehungswissenschaften, Kultur-, Sozial- und Bildungswissenschaftliche Fakultät, Humboldt-Universität zu Berlin, jakob.nose@posteo.de

Ekkehard Nuissl, Prof. em. Dr. habil. Dr. h. c. mult., ehemaliger Direktor des Deutschen Instituts für Erwachsenenbildung (Bonn), Seniorprofessor an der Universität Kaiserslautern, nuissl@die-bonn.de

Philipp Oberparleiter, M. A., wissenschaftlicher Mitarbeiter am Lehrstuhl Allgemeine Pädagogik und Bildungsforschung, Institut für Pädagogik, Fakultät für Psychologie und Pädagogik, Ludwig-Maximilians-Universität München; wissenschaftlicher Referent der Weiterbildungsinitiative Frühpädagogische Fachkräfte (WiFF) am Deutschen Jugendinstitut e.V., philipp.oberparleiter@edu.lmu.de

Anita Pachner, Prof.in Dr.in, Professur für Lebenslanges Lernen an der Katholischen Universität Eichstätt-Ingolstadt, anita.pachner@ku.de

Henning Pätzold, Prof. Dr., Professur für Pädagogik mit dem Schwerpunkt Forschung und Entwicklung in Organisationen, Fachbereich Bildungswissenschaften, Universität Koblenz, paetzold@uni-koblenz.de

Steffi Robak, Prof.in Dr.in, Professur für Bildung im Erwachsenenalter, Institut für Berufspädagogik und Erwachsenenbildung, Leibniz Universität Hannover, steffi.robak@ifbe.uni-hannover.de

Falk Scheidig, Prof. Dr., Professur für Lebenslanges Lernen unter besonderer Berücksichtigung des non-formalen und informellen Lernens, Ruhr-Universität Bochum, falk.scheidig@rub.de

Anne Schlüter, Dr.in phil., Prof.in (em.) für Erwachsenenbildung und Bildungsberatung an der Universität Duisburg-Essen, Institut Berufs- und Weiterbildung in der Fakultät Bildungswissenschaften. anne.schlueter@uni-due.de

Sabine Schmidt-Lauff, Prof.in Dr.in, Professur für Weiterbildung und lebenslanges Lernen, Fakultät für Geistes- und Sozialwissenschaften, Helmut-Schmidt-Universität/Universität der Bundeswehr Hamburg, schmidt-lauff@hsu-hh.de

Josef Schrader, Prof. Dr., Professur für Erwachsenenbildung/Weiterbildung, Eberhard Karls Universität Tübingen; Wissenschaftlicher Direktor/Vorstand des Deutschen Instituts für Erwachsenenbildung, schrader@die-bonn.de

Gerlinde Sonnenberg, Sekretärin der Abteilung Erwachsenenbildung/Weiterbildung, Institut für Erziehungswissenschaften, Kultur-, Sozial- und Bildungswissenschaftliche Fakultät, Humboldt-Universität zu Berlin, gerlinde.sonnenberg@cms.hu-berlin.de

Maria Stimm, Dr.in, Vertretung der Professur Erwachsenenbildung/Weiterbildung, Abteilung Erwachsenenbildung/Weiterbildung, Institut für Erziehungswissenschaft, Fakultät für Bildungswissenschaften, Pädagogische Hochschule Freiburg, maria.stimm@ph-freiburg.de

Rudolf Tippelt, Prof. Dr., Lehrstuhlinhaber Allgemeine Pädagogik und Bildungsforschung (i.R.), Institut für Pädagogik, Fakultät für Psychologie und Pädagogik, Ludwig-Maximilians-Universität München; derzeit Goethe-Teaching-Professorship an der Goethe-Universität Frankfurt, tippelt@edu.lmu.de

Laura Uhl, M. A., wissenschaftliche Mitarbeiterin, Abteilung Erwachsenenbildung/Weiterbildung, Institut für Erziehungswissenschaft, Wirtschafts- und Sozialwissenschaftliche Fakultät, Eberhard Karls Universität Tübingen, laura.uhl@uni-tuebingen.de

Studien zur Pädagogik, Andragogik und Gerontagogik

Begründet von Franz Pöggeler

Herausgegeben von Bernd Käpplinger und Steffi Robak

Die „Studien zur Pädagogik, Andragogik und Gerontagogik" widmen sich der theoretischen und empirischen Erwachsenenbildungs- und Weiterbildungsforschung. Sie reflektieren deren Internationalisierung in ihrer Wirkung nach innen und außen und begleiten diese kritisch. Sie sind ein transnationales Forum, wo Leitideen nationaler und internationaler Konferenzen fortgeführt werden. Es wird auch ein Raum für solche Grundlagenarbeiten offeriert, die der Konstitution und dem internationalen Vergleich der Erwachsenenpädagogik dienen.

In der Reihe kann auf Deutsch und Englisch publiziert werden. Manuskriptvorschläge sowohl etablierter Wissenschaftler/innen als auch ambitionierter Nachwuchswissenschaftler/innen können an die Herausgeber/innen gerichtet werden. Sie werden in Absprache mit dem Verlag begutachtet - oder peer reviewed - und ggf. zur Aufnahme in die Reihe empfohlen.

Kontakt:

Prof. Dr. Bernd Käpplinger (Justus-Liebig-Universität Gießen):
Bernd.Kaepplinger@erziehung.uni-giessen.de
http://www.uni-giessen.de/fbz/fb03/institute/ifezw/prof/wb/team

Prof. Dr. Steffi Robak (Leibniz Universität Hannover):
Steffi.Robak@ifbe.uni-hannover.de
http://www.ifbe.uni-hannover.de/robak.html

Band 1 Dieter P. J. Wynands: Die Herausbildung des Lehrerstandes im Rheinland während des 19. Jahrhunderts. 1989.

Band 2 Claudia H. Roesch: Das Bild des Kindes in der deutschsprachigen Lyrik nach 1945 unter besonderer Berücksichtigung der 70er und 80er Jahre. Eine Untersuchung zur pädagogischen Anthropologie. 1989.

Band 3 Franz Pöggeler: Erziehung für die eine Welt. Plädoyer für eine pragmatische Friedenspädagogik. 1990.

Band 4 Franz Pöggeler (ed.): The State and Adult Education. Historical and Systematical Aspects. 1990.

Band 5 Günter Heumann: Die Entwicklung des allgemeinbildenden Schulwesens in Nordrhein-Westfalen (1945/46 - 1958). Ein erziehungsgeschichtlicher Beitrag. 1989.

Band 6 Auguste Maria Löhrer: Entwicklungstendenzen in Biologiebüchern der Realschule seit Ende des Zweiten Weltkriegs. 1990.

Band 7 Reinhard Dräbing: Der Traum vom „Jahrhundert des Kindes". Geistige Grundlagen, soziale Implikationen und reformpädagogische Relevanz der Erziehungslehre Ellen Keys. 1990.

Band	8	Kurt Neumann: Sonnenberg - Entstehung und Entwicklung einer Bildungseinrichtung im Kontext gesellschaftlicher Defizite und bildungspolitischer Chancen. 1990.
Band	9	Hubert Henz: Bildungstheorie. 1991.
Band	10	Manfred Geuting: Planspiel und soziale Simulation im Bildungsbereich. 1992.
Band	11	Franz Pöggeler (Hrsg.): Bild und Bildung. Beiträge zur Grundlegung einer pädagogischen Ikonologie und Ikonographie. 1992.
Band	12	Robert Küppers: Der Pädagoge Leo Weismantel und seine „Schule der Volkschaft“ (1928 bis 1936). 1992.
Band	13	Franz Pöggeler: Bildungsunion im vereinten Deutschland. Perspektiven einer grundlegenden Reform. 1992.
Band	14	Dieter P. J. Wynands (Hrsg.): Geschichte der Lehrerbildung in autobiographischer Sicht. 1993.
Band	15	Inge Schippan: Elternkreise drogengefährdeter und drogenabhängiger Jugendlicher. Entstehung und Entwicklung einer Selbsthilfebewegung. 1993.
Band	16	Regina Oertel: Berufliche Qualifizierung von Frauen am Beispiel einer überbetrieblichen, gewerblich-technischen Umschulung. 1993.
Band	17	Katarina Cekoviç: Der Beitrag Rudolf Reuters zur Theorie und Praxis der Erwachsenenbildung. 1994.
Band	18	Walter Leirman: Four Cultures of Education. Engineer - Expert - Communicator - Prophet. 1994.
Band	19	Monika Chatty (Hrsg.) / Franz Hargasser (Hrsg.): Vom Jahrhundert der Kinder zum Jahrhundert der Alten? Versuch einer Ortsbestimmung der Erziehungswissenschaften beim Übergang vom 20. zum 21. Jahrhundert. 1994.
Band	20	Ursel Schmitz: Bildungspolitische Entwicklung des Sprachenproblems in Belgien. 1994.
Band	21	Peter Jarvis / Franz Pöggeler (Eds.): Developements in the Education of Adults in Europe. 1994.
Band	22	Walter Leirman: Quatre Cultures en Education. Expert, Ingénieur, Prophète, Communicateur. 1994.
Band	23	Hedwig Wassenberg: Von der Volksschullehrerin zur Volkslehrerin. Die Pädagogin Hedwig Dransfeld (1871-1925). 1994.
Band	24	Ingeborg Schultheis: Zur Problematik der eigenständigen Mädchenbildung. Stellungnahmen des Vereins katholischer deutscher Lehrerinnen in der Zeit von 1885-1985. 1995.
Band	25	Franz Pöggeler (Ed.): National Identity and Adult Education. Challenge and Risk. 1995.
Band	26	Eric Bockstael (Ed.): Handicap and Politics. 1995.
Band	27	Jurij Jug / Franz Pöggeler (Eds.): Democracy and Adult Education. Ideological Changes and Educational Consequences. 1996.
Band	28	Herbert Otte: Lernschwierigkeiten und Lernmotivationen von Erwachsenen in der kaufmännischen Weiterbildung an Volkshochschulen. 1996.
Band	29	Franz Pöggeler (Hrsg.): Erwachsenenbildung als Brücke zu einem größeren Europa. 1996.

Band 30 Ko Hoon Park: Erziehung und Leben koreanischer Kinder in Deutschland. Eine empirische Untersuchung. 1996.

Band 31 Ludwig Kerstiens: Lebensfragen - Antwortsuche - Impulse zum Nach-Denken. Autobiographische Problemerschließung als Methode der Erwachsenenbildung. 1996.

Band 32 Walter Peters: Lehrerausbildung in Nordrhein-Westfalen 1955-1980. Von der Pädagogischen Akademie über die Pädagogische Hochschule zum Aufbruch in die Universität. 1996.

Band 33 Lee-Whan Ahn: Von der tugendhaften zur gebildeten Frau. Kontinuität und Wandel in Frauenbildung Koreas um die Wende vom 19. Jahrhundert zum 20. Jahrhundert - eine Untersuchung unter frauenemanzipatorischem Aspekt. 1997.

Band 34 Dieter P. J. Wynands: Elementarbildung während der Industrialisierung. Das Volksschulwesen der Stadt Aachen von 1814 bis 1924. 1997.

Band 35 Bastiaan van Gent: Lessons in Beauty. Art and Adult Education. 1997.

Band 36 Danny Wildemeersch / Matthias Finger / Theo Jansen (eds.): Adult Education and Social Responsibility. Reconciling the irreconcilable? 1998. 2., revised edition 2000.

Band 37 Dusan M. Saviçeviç: Adult Education: From Practice to Theory Building. 1999.

Band 38 Martha Friedenthal-Haase (ed.): Personality and Biography: Proceedings of the Sixth International Conference on the History of Adult Education. Vol. I: General, Comparative and Synthetic Studies. Vol. II: Biographies of Adult Educators from Five Continents. 1998.

Band 39 Björn Willi Paape: Grundlagen der Umschulung. Eine Form beruflicher Weiterbildung. 1998.

Band 40 Karl Pütz: Die Beteiligung von Ausländern an der Weiterbildung im Rahmen von Volkshochschulkursen. Eine empirische Studie unter besonderer Berücksichtigung der Volkshochschule der Stadt Aachen. 1998.

Band 41 Heribert Felten: Erlebnispädagogik als Möglichkeit zur Kompensation von Verhaltensdefiziten. Dargestellt an Beispielen aus der ästhetischen Erziehung. 1998.

Band 42 Wilhelm Koch-Bode: Prälingual Gehörlose im Alter. 1999.

Band 43 Franz Hargasser: Was uns zum Menschsein befähigt. Dispositionen als Grundlage einer integralen pädagogischen Anthropologie. 1999.

Band 44 Carol A. Pandak: Rebuilding Civil Society: Nonformal Adult Education and Voluntary Organizations - The Hungarian Experience. 1999.

Band 45 Anita Klapan: Lernen im Schülerheim. Grundlagen der Internatspädagogik. 1999.

Band 46 Marianne Genenger-Stricker: Erfolgsfaktor Studienbegleitung. Zur Funktion institutioneller Betreuung und Beratung Studierender am Beispiel eines Part-time-Studiengangs für Familienfrauen. 2000.

Band 47 Anthony Cooke / Ann MacSween (eds.): The Rise and Fall of Adult Education Institutions and Social Movements. The Proceedings of the Seventh International Conference on the History of Adult Education. 2000.

Band 48 Ansgar Pöggeler: Zahnmedizin und Schule im Spiegel von Lehrer- und Schülerbüchern zwischen 1800 und 1950. 2000.

Band 49 Wassilios Baros: Familien in der Migration. Eine qualitative Analyse zum Beziehungsgefüge zwischen griechischen Adoleszenten und ihren Eltern im Migrationskontext. 2001.

Band 50 Martha Friedenthal-Haase / Gottfried Meinhold / Käthe Schneider / Ulrich Zwiener (Hrsg.): Alt werden – alt sein. Lebensperspektiven aus verschiedenen Wissenschaften. 2001.

Band 51 Suresh C. Ghosh: Civilisation, Education and School in Ancient and Medieval India, 1500 B.C. – 1757 A.D. Ancient India, 1500 B.C. – 1192 A.D., Vedic Schools and Buddhist Viharas and Medieval India, 1192 A.D. – 1757 A.D., Maktabs and Madrashas, Mosques and Khanqahs. 2002.

Band 52 Björn Paape: Aspekte der Integration von Lernfeldern in eine handlungsorientierte Wirtschaftsdidaktik. 2002.

Band 53 Balázs Németh / Franz Pöggeler (eds.): Ethics, Ideals and Ideologies in the History of Adult. 2002.

Band 54 Erika Kohls: Anthropologie der Erziehung bei Horst-Eberhard Richter. 2002.

Band 55 Hanns-Dietrich Werner: Über Mandalasymbolik und Heilpädagogik in der Schule. Ein Erfahrungsbericht. 2003.

Band 56 Kurt Frey: Die Gruppe als *der Mensch im Plural*. Die Gruppenpädagogik Magda Kelbers. 2003.

Band 57 Barry J. Hake / Bastiaan van Gent / József Katus (eds.): Adult Education and Globalisation: Past and Present. The Proceedings of the 9th International Conference on the History of Adult Education. 2004.

Band 58 Iwona Kiereta: Die Migrationsproblematik im Rahmen des Beitritts Polens zur Europäischen Union unter besonderer Berücksichtigung der Bildungspolitik als Steuerungsinstrument. 2005.

Band 59 Kalman Yaron: Geistige Welten. Aufsätze aus vierzig Jahren. Herausgegeben von Franz Pöggeler. 2006.

Band 60 Franz Hargasser: Was uns zu Menschen macht. Bedeutende anthropologische Phänomene – neu reflektiert. 2007.

Band 61 Jost Reischmann / Michal Bron jr (eds.): Comparative Adult Education 2008. Experiences and Examples. A Publication of the International Society for Comparative Adult Education ISCAE. 2008.

Band 62 Bernd Käpplinger / Steffi Robak (eds.): Changing Configurations in Adult Education in Transitional Times. International Perspectives in Different Countries. 2014.

Band 63 Sarah Widany: Weiterbildungsbeteiligung im Trend. Die Teilnahme von Akademiker_innen an beruflicher Weiterbildung im Zeitverlauf – 1991 bis 2010. 2014.

Band 64 Antonia Victoria Thiemann: Museen schlagen Brücken. Bürgerschaftliches Engagement älterer Menschen im Museum. 2014.

Band 65 Susanne Lattke / Wolfgang Jütte (eds.): Professionalisation of Adult Educators. International and Comparative Perspectives. 2014.

Band 66 Steffi Robak / Horst Rippien / Lena Heidemann / Claudia Pohlmann (Hrsg.): Bildungsurlaub – Planung, Programm und Partizipation. Eine Studie in Perspektivverschränkung. 2015.

Band 67 Regina Egetenmeyer (ed.): Adult Education and Lifelong Learning in Europe and Beyond. Comparative Perspectives from the 2015 Würzburg Winter School. 2016.

Band 68 Tim Stanik: Beratung in der Weiterbildung als institutionelle Interaktion. 2016.

Band 69 Regina Egetenmeyer / Sabine Schmidt-Lauff / Vanna Boffo (eds.): Adult Learning and Education in International Contexts: Future Challenges for its Professionalization. Comparative Perspectives from the 2016 Würzburg Winter School. 2017.

Band 70 Bernd Käpplinger / Steffi Robak / Marion Fleige / Aiga von Hippel / Wiltrud Gieseke (eds.): Cultures of Program Planning in Adult Education. Concepts, Research Results and Archives. 2017.

Band 71 Regina Egetenmeyer (ed.) / Paula Guimaraes / Balázs Németh / Steffi Robak: Joint Modules and Internationalisation in Higher Education. 2017.

Band 72 Regina Egetenmeyer (ed.) / Monica Fedeli / Bernd Käpplinger: Adult Education and Work Contexts – International Perspectives and Challenges. 2018.

Band 73 Claudia Pohlmann: Bildungsurlaub. 2018.

Band 74 Bernd Käpplinger / Maren Elfert: Verlassene Orte der Erwachsenenbildung in Deutschland / Abandoned Places of Adult Education in Canada. 2018.

Band 75 Saskia Eschenbacher: Transformatives Lernen im Erwachsenenalter. Kritische Überlegungen zur Theorie Jack Mezirows. 2018.

Band 76 Svenja Krämer: Lernhabitus von Frauen mit türkischem Migrationshintergrund. Einflüsse auf den Lernprozess und Folgerungen für didaktisches Handeln in der Erwachsenenbildung/Weiterbildung. 2018.

Band 77 Sara Reiter: Betriebliche Weiterbildung und Migrationshintergrund. Analysen zur Teilnahme an Weiterbildung auf Basis der Daten des Nationalen Bildungspanels. 2019.

Band 78 Bernd Käpplinger (Hrsg.): Neue Häuser der Erwachsenenbildung 1959 und 2019. Bleibt alles anders? 2020.

Band 79 Clara Kuhlen: Differenzierungspraktiken in der Erwachsenenbildung. Eine Situationsanalyse zu Diversity im Programmplanungshandeln. 2021.

Band 80 Marion Fleige / Wiltrud Gieseke / Aiga von Hippel / Maria Stimm: Berufliche Weiterbildung in Volkshochschulen. Zugänge zum lebenslangen Lernen. 2022.

Band 81 Eva Humt: ‚Migration' beobachten. Eine Studie zu personenbezogenen Umweltbeobachtungen durch Weiterbildungsorganisationen vor dem Hintergrund differenzierungsreflexiver Organisationsentwicklung. 2024.

Band 82 Barry J. Hake / Kirsi Ahonen / Christian Stifter (eds.): Reformers, Activists, Intellectuals, and the Circulation of Knowledge. Studies in Social, Cultural, and Popular Educational Movements in Europe, 1815–1973. 2025.

Band 83 Bernd Käpplinger / Caroline Dietz / Martin Reuter (Hrsg.): Lebenslanges Lernen und Weiterbildungsberatung. Politisch-wissenschaftliche Diskurse und Perspektiven in der Bevölkerung. 2025. (In prepartion)

Band 84 von Hippel, Aiga / Fleige, Marion / Robak, Steffi (Hrsg.): Beiträge der Erwachsenenbildung für gesellschaftliche und individuelle Entwicklungen. 2025.

www.peterlang.com

www.ingramcontent.com/pod-product-compliance
Ingram Content Group UK Ltd.
Pitfield, Milton Keynes, MK11 3LW, UK
UKHW021822290926
8980IPUK00004B/216

9 783631 922347